Peter Gebhard

»Ich wollte schon immer der ganzen Welt angehören«

Lothar Simenauer – eine deutsch-jüdische Lebensgeschichte

BELTZ
Quadriga

Vorsatz: Berlin 1933
Nachsatz: New York 1990

Die Deutsche Bibliothek – CIP-Einheitsaufnahme

Gebhard, Peter:
»Ich wollte schon immer der ganzen Welt angehören« : Lothar Simenauer – eine deutsch-jüdische Lebensgeschichte / Peter Gebhard. – Weinheim ; Berlin : Quadriga-Verl., 1994
ISBN 3-88679-222-6

Lektorat: Claus Koch
Herstellung: Iris Müller
Satz: Satz- und Reprotechnik GmbH, 69495 Hemsbach
Druck: Druckhaus Beltz, 69494 Hemsbach
Umschlaggestaltung: Dieter Vollendorf
ISBN 3-88679-222-6

Inhalt

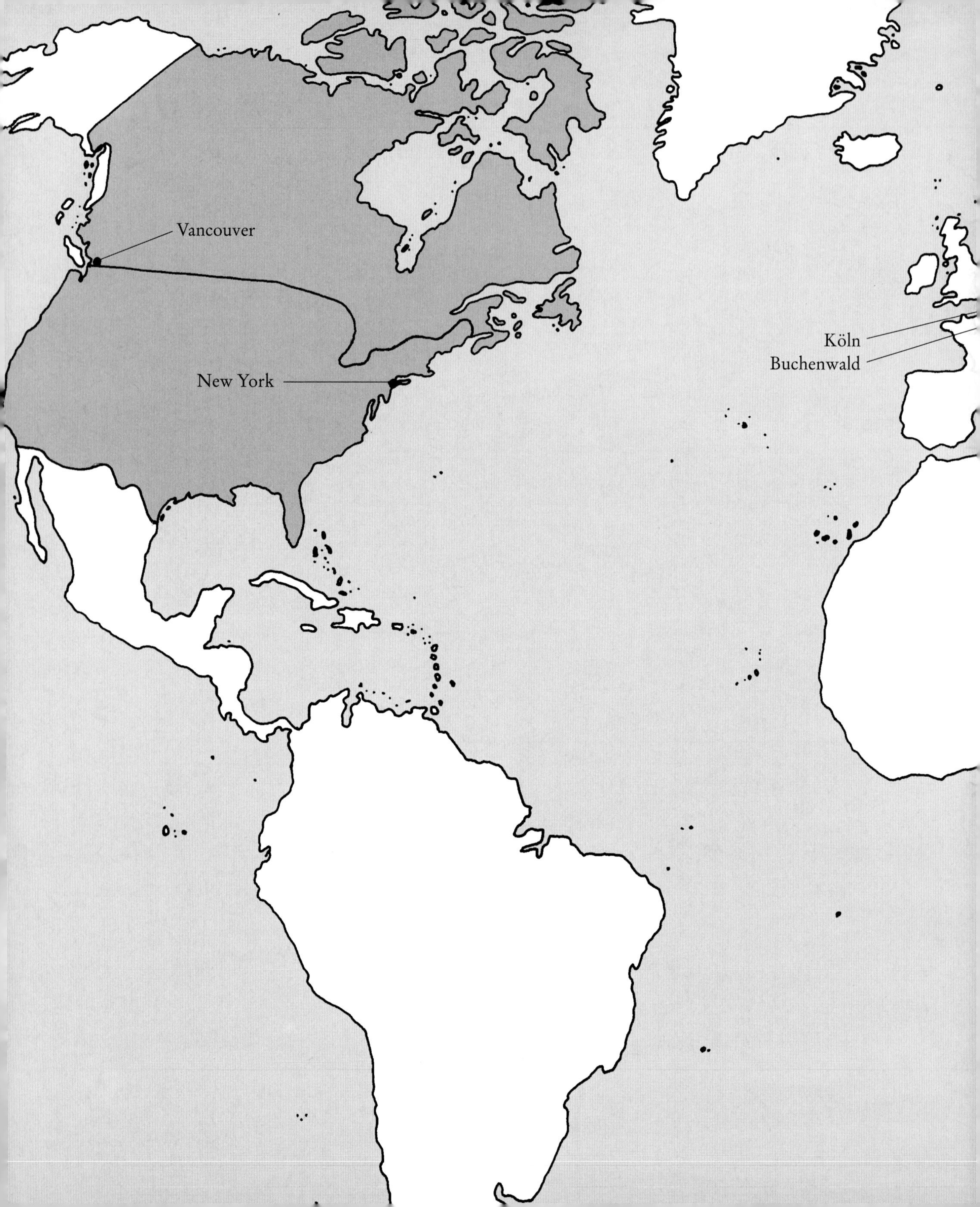
Vancouver
New York
Köln
Buchenwald

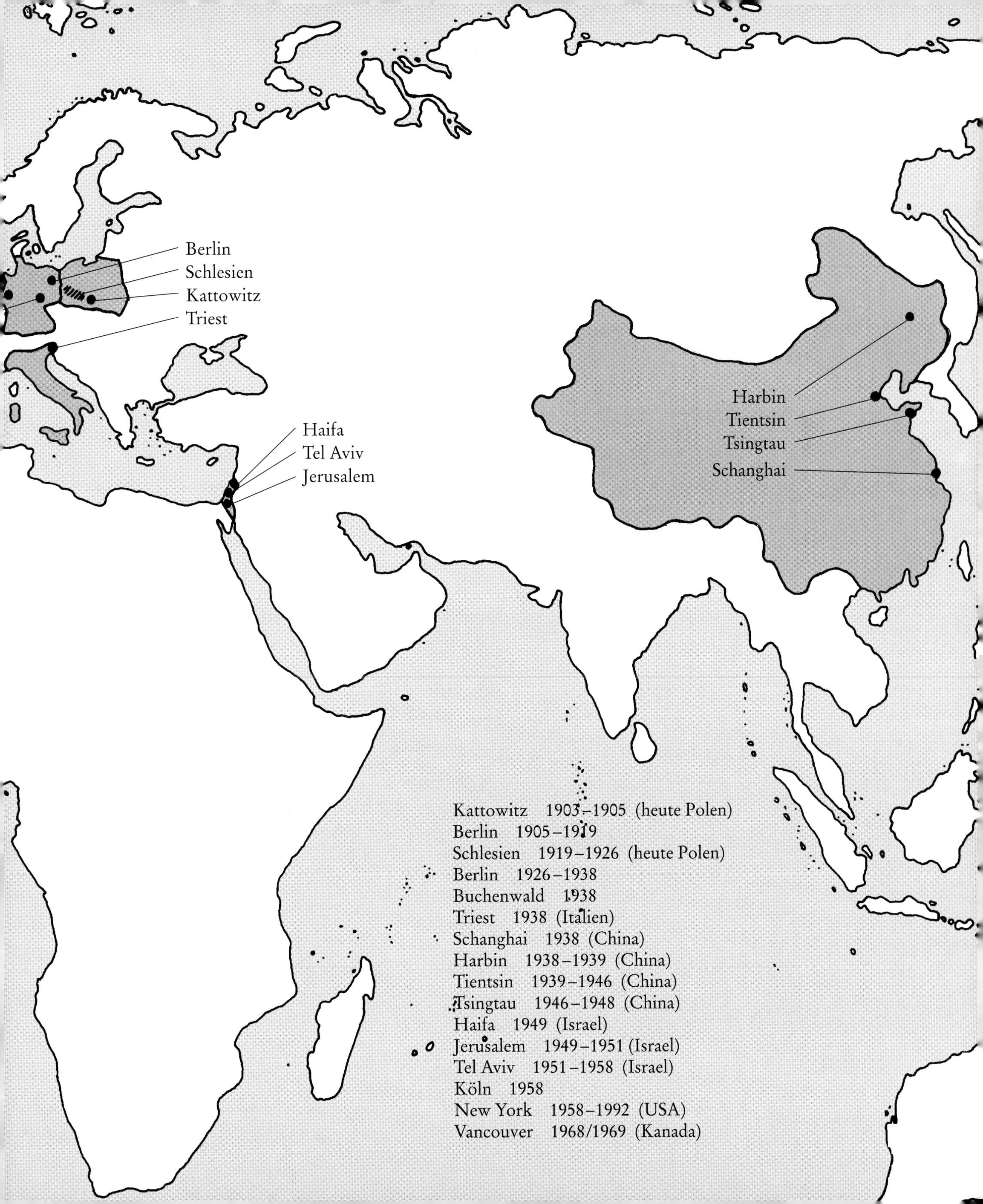
Berlin
Schlesien
Kattowitz
Triest
Haifa
Tel Aviv
Jerusalem
Harbin
Tientsin
Tsingtau
Schanghai
Kattowitz 1903–1905 (heute Polen)
Berlin 1905–1919
Schlesien 1919–1926 (heute Polen)
Berlin 1926–1938
Buchenwald 1938
Triest 1938 (Italien)
Schanghai 1938 (China)
Harbin 1938–1939 (China)
Tientsin 1939–1946 (China)
Tsingtau 1946–1948 (China)
Haifa 1949 (Israel)
Jerusalem 1949–1951 (Israel)
Tel Aviv 1951–1958 (Israel)
Köln 1958
New York 1958–1992 (USA)
Vancouver 1968/1969 (Kanada)

VORWORT

»Ich wollte schon immer der ganzen Welt angehören!« handelt vom 20. Jahrhundert. Lothar Simenauers Leben spannt sich fast ganz um dieses Jahrhundert, unfreiwillig fast ganz um den Erdball: Schlesien, Berlin, China, Israel, New York. Die Illusion einer friedlichen Heimat, eines normalen Familienlebens, zerstiebt endgültig und brutal im Juni 1938: Lothar Simenauer wird von den Nazis ins KZ Buchenwald verschleppt. Durch das Engagement seiner Frau Lisa und einige glückliche Zufälle entkommt er knapp der physischen und psychischen Vernichtung: er kann mit seiner Familie im September 1938 gerade noch in die Mandschurei fliehen.

Bei den japanischen Besatzern in China gilt Lothar Simenauer wieder als Deutscher. Nach der Flucht aus China wird er Israeli, um bald darauf von den amerikanischen Einwanderungsbehörden als Pole eingestuft zu werden: Lothar ist 1903 im oberschlesischen Kattowitz, seit 1922 polnisch, geboren. Auch so kann man zum Weltbürger werden.

50 Jahre nach seiner Flucht aus Deutschland lerne ich Lothar Simenauer in New York kennen, einen aktiven Mittachtziger, charmant, eloquent und optimistisch, immer noch mitten im Leben. Aus gegenseitiger Sympathie wird Freundschaft und so plant Lothar nach meinen Besuchen in New York im Frühjahr 1992 schließlich einen Gegenbesuch, eine Reise in seine alte Heimat, nach Berlin. Doch daraus wird nichts: Ehefrau Lisa und Hund Rocky kränkeln – Lothar fühlt sich in die Pflicht genommen. Die Reise nach Deutschland wird um ein Jahr verschoben, doch sie findet nicht mehr statt: Lothar Simenauer stirbt am 8. August 1992 in New York.

Was hätte er heute in Europa, in Deutschland gesehen? Einen Kontinent im Umbruch, dunkle Schatten aus der Vergangenheit, die ihn fatal an das Jahr 1938 erinnert hätten, als die Nazis nicht nur sein Leben, sondern ganz Europa aus den Angeln hoben:

Nach dem »Anschluß« Österreichs im März 1938 verläuft der Exodus der deutschen Juden durch den verschärften Terror der Nazis immer weniger geordnet. Die internationale Évian-Konferenz unter Leitung des amerikanischen Präsidenten Roosevelt soll im Juli die jüdische Flüchtlingsfrage durch liberalere Einwanderungsgesetze regeln. Doch fast alle Konferenzteilnehmer befürchten höhere Arbeitslosigkeit, Überbevölkerung oder Rassenprobleme für ihre

Staaten – die Grenzen werden für Flüchtlinge noch undurchlässiger als zuvor. Sommer 1938 – Sommer 1993...

Nicht einmal drei Monate später, Ende September 1938, versuchen der britische Premierminister Chamberlain und der französische Ministerpräsident Daladier auf der Münchener Konferenz die deutsche Expansion mit »Appeasement« (Beschwichtigung) zu zügeln – sie erlauben Hitler die Angliederung der sudetendeutschen Gebiete ans »Reich«. Die Wirkung verpufft im Nu: Bereits im Oktober ergeht Hitlers Geheimbefehl zur »Erledigung der Rest-Tschechei«, der Einmarsch erfolgt ein halbes Jahr später. Ungarn und Polen sichern sich auch noch einen Happen, die Slowakei erklärt sich unabhängig und die europäischen Westmächte überreichen wirkungslose Protestnoten. 55 Jahre später werden erstmals nach dem Zweiten Weltkrieg gewaltsame Grenzveränderungen und ethnische Vertreibungen in Europa durch internationale Konferenzen legitimiert. 1938 in München die Tschechoslowakei, 1993 in Genf Bosnien...

In der Nacht vom 9. auf den 10. November 1938 brennen schließlich in Deutschland Synagogen, jüdische Geschäfts- und Wohnhäuser, angezündet vom organisierten Mob. 91 Menschen werden getötet. Heute stehen die mörderischen Brandanschläge von Rostock, Mölln und Solingen für expandierenden Fremdenhaß und wachsende Gewaltbereitschaft in unserer Gesellschaft.

Die Vergangenheit »als Schlüssel zum Verständnis der Gegenwart zu verstehen« (E.H. Carr) ist heute, an der Schwelle zum nächsten Jahrtausend, angesichts aufkeimender alter Übel wie Rassismus und Nationalismus nötiger denn je. Wir wären sicher ein gutes Stück weiter, wenn es mehr Menschen wie Lothar Simenauer gäbe: Welch enorme innere Stärke gehört dazu, trotz einer jahrzehntelangen, leidvollen Odyssee nicht zu verzweifeln, sondern seine Lebensprinzipien von Toleranz und Menschlichkeit bis ins hohe Alter zu bewahren! Dieses Buch, Lothar Simenauers dramatische Lebensgeschichte und ein Foto-Essay über sein Leben im kosmopolitischen New York, berichtet davon.

BERLIN

Juni 1908

Eine preußische Militärkapelle marschiert über das Kopfsteinpflaster der Freisinger Straße. Unter den Schaulustigen auch ein Knirps, der gerade seinen fünften Geburtstag feiert. Lothchen, wie ihn sein Vater liebevoll nennt, entschwindet den Blicken seines älteren Bruders Kurt, reiht sich unbemerkt mit seinem Feuerwehrauto ein und läuft, fasziniert von den Marschklängen, der Kapelle durch ganz Wilmersdorf hinterher. Während Kurt zu Hause wegen seiner Nachlässigkeit eine Tracht Prügel bezieht, findet die Polizei Lothchen schließlich abends irgendwo im Grunewald. Ein Jahr später soll so etwas nicht mehr vorkommen. Die Eltern schenken Lothchen eine Geige, lauschen gespannt den ersten Tönen und schon bald »Heil Dir im Siegerkranz!«

Kaiser Wilhelm II. beansprucht für Deutschland einen »Platz an der Sonne« im kolonialen Wettlauf. Die Maxime »Weltpolitik als Aufgabe, Weltmacht als Ziel, Flotte als Instrument« wird von der Nation begrüßt. Der anhaltende Wirtschaftsaufschwung überdeckt schwere innenpolitische Probleme.

1908 *Bosnische Krise durch Verfall des Osmanischen Reichs. Österreichische Annexion Bosniens und der Herzegowina unter türkischem und serbischem Protest. Deutschland steht in »Nibelungentreue« fest zu Österreich.*

Berlin 1908: Lothar, Bruder Kurt, Mutter Lucie, Vater Joseph Simenauer (Datierung des Originals unkorrekt, Anmerkung des Verfassers)

August 1914

1914 Die Lage auf dem Balkan, dem »Pulverfaß Europas« bleibt labil und entzündet in der Julikrise den Ersten Weltkrieg (Ermordung des österreichischen Thronfolgers in Sarajewo). Kriegserklärung Österreich-Ungarns an Serbien, deutsche Kriegserklärung an Rußland und Frankreich. Einmarsch deutscher Truppen in Belgien (August).

1918 Friede von Brest-Litowsk: Verzicht Rußlands auf das Baltikum und Polen; Anerkennung Finnlands und der Ukraine als selbständige Staaten. Meuterei der deutschen Hochseeflotte. Ausbreitung der Revolution und Bildung von Arbeiter- und Soldatenräten. 9.11.: Kaiser Wilhelm II. verzichtet auf den Thron und geht ins holländische Exil. Ausrufung der Republik, Übertragung der Regierungsgeschäfte an den SPD-Vorsitzenden Friedrich Ebert. Waffenstillstand: Räumung der besetzten Westgebiete und des Rheinlands, Gebietsabtrennungen (Elsaß-Lothringen, Westpreußen u.a.) und Reparationsleistungen.

Der Erste Weltkrieg beginnt. Der Vater Josef meldet sich als 42jähriger freiwillig zur Front.

»Hurra, es geht in den Krieg für Gott und Vaterland! Wenn ich den Heldentod sterben sollte für mein deutsches Vaterland, paß auf die Kinder, besonders auf mein Lothchen, auf!« schreibt er in einer Feldpost an seine Frau Lucie.

Während der Vater in Flandern im Schützengraben liegt, widmet Lothar dem Kronprinzen das Gedicht »Der Totenkopfhusar«. Er erhält eine Einladung ins Schloß Sanssouci und eine Ausbildung als Unteroffiziersanwärter in Berlin-Lichterfelde. Schon zuvor gilt das originalgetreue Holzmodell des kaiserlichen Kanonenbootes »Iltis« in Schmargendorf als eines der attraktivsten Ausflugsziele der patriotischen Familie. Der Nationalstolz erreicht neue Höhen, als man erfährt, daß Fritz, der jüngere Bruder des Vaters, als Obermaat auf dem tatsächlichen Schlachtschiff »Iltis« vor Tsingtau in China seinem Vorgesetzten Admiral Lettow-Vorbeck das Leben rettet.

Der Vater verliert eine Hand, erhält das Eiserne Kreuz und lernt im Kriegslazarett eine Krankenschwester kennen, derentwegen die Ehe zerbricht. Die Mutter verzichtet in ihrem Stolz auf Alimente und arbeitet sechseinhalb Tage in der Woche als Filialleiterin im Korsettgeschäft Neumann am Winterfeldtplatz. Lothar bekommt dank seiner Begabung ein halbes Stipendium an der Musikhochschule, doch der Vater weigert sich, die andere Hälfte zu zahlen. So beginnt er 1918 als Lehrling beim Kaiserlichen Hoflieferanten Hermann Gerson, dem führenden Seiden- und Spitzengeschäft Berlins, folgt jedoch nach einigen Monaten lieber einem Angebot als Volontär einer Stadtkapelle nach Küstrin an die Oder.

Berlin um 1918:
Mutter Lucie als Filialleiterin
am Winterfeldtplatz

Berlin 1912: Kurt und Lothar als Kadetten

Krummhübel 1920: Lothars erste »Schrammelband«

SCHLESIEN

1920

Lothar tingelt von einer Stadtkapelle zur nächsten. In Glogau nimmt ihm der Kapellmeister die Geige und drückt ihm eine Posaune in die Hand, »wegen der vielversprechenden Lippen«. Festumzüge, Beerdigungen und jeden Sonntag Platzkonzerte, bei denen der Hut mit den Trinkgeldern allerdings oft bei der Frau des Kapellmeisters landet.

Unzufrieden verläßt Lothar die Kleinstadt und gründet mit zwei Musikern eine Schrammelkapelle. Wiener Schrammeln – das ist die Attraktion der Zeit. Lothar wird Stehgeiger (»Ich sah immer besser aus als ich spielte!«), die beiden anderen begleiten ihn mit Violine und Gitarre, ein Bandoneonspieler schließt sich ihnen bald darauf an.

So wandern sie zwei Jahre durch die Wälder des Riesengebirges von Dorf zu Dorf, spielen in verräucherten Wirtshäusern Walzer, Tango und Schlager wie »Was Blumen träumen« und »Wenn der weiße Flieder wieder blüht«. Zunächst treten sie für Bier und Korn auf, lassen den Hut herumgehen und übernachten in den Wäldern, später werden sie von den Wirten für ein paar Tage engagiert, zehn Mark pro Mann und Abend, Kost und Logis frei.

Im schlesischen Krummhübel sitzt der Musikagent Ludwig Schreiner im Publikum. Er engagiert das Quartett für das Hotel »Vier Jahreszeiten« in Breslau. Gerade aus Amerika zurückgekehrt, erkennt er die Zeichen der Zeit und weiß, daß Lothar ab sofort einen Künstlernamen benötigt:

»Johnny, das klingt immer gut! Aber weiter?«

Lothar erinnert sich an Erzählungen seiner Eltern aus Bukarest, wo der Vater einige Zeit als Schlosser für eine Berliner Firma arbeitete. Der Untermieter seiner Eltern hieß Marinesko, ein Violinspieler. Ludwig Schreiner ist begeistert:

»Hier spielt die weltberühmte Schrammelkapelle unter der Leitung des Violinvirtuosen Johnny Marinesko!«

1919 Eröffnung der Nationalversammlung in Weimar. Ebert wird zum Reichspräsidenten gewählt (1919–25). Das national gesinnte Bürgertum und die Reichswehr stehen der Republik ebenso ablehnend gegenüber wie extreme Rechte und Linke (kommunistische Unruhen, Räterepublik in München, rechtsextreme Attentate und Putschversuche).

1922–23 Wachsende Finanzprobleme durch Reparationsleistungen. Die Inflation erreicht ihren Höhepunkt (1 US-Dollar = 4,2 Billionen Papiermark). Die Alliierten drängen auf Erfüllung der deutschen Verpflichtungen. Annäherung zwischen Deutschland und der Sowjetunion durch den Vertrag von Rapallo.

1923 Einmarsch französischer und belgischer Truppen ins Ruhrgebiet. Hitler-Putsch in München wird von Polizei und Reichswehr niedergeschlagen. »Kabinett der großen Koalition« unter Reichskanzler Stresemann (Aug.–Nov.).

Bad Reinerz 1926

1924

Johnny Marinesko und seine Band touren zwei Jahre lang durch Schlesien, Sachsen und den Berliner Raum. Unzählige Verehrerinnen scharen sich vor allem um den zigeunerhaften Johnny, von dem nur wenige wissen, daß er als Sohn deutscher Juden im nun polnischen Kattowitz geboren wurde. Lisa, bereits verlobt, lernt ihn nach einem Konzert im schlesischen Kreuzburg kennen. Das Arbeitsamt schickt sie bald darauf für zwei Jahre ins ferne Delmenhorst und dort beschließt sie, aus stiller Liebe zu Johnny zum Judentum zu konvertieren.

Währenddessen wird aus Johnny wieder Lothar, die Kapelle bricht auseinander, »weil Frauen dazwischenkommen«. Lothar zieht es nach den Wanderjahren 1926 in das pulsierende Berlin zurück: Er ist jetzt Geiger in einem Trio mit Harmonium- und Klavierbegleitung und spielt in verschiedenen Berliner Kinos zu Charlie Chaplin-, Harold Lloyd- und Asta Nielsen-Stummfilmen. Er kommt bei seiner Mutter unter, doch die Nächte enden meist irgendwo anders. Auch eine angebliche belgische Gräfin versucht mit Liebe, Kokain und Morphium, Lothar an sich zu binden.

Swing und Jazz kommen aus Amerika und mit ihnen das Saxophon. Lothar und seine Berliner Freunde reagieren schnell, bald steht ein Trio aus zwei Saxophonen und Klavier. Fünf Reichsmark Stundenlohn für ihre nächtlichen Auftritte in Cafes, Restaurants und Bars: ein zunächst noch lukrativer Job inmitten der Weltwirtschaftskrise.

Berlin 1928
(»Zur Erinnerung an das Benefiz der Hauskapelle des Restaurants ›Treffpunkt‹«)

Glogau 1924

Berlin 1928: Lisa und Lothar heiraten (28.11.28)

1925 *Generaloberst Paul von Hindenburg wird Reichspräsident; zunehmende politische Erfolge der NSDAP. Unter Außenminister Stresemann Entspannung der deutsch-französischen Beziehungen und Räumung des Ruhrgebiets (Vertrag von Locarno).*

1928 *Bei den Reichstagswahlen im Mai erringen SPD und KPD 42 Prozent aller Mandate.*

1929 *Bündnis des DNVP-Vorsitzenden Hugenberg mit Hitler. Ausbruch der Wirtschaftskrise, Rücktritte von Finanzminister und Reichsbankpräsidenten. Das Zurückbleiben der Kaufkraft hinter der Produktion führt am »Schwarzen Freitag« im Oktober zum Sturz der Börsenkurse an der New Yorker Börse.*

Inzwischen trifft auch Lisa in Berlin ein, um als Wirtschafterin für Herrn Oberpostmeister Stube zu arbeiten. Es kommt zum Wiedersehen und Lothar ist überwältigt von ihrer Entscheidung in Delmenhorst. Sie heiraten 1928 im Schöneberger Rathaus, obwohl es Johnny Marinesko schon lange nicht mehr gibt.

Berlin

1930

Lothar und Lisa leben zwei Jahre lang in einem möblierten Zimmer, bis sie schließlich nach Einschreibung in eine Warteliste eine kleine Wohnung am Nollendorfplatz zugewiesen bekommen. Das erste Kind, Jutta, wird geboren, ein Jahr darauf Peter, drei Jahre später Margot. Musik und junges Familienglück nimmt Lothar wichtiger als die Aufmärsche der Braunhemden und ihre Straßenschlachten mit den Kommunisten. Die drückende Arbeitslosigkeit jedoch spüren auch Musiker; die Engagements kommen nur noch spärlich. Lothar kümmert sich daher meist um die Kinder, während Lisa als Verkäuferin bei Hermann Tietz und im KDW aushilft.

Als er endlich für einige Monate in der Kapelle Herbert Füllgraf unterkommt, tauchen neue, unerwartete Probleme auf: Der Schlagzeuger soll entlassen werden, weil er zu jüdisch aussehe. Lothar protestiert und wird daraufhin vom Bandleader als Jude denunziert. Ansonsten hält man ihn jedoch eher für einen Südländer, meist einen Italiener: Für eine gelungene Einlage wickeln ihn Nazis sogar einmal in eine Hakenkreuzfahne ein und lassen ihn hochleben. Den Kindern hingegen schlägt dank dunkelblonder Ringellocken und

1930 Sturz des letzten SPD-Reichskanzlers Müller wegen der Beiträge zur Arbeitslosenversicherung. Weltweite Wirtschaftskrise: Wachsende Arbeitslosigkeit und Rückgang der Produktion. Reichsregierung unter Brüning (Zentrum). Reichstagswahlen im September bringen Stimmengewinne für KPD und NSDAP. Zunehmende Radikalisierung der Innenpolitik.

1932 Wiederwahl von Hindenburg gegen die Kandidaten Hitler (NSDAP) und Thälmann (KPD). Sturz Brünings als Folge von Intrigen der »Kamarilla« um Hindenburg. »Kabinett der nationalen Konzentration« unter Reichskanzler von Papen. Im Juli Staatsstreich gegen Preußen. Bei den Reichstagswahlen wird die NSDAP erstmals stärkste Partei. Im November Reichstagsneuwahlen: Verluste der NSDAP, Gewinne der KPD. Reichskanzler von Papen tritt zurück. Über sechs Millionen Arbeitslose in Deutschland.

Ahlbeck, Ostsee 1932: Jutta und Lothar

Berlin 1934: Jutta

1933 30.1.: Hitler gewinnt den Reichspräsidenten von Hindenburg für sich. Dieser beruft Hitler zum Reichskanzler und stimmt Neuwahlen zu. Koalitionsregierung des »Nationalen Zusammenschlusses«. 23.3.: »Gesetz zur Behebung der Not von Volk und Reich« (»Ermächtigungsgesetz«). 1.4.: Boykott-Tag hauptsächlich gegen jüdische Geschäftsinhaber. Ab Mai Liquidation und Auflösung bzw. Verbot von Parteien und Gewerkschaften. Errichtung erster Konzentrationslager, zunächst vor allem für politische Gegner.

1934 Die gesamte SA-Führung wird ermordet, um die Verschmelzung von Reichswehr und SA zu verhindern. Tod des Reichspräsidenten von Hindenburg; Hitler übernimmt sein Amt.

1935 »Nürnberger Gesetze«: Verlust der bürgerlichen Gleichberechtigung für Juden in Deutschland.

1936 Kündigung des Locarno-Vertrags und Einmarsch in das entmilitarisierte Rheinland. Olympische Spiele in Berlin.

blauen Augen fast überall die Zuneigung des gesunden Volksempfindens entgegen:

»So muß ein deutsches Kind aussehen!« hören Lothar und Lisa nicht nur einmal.

Schon bald nach Hitlers Machtergreifung werden alle deutschen Juden aus der Reichsmusikkammer ausgeschlossen, aber Lothar spielt in der Anonymität der Millionenstadt auch ohne Ausweis auf Tanzveranstaltungen und Festlichkeiten. Schließlich gerät er auf einer Dorfhochzeit außerhalb Berlins in eine Kontrolle: Klarinette, Geige und Saxophon werden vorerst eingezogen, auch wenn die Brautmutter jammert:

»Das will aber unser Führer nicht!«

Lothar findet jedoch eine Anstellung beim »Kulturbund Deutscher Juden«, einem aus der politischen Not geborenen Sammelbecken arbeitsloser jüdischer Künstler, die nun ausschließlich für ein jüdisches Publikum spielen dürfen. Man sucht noch Bläser und so erhält Lothar als Posaunist die langersehnte klassische Ausbildung. So imposant die Konzerte, so ergreifend die jüdischen Feiern auch sein mögen, der bescheidene Lohn reicht für die Familie nicht aus. Lothar beschließt daher, sich weiterhin über die Musikagentur Krolow vermitteln zu lassen, trotz der damit verbundenen Gefahren.

Eines Tages bringt ihn ein Engagement in das Nobelhotel »Kaiserhof«. Als er am Eingang SS-Posten strammstehen sieht, ist es bereits zu spät. Man nimmt ihm Klarinette, Geige und Saxophon ab, er wird in das festliche Innere geführt, wo sich im großen Ballsaal an die 1000 Gäste in Abendgala versammelt haben. Lothar erblickt Goebbels, Göring und Himmler direkt vor sich an den ersten Tischen.

»Herr Simenauer, Sie sind Ausländer?« fragt der Konzertmeister.

»Ja!«

Berlin 1933: Kapelle Herbert Füllgraf (Lothar am Saxophon) ▶

1938

1938 13.3.: »Anschluß« Österreichs. Die NS-Judenpolitik wird drastisch verschärft. 29.9.: Konferenz in München zwischen Hitler, Mussolini, Chamberlain und Daladier: Abtretung der sudetendeutschen Gebiete an Deutschland. 9./10.11.: Das Attentat auf den deutschen Gesandtschaftsrat in Paris durch einen jüdischen Jugendlichen löst organisierte Judenpogrome in ganz Deutschland aus (»Reichskristallnacht«): Synagogen werden in Brand gesteckt, jüdische Geschäfte zerstört, ca. 26.000 männliche Juden verhaftet. Das Reich fordert 1 Milliarde Reichsmark als Sühneleistung. Endgültige »Ausschaltung« der Juden aus dem deutschen Wirtschaftsleben (»Zwangsarisierung«).

Selbst die Kulturbund-Engagements gehen spürbar zurück, der wachsende Emigrantenstrom reißt immer tiefere Löcher in die jüdische Gemeinde. Lisa arbeitet nun als Pflegeschwester und Haushaltshilfe in einigen wohlhabenden Häusern und näht für die jüdische Winterhilfe. Wegen Lothars Arbeitslosigkeit ist die Familie jedoch inzwischen auch auf eine Unterstützung der Gemeinde angewiesen. Um die Wohnung halten zu können, zieht ein polnischer Schneider zur Untermiete ein. Man zieht sich zurück und Lothar glaubt immer noch wie viele Betroffene an ein kurzes, unangenehmes Intermezzo, das es durchzustehen gilt. Doch die Ausgrenzung schreitet fort: Lisa wird zur Schulleitung zitiert und angehalten, Jutta von der Schule zu nehmen. Die meisten Nachbarn verhalten sich zwar nicht abweisend, aber aus Angst vor Repressalien zunehmend reservierter.

An einem Junisonntag um fünf Uhr morgens erscheinen zwei Kriminalbeamte in Zivil:

»Ihr Mann muß nur zu einer kurzen Vernehmung mitkommen«, erklären sie der mißtrauischen Lisa. Am selben Tag sieht sie Lothar noch einmal kurz auf dem Schöneberger Polizeirevier: in einen winzigen Raum mit dreißig anderen Männern eingepfercht. Sie ahnt

Berlin 1933

Schlimmes. Schreckliche Gerüchte kursieren seit geraumer Zeit um Menschen, die plötzlich abgeholt werden und nicht mehr auftauchen. Lisa läßt auf dem Polizeipräsidium am Alexanderplatz nicht locker und erfährt schließlich unter der Hand, daß ihr Mann ins Konzentrationslager Buchenwald verschleppt wurde.

»Hier kommst du nicht mehr lebendig heraus!« höhnt ein SS-Wachposten Lothar gleich am ersten Tag entgegen. Kahlgeschoren und in Sträflingsuniform tritt Häftling Nr. 5642 morgens um fünf Uhr mit Tausenden von Leidensgenossen den Appell an. Wenn einer fehlt, stehen sie oft stundenlang – die Knochenarbeit in den Steinbrüchen und im Wald muß jedoch im Laufschritt durchgeführt werden. Viele brechen zusammen und werden von sadistischen Aufsehern noch weiter malträtiert; einige halten die Tortur auch psychisch nicht länger aus und werfen sich an die elektrischen Wachzäune.

Menschen werden wie Vieh behandelt: Juden, Kommunisten, Sozialdemokraten, Bibelforscher heißen darum bei ihren Schindern Schafe, Schweine, Kühe. Häftling Nr. 5642 haust im Schafstall Nr. 2. Schon nach kurzer Zeit durch die katastrophale Ernährung völlig ausgezehrt, besitzt er nach der täglichen Tortur im Morast keine Kraft mehr zum Nachdenken. Lagerkommandant Koch hingegen mag saubere Arbeit: Wenn er einen Häftling zusammenschlägt, steht hinter ihm bereits ein Lakai mit einer Waschschüssel.

Mitte August durchbricht plötzlich ein Ereignis den verzweifelt stumpfen Überlebenskampf: Häftling Nr. 5642 bekommt den Befehl, am nächsten Morgen auf einer Wachstube zu erscheinen. Der Ahnungslose erhält seine Kleider und eine einfache Zugfahrkarte nach Berlin. Bevor er jedoch den verschwiegenen Ort verlassen darf, zwingt man ihn, niemandem über seine Erlebnisse zu berichten:

»Sie kennen hoffentlich die Folgen für Sie und Ihre Familie!«

KZ Buchenwald
Blick über den Appellplatz während der Feier der Lagerinsassen nach ihrer Befreiung 11.5.1945

Auswandern –
Wohin?

Frage den Hilfsverein! Werde Mitglied!

Aus: Jüdische Auswanderung, Korrespondenzblatt für Auswanderungs- und Siedlungswesen, Sommer 1938
Herausgegeben vom Hilfsverein der Juden in Deutschland

Juni 1938

Fort aus Deutschland – seit Lothars Verschleppung kennt Lisa nur noch einen Gedanken. Stundenlang steht sie jeden Morgen mit Hunderten Schlange vor dem Auswanderungsbüro des jüdischen Hilfsvereins, um die Familie zunächst registrieren zu lassen. Aber woher das Geld für die Emigration nehmen? Die Nazis raffen mit der Reichsfluchtsteuer ganze Vermögen an sich, die Einwanderungsländer erheben drastische Vorschriften und kassieren bei den Flüchtlingen auch noch kräftig ab: 500 Pfund verlangen die britischen Behörden von jedem Palästina-Einwanderer.

Mit Glück und Geschick schafft es Lisa schließlich, bis zu Dr. Schildberger, dem Leiter des Büros, vorzudringen. Er ermöglicht eine Schiffspassage nach Kolumbien und eine 1000-Dollar-Spende von der jüdischen Wassermann-Bank. Während Lisa auf die Einwanderungspapiere wartet, beschleichen sie doch Zweifel. Wo soll Lothar in Kolumbien Musik spielen? Sie erinnert sich, wie Lothar einen Musiker erwähnte, der eine Kapelle fürs Ausland suchte. Tatsächlich findet sie ein Adreßbuch mit einer entsprechenden Notiz.

Vilmos Singer feierte als Pianist mit den »Weintraub Syncopeters« Anfang der 30er Jahre bis nach Leningrad große Jazz- und Schlagererfolge. Als in Berlin geborener Ungar konnte er sein Judentum bis weit in die Nazi-Zeit verheimlichen, doch der eskalierende Rassenwahn läßt nun auch ihn um die Zukunft bangen. Er erzählt Lisa von einer Annonce in einer jüdischen Zeitung, in der ein Orchester im nordchinesischen Harbin gesucht wird:

»Aber daraus wird nichts! Man sucht eine Damenkapelle für das Restaurant!«

Lisa läßt sich jedoch nicht entmutigen. Sie kämpft sich durch bis zum Intendanten des Kulturbundes, Kurt Singer, unter dessen Leitung Lothar viele Konzerte bestritten hat, und berichtet vom Schicksal ihres Mannes. Kurt Singer weiß, daß sich bislang noch niemand auf die Annonce gemeldet hat und es sich bei dem Restaurantbesitzer Karl Villanyi um einen ungarischen Landsmann von Vilmos Singer handelt. Er schickt zwei Telegramme in die Mandschurei.

Villanyi engagiert schließlich die (wie er nicht weiß: bislang imaginäre) Achtmannkapelle von Vilmos Singer für ein Jahr, die Reisekosten werden von der Wassermann-Bank übernommen. Nach musikalischen, aber auch sozialen Kriterien werden in aller Eile sechs

Offene Auslandsstellen

Zur Besetzung genehmigt

Landesarbeitsamt Brandenburg

Für England werden gesucht:

a) eine jüdische Direktrice;

b) eine jüdische Zuschneiderin oder Vorarbeiterin für Kleider (schicker Sportgenre).

Nach Aegypten wird ein jüdischer pharmazeutischer Chemiker gesucht.

Nach Holland wird ein jüdischer Ingenieur mit Spezialkenntnissen von Werkzeugkunde und Feinmechanismus im Kleinmaschinenbau gesucht, der Maschinen entwerfen und zeichnen kann.

Nach Salvador wird ein unverheirateter jüngerer jüdischer Ingenieur mit praktischen Erfahrungen für elektrische Maschinen und Dieselmotoren gesucht. Er muß dieselben aufstellen und bedienen können. Bewerbungsschreiben handschriftlich. Ein einjähriger Probevertrag zu einem Gehalt von ca. 80 $ würde zunächst geschlossen. Es beständen späterhin gewisse Aufstiegsmöglichkeiten.

Nach Litauen wird für eine Schlosserwerkstatt ein jüdischer Meister für Schlosser-Mechanik gesucht. Der Betreffende muß sämtliche Schlosserarbeiten, wie Feilen, Drehen, Schmieden usw. verstehen und gleichzeitig die Arbeit in der Werkstatt organisieren. Es handelt sich um eine Lehrwerkstätte, in der 150 Schüler ausgebildet werden. Die Schule besteht aus vier Klassen und sieben Gehilfsinstruktoren.

Für Mittelafrika wird ein jüdischer, lediger Schlächter gesucht, der imstande sein muß, grobe Zervelatwurst, Wurst und andere Kleinwaren herzustellen und auch geräucherten Speck fabrizieren kann. Gute englische Sprachkenntnisse erforderlich.

Nach Chile wird ein tüchtiger jüdischer Herrenschneider für Großbetrieb gesucht. Einreise wird vom Chef besorgt.

Für Tabriz wird eine jüdische Korrespondentin zwischen 30 und 45 Jahren gesucht. Verlangt werden perfekte Kenntnisse der deutschen und englischen Sprache in Wort und Schrift. Französisch erwünscht, aber nicht Bedingung. Kenntnis der modernen Buchhaltung. Gewährt wird freie Reise und bescheidenes Auskommen.

Für ein Kaffeerestaurant in Harbin (Mandschukuo) wird ein musikalisches Damentrio gesucht (Konservatoriumsausbildung Bedingung): a) eine jüdische Geigerin; b) eine jüdische Cellistin; c) eine jüdische Pianistin, die auch Akkordeon spielen muß. Bei den ausführlichen Bewerbungen sind Rezensionen und Gehaltsansprüche mitzuteilen. Fester Kontrakt wird gewährt.

Für Australien wird eine jüdische freireligiöse Erzieherin gesucht, im Alter zwischen 25 und 32 Jahren, zu zwei Kindern (einem Mädchen von 7 Jahren, einem Knaben von 5 Jahren). Verlangt wird, daß die Betreffende ein gutes Deutsch und Französisch spricht und genügend musikalisch gebildet ist, um den Kindern Musikunterricht zu geben. Sie muß gut aussehen, und es wird vorausgesetzt, daß sie eine ordnungsmäßige Berufsausbildung hat. Neben ihrer Tätigkeit bei den Kindern müßte sie einige Näh- und Ausbesserarbeiten übernehmen. Für alle übrigen Arbeiten ist Hauspersonal vorhanden. Das Gehalt beträgt 104 £ jährlich. Die Familie wohnt außerhalb der Stadt. Zwei Monate in jedem Jahr werden an der See verbracht.

Ausführliche Bewerbungen in doppelter Ausfertigung nur auf Luftpostdünnpapier, Zeugnisabschriften und Paßphoto werden ausschließlich durch die Jüdische Gemeinde, Berlin SW 68, Lindenstraße 48/50, weitergeleitet. Bewerbungen auf gewöhnlichem Papier werden nicht mit Luftpost befördert.

Aus: Israelitisches Familienblatt, 2.6.1938

Aus: Israelitisches Familienblatt, 21.7.1938

weitere Künstler, allesamt Multiinstrumentalisten, für die Band zusammengesucht. Lisa kämpft sich indessen weiter durch die Behörden, um die sogenannte »Unbedenklichkeitsbescheinigung« vom Finanzamt zu erhalten. Wer schon auswandert, soll schließlich auch seine Steuerschulden beglichen haben.

Lothar entkommt dem KZ nur unter der Auflage, innerhalb von 14 Tagen das Land zu verlassen. Um Jahre gealtert, trifft er nach acht Wochen Buchenwald bei seiner Familie ein. Zum Nachfragen und Erklären bleibt keine Zeit: Das Mobiliar bleibt zurück, das letzte Geld wird in Mäntel, Schuhe und Koffer umgesetzt, denn laut Gesetz dürfen nur zehn Reichsmark ausgeführt werden.

Lothars Bruder Kurt (»Ich war Soldat im Ersten Weltkrieg!«) und ihre Mutter (»Ich geh' nur nach Amerika mit!«) bleiben unbeirrt zurück. Kurt kommt einige Monate später ins KZ Sachsenhausen, kann jedoch in letzter Sekunde nach Brasilien emigrieren, die Mutter wird 1942 Richtung Osten deportiert und umgebracht.

Eine Woche nach Lothars Entlassung, am 30. August 1938, verlassen acht Musiker, teils mit Familie, den Berliner Anhalter Bahnhof. Ihr gemeinsames Ziel ist die »American Bar« in der Mandschurei.

Aus: Israelitisches Familienblatt, 12.10.1938

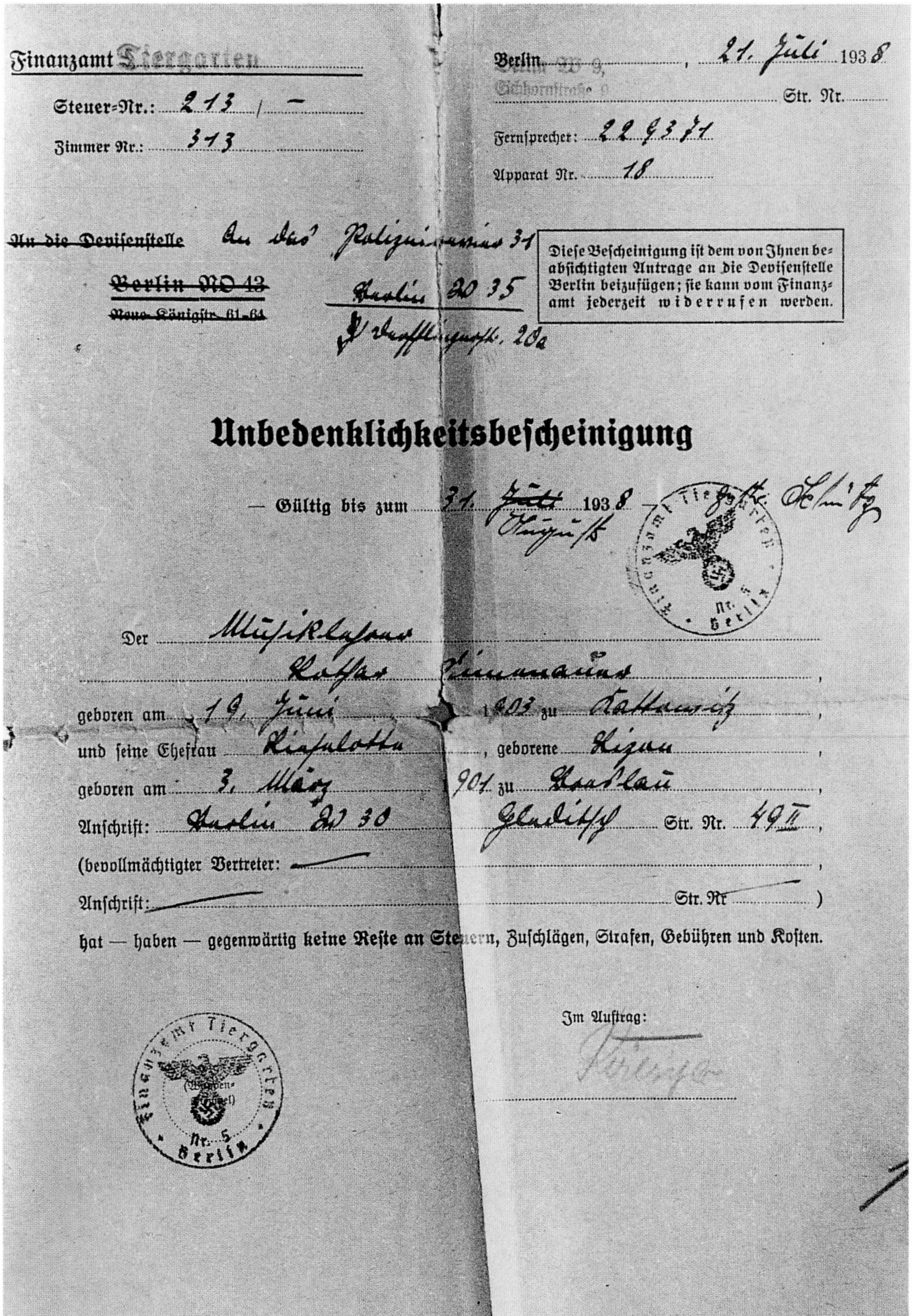

Finanzamt ~~Tiergarten~~

Steuer-Nr.: 213 / –

Zimmer Nr.: 313

Berlin ~~W 9,~~ 21. Juli 1938

~~Eichhornstraße 9~~ Str. Nr.

Fernsprecher: 22 93 71

Apparat Nr. 18

~~An die Devisenstelle~~ An das Polizeirevier 31

~~Berlin NO 43~~ Berlin W 35

~~Neue Königstr. 61-64~~ Derfflingerstr. 28a

Diese Bescheinigung ist dem von Ihnen beabsichtigten Antrage an die Devisenstelle Berlin beizufügen; sie kann vom Finanzamt jederzeit widerrufen werden.

Unbedenklichkeitsbescheinigung

— Gültig bis zum 31. ~~Juli~~ August 1938 —

Der Musiklehrer Lothar Zimmermann,

geboren am 19. Juni 1903 zu Kattowitz,

und seine Ehefrau Liselotte, geborene Lizau,

geboren am 3. März 1901 zu Breslau,

Anschrift: Berlin W 30 Gleditschstr. Nr. 49 II,

(bevollmächtigter Vertreter: — ,

Anschrift: — Str. Nr. —)

hat — haben — gegenwärtig keine Reste an Steuern, Zuschlägen, Strafen, Gebühren und Kosten.

Im Auftrag:

Finanzamt Tiergarten Nr. 5 Berlin

S. 28/29:
Spiel aus der Central-Verein-Zeitung, 21.10.1937.
Mit diesem Spiel wurden jüdische Kinder auf ihre Auswanderung vorbereitet.

Das Foto zeigt Jutta, Peter und Lothar auf der »Conte Verde« – Indischer Ozean, 10.1.1938 ▶

Wir reisen nac

Jonny Reiseweit ist nun seinen Eltern, die vor zwei Jahren ausgewandert sind, nachgefahren. Und zwar hat er eine ganz besonders weite Reise gemacht: Nach Australien nämlich. Wie schwierig es war, hat er — mit gelinden Uebertreibungen — in diesem Spiel geschildert, in dem ihr ihm alle auf seiner Auswanderung folgen sollt und selbst kleine Weltenwanderer seid.

Die Nummern stellen teils heitere, teils aufregende Augenblicke seiner Fahrt dar, und je nach Glück oder Pech der Würfel könnt ihr die schnellste Reise oder die Schwierigkeiten grosser Umwege mitmachen. Alle Mitspieler würfeln (mit einem Würfel) und ziehen abwechselnd, wobei alle Nummern ihrer richtigen Reihenfolge nach gezählt werden. Die Nummern, an denen was los ist, sind schwarz. Kommt eine Figur an ein schon besetztes Feld, so kann sie die andere Figur rauswerfen, die an den Anfang zurück muss. Der erste in Sidney ist natürlich Sieger. Also nun gute Reise!

A.: Die Kreise bedeuten Wohnorte und sind zum Einsatz der mitspielenden Figuren bestimmt.

1 Erreicht den Bahnhof gerade noch rechtzeitig, um mit dem FD-Zug zu fahren; fährt direkt nach Nr. 6, Mailand.

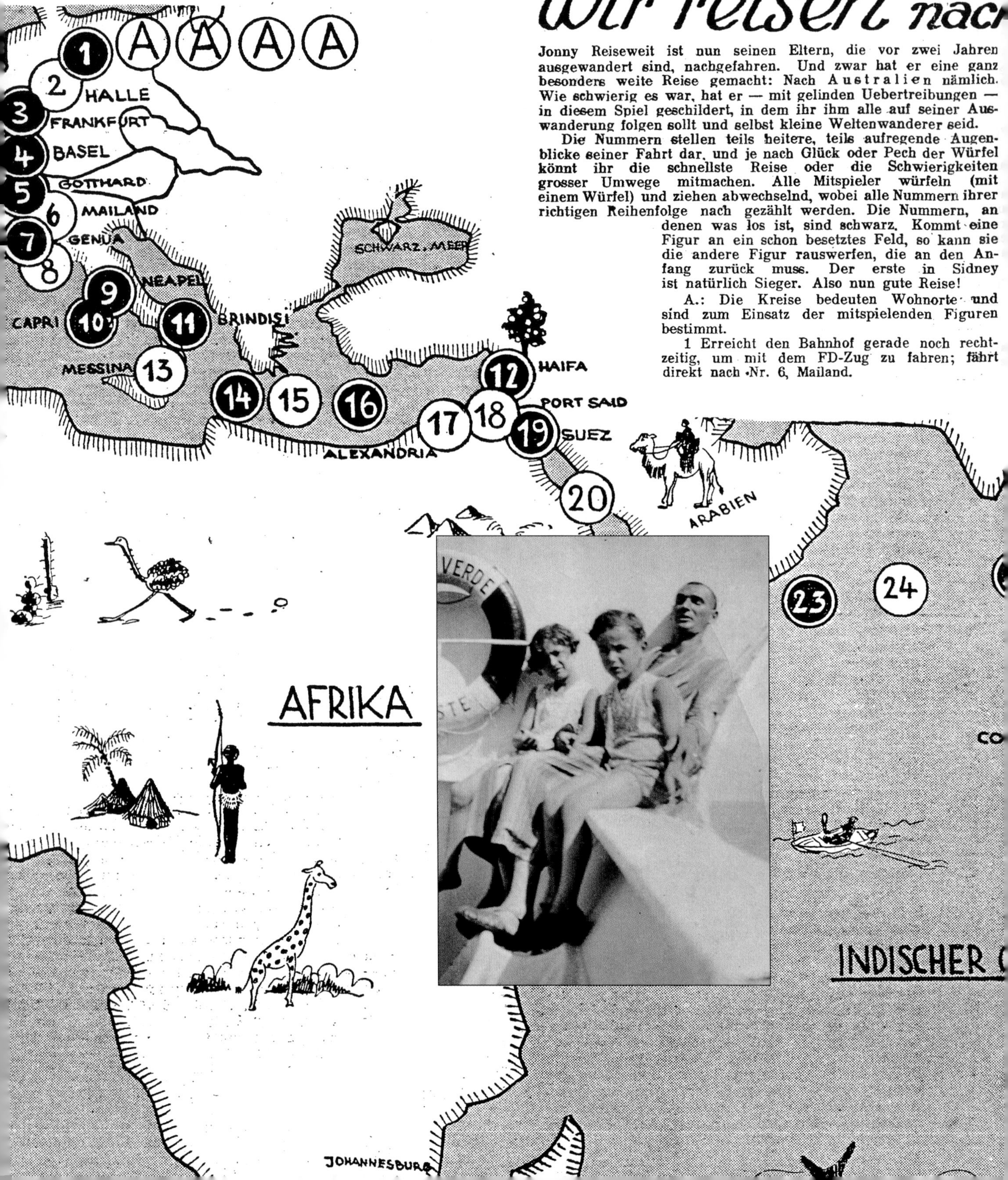

Australien.

3 Steigt in Frankfurt am Main aus, um das Rotschildhaus und en alten jüdischen Friedhof zu besuchen. Wird eine Runde beim ürfeln übergangen.

4 Fährt zurück, Pass vergessen, nach A.

5 Am Gotthard Schneeverwehungen. Wird einmal beim ürfeln übergangen.

7 Schifft sich in Genua ein und erfährt, dass das Schiff direkt ıch Messina fährt, rückt auf 13 vor.

9 Nimmt in Neapel ein Flugzeug, fliegt nach Brindisi (Nr. 11), ıt dort direkten Fluganschluss nach Haifa (Nr. 12), wo er drei unden übergangen wird, damit er Palästina in Ruhe ansehen und reunde und Verwandte im Emek, in Tel-Aviv und in Jerusalem esuchen kann, darf dann beim nächsten Wurf gleich nach Port iid (Nr. 18), auch wenn er weniger als 6 würfelt.

10 Sieht sich im Vorbeifahren Capri an, wird eine Runde mit ürfeln übergangen.

11 Siehe 9.

12 Siehe 9.

14 Das Schiff empfängt einen SOS-Ruf und beschleunigt die ıhrt, geht direkt auf 16, wo es ein Fischerboot ins Schlepptau ımmt und nach 13 Messina zurückbringt.

16 Siehe 14.

19 Suez. Das Schiff kann den Kanal nur verlassen, wenn Flut ist, darf nur weitergehen, wenn er 6 würfelt.

21 Aden. Macht zwei Runden Erholungspause wegen überstandener Seekrankheit.

23 Auf See. Gewinnt im Bordspiel den ersten Preis, einen Elefantenritt von Bombay nach Madras (Nr. 27), den er aber nur antreten kann, wenn er eine 2 würfelt und dadurch nach Bombay (Nr. 25) kommt.

25 Bombay. Siehe 23.

26 Colombo. In Colombo direkter Dampfer nach Penang (Nr. 34).

29 Kalkutta. Da ein Matrose gelbes Fieber hat, bleibt das Schiff drei Runden in Quarantäne.

33 Das Schiff hat gute Fahrt, fährt ohne Anhalten nach 42 (Bandasee).

35 Singapore. Nach einem Landausflug gerät er auf einen falschen Dampfer, der ihn nach Hongkong (Nr. 38) führt.

39 Manila. Bekommt ein Schiff, das ihn durch das Inselgewirr nach 43 in der Bandasee bringt, wo es leider auf ein Korallenriff aufläuft und eine Runde liegenbleibt.

43 Siehe 39.

44 Das Schiff hat Kesselschaden und fährt zurück nach 40 (Batavia).

45 Kap York, die Nordspitze Australiens, ist in Sicht, darf direkt nach Sidney (Nr. 50) und ist am Ziel.

47 Schwerer Sturm, das Schiff wird vom Kurs getrieben und bleibt zwei Runden im Unwetter.

49 Brisbane. Beim Betreten australischen Bodens stellt sich heraus, dass die Landungserlaubnis nicht in Ordnung ist. Muss zurück nach Hause A.

50 Sidney. Am Ziel.

Gewic.

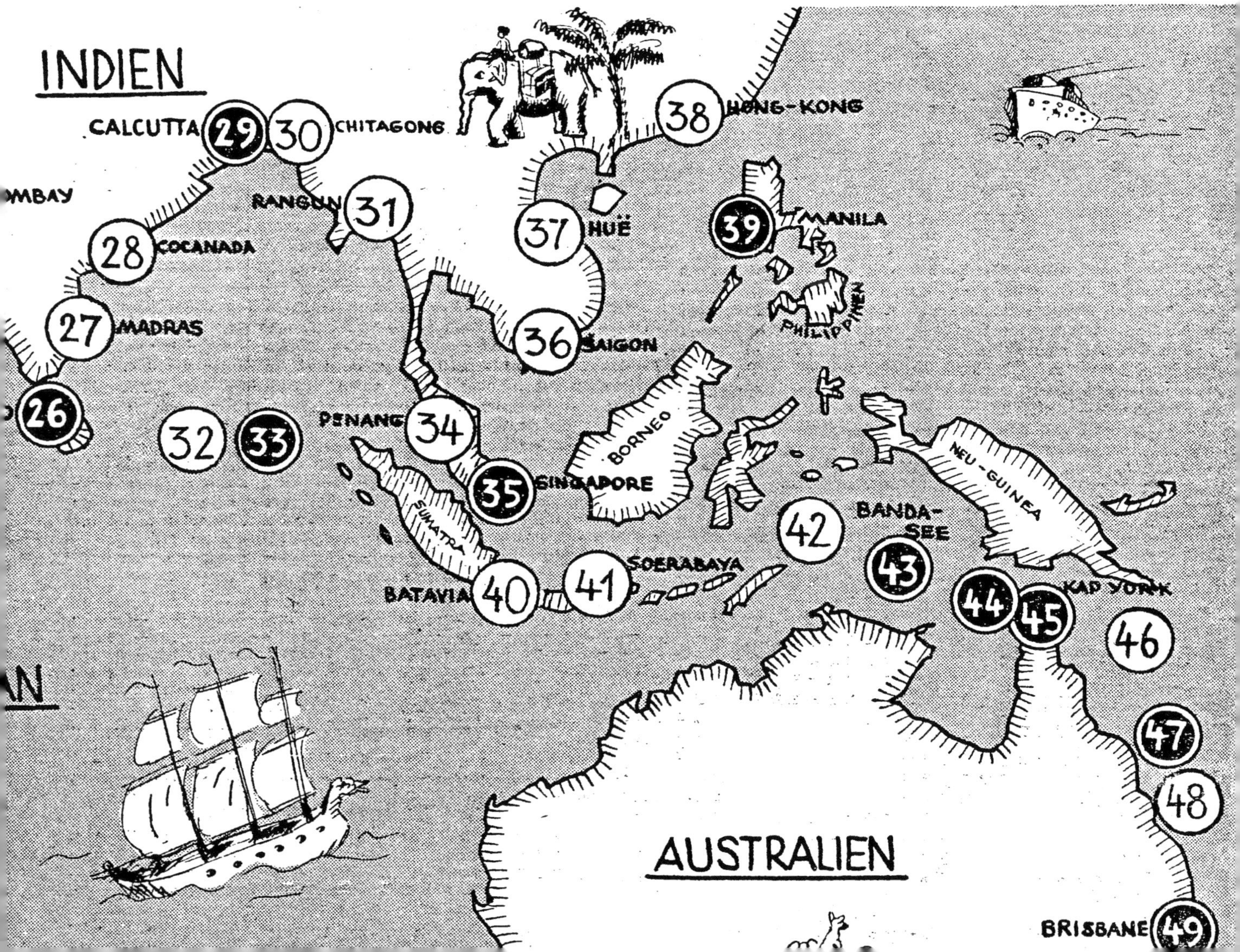

TRIEST – SCHANGHAI

September 1938

Im Hafen liegt der Luxusdampfer »Conte Verde« vor Anker. Europäische Geschäftsleute schiffen sich von hier nach Ostasien ein, nur wenige Emigranten können sich die teure Passage leisten. An Bord beginnt die Kapelle das erste Mal zu proben. Während Lothar sich langsam von den Torturen in Buchenwald erholt, machen ihn britische Journalisten im Hafen von Hongkong als ehemaligen KZ-Häftling ausfindig. Für ein Exklusivinterview bieten sie ihm und seiner Familie 5000 Pfund und freie Einreise nach England. Lothar lehnt jedoch das lukrative Angebot mit Rücksicht auf Mutter und Bruder ab.

Schanghai 1938: Die Band auf der »Conte Verde«. Von links: Lothar Simenauer, Vilmos Singer, Günther Preuss, H. Elkan, Hermann Rathaus, Kurt Goldschmidt, »Mäuschen« Kaplan, Bonny Rathaus

Einige Tage bleiben die Musiker auf Kosten eines jüdischen Hilfskomitees in Schanghai, das als internationale Zone einer der wenigen Plätze auf der Welt ohne Visabeschränkungen ist. Ein erstes Konzert findet vor einem begeisterten internationalen Publikum statt und die Musiker erliegen allmählich der Faszination Asiens, auch wenn 400 gerade eingetroffene Emigranten sie an ihr eigenes Schicksal erinnern.

MANDSCHUREI

1938

Der exotische Traum findet jedoch ein jähes Ende im Hafen von Dairen. Japanische Truppen halten das Land bereits seit 1930 okkupiert, mit aufgepflanztem Bajonett begrüßen sie die Ankömmlinge im Vasallenstaat Mandschukuo. Aus Furcht vor chinesischen Untergrundkämpfern fahren die Eisenbahnzüge verplombt und streng bewacht Richtung Norden nach Harbin. Die mandschurische Metropole ist bereits seit geraumer Zeit Flüchtlingsziel: Tausende von Weißrussen und Juden flohen nach der russischen Oktoberrevolution Richtung Osten über die Grenze. Sie blieben auch nach der japanischen Besatzung wegen der guten Wirtschaftslage in der für das Kaiserreich so wichtigen Kornkammer Ostasiens.

Nach dem Empfang durch die russisch-jüdische Gemeinde erhält die fünfköpfige Familie eine Wohnung in der »Konnaya Uliza« im russischen Viertel. Die »American Bar« entpuppt sich als kleines, exklusives Restaurant, in dem vor allem Diplomaten und Geschäftsleute verkehren. Am frühen Abend spielt die Band zunächst Unterhaltungsmusik zum Essen, Operetten wie »Gräfin Maritza«, »Csardas-Fürstin«, später geht man zu Tanzmusik über, europäischen Schlagern und manchmal sogar Jazz.

1860 *Vertrag von Peking. Einrichtung europäischer Gesandtschaften; Freigabe des Handels.*

1897 *Als Repressalie auf die Ermordung zweier Missionare deutsche Besetzung von Tsingtau.*

1898 *Pachtvertrag (Deutscher Erwerb von Kiautschou für 99 Jahre).*

1900 *Hass auf die »fremden Teufel« entlädt sich im Boxeraufstand. Christenmassaker und Ermordung des deutschen Gesandten, darauf Strafexpedition unter deutschem Kommando.*

1911 *Revolution der Jungchinesen zur radikalen Erneuerung Chinas. Abdankung der Mandschu-Kaiserdynastie. Sun Yat-sen ruft die Republik aus.*

1916 *Kriege der Unterführer (»Warlords«) in Nordchina um Peking.*

1921 *Gründung der KP Chinas.*

1925 *Bürgerkrieg nach Sun Yat-sens Tod.*

1926 *Feldzug der Revolutionsarmee unter Tschiang Kai-schek gegen die Militärmachthaber in Mittel- und Nordchina.*

1927 *Bruch Tschiang Kai-Scheks mit der KP Chinas und Liquidation von Kommunisten in Schanghai. Herrschaft der Kuomintang (bis 1936).*

1931 *Zurückgewinnung von Fremdenniederlassungen, Aufhebung von Exterritorialrechten, Beseitigung der Binnenzölle. Die Niederlassungen in Schanghai und der chinesische Seezoll bleiben unter fremder Verwaltung. Mao Tse-Tung errichtet in Kiangsi einen kommunistischen Staat, gestützt von Bauernverbänden. Im gleichen Jahr annektieren die Japaner die Mandschurei.*

1934 *Die Kommunisten weichen im Langen Marsch (etwa 10 000 km in einem Jahr) nach Schensi aus und errichten dort 1937 einen kommunistischen Staat. Der japanische Vasallenstaat Mandschukuo (Mandschurei) wird Kaiserreich.*

Harbin 1938: Japanischer Rundfunk

Harbin 1939: Artikel in russischer Zeitung Enthusiastische Ankündigung der Kapelle in einer Harbiner Zeitung. Die musikliebenden Harbiner freuen sich, daß es ihnen »als ganz besonders angenehme Überraschung« gelungen ist, dieses »außerordentliche europäische Orchester« für die »Amerikanische Bar« zu gewinnen. Alle Mitglieder der Truppe werden mit einer Kurzbiographie vorgestellt.

Die Zeitschrift wurde von Exilrussen, die mehr als die Hälfte der Harbiner Bevölkerung ausmachten, herausgegeben und ist noch in der vor der Revolution üblichen Schreibweise verfaßt. – Lenin hatte aus Einsparungsgründen für die Druckindustrie die Abschaffung und Veränderung einiger Buchstaben angeordnet. – Das Festhalten an der alten Schreibweise war somit gleichzeitig Ausdruck einer antirevolutionären Gesinnung.

ХАРБИН ѢДУТ ВѢНЦЫ!

…екрасный европейскій оркестр в ресторанѣ „Гамбринус" (б. „Американскій Бар").

В Харбинѣ уже объявлено, что на… сюда пріѣзжает вѣнскій оркестр, в …авѣ 8 музыкантов, во главѣ со своим …ром, венгерцем Зингер Вильмош, для …туплений в одном из самых популяр… ресторанов города, — в ресторан… «Гамбринус» (б. «Американскій …»).

Харбинцы — очень музыкальный на… и пріѣзд вѣнцев, славящихся своей …ительной музыкой, является для них …шим и очень пріятным сюрпризом.

Нам удалось узнать нѣкоторыя под…бности о составѣ этого оркестра, и …хотим подѣлиться ими с нашими …ателями, — тѣм болѣе, что это инте…но не для одного Харбина, так как …чно поработав в Харбинѣ, оркестры не …вляют своим вниманіем и др. дальне…точных городов, — Тяньцзина, Шан… и всѣх крупных городов Ниппона.

Прежде всего — о лидерѣ оркестра, Зингер Вильмош.

В 1922 г. он окончил консерваторію …ерлинѣ и, пройдя первоклассную шко… джассовой музыки под руководством …стнаго всей Европѣ американскаго …ра Чарли Моро, сам стал лидерство… в лучших европейских оркестрах, ко…ые нарасхват приглашались в Лондон, …ж или Берлин.

Теперь он везет свой оркестр к нам …арбин.

В составѣ этого оркестра — слѣдую… музыканты:

Гюнтер Прайс, аккорде… и трамбонист. Он также окончил …нскую Консерваторію. Это — уче… солиста Брюссельской оперы Ван дер … и перваго солиста государственной оперы в Берлинѣ.

Ганс Капхан, віолон…ст, ученик всемірно извѣстнаго бер…скаго профессора Сандова. Г. Кап… с 1925 года выступал все время в Берлинѣ.

Герман Ратгауз — …рист. С малых лѣт он посвятил себя …у инструменту, и виртуоз гитары … Башон считал его лучшим своим …ником. Первоклассные оркестры Бер… гордились, если в их составѣ вы… гитарист Ратгауз.

Бернард Ратгауз, его … — скрипач и трубач, окончившій …нскую Консерваторію и выступавшій … лучших европейских оркестрах.

Лотарь Сименауэр — …ач и саксафонист, также ученик …нской Консерваторіи, прошедшій, … того, извѣстную школу государ… капеллы Глогау, под руковод… …ѣстнаго дирижера Хорша.

…рх Э… — скрипач, …ар… по…

Сверху: Зингер Вильмош и К. Элкан… — Б. Ратгауз и Л. Симе…кауэр; в … Гольдшми… …ва — Г. Ка… …гауз…

1939 15.3.: Einmarsch deutscher Truppen in die Tschechoslowakei; Errichtung des »Reichsprotektorats Böhmen und Mähren«. Deutsche Forderungen an Polen: Angliederung Danzigs an Deutschland. 23.8.: Deutsch-sowjetischer Nichtangriffspakt mit geheimem Zusatzprotokoll (Festlegung der beiderseitigen Interessensphären in Osteuropa). 1.9.: Deutscher Angriff auf Polen.

Auch japanische Offiziere lassen sich hin und wieder in der »American Bar« blicken. Bandleader Vilmos Singer versteht es geschickt, Kontakt zu den Okkupanten aufzunehmen und schon bald spielt die Kapelle nebenbei für den japanischen Rundfunk von Harbin. Die neuen Einwanderer gelten erst einmal als Deutsche, denn die Japaner kennen keinen Antisemitismus. Via Sibirien treffen weitere Flüchtlinge aus Deutschland ein, sie sind den Besatzern durchaus willkommen: Weit nach Kriegsende enthüllt eine Geheimstudie, der »Fugu-Plan«, daß qualifizierte europäische Emigranten als Wirtschaftsmotor in der Mandschurei fungieren sollten.

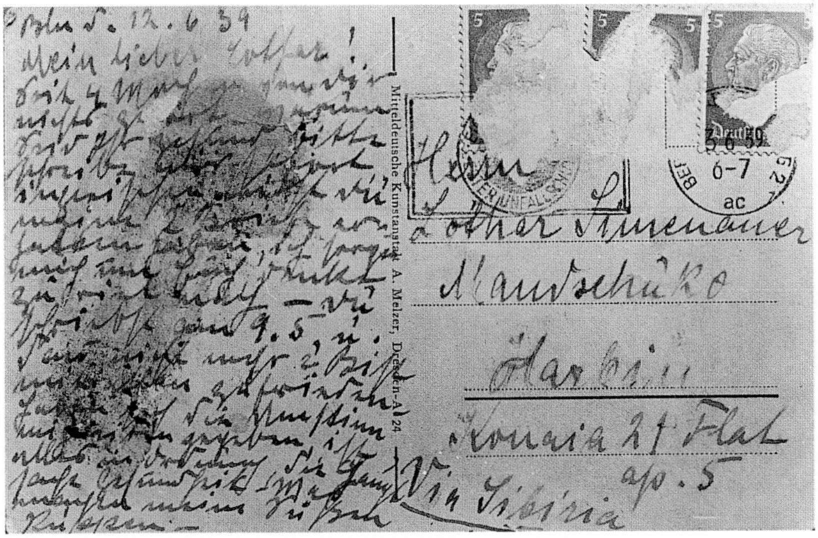

Harbin 1939: Postkarte von Mutter Lucie aus Berlin: »Lothar Simenauer, Mandschuko, Harbin, Via Sibiria«

Inzwischen bricht der sibirische Winter mit Temperaturen bis zu minus 40 Grad Celsius an. Der Sungari, die mandschurische Wasserader, friert für vier Monate zu, so daß die Kinder Schlittschuh laufen können. Eingehüllt in dicke Pelze, unternimmt man Ausflüge mit Pferdeschlitten zur anderen Flußseite, wo sich russische Kolonisten angesiedelt haben. Das fast unbekümmerte Leben in diesen Wintertagen findet plötzlich ein Ende: In Deutschland brennen die Synagogen. Die Sorge um zurückgebliebene Verwandte und Freunde wächst, aber auch der eigene Lebensunterhalt ist plötzlich gefährdet: die »American Bar« läuft 1939 nicht mehr besonders gut, eine Vertragsverlängerung scheint sehr unwahrscheinlich. Es gibt Streit um die Zukunft der Kapelle: Vilmos Singer entläßt eigenmächtig zwei seiner Musiker, Kurt Goldschmidt und Hermann Rathaus. Hans Baron als Stehgeiger und der Schweizer »Bonbon« als Trompeter kommen neu hinzu. Inzwischen hat sich jedoch der gute Ruf der Band in anderen chinesischen Städten herumgesprochen: Karl Meyer engagiert sie für sein Restaurant »Tivoli« in Tientsin nahe Peking.

Während die Kapelle sich auf den Umzug vorbereitet, treffen weitere dramatische Nachrichten aus Europa ein: Deutsche Truppen besetzen Polen innerhalb weniger Tage. Lothar traut auch dem Frieden in China nicht – so kommt nur Peter mit der Kapelle nach Tientsin, Lisa bleibt zunächst mit den zwei Töchtern in Harbin zurück, wo sie zusammen mit einem rumänischen Schneiderehepaar in Heimarbeit Pelze für den nächsten Winter näht.

Harbin 1939: Lothar mit Vilmos' Frau Hildur

S. 34/35: Harbin, Winter 1938/39: Auf dem zugefrorenen Sungari – 12000 Seemeilen von Deutschland entfernt ▶

安
天

SAUSAGE ETC.
福順

PAINTER
TSUN CHANG &
FOO SING

TIENTSIN

September 1939

1937 *Der Zwischenfall an der Marco-Polo-Brücke bei Peking bildet den Beginn des japanisch-chinesischen Krieges (bis 1945). Kuomintang und chinesische Kommunisten kämpfen gemeinsam gegen die Japaner, besitzen jedoch eigene Truppen und Hoheitsgebiete.*

1940 *Bildung einer japanfreundlichen chinesischen Gegenregierung in Nanking.*

Alles unter Wasser! Chinesische Widerstandskämpfer haben die umfangreichen Dammbauten im Tiefland zerstört, um die japanischen Soldaten am weiteren Vormarsch zu hindern. Als die Kapelle eintrifft, steht die trübe Flut über einen Meter hoch in den Straßen der Millionenstadt. Totes Vieh, Unrat und Leichen treiben durch die Stadt, Seuchen drohen. Das »Tivoli«, im Erdgeschoß gelegen, ist ebenfalls überschwemmt, die Musiker können nicht spielen, werden aber dennoch bezahlt. Karl Meyer geht pleite.

Tientsin 1939: Bandmitglieder, japanische Offiziere und Karl Meyer (2. von rechts) vor dem überfluteten »Tivoli«

Wir reinigen und desinfizieren Ihre überfluteten Häuser, Wohnungen und Geschäftsräume! Health Service Intelligence Bureau.

Wir sind Spezialisten für Hausreinigung, Malen, Farbenauffrischung, Desinfektion, Ausräucherung und Erneuerungen.
Victoria Terrace 10. Telefon 32531.

Aus: Deutsche Zeitung in Nordchina 1940

Nach zwei Monaten haben die japanischen Okkupanten das Wasser abgepumpt und Chlorkalk gegen Cholera gestreut, das Schlimmste scheint vorüber. Doch Stacheldrahtzäune und Kontrollstellen rund um die europäischen Konzessionen, die als Wirtschaftszonen nach dem Boxeraufstand eingerichtet wurden, zeigen den Neuankömmlingen schnell, wer Herr im Lande ist. Nur mit speziellen Ausweispapieren dürfen sie die japanischen Wachposten passieren. Während die Besatzer gegen die chinesische Zivilbevöl-

◀ S. 36/37: Tientsin 1939

Deutsch-Chinesische Nachrichten

Deutsche Abendzeitung ‖ 德 華 日 報 ‖ Eingetragen als Zeitung auf dem Chinesischen Postamt

中華郵政特准掛號立券之報紙

10. Jahrgang — Tientsin, Dienstag, den 12. September 1939. — Nr. 2729

An unsere Leser!

Durch das Hochwasser ist das Erscheinen unserer Zeitung in dem üblichen Format z. Zt. unmöglich.

Bis die Druckanlage wieder in Betrieb gesetzt werden kann, was mit dem Schwinden des Wassers in Kürze erwartet werden darf, werden wir unseren Lesern die täglich erscheinenden Telegramme in der hier vorliegenden Form liefern.

Der Versandt in Tientsin ist durch das Wasser und die Sperre aussergewöhnlich erschwert und teilweise unmöglich gemacht. Wir werden in dieser Hinsicht das Möglichste tun, um unsere Leser zufriedenzustellen, bitten aber, wo die Belieferung durch die Post und dadurch verspätet erfolgen wird, um Nachsicht. — Ferner bitten wir in den Fällen, wo eine Aenderung der Wohnung erfolgt ist, um Mitteilung.

Deutsch-Chinesische Nachrichten.

Heeresbericht des Oberkommandos der Wehrmacht vom Montag, dem 11. September.

Berlin, den 12. September (Transocean) Das Oberkommando der Wehrmacht gibt am Montag vormittag bekannt: Die grosse Schlacht in Polen nähert sich dem Höhepunkt der Vernichtung des polnischen Heeres westlich der Weichsel.

Während in Südpolen der sich zäh wehrende Gegner über den San zurückgedrängt, und der Uebergang über den Fluss im Abschnitt Sanlok-Jadornik Polski sowie bei Radymno und Jaroslaw erzwungen wurde, begannen die in verschiedenen Räumen eingeschlossenen polnischen Truppen ihre Waffen zu strecken.

Die Durchbruchsversuche der eingeschlossenen Teile wurden überall verhindert.

Nach hartem Kampf um die polnischen Befestigungen an der Narew gelang es bei Nowogrod und Wizna, Brückenköpfe am Südufer zu bilden.

Die polnische Artillerie aller Kaliber hat vom Ostteil Warschaus das Feuer gegen die deutschen, im Westteil der Stadt befindlichen Truppen eröffnet.

Die Einschliessung des polnischen Kriegshafens Gdingen wurde fortgesetzt.

Neustadt und Putzig sind in deutscher Hand.

Die Seestreitkräfte unterstützen das Vorgehen des Heeres durch erfolgreiche Beschiessung der polnischen Batterien sowie des Kriegshafens Gdingen.

Die Luftwaffe hat die Strassen und Eisenbahnlinien ostwärts und nordostwärts Warschaus bombardiert. In den Räumen Lemberg sowie Lublin-Cholm wurden wiederholt polnische Truppentransporte zerschlagen. In Lemberg wurde der Westbahnhof zerstört.

Im Westen wurde der geräumte Flugplatz Saarbrücken von französischer Artillerie beschossen. Drei französische Flugzeuge wurden über dem Reichsgebiet abgeschossen.

Festung Modlin unter deutschem Artilleriefeuer

Berlin, den 12. September (Transocean) Amtlich wurde am Montag nachmittag mitgeteilt, dass sich nördlich der Weichsel deutsche Truppen im Vorgehen ohne Feindeswiderstand der Festung Modlin nähern.

Die Weichselbrücke liegt bereits unter deutschem Artilleriefeuer.

Modlin hiess unter russischer Herrschaft Nowo-Georgijewsk. Es liegt rund vierzig Km nördlich von Warschau und ist im Teil des Warschauer Festungsgürtels.

Einnahme der Festung Lomza

Berlin, den 12. September (Transocean) Amtlich wird Montag abend mitgeteilt: Lomza am Narew ist nach hartnäckigem feindlichen Widerstand genommen worden.

Die ostpreussische Landwehr war entscheidend an der Erzwingung des Narew-Ueberganges bei Wizna beteiligt und bewies einen hervorragenden Angriffsgeist.

Mit der Eroberung der Festung Lomza ist, da bereits vorher bei Pultusk und Rozan südwestlich von Lomza und bei Wizna, östlich von Lomza, die Narewlinie von den aus Ostpreussen vorgedrungenen deutschen Truppen durchbrochen wurde, diese stärkste, polnische Verteidigungslinie, die auf das altrussische Festungssystem am Narew zurückgeht, in der Hand der Deutschen.

Auch die nächste, weniger stark befestigte Linie am Bug wurde nordöstlich Warschau bei Wyszkow bereits vor einigen Tagen von deutschen Truppen genommen. Die Festung und Kreisstadt Lomza zählt 25.000 Einwohner.

4 PEKING & TIENTSIN SUNDAY TIMES, SUNDAY, JANUARY 29, 1939.

JAPANESE RESTRICTIONS ON BORDERS OF THE BRITISH AND THE FRENCH CONCESSIONS IN TIENTSIN.

Pictures Special To The "P. & T. Sunday Times."

Japanese sentries, assisted by Chinese members of the Japanese police force, examining

Two Japanese sentries with bayonets fixed at one of the French Concession barriers.

Hats off please when being searched.

Peking and Tientsin Times 29.1.1939

kerung mit unglaublicher Brutalität vorgehen, bleiben die Europäer, darunter etwa 3000 Briten und 500 Deutsche, aus politischer Rücksichtnahme vom japanischen Terror verschont.

In den europäischen Konzessionen der Industriemetropole geben sich Diplomaten und Geschäftsleute gelassen: Man trifft sich zum Five o'clock tea im britischen »Country-Club« draußen an der Pferderennbahn oder im »Victoria Cafe«, die Deutschen ziehen meist das Cafe und die Konditorei von »Kießling & Bader« oder den deutschen Klub »Concordia« in ihrer ehemaligen Konzession vor. Im tropischen Hochsommer flüchtet man ans Meer, zum eleganten Badeort Peitaiho, hält Strandparties oder spielt Polo. Chinesische Boys halten derweil das Haus in Ordnung.

Neben den verschiedenen Clubs sind abends und nachts auch die riesigen Tanzpaläste ein beliebter Treffpunkt. Im »St. Anna Ballroom« an der Woodrow-Wilson-Street findet der clevere Vilmos für sich und seine Band einen neuen Arbeitgeber, Tom Wang, einen millionenschweren Chinesen. Bis in die frühen Morgenstunden spielt die Gruppe nun vor allem amerikanische Schlager, die Gäste erwerben Tickets für jeden Tanz mit einem der über 500 chinesischen »dance girls«.

Der neue Job bestärkt schließlich Lothar, in Tientsin zu bleiben. Lisa und Töchter kommen nach knapp drei Monaten aus Harbin nach, wo man inzwischen eine sowjetische Invasion befürchtet. In den ehemaligen britischen Kasernen erhalten sie wie andere Emigranten eine »Wohnung«: ein einziges Zimmer im ehemaligen Gefängnistrakt ohne Herd und sanitäre Einrichtungen – Gemeinschaftsküche, Wasserpumpe und Toilette liegen auf der anderen Strassenseite. Der harte nordchinesische Winter beginnt, die Wasserpumpe friert ein und Lisa kocht monatelang auf einem kleinen Kohleofen inmitten des Zimmers.

Aus: Deutsche Zeitung in Nordchina 1941

Tientsin 1940:
Briefkopf des »St. Anna Ballroom«

Als die Sandstürme aus der Wüste Gobi den Frühling ankündigen, dringt der feine gelbe Staub durch jede Ritze, tagelang ist Tientsin verhüllt. Noch immer sind die Mahlzeiten bescheiden, denn viele Lebensmittel sind aufgrund der schwierigen Versorgungslage rationiert. Der Schwarzmarkt floriert trotz Okkupation, fast alles ist zu haben, meist jedoch zu astronomischen Preisen. Lothar kauft für seine Familie drei Fahrräder, die wegen des Platzmangels nachts von der Decke baumeln. Auf seinen täglichen Fahrten zwischen Arbeitsplatz und Wohnung bleibt er immer wieder in den einfachen chinesischen Restaurants hängen und ißt zusammen mit den Rikschafahrern.

Eines Tages kann er Schallplatten mit klassischen Sinfonien und ein Grammophon ohne Nadel erfeilschen – so werden Mozart und Beethoven per Zahnstocher abgespielt. Lothars umfangreiche Notensammlung findet manchmal andere Liebhaber: Mäuse zerfressen wichtige Musikunterlagen.

Auch Lothars Proben und der Musikunterricht mit seinem liebsten Schüler, dem Sohn Peter, finden in dem beengten Raum statt. Eines Abends wird die wacklige Holztür aufgestoßen, japanische Soldaten poltern herein und rammen ihre Bajonette in den Boden. Der Anführer baut sich vor den beiden Musikern auf und erklärt im Befehlston:

»Japanese soldiers are very rough, but we love Mozart and Schubert! Play!«

Aus: Deutsche Zetung in Nordchina 1941

S. 42/43: Von links: Vilmos Singer, »Mäuschen« Kaplan, Hans Baron, »Bonbon«, Herbert Lange, Bonny Rathaus, Lothar Simenauer, Günther Preuss ▶

Freddy Vilm.

ger's Orchestra "

1941

»Das Kaiserreich Japan hat den Vereinigten Staaten von Amerika den Krieg erklärt!« verkünden große Lettern auf den Plakatwänden. Amerikaner, aber auch Briten, werden plötzlich zu Staatsfeinden: Sie müssen rote Armbinden tragen. Wenige Monate später werden sie auf eine abgelegene Insel im Gelben Meer deportiert. Auch unter den jüdischen Emigranten aus Deutschland geht die Angst um: Das Konsulat gibt Ende November ihre Ausbürgerung bekannt – sie werden zu staatenlosen Flüchtlingen degradiert. Gerüchte um eine Zwangsumsiedlung nach Madagaskar in den Indischen Ozean tauchen auf. Seit über zwei Jahren markiert bereits ein großes rotes J die Frontseite ihrer Pässe. Lisa kann jedoch als geborene Christin dem Makel der Verfügung entgehen, für den Rassenwahn der Nazis gilt sie noch nicht als minderwertig. Der Leiter der NSDAP-Ortsgruppe Tientsin, Wetzel, gleichzeitig Herausgeber der »Deutschen Zeitung«, versucht immer wieder, sie davon zu überzeugen, sich von Mann und Kindern zu trennen. Sie denkt jedoch gar nicht daran und wird überraschend vom neuen deutschen Konsul Wiedemann bestärkt. Als er Lisa eines Tages mit »Heil Hitler!« begrüßt, erwidert sie:

»Das kann ich nicht sagen!«

»Dann sagen Sie eben: Grüß Gott! Bleiben Sie so, wie Sie sind! Solange ich Konsul bin, wird Ihrer Familie kein Haar gekrümmt!«

Lothar traut den ungewohnten Tönen noch nicht so recht, doch Lisa ist sich ihres Gefühls sicher. Zu Weihnachten bringt sie dem Konsul eine seiner Leibspeisen, frischgebackene Pfannkuchen, ins deutsche Konsulat. Dort erfährt sie von ihm auch Intimes über den Führer:

»Hitler heißt eigentlich Schicklgruber!«

Fritz Wiedemann weiß noch einiges mehr, denn er war im Ersten Weltkrieg der Vorgesetzte des Gefreiten Adolf Hitler. Nach dem Aufstieg vom Gefreiten zum Führer erinnert sich Hitler und ernennt den Parteigenossen der ersten Stunde zum persönlichen Adjutanten. Als Wiedemann jedoch von Hitlers Kriegsplänen gegen England erfährt, rückt er von der Parteilinie ab und wird zunächst als Konsul nach San Francisco versetzt. Dort erdreistet er sich, eine kommunistische Delegation zu empfangen und wird daraufhin ins ferne Tientsin abgeschoben.

1941 22.6.: Deutscher Überfall auf die Sowjetunion ohne Kriegserklärung. 31.7.: Beauftragung des SS-Obergruppenführers Heydrich durch Göring mit der »Endlösung der Judenfrage«, der Vernichtung des Judentums. Okt.–Dez.: Schlacht um Moskau.

1941 7.12.: Japanischer Überfall auf Pearl Harbour; Kriegserklärungen der USA an Japan, Deutschland und Italien.

1942 Japan erobert Burma: Nationalchina wird vom alliierten Nachschub abgeschnitten, Indien bedroht. Die Landung der Amerikaner auf der Insel Guadalcanar (7.8.) bedeutet die Wende im Pazifikkrieg.

Die Deutsche Arbeitsfront
Stellenvermittlung
Sprechstunde im Braunen Zimmer,
W. Wilson Str. 14,
jeden Montag, Mittwoch und Freitag
von 11 — 12 Uhr vormittags

Aus: Deutsche Zeitung in Nordchina 1941

Deutsche Zeitung in Nordchina

德文日報

中華郵政特准
掛號立券之報紙

12. Jahrgang | Tientsin, Dienstag, den 25. März 1941 | Nr. 3196

Jugoslawiens Beitritt zum Dreimächtepakt

Nichtangriffs- und Freundschaftspakt zwischen Sowjetrussland und der Türkei

Matsuoka bei Stalin und Molotow

36.000 BRT. versenkt

12.000 BRT. sowie 1 Kreuzer und 5 Schiffe schwer beschädigt

Deutscher Wehrmachtbericht

Berlin, den 25. März (Transocean) Das Oberkommando der Wehrmacht gab am Montagmittag nachstehenden Bericht aus:

„Im Nordatlantik operierende Unterseeboote versenkten feindliche Handelsschiffe von insgesamt 27.500 Bruttoregistertonnen, darunter drei Tanker.

Auch die Luftwaffe setzte ihre erfolgreiche Tätigkeit gegen die britische Schiffahrt in der Nordsee, im Atlantik und Mittelmeer fort. Aufklärungsflugzeuge versenkten bei den Orkney- und Faroe Inseln zwei kleine Handelsschiffe von insgesamt etwa 2500 BRT. Vor den Shetland Inseln wurde ein bewaffnetes Handelsschiff von 6000 BRT. wirksam aus geringer Höhe angegriffen.

Im Mittelmeerraum griffen deutsche Kampfflugzeuge südlich von Kreta zwei britische Handelsdampfer von je etwa 6000 Bruttoregistertonnen einschliesslich eines Tankers an. Der Tanker befand sich Beobachtungen zufolge in sinkendem Zustand. Das zweite Handelsschiff blieb infolge ernster Beschädigung bewegungslos liegen.

Am 23. März wurden von Stuka-Bombergeschwadern zwei wirksame Angriffe auf den Hafen La Valetta ausgeführt. Fünf grosse Frachter und Personendampfer wurden von Bomben sehr schweren Kalibers getroffen. Ein Leichter Kreuzer im Hafen von La Valetta erhielt gleichfalls drei schwere Treffer. Hafenanlagen und ein Oeldepot wurden zerstört.

Italienische Jäger, die im Verband mit deutschen Jagdfliegern die Angriffe auf La Valetta schützten, schossen vier feindliche Flugzeuge vom Muster Hurricane in einem Luftkampf ab.

In Nordafrika griffen deutsche Aufklärungsflugzeuge feindliche Truppenzusammenziehungen mit Bomben und Bordwaffen an. In einem Bahnhof gerieten Brennstoffvorräte bei ihrer Ausladung in Brand. Der Feuerherd konnte von den zurückfliegenden Flugzeugen aus einer Entfernung von mehr als 100 Kilometern beobachtet werden.

Deutsche und italienische motorisierte Truppen unternahmen eine gemeinsame Aufklärungsaktion am Ostrand der libyschen Wüste (ostwärts der Grossen Syrte).

In Bulgarien werden die Bewegungen der deutschen Truppen plangemäss fortgesetzt.

Von drei feindlichen über die Küste Hollands am Abend des 23. März fliegenden Kampfflugzeugen wurden von Jagdfliegern zwei Kampfmaschinen vom Muster Bristol-Blenheim in einem Luftkampf abgeschossen.

Der Feind flog gestern abend über Norddeutschland und griff Berlin an. Ueber verschiedenen Wohnvierteln der Reichshauptstadt wurden aus grosser Höhe Brand- und Sprengbomben abgeworfen, die an einigen Stellen Dachstühle in Brand setzten. Kein Schaden militärischer Art wurde angerichtet. Einige Zivilpersonen wurden getötet und mehrere andere verwundet, die sich insgesamt ausserhalb von Luftschutzräumen befanden.

Ausser den vier über dem Mittelmeerraum abgeschossenen Jägern verlor der Feind noch drei andere Flugzeuge. Sechs deutsche Maschinen werden vermisst."

Italienischer Wehrmachtbericht

Rom, den 25. März (Transocean) Das Hauptquartier der italienischen Wehrmacht gab am Montagmittag bekannt:

„Von der griechischen Front ist nichts Wichtiges zu melden. Unsere Luftkampfverbände belegten Einrichtungen im Stützpunkt Preveza und im Hafen von Lixuri vor Anker liegende feindliche Schiffe mit Bomben. Andere Flugzeuge bombardierten feindliche Stellungen und Lager an der Front der 11. Armee.

Feindliche Flugzeuge führten einen Angriff auf Devoli aus. Unsere Jagdflieger schossen zwei Feindmaschinen vom Muster Hurricane ab. Ein drittes feindliches Flugzeug der gleichen Bauart wurde von unserer Bodenverteidigung zum Abschuss gebracht.

Der Flottenstützpunkt La Valetta auf Malta wurde von Verbänden des Deutschen Fliegerkorps in Begleitschutz von deutschen und italienischen Jagdflugzeugen wiederholt mit Bomben belegt. Ausser Hafenanlagen und einem Petroleumlager trafen Bomben schweren Kalibers wiederholt einen Kreuzer, zwei Dampfer grossen und drei Schiffe mittleren Schiffsraums. Im Luftkampf schossen deutsche und italienische Kampfflieger vier feindliche Eindecker ab.

In Nordafrika waren mechanisierte deutsche Abteilungen am Ostrand der libyschen Wüste (ostwärts der Grossen Syrte) tätig. Geschwader des Deutschen Fliegerkorps bewarfen auf der Cyrenaika Ansammlungen motorisierter Abteilungen mit Bomben und nahmen sie unter Maschinengewehrfeuer.

Im Aegäischen Meergebiet griffen unsere Jagdflieger einen feindlichen Lufthafen auf der Insel Kreta an, wobei sie ein abgestelltes Flugzeug in Brand schossen und andere beschädigten.

Im östlichen Mittelmeer versenkten deutsche Flugzeuge einen 6000 To.-Tanker und beschädigten einen zweiten Handelsdampfer schwer.

In Ostafrika wiederholte der Feind seine heftigen Angriffe im Kerenabschnitt am Abend des 22. und am Morgen des 23. März, wobei er eine Fahne der Fremdenlegion in unseren Händen zurückliess."

Abreise der jugoslawischen Staatsmänner nach Wien

Belgrad, den 25. März (Transocean) Einer hier von amtlicher Stelle verlautbarten Erklärung zufolge werden sich Erstminister Dragischa Zwetkowitsch und der Aussenminister Alexander Cincar-Markowitsch am Montag um 10 Uhr abend mit Sonderzug zur Unterzeichnung des Anschlusses Jugoslawiens an den Dreimächtepakt nach Wien begeben.

Die beiden jugoslawischen Staatsmänner werden sich in Begleitung diplomatischer Beamten und des Leiters der Abteilung für internationale Abkommen, ferner des Chefs des Pressebüros und des Leiters der amtlichen Nachrichtenagentur „Avala" sowie einer Anzahl von Pressevertretern befinden. Die jugoslawischen Staatsgäste werden auf ihrer Fahrt auch von dem Deutschen Gesandten in Jugoslawien, Victor von Heeren, begleitet werden.

Belgrad, den 25. März (Transocean) Mit dem aus drei Salonwagen bestehenden Sonderzug verliessen der Erstminister Jugoslawiens, Dragischa Zwetkowitsch, und Aussenminister Dr. Alexander Cincar-Markowitsch am Montagabend um 22.00 Uhr den in der Nähe von Belgrad gelegenen Bahnhof Topschider.

In ihrer Begleitung befinden sich der Deutsche Gesandte in Belgrad, Victor von Heeren, und der Presseattaché der Deut-

(Fortsetzung Seite 3)

Aus: Deutsche Zeitung in Nordchina 1943

In China eckt der nonchalante Konsul sehr schnell bei den strammen Parteigenossen an. Als japanische Soldaten auf Drängen von Gestapo-Offizieren in Schanghai das Emigrantenghetto »Hongkew« installieren, wehrt sich Wiedemann erfolgreich gegen den Druck des Generalkonsulats aus Schanghai. Aus heimlich erworbenen Goldbeständen unterstützt er sogar unter der Hand viele jüdische Emigranten mit kleinen Summen; so erhält Peter vom deutschen Konsul persönlich seine erste Geige.

Unterdessen knüpft Vilmos Singer Kontakte zu Herrn Akamutsu, dem neuen Chef des ehemals britischen »Country-Clubs«, nun »Kokusai-Club« genannt (»kokusai« = international). Dreimal in der Woche spielen sie abends in dem exklusiven Etablissement, manchmal aber auch außerordentlich: Als japanische Truppen zwei britische Kriegsschiffe bei Singapur versenken, muß die Kapelle zur Siegesfeier aufspielen.

Vilmos ist nicht wählerisch: Im russisch-jüdischen Klub »Kunst« geben die Musiker für Flüchtlinge eine ganze Reihe von Benefizkonzerten, aber die Band spielt auch mit antisemitischen Weißrussen zusammen. Als eines Tages ein weißrussisches Tänzerpaar bei einer gemeinsamen Probe sich abfällig über Juden äußert, empören sich Lothar und zwei andere Bandmitglieder. Vilmos schweigt und entläßt kurz darauf alle drei. Lothar und Hermann Rathaus kommen in der Kapelle des Rumänen Percu unter, Günter Preuß geht zurück nach Harbin zu Villanyi, dessen Tochter er bereits zwei Jahre zuvor geheiratet hat.

Während des Engagements bei Percu erleidet Lothar plötzlich einen Lungenriß. Er wird ins Krankenhaus eingeliefert, wo man ihm zunächst nur eine geringe Überlebenschance einräumt. Irgendwie muß jedoch die Familie ernährt werden – so entschließt sich Lisa zu einer gefährlichen Mission: Zusammen mit Frau Gottlieb, einer Bekannten mit ähnlichem Schicksal, reist sie per Eisenbahn quer durch China nach Schanghai. Ihr Gepäck: zwei große Koffer mit brisantem Inhalt – Leder, eine heiße Schmuggelware, denn der Handel mit kriegswichtigen Rohstoffen wird von den Japanern mit der Todesstrafe geahndet. Die beiden Frauen werden häufig kontrolliert, doch dank ihres deutschen Passes erreichen sie jedes Mal unbeschadet ihr Ziel, einen russischen Zwischenhändler in Schanghai. Mit Wollsocken, Unterwäsche und Barem kommen sie wenige Tage später zurück nach Tientsin.

Nach monatelangem Krankenhausaufenthalt macht Lothars Genesung große Fortschritte, als er erfährt, daß Peter sein erstes Engagement erhält: Als zwölfjähriger Geiger springt er für einen er-

1943 31.1.: Deutsche Kapitulation in der Schlacht um Stalingrad (Wendepunkt an der Ostfront).

1944 6.6.: Invasion der Westlichen Alliierten in Nordfrankreich.

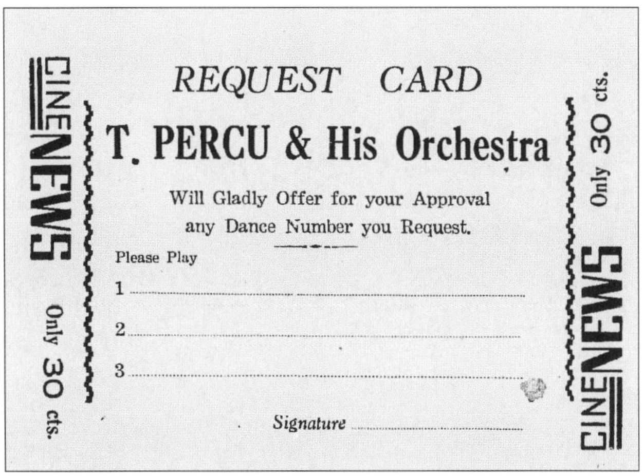
CINE NEWS Only 30 cts.

REQUEST CARD

T. PERCU & His Orchestra

Will Gladly Offer for your Approval any Dance Number you Request.

Please Play

1 ....

2 ....

3 ....

Signature ....

Only 30 cts. CINE NEWS

Tientsin um 1940:
Provisorischer Paß für Peter

S. 49: Tientsin 1944: Lothar und Peter ▶

krankten tschechischen Musiker bei »Kießling & Bader« ein. Das deutsche Publikum, darunter sogar eingefleischte Nazis, reagiert begeistert auf das junge Talent. Peter ist jedoch zunächst gar nicht glücklich: Seit er die internationale Klosterschule der »Brothers Of St. Louis« wegen der Musik und der Ernährung der Familie verlassen hat, sieht er seine ehemaligen Schulkameraden kaum noch. Keine Zeit zum Fußballspielen, für das chinesische Theater, für Lausbubenstreiche – nur noch Musik. Das paßt auch Lisa nicht; sie möchte, daß die Kinder religiöser erzogen werden. So setzt sie auch Peters Bar-Mizwah, die offizielle Aufnahme der dreizehnjährigen Jungen in die jüdische Glaubensgemeinschaft, durch. Konsul Wiedemann stiftet einen Blumenstrauß und etwas Taschengeld. Für Lothar jedoch ist Religion nur eine Erfindung der Menschen, so eckt er bei strenggläubigen Juden immer wieder an. Eines Tages meint sein jüdischer Hausarzt, Dr. Wallenstein:

»Lothar, du bist ein verkrachter Jude!«

Dennoch forciert Lothar mit Vaterstolz den Unterricht: Peter lernt noch Klarinette und Saxophon hinzu, bald folgen weitere Engagements, vor allem im russisch-jüdischen Klub »Kunst«. Lothar selbst findet wieder bei Vilmos Singers Band im »Kokusai-Club« eine Anstellung.

In den Clubs warten auch die verbliebenen Geschäftsleute auf bessere Zeiten. Seit dem Ausbruch des deutsch-sowjetischen und des Pazifikkrieges sind fast alle Handelswege unterbrochen. Man lebt isoliert, die Kommunikation mit Europa läuft nur noch über Transozeankabel und Kurzwelle. 1944 versuchen die allseits verhaßten Japaner aus Propagandagründen, alle Radios zu konfiszieren. Trotzdem kursieren weiterhin heimlich abgehörte BBC-Nachrichten von den Kriegsschauplätzen. Kaum jemand glaubt noch den Siegesmeldungen der »Deutschen Zeitung«, deren Erscheinen aus Geldmangel eingestellt wird. Zum Alltag in Tientsin gehören nun nächtliche Ausgangssperren und Verdunkelung wegen der Gefahr eines Bombardements. Lothar und Lisa erfahren von den amerikanischen Bombenangriffen auf Schanghai. Sie fühlen sich besonders bedroht, denn sie wohnen auf dem Kasernengelände direkt neben japanischen Truppen. Was sie nicht wissen: Auch die »Conte Verde«, die sie nach China brachte, wird versenkt.

TSINGTAU

1945 *Konferenz von Jalta (Churchill, Roosevelt, Stalin) über Neuregelung von Grenzen und Einflußsphären in Europa. 2.5.: Kapitulation Berlins. 9.5.: Gesamtkapitulation der deutschen Streitkräfte.*

1945 *Landung der Amerikaner in Japan. 6.8.: Abwurf der ersten Atombombe auf Hiroschima. Kriegserklärung der Sowjetunion an Japan: Einmarsch der Roten Armee in die Mandschurei und in Korea. 2.9.: Kapitulation Japans. Ausbruch des Bürgerkrieges zwischen Kuomintang und Kommunisten in China. Mit amerikanischer Hilfe besetzen Kuomintang-Truppen die Großstädte. Militärdiktatur Tschiang Kai-scheks. Nach erfolgloser amerikanischer Vermittlung wird die US-Hilfe für die Kuomintang eingeschränkt.*

Tsingtau 1948: Jutta und Lothar

1945

Japan kapituliert nach den beiden Atombombenabwürfen – das Ende des Zweiten Weltkriegs. Doch es dauert noch einige Zeit, bis das politische Vakuum in China gefüllt wird. Die nationalchinesischen Truppen der »Kuomintang« werden zwar von den U.S.A. unterstützt, haben jedoch wegen des riesigen Landes logistische Probleme. So landen im Herbst auch in Tientsin amerikanische Marineeinheiten, von der chinesischen Zivilbevölkerung und den meisten Europäern zunächst euphorisch begrüßt. Die japanischen Truppen werden noch eine Weile lang zum Schutz der Verkehrsverbindungen gegen die Kommunisten Mao Tse-Tungs eingesetzt, bevor auch sie, wie die deutschen Nazis, repatriiert werden. Konsul Wiedemann wird ebenfalls sofort nach Deutschland geflogen, um im Nürnberger Prozeß auszusagen. Bald nach Bekanntwerden seiner Politik in Tientsin wird er freigelassen.

Mit der Ankunft der Amerikaner verändert sich schlagartig das Leben in der Stadt: Jeeps und Militär-Trucks rollen durch die Straßen, neue Geschäfte, Cafes und Nachtclubs werden eröffnet, chinesische Händler bieten im Nu amerikanische Zigaretten, Lebensmittelkonserven und Militärproviant an, die sie meist mit schwarzgebranntem Wodka erhandeln. Lothars hübsche Tochter Jutta wird trotz offizieller Fraternisierungsverbote der Schwarm vieler »Marines«; so gibt es bald sogar Truthahn und Gans auf Lisas Speiseplan.

Lothar und Peter folgen Anfang 1946 einem weißrussischen Bandleader nach Tsingtau, um in einem amerikanischem Offiziersklub zu spielen. Lisa kommt einige Wochen später mit den Töchtern nach, obwohl ihre Freundin Hildur, Vilmos' schwedische Frau, sie bittet:

»Lieschen, komm du mit nach Thailand!«

Vilmos Singer wird bald ein gefeierter Pianist am Königshof in Bangkok und eröffnet daraufhin eine Musikschule. 1960 zieht seine Familie aus gesundheitlichen Gründen schließlich nach San Francisco.

In Tsingtau geht das Engagement bald in die Brüche, Lothar und Peter sind zunächst wieder arbeitslos. Lisa versteht es jedoch geschickt, Überreste von amerikanischen Hilfslieferungen, auch leere Pappkartons und Konservenbüchsen, an chinesische Händler wei-

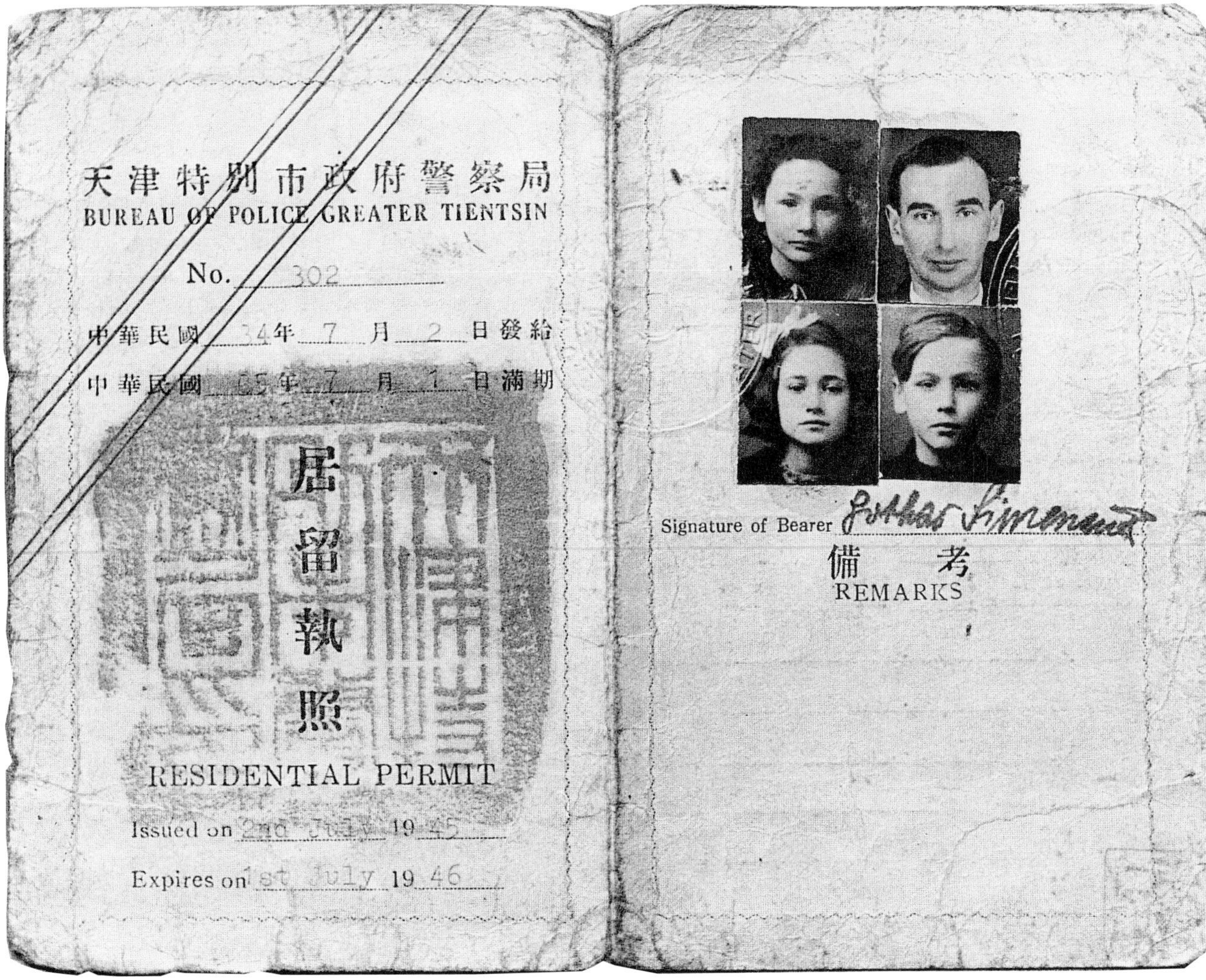
天津特別市政府警察局
BUREAU OF POLICE GREATER TIENTSIN
No. 302
中華民國 34 年 7 月 2 日發給
中華民國 35 年 7 月 1 日滿期
居留執照
RESIDENTIAL PERMIT
Issued on 2nd July 1945
Expires on 1st July 1946
Signature of Bearer
備考
REMARKS

Tientsin 1945: Aufenthaltsgenehmigung für Margot, Peter, Jutta und Lothar

1947 Verschärfung des Bürgerkrieges. Das China-Hilfe-Gesetz der USA hemmt das kommunistische Vordringen im Norden nicht.

1949 Großoffensive der Kommunisten auf Südchina. 1.10.: Die Volksrepublik China wird ausgerufen. Regierung und Armee der Kuomintang fliehen nach Formosa.

terzuverscherbeln. Sprachprobleme gibt es dabei kaum, denn fast alle älteren Chinesen können noch aus der Kolonialzeit her deutsch.

Unterdessen lernen Lothar und Hermann Rathaus für ihre neue Zwei-Mann-Kombo englisch, um in chinesischen Restaurants vor amerikanischen Offizieren mit »Lady Of Spain« und »Green Eyes« aufzutreten. So ziehen die beiden eine Zeitlang mit der »kiddy box«, in der das Trinkgeld landet, durch die Lokale. Perry Crooker, ein amerikanischer Sergeant, entdeckt sie und bald steht ein internationales Saxophonquartett. Ganz besonders ist der Sergeant jedoch von Peter angetan; er bekommt eine Einreiseerlaubnis für ein Musikstudium in Amerika und 100 Dollar wöchentlichen Unterhalt versprochen. Peter lehnt ab, denn er möchte bei Eltern und Geschwistern bleiben. Lothar träumt zwar auch von Amerika als neuer Heimat, doch die Einwanderungsbehörde stempelt ihn zum polnischen Bürger: Sein Geburtsort Kattowitz fiel nach dem Ersten Weltkrieg an Polen. So muß Lothar wegen der niedrigen polnischen Einwanderungsquote noch viele Jahre auf Amerika warten.

Inzwischen ist General Marshalls Vermittlungsversuch zwischen den rivalisierenden »Kuomintang« und den Kommunisten gescheitert. Die amerikanischen Truppen ziehen sich ab 1947 zurück, während die Kommunisten ständig an Boden gewinnen. Korruption und Vetternwirtschaft bei den Nationalchinesen zieht die desillusionierte chinesische Landbevölkerung auf die Seite Mao Tse-Tungs. So kann auch die Frau Tschiang-Kai Tscheks bald keine Torten mehr von »Kießling & Bader« aus Tientsin einfliegen lassen.

Im Dezember 1948 nimmt die 8. Armee der Kommunisten Tientsin ein. Zur selben Zeit liegt im Hafen von Tsingtau das argentinische Schiff »Wooster Victory«, ein ehemaliger amerikanischer Truppentransporter. Während ein Begleitschiff mit Gepäck vor Schanghai auseinanderbricht, verläßt die »Wooster Victory«, mit über 1000 staatenlosen Flüchtlingen völlig überladen, an Weihnachten Ostasien. Ihr Ziel und die Hoffnung der meist jüdischen Emigranten: der gerade geborene Staat Israel.

HAIFA

Februar 1949

An einem naßkalten Wintertag legt die »Wooster Victory« nach 61 Tagen im Hafen von Haifa an. Die erschöpften Neuankömmlinge besitzen fast nichts; das Wertvollste verbirgt sich meist eingenäht in ihren Mänteln: aus China herausgeschmuggelte Dollars. Das neue Leben beginnt in einem riesigen Flüchtlingszeltlager in knöcheltiefem Morast. Tag für Tag warten Tausende in einer Schlange vor der Essenausgabe; an der einzigen Wasserpumpe kommt es regelmäßig zu Prügeleien um das kostbare Naß.

Lothar kommt zunächst in der Feldküche unter, Jutta findet einen Job im Krankenhaus, während Peter jeden Abend mit Klarinette, Geige und Saxophon das Camp verläßt, um in einem Nachtclub zu spielen. Das bescheidene Hab und Gut in Orangenkisten verpackt, zieht die Familie drei Monate später in ein zerbombtes Haus von Franziskanermönchen, das praktisch nur noch aus zwei Wänden besteht. Überall im noch jungen Staat Israel säumen zerschossene Panzer die Straßen – Spuren des jahrelangen Terrors zwischen jüdischen Nationalisten, arabischen Milizen und britischen Hoheitstruppen. Während Israel und Ägypten sich zu einem ersten Waffenstillstand durchringen, wird täglich neues Flüchtlingsstrandgut an-

1917 Zusage Lord Balfours für die Errichtung einer nationalen Heimstätte der Juden in Palästina.

1920 Errichtung eines britischen Mandats über Palästina trotz der »Balfour Declaration«. Andauernde Kämpfe zwischen Arabern und Juden.

1933 Die jüdische Einwanderung verstärkt sich.

1936 Bürgerkrieg (bis 1939). Die britische Mandatsverwaltung unterstützt abwechselnd arabische Partisanen und die jüdische Haganah (militärischer Selbstschutz). Beide Parteien lehnen Kompromißvorschläge wie den Peel-Teilungsplan (1937) ab.

1939 »White-Paper-Politik«: Beschränkung jüdischer Einwanderung und Landkäufe zur Erhaltung einer arabischen Mehrheit. Jüdische Terroristen bekämpfen diese Politik.

Tel Aviv 1956: Militärband (Lothar 2. v. r.)

1945 *Nach Kriegsende Fortsetzung der britischen »White-Paper-Politik«. Illegale jüdische Einwanderungsschiffe werden blockiert (»Exodus«-Tragödie).*

1946 *Eine britisch-amerikanische Kommission drängt auf Öffnung der Grenzen für 100.000 jüdische Einwanderer.*

1947 *UN-Sonderausschuß empfiehlt die Teilung Palästinas, gebilligt von der Vollversammlung und der Jewish Agency. Die Araber lehnen ab; ihre Befreiungsarmee besetzt Galiläa und greift die jüdische Altstadt von Jerusalem an.*

1948 *Aufgabe des britischen Mandats. Der Abzug der britischen Armee und Verwaltung stürzen das Land in die Anarchie. 14.5.: Proklamation des Staates Israel durch den jüdischen Nationalrat (Vorsitz Ben Gurion). Der Angriff der Arabischen Liga wird abgewehrt. Es kommt zur Flucht arabischer Bevölkerungsteile. Jüdische Terroristen ermorden den UN-Beauftragten Graf Bernadotte.*

1949 *Waffenstillstandsabkommen. Teilung Jerusalems, das westliche Jordanland fällt an Jordanien, der Gaza-Streifen an Ägypten; die Frontlinien festigen sich zur Staatsgrenze.*

Haifa 1969: Blick vom Karmel auf die Stadt

geschwemmt. Überlebende KZ-Häftlinge, nun »displaced persons« genannt, in alle Welt verstreute jüdische Emigranten und bereits in Palästina ansässige Zionisten finden plötzlich alte Freunde, Bekannte und Verwandte wieder. Lothar erfährt, daß Werner Düsterwald, Freund und Musikerkollege aus Berliner Kulturbundtagen, in der Polizeikapelle von Jerusalem spielt. Elf Jahre zuvor sah man sich das letzte Mal: im KZ Buchenwald.

Bereits nach wenigen Tagen hat die Vermittlung von Düsterwald Erfolg: Captain Griebov, der Chef der Polizeiband, engagiert Lothar als Posaunisten und Peter als Klarinettisten. Die Familie erhält in der Altstadt von Jerusalem die leerstehende Wohnung eines geflüchteten Scheichs. Nun wird Hebräisch gebüffelt, doch insgeheim denkt Lothar immer noch an Amerika, an Frieden und Freiheit. Auf dem amerikanischen Konsulat in Tel Aviv erfährt er jedoch, daß er immer noch viele Jahre warten muß.

Die Verbitterung darüber sitzt noch tief, als Peter Mitglied der Israelischen Philharmonie in Tel Aviv wird. Gastdirigent Leonard Bernstein aus Amerika verpflichtet Peter direkt nach einem Probespiel als Klarinettisten. Nach all den Jahren der Odyssee möchte die Familie jedoch zusammenbleiben – so zieht sie 1951 nach Tel Aviv. Lothar findet dort einen neuen Job in der Militärkapelle der israelischen Armee. Als zuverlässige Leute für die Leibwache des Staatspräsidenten Weizmann gesucht werden, fühlt Lothar sich dem jungen Staat gegenüber verpflichtet. Einige Monate später läuft er in der Negev-Wüste Grenzpatrouille, während sein Sohn erste internationale Erfolge auf einer Europa-Tournee erringt. Jutta heiratet den Sänger und Entertainer Richard Inger, der für einige Wochen in Israel gastiert. Als Sohn deutscher Juden in Ludwigshafen geboren, floh er vor den Nazis bis in die Fremdenlegion. Das Paar zieht nach London, später nach Paris und schließlich 1956 nach New York, um von hier aus die Einwanderung der Eltern zu beschleunigen.

Lothar darf noch nicht nach Amerika, aber immerhin bis an das Kap der Guten Hoffnung – mit der Marine, der er zwei Jahre dank Klarinette und Saxophon angehört. Kurz vor der Suez-Krise 1956 beendet Lothar seine Militärlaufbahn, um wie bereits 25 Jahre zuvor in Berlin als Musiklehrer zu arbeiten.

Inzwischen erhält Lothar eine Wiedergutmachung aus Deutschland: fünf Mark Entschädigung für jeden Tag Konzentrationslager – die Kinder bekommen eine kleine Summe für entsprechenden Schulausfall.

Im Frühjahr 1958 ist es endlich soweit: Freunde von Juttas Mann bringen das erforderliche Affidavit auf, eine Bürgschaft von einer Million Dollar – die gesetzliche Garantie, daß Lothar den Vereinigten Staaten nicht zur Last falle. Innerhalb von acht Jahren gehört der vormals staatenlose Flüchtling Lothar Simenauer drei Nationen an: Er erhält 1950 die israelische, 1952 die deutsche und 1958 die amerikanische Staatsbürgerschaft.

1952 Wiedergutmachungsabkommen mit der BR Deutschland (3,5 Milliarden DM).

1956 Suez-Krise. Ägyptische Nationalisierung führt zu britisch-französischen Angriff. Israelischer Angriff auf Ägypten wegen arabischer Blockade.

1961 Eichmann-Prozeß in Jerusalem.

1965 Aufnahme diplomatischer Beziehungen zur BR Deutschland.

1967 5.–10.6.: »Sechstagekrieg«: Arabischer Angriff auf Israel. Nach erfolgreichem israelischen Gegenangriff und Waffenstillstand bleiben die eroberten Gebiete besetzt (Gaza, Sinai, Westjordanland, Golan).

1956: Israelisches Marineschiff mit Lothars Reisesouvenirs aus Italien

S. 56/57: Tel Aviv 1951:
Militärband (Lothar: 1. Reihe rechts) ▶

To IT GENERATIONS HAVE SWORN;- UNTO IT SONS

BEEN BORNE, – The VOICE of The EARTH.
הזמיר

KÖLN

Sommer 1958

Lothar kommt in ein Land zurück, das seine braune Vergangenheit mittels Wirtschaftswunder in bedenkenlose Gegenwart verwandelt hat. Er kommt nicht wegen Deutschland, dem fremdvertrauten Land, sondern wegen seiner Familie: Peter wird zwar als hochtalentierter Musiker von der Armee zurückgestellt, darf Israel jedoch nicht ohne Ableistung des Militärdienstes verlassen. Lothar mimt trotz Gewissensbissen in einem Schreiben an die israelischen Behörden den sterbenskranken Vater, der seinen Sohn noch einmal sehen möchte. Peter darf nach Köln fliegen, wo Lothar bereits bei seinem Neffen Armin wohnt. Auf dem amerikanischen Konsulat in Bonn kann Peter als gebürtiger Berliner seine Einwanderung beschleunigen; bis dahin spielen die beiden am Wochenende zu Tanzveranstaltungen in einer Fußballgaststätte der Kölner Südstadt. Mit Armin unternehmen sie manchmal Abstecher zur Mosel und zur Loreley. Lothar fühlt sich nicht unwohl, doch er und seine Familie wollen nicht mit alten Nazis zusammenleben, die nun als brave Bürger vielfach Karriere machen. Auf Fragen nach seiner Herkunft kommt er von drüben, aus der »Ostzone«. Kein unnötiges Gerede um seine Person.

Köln um 1958

New York

1958

Zwei Monate später in New York ist die Familie wieder vereint; Margot ist ebenfalls mit ihrem israelischen Ehemann nachgekommen und Lisa hat inzwischen in der Bronx eine geräumige Wohnung gefunden. Lothar darf jedoch wegen der scharfen Gewerkschaftsgesetze ein Jahr lang nicht als Musiker auftreten. So wendet er sich an eine Jobvermittlung in Manhattan, wo man ihn zunächst nach seiner Religion fragt.

1950–53 Koreakrieg: Nach nordkoreanischem Überfall sendet der amerikanische Präsident Truman auf südkoreanisches Bitten amerikanische Truppen.

1951 Wachsender kommunistischer Einfluß in der Welt (Osteuropa, China, Korea) und sowjetischer Besitz von Atomwaffen lösen in Amerika Angstpsychose aus: Senator McCarthy beginnt seinen Kampf gegen »antiamerikanische Kräfte«.

1953 Stalins Tod. Waffenstillstand in Korea am 38. Breitengrad. 17.6.: Arbeiteraufstand in der DDR wird niedergeschlagen.

1957 Mit der Eisenhower-Doktrin wird Militärhilfe gegen kommunistische Angriffe zugesichert. Gesetz zum Schutz des Wahlrechts der Schwarzen in den USA (Civil Bill of Rights).

New York 1964: Peter mit Ehefrau, Lisa und Lothar und Enkelkindern

1961 John F. Kennedy siegt knapp in der Präsidentschaftswahl gegen Nixon. 13.8.: Errichtung der Berliner Mauer auf Befehl Ulbrichts »zur Verhinderung eines militärischen Überfalls«.

1962 Kubakrise: US-Blockade wegen Installierung sowjetischer Raketen auf Kuba. Chrustschow lenkt ein.

1963 Bürgerrechtsprogramm des Präsidenten wird durch eine friedliche Massendemonstration mit Pastor Martin Luther King unterstützt. 22.11.: Tödliches Attentat auf Präsident Kennedy.

1966 Weitere Rassenkonflikte: Militante Gruppen wie »Black Power« und »Black Muslims« gewinnen Einfluß. Die USA verstärken ihr Engagement in Vietnam: 425 000 Mann sind stationiert.

1968 Nach Ermordung Martin Luther Kings eskalieren die Rassenunruhen. Höhepunkt der Studentenrevolte. Tödliches Attentat auf Senator Robert F. Kennedy.

1972 Präsident Nixon in der Volksrepublik China. Schwere US-Bombenangriffe gegen Nordvietnam.

Queens, New York um 1972: Lothar mit Jutta und Enkelkind

Er erhält einen Job im »Fifth-Avenue-Hotel« an der 14. Straße: Als 55jähriger wird Lothar Tellerwäscher und Laufbursche. Obwohl er durch Fleiß und Pünktlichkeit schnell zum Kellner avanciert, muß er den Job wegen einer Leistenverletzung aufgeben: eine Spätfolge der Zeit in Buchenwald. Während Peter dank Leonard Bernstein erster Klarinettist bei den New Yorker Philharmonikern wird, arbeitet Lothar als Büroangestellter und Bote im »Jewish National Hospital« in der 46. Straße. Doch 45 Dollar Lohn pro Woche sind bescheiden – er nimmt eine zusätzliche Stellung als Nachtportier in einem Apartmentgebäude an der 86. Straße im deutschen Viertel an.

Zehn Jahre lang pendelt Lothar zwischen Wohnung, Tag- und Nachtjob. Vor Beginn der Nachtschicht schläft er am frühen Abend gerade drei bis vier Stunden. Am Wochenende jedoch widmet er sich fast völlig der Musik, übt stundenlang und lernt zusätzlich noch Cello und Klavier. Durch befreundete Musiker erhält Lothar die ersten kleinen Orchesterengagements. Bald folgen Auftritte in der »Carnegie Hall«, auch in der »Metropolitan Opera«, wo er unter Joseph Rosenstock, seinem Dirigenten aus Kulturbund-Zeiten in Berlin, spielt. In Harlem tritt Lothar für einige Monate im »Apollo Theatre« als einziger Weißer in einer schwarzen Showband auf.

Als er 1968 pensioniert wird, nützt er die neue Freiheit. Er spielt zwei Jahre im kanadischen Vancouver während der Wintersaison als Violaspieler im Symphonieorchester, eine Saison in Savannah im amerikanischen Bundesstaat Georgia. Doch die Familie, insbesondere Lisa, beklagt sich. So reist er die folgenden Jahre nur kurz nach Philadelphia, um dort auf deutschen Weihnachts- und Silvesterfeiern Klassik, Operetten und Weihnachtslieder mitzuspielen. Die Engagements enden allerdings, weil die nachrückende Generation kein Interesse mehr an deutschen Weihnachtsfeiern besitzt.

Inzwischen hat sich auch New York verändert: Der Nachkriegsaufschwung gehört längst der Vergangenheit an, die Stadt ist pleite. Armut und Kriminalität nehmen in vielen Stadtvierteln beängstigend zu; der weiße Mittelstand zieht scharenweise in die Vororte.

1972 kaufen Lothar und Lisa mit Tochter Judy, ehemals Jutta, und Schwiegersohn Richard ein Haus in einem ruhigen und sauberen Stadtteil von Queens. Lothar spielt nun in zahlreichen Amateur-

New York 1973: 45. Hochzeitstag von Lothar und Lisa

und Halbprofiorchestern der Umgebung, auch bei den Musikstudenten im Queens College. Zusätzlich beginnt er wieder als Musiklehrer mit den Talenten der Nachbarschaft zu proben. Mit zunehmenden Engagements entstehen wieder viele neue Bekanntschaften durch die Musik – Lothar ist in Queens und Umgebung fast ständig auf Achse. Anfang der 80er Jahre zerbricht das langersehnte häusliche Familienglück durch den plötzlichen Tod von Schwiegersohn Richard und des ältesten Enkels. Lothar schränkt nun seine Konzert- und Probentermine ein, um sich stärker der Familie zu widmen. Im Frühjahr 1988 holt ihn plötzlich die Vergangenheit wieder ein: Vilmos Singers Tochter Jeanette meldet sich telefonisch aus San Francisco. Nach sporadischen Briefkontakten möchte sie nun, fast ein halbes Jahrhundert nach dem Abschied in Tientsin, ein Wiedersehen der beiden verbliebenen Bandmitglieder arrangieren.

S. 62/63: New York 1988:
Lothar und Vilmos Singer (2. v. l.) treffen sich nach 41 Jahren wieder ▶

Coca-Cola
CLASSIC

NEW YORK 1988–91

VILMOS

41 Jahre nach China treffen sich Lothar und Vilmos in New York wieder. Im Garten von Lothars Freund Coleman, einem ungarischen Emigranten, spielt man Mozarts »Kleine Nachtmusik«, immer wieder vom ohrenbetäubenden Lärm der tieffliegenden Jets übertönt, die den nahen »JFK-Airport« anfliegen. In der tropischen Schwüle hat Vilmos keine rechte Lust zum Spielen: Mit einer Sonnenblume aus Plastik gibt er den Takt vor. Später versucht jeder auf seine Art, den Nachmittag zu verbringen. Vilmos kommt immer wieder auf den wirtschaftlichen Aspekt vergangener Tage zu sprechen: »Haben einen Haufen Dollar verdient, einen wunderbaren Erfolg gehabt!«

Lothar zieht es vor, mit Vilmos' hübscher Enkelin Janine zu flirten. Als sie ihn auf seine bewegte Vergangenheit anspricht, erklärt er:

»Bereits als junger Mensch waren mir Grenzen zuwider. Ich wollte schon immer der ganzen Welt angehören!«

North Shore Symphony Orchestra,
Long Island, New York

FRANK

Schräg gegenüber wohnt Frank. Seine Eltern kamen um die Jahrhundertwende aus Kalabrien nach New York. In den zwanziger Jahren spielte er zunächst wie Lothar als Geiger zu Stummfilmen, später in italienischen Restaurants. Obwohl er in seinem ganzen Leben weder in Opernhäuser noch nach Italien gelangte, fing er irgendwann an, zu seinen Streichereinlagen Arien zu schmettern. Jetzt, mit 90 Jahren, spielt er nur noch sporadisch im privaten Duett mit Lothar. Beim »Guru Stationery« holt man sich wöchentlich wechselseitig die Zeitung. Die Schlagzeilen der täglichen Gewalt nimmt Frank um so ernster, seitdem er vor einigen Jahren am helllichten Tag vor seiner Haustür niedergeschlagen und ausgeraubt wurde. Lothar kennt auch die Gefahr, doch immer noch wagt er sich selbst in die berüchtigte Subway.

»Das Lothchen kommt selbst bei den Kannibalen zurecht«, erinnert er sich an einen Kommentar der Mutter aus seiner Berliner Kindheit.

◀ S. 68/69: Frank und Lothar treffen sich beim Shopping

ONE WAY

Guru

Die »neighborhood« hat sich in den letzten 20 Jahren stark verändert. Viele Weiße zogen hinaus nach Long Island, New Jersey oder Connecticut. Unten an der Hillside Avenue wohnen fast nur noch Schwarze und Hispanics, oben auf den Granithügeln, wo vor über 200 Jahren die amerikanischen Unabhängigkeitstruppen vor den britischen »redcoats« erst einmal zurückwichen, ziehen Koreaner, Chinesen und Inder zu. Unter ihnen ist auch ein illustrer Neuankömmling, ein richtiger Guru.

Sri Chinmoy wohnt nur wenige Häuser von Lothar und Lisa entfernt. Früh morgens, wenn Lothar das erste Mal mit »Rocky« um das Carree geht, joggt der Guru manchmal an ihm vorbei. Einige Blocks weiter besitzt er einige Läden, die Lothar wegen ihrer Sauberkeit und Höflichkeit schätzt. Man kennt ihn dort, spricht mitunter auch über Musik. Eines Tages läßt der Guru ausrichten, daß er an einer von Lothars Violas interessiert sei. Kurze Zeit später erscheint der Guru mit einigen seiner Jünger, um Lothar das alte Meisterstück aus Rußland abzukaufen.

NO FIX
POR TODO
SERVISTAR

179
Merit
179

CODE SECS. 213 & 306
Street
Manhattan
via Broadway
R
179

Phone

Conklin

Conklins Eltern stammen aus Schanghai. Sie flohen vor den Kommunisten nach Taiwan, später emigrierten sie nach New York, um es dort zu bescheidenem Wohlstand und einem eigenen kleinen Haus zu bringen. Nun wohnt dort unten in Jamaica ihr einziger Sohn mit seinen drei Hunden. Conklin brach sein Musikstudium ab, weil es zu teuer und trotz Talent zu aussichtslos erschien. Seit einigen Monaten verkauft er Token, U-Bahn-Tickets, in der Subway – ein gefährlicher Job, so liest man immer wieder in den Zeitungen. Völlig übermüdet schaut er nach einer Nachtschicht bei Lothar vorbei, den er vor vielen Jahren durch ein gemeinsames Konzert kennengelernt hat. Conklin berichtet, wie besorgt seine Eltern wegen seines Jobs sind, er weiß nicht so recht weiter.

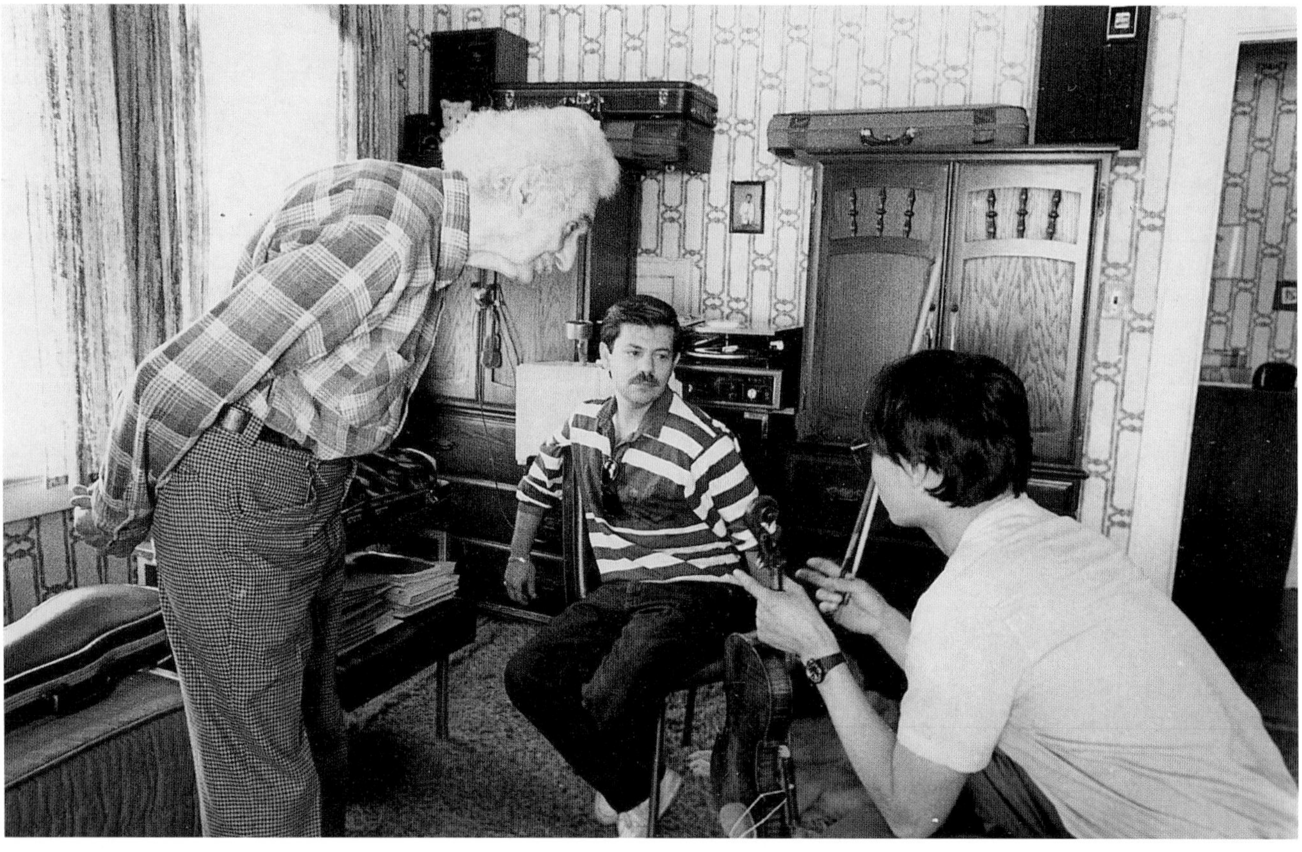

Judy

Nach all den Schicksalsschlägen hat Judy es als Witwe nicht einfach. Sie fühlt sich verpflichtet, auf die Eltern aufzupassen. Als Sekretärin für ein Anwaltsbüro in Manhattan stürzt sie sich jeden Morgen in die vollgestopfte Subway, um irgendwann spätabends gestreßt zurückzukehren. Überstunden müssen klaglos akzeptiert werden, denn sie weiß, wie schnell man gerade in ihrem Alter in New York den Job verliert. Sie will nicht mehr, doch das Haus muß abbezahlt werden. Egal, wie spät und kalt es ist, Lothar steht mit „Rocky» schon längst am Busstop, um seine Tochter abends die letzten hundert Meter nach Hause zu geleiten. Lothar fühlt sich verpflichtet, auf Frau und Tochter aufzupassen, auch wenn er sonst in ihnen eine oft unerbittliche Allianz gegen sich erblickt.

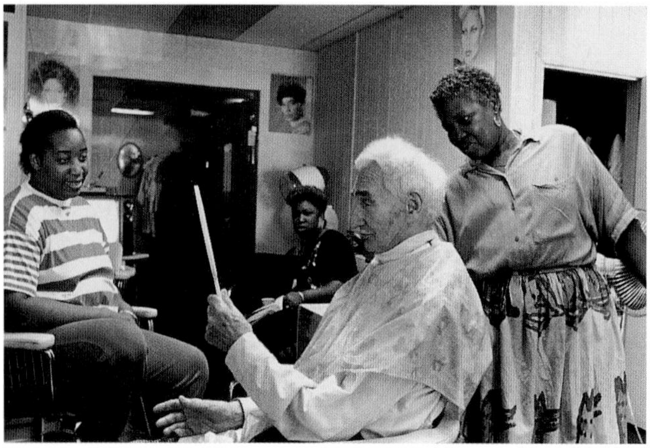

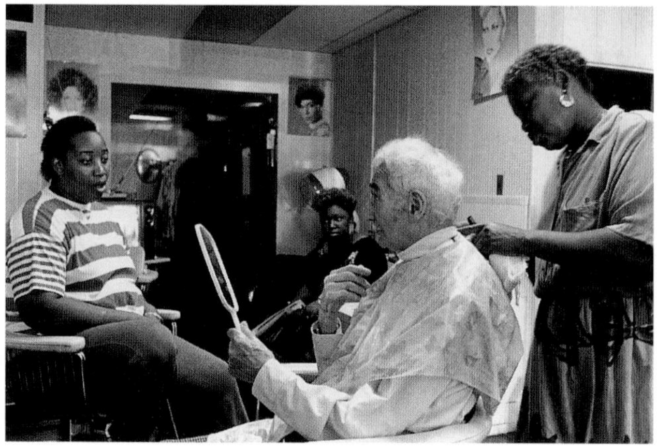

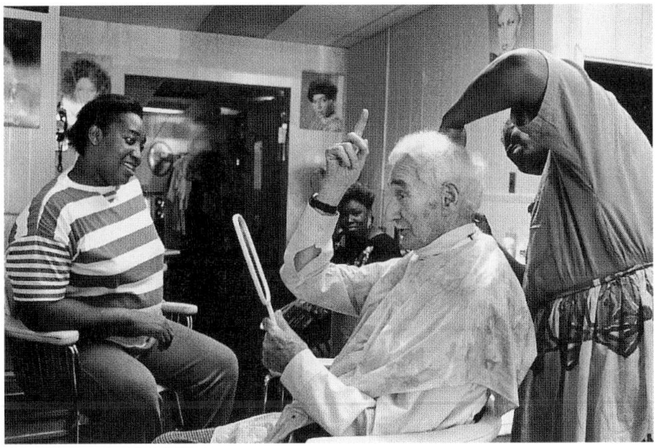

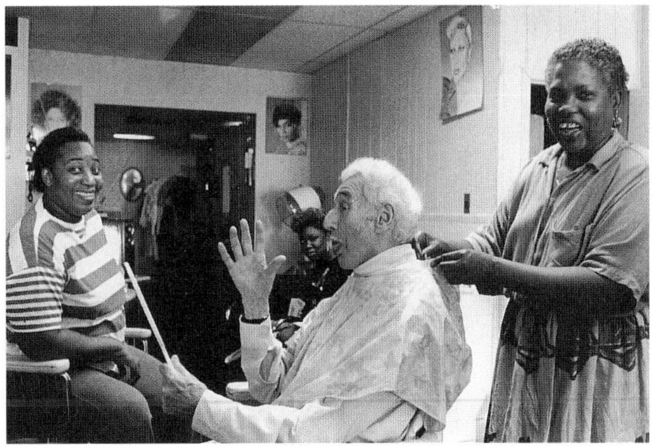

Besuchen Sie
Deutschland.
AT&T

message still strong
JOEY ADAMS
NEW YORK POST
HOME DELIVERY / SPORTS EXTRA
BLOODY
ISRAEL
19 Arabs massacred in riot at holy shrines
IMAGINE!
John Lennon would have been 50 years old today
DAVE'S PAL
GETS 24-HR.
COP GUARD

MYRTLE

Jeden Donnerstag kommt eine Haushilfe. Kann eine Schwarze deutsche Sauberkeit begreifen? Offenbar. Doch es hat lange gedauert, bis Myrtle Lisas Vertrauen genoß. Vor zehn Jahren von Jamaika nach Jamaica (Queens, New York City) gezogen, beklagt auch sie die wachsende Gewalt auf den Straßen. 5000 zusätzliche »Cops«, New Yorks Polizisten, hat Bürgermeister Dinkins versprochen. Doch Lisa und Myrtle sind sich trotz gewisser Verständigungsprobleme in ihrer Skepsis einig: Eigentlich wollen sie beide aus New York weg.

»Mallorca hat mir sehr gut gefallen«, erinnert sich Lisa an wenige Stunden Landgang 1958 auf dem Weg von Israel nach Amerika.

67

Newport

»shopping list«

COLEMAN

Samstag ist Einkaufstag. Meist kommt Coleman aus Flushing mit seinem betagten Straßenschlitten herüber, um Lothar und Judy zum Supermarkt zu bringen. Coleman arbeitet auch nach seiner Pensionierung als Bauingenieur weiter – neben dem Hobby Musik hat er sich neuerdings als Philosophiestudent an einem College eingeschrieben. Täglich verinnerlichter, erzählt er von heftigen Auseinandersetzungen mit seinem Professor:

»Gibt es ein ewiges Wesen, das alles erschaffen hat?«

Lothar hat samstags anderes im Kopf. Er muß aufpassen, daß Lisas Anweisungen auf dem Einkaufszettel strikt ausgeführt werden. Sonst wird das Wochenende unangenehm.

THANK YO

MEETS

our pledge
apple juice

LOTHAR UND LISA

Mit der Post kommt ein langer sentimentaler Brief von Kurt, Lothars 90jährigem Bruder. Immer wieder schreibt er auch heute noch über den Vorfall mit der Militärkapelle 1908 in Berlin, die gemeinsame Kindheit und den Abschied am Berliner Anhalter Bahnhof 1938:

»Aber hoppla, wir leben noch! Wir kommen aus einem Stall und sind fast immer getrennt gelaufen!«

Darum zieht es Lothar auch noch einmal in die Ferne: Im nächsten Jahr möchte er Kurt in dessen brasilianischem Domizil nahe Sao Paulo besuchen. Lisa indes sieht solche Aktivitäten Lothars gar nicht gern.

Später diskutieren beide am Küchentisch über Politik. Sie sind mit ihrem neuen Bürgermeister Dinkins nicht zufrieden. Lothar hätte gerne dessen Vorgänger länger im Amt gesehen:

»Ich wählte den Koch, nicht weil er jüdisch ist. Er ist fleißig und tüchtig gewesen.«

Lisa hat einen anderen Favoriten für die politische Spitze:

»Ich bin kaisertreu! Ich möchte wieder einen Kaiser haben!«

Lothar kontert:

»Ich bin dein Kaiser!«

Lisa

Seit ein paar Jahren verläßt Lisa nicht mehr das Haus. Obwohl sie auf eine Gehhilfe angewiesen ist, hat sie jeden Morgen das Frühstück schon parat, wenn Lothar aus seinem Zimmer kommt. Sie darf jedoch ihre TV-Shows nicht verpassen, sonst ist der ganze Tag verdorben. »How To Marry A Millionaire« läuft bereits am Vormittag, »Wheel Of Fortune« jeden Abend. Viel versteht sie nicht, denn sie weigert sich bis heute, Englisch zu lernen. Mittwochs bringt Judy die »Neue Post«, »Frau im Spiegel« und neue Arztromane mit. Mama zuliebe geht sie auf dem Weg von der Arbeit am einzigen Kiosk in Queens vorbei, an dem deutsche Zeitschriften erhältlich sind. Daraufhin zieht Lisa sich in ihr Bett zurück und verschlingt die bunten Neuigkeiten aus Deutschland. Bereits früher galt ihr besonderes Interesse Adelsgeschlechtern und der Macht der Sterne.

Lothar

Eines Nachmittags klingelt Valeri, ein russischer Geigenbauer und bringt eine Viola zurück, die er für Lothar repariert hat. Auch Conklin erscheint plötzlich; zu dritt vertiefen sich die Musiker in ein Fachgespräch.

Nachdem sich Valeri verabschiedet hat, kommt Lothar auf Conklins Zukunft zu sprechen: Er rät ihm, das von seinen Eltern geerbte Haus zu verkaufen, mit dem Erlös sein abgebrochenes Musikstudium zu beenden und sich irgendwo einzumieten. Insgeheim spekuliert er, daß Conklin oben in die leerstehende Mansarde einzieht. Doch er weiß, daß seine Tochter Judy keiner Veränderung im Haus zustimmen würde und so schweigt er lieber.

Lisa wendet sich kurz vom »Aufbau« ab, der Zeitung der deutsch-jüdischen Emigranten in Nordamerika. Sie meint, daß in Conklins Lage ein fester Glaube das Wichtigste sei:

»Jeder Mensch braucht eine Religion!« erklärt sie mit Vehemenz.

Lothar schüttelt nachdenklich den Kopf:

»Ich glaube nur an die Musik!«

Markus Flexeder

Blutwinter

Kriminalroman

ars vivendi

Der Mensch bekommt von Gott, was er verdient;
entsprechend seinem Tun vergilt er ihm.
(Hiob 34,11)

I
DUNKEL

Montag, 5. Dezember 1949

»Zefix«, schrie die Frau auf. Aus einem tiefen Schnitt in ihrem Zeigefinger spritzte Blut über die Arbeitsplatte und auf die Zwiebel, die sie zu schneiden versuchte. Voller Wut schleuderte sie sie in den Mülleimer.

Dann tönte aus dem alten Volksempfänger auch noch Bing Crosbys *White Christmas*. Als wolle sie darauf einschlagen, lief sie auf das Radio zu, zog dann aber nur voller Verzweiflung den Stecker heraus. Sie presste einen Spüllappen auf die Wunde und setzte sich auf das Kanapee neben dem Esstisch. Sie zitterte, Panik schnürte ihr den Atem ab. Was sollte sie tun?

Sie befolgte den Rat ihres Arztes: hinsetzen, sich sammeln und auf die Atmung achten, um dabei die Gedanken zu ordnen. Sie richtete ihren Oberkörper auf und schloss halb die Augen. Ihr Brustkorb hob und senkte sich. Sie versuchte krampfhaft, an nichts zu denken – doch das gelang ihr nicht. Also konzentrierte sie sich auf die Geräusche der Kuckucksuhr neben der Tür: tick – tack, tick – tack, tick – tack ... langsam wurde es besser.

Der klaffende Schnitt brannte, doch die Blutung hörte langsam auf und auch ihre zittrigen Hände wurden ruhiger. Sie pustete sich eine blonde Strähne aus der Stirn und atmete tief ein; da hörte sie ein Knarren. Lukas, ihr Sohn, stieg vorsichtig die enge Stiege vom oberen Stock herunter in den Flur. Noch bevor er überhaupt in der Küche war, fragte sie ihn bereits, ob er mit seinen Hausaufgaben fertig sei.

»Ja, Mama«, antwortete er brav und trat ein. Als er seine Mutter stocksteif und ganz blass auf dem Sofa sitzen sah, lief er schnell zu ihr hinüber und strich ihr mit seinen kleinen Händen über das Haar. »Mama, geht's dir wieder nicht gut?«

Sie hob den Kopf, ihre Augen wirkten müde und erschöpft. Während sie ihren Sohn anstarrte, dachte sie: *Ich hätt dich niemals auf die Welt bringen dürfen!*

Sein blondes Haar stand in alle Richtungen, und sein fragendes Gesicht zeigte deutlich, dass er auf eine Reaktion seiner Mutter wartete. Doch nichts geschah. Sie starrte nur.

Zaghaft lehnte er seinen Kopf an ihre Schulter. Als er dann seine Arme um sie legen wollte, stand sie auf und schob ihn beiseite. »Geh weg, Lukas! Ich muss kochen.«

Lukas blieb vor dem Kanapee stehen und zog die Mundwinkel nach unten. Doch plötzlich erhellte ein Lächeln sein Gesicht, und er rannte erneut quer durch den Raum. Von hinten legte er die Arme um die Hüfte seiner Mutter und drückte sich an sie. »Du, Mama?«, fragte er.

»Ja, was denn?«

»Beim Martin kommt heut auf d' Nacht der Nikolaus, darf ich da auch hin?« Er presste seinen Kopf fest an ihren Rücken. Sie blieb stumm. Ihr Körper wurde starr, und ihr Blick verlor sich irgendwo in einer anderen Zeit.

»Bitte«, fügte Lukas hinzu.

Seine Mutter atmete hörbar entschlossen ein und schüttelte kurz den Kopf, als wolle sie Bilder daraus vertreiben. Ein fast tonloses »Nein!« kam über ihre Lippen.

»Ach, Mama. Bitte lass mich doch da hin. Der Thomas kommt auch und hat gefragt, ob ich auch dabei bin.«

»Nein, Lukas! Du bleibst daheim.«

Der Junge ließ von seiner Mutter ab und trat einen Schritt zurück. »Wieso denn nicht? Der Papa kann mich doch hinbringen, wenn er wieder da ist.«

»Ich hab Nein gesagt und aus jetzt.«

Der Junge stampfte mit seinen Füßen auf den Boden: »Mama!«, schrie er wütend.

Diese warf die neue Zwiebel in die Spüle, drehte sich um und gab ihrem Sohn eine schallende Ohrfeige. Lukas' Augen wurden feucht, und seine brennende Wange rötete sich. Erbost lief er nach oben in sein Zimmer.

Die Frau setzte sich indessen wieder auf das Sofa, vergrub ihr Gesicht in ihren Händen und begann bitterlich zu weinen.

»Zwecks was möchten Sie denn unbedingt wissen, was vor fünfundachtzig Jahren war?«, fragte Maria Stadler. Sie blickte auf das Kruzifix, das gegenüber von ihrem Bett an der Wand hing. Bevor sie einschlief, betete sie jeden Abend ein Vaterunser und ein Ave Maria. Doch der wirkliche Austausch, eine Unterhaltung mit Gott, das wollte ihr seit fünfundachtzig Jahren nicht mehr recht gelingen. Dazu fehlten ihr die Worte. Und jedes Jahr, wenn die Tage im Wechsel von Sommer zu Winter kürzer wurden, wenn der erste Schnee fiel und sich das Jahr dem Ende neigte, kamen die Erinnerungen an das schier Unbeschreibliche zurück. Mehr als achtzig Jahre hatte sie mit keinem Menschen darüber gesprochen. Gefragt hatte man sie damals oft, doch sie hatte geschwiegen, so wie alle.

»Aber Frau Stadler, wieso denn diese Ablehnung? Wir sind extra aus München angereist, um uns mit Ihnen zu unterhalten. – Gefallen Ihnen denn wenigstens die Blumen?«

Am Bett der alten Dame standen Korbinian Lallinger und Norbert Aumüller. Die zwei Journalisten waren fest entschlossen, die Geschehnisse der sogenannten »Blutnacht« im oberbayerischen Wolfsham aufzuklären, die auch ein knappes Jahrhundert später noch immer Rätsel aufgaben.

»Glauben Sie wirklich, mich alte Schachtel kann man mit ein paar Blumen um den Finger wickeln? Das haut vielleicht bei den jungen Madln hin, aber nicht bei mir.«

Eine Pflegerin betrat das Zimmer. Jeden Nachmittag zur gleichen Zeit schüttelte sie die Daunenkissen auf und wechselte Marias Katheterbeutel. Meist sagte sie mit ihrem polnischen Akzent nur knapp »Hallo« oder nickte mit dem Kopf und verschwand wieder. Schließlich warteten den

Gang entlang noch siebenundzwanzig andere Heimbewohner, denen das gleiche Interesse zuteilwerden musste.

An diesem Tag war es Maria egal, dass die Pflegerin nach zwei Minuten das Zimmer wieder verließ. Für gewöhnlich starrte sie danach erneut an die Decke oder auf den Kirschbaum vor ihrem Fenster. Doch nicht heute: Obwohl die fremden Männer über etwas sprechen wollten, das Maria widerstrebte, freute sie sich insgeheim über den Besuch.

Nachdem sie ins Seniorenheim gekommen war, hatte Maria gehofft, dass ihr Sohn Lukas sie öfter besuchen würde. Doch der ließ sich nur zweimal, höchstens dreimal im Monat bei ihr blicken. Öfter fanden er und seine Frau keine Zeit. Wahrscheinlich, so Marias Überlegung, übernahm er auch wegen seines schlechten Gewissens die Mehrkosten für ihr Einzelzimmer. Doch ihre luxuriöse Ungestörtheit führte gleichzeitig zu monotoner Einsamkeit. Selbst das beiläufige »Grüß Gott« eines Unbekannten zauberte inzwischen ein sehnsüchtiges Lächeln in ihr Gesicht.

Die Journalisten hatten ihren Besuch im Vorfeld telefonisch an der Heimpforte angekündigt, da Maria kein Telefon im Zimmer hatte. Als sie davon erfuhr, verspürte sie ein Kribbeln. »Extra aus München. Einen so weiten Weg, bloß zwecks meiner«, hatte sie nicht ohne einen gewissen Stolz zur Pflegerin gesagt. Sie ahnte allerdings, dass es für dieses seltene Interesse an ihrer Person nur einen Grund geben konnte.

»Frau Stadler …«, Korbinian Lallinger setzte sich neben sie an das Bett und legte seine Hand auf Marias zerbrechlich wirkenden Arm. »Sie sind die einzige Person, die noch am Leben ist und von den Geschehnissen weiß.

Bis heute kennt niemand die Wahrheit. Nur *Sie* können uns noch helfen.«

Als hätte sie diesen Appell überhaupt nicht gehört, blickte Maria auf den kahlen Kirschbaum vor ihrem Fenster im ersten Stock. *Der Winter kommt bald,* dachte sie. *Die Bauern werden bei der Arbeit frieren. Mich hat's immer gefroren. Auch in jener Nacht hat's mich gefroren. Bitte, lieber Gott! Mach, dass die Männer jetzt gehen.*

Die Angst, sich bewusst zu erinnern und all die Albträume wieder zu durchleben, überwog Marias Hunger nach Zuwendung. Noch war sie nicht bereit, einen so hohen Preis dafür zu bezahlen. Der bloße Gedanke, jene schrecklichen Erlebnisse in Worte zu fassen, versetzte sie in Panik. Doch ihr Zaudern entmutigte die Journalisten keineswegs.

»Geben Sie sich einen Ruck. Bitte!« Mit dem Zeigefinger schob Lallinger seine Brille auf der Nase zurecht.

Maria schloss die Augen. Mehr an sich selbst als an die anwesenden Herren gerichtet, seufzte sie leise: »Was soll ich denn bloß tun?«

Der Journalist nahm die Hand von ihrem Arm und drehte sich mit einem Augenzwinkern zu seinem Kollegen, der am Ende des Bettes stand.

Maria fühlte sich so zerrissen wie lange nicht mehr. Obwohl sie mit zunehmendem Alter immer mehr den Drang verspürte, sich jemandem anzuvertrauen, wollte sie doch zugleich schweigen, um zu vergessen – wie sie es mehr als achtzig Jahre lang vergebens versucht hatte.

Zwischen den Fingern ihrer linken Hand rollte sie die schwarzen Perlen eines Rosenkranzes, und ihre Lippen formten lautlos Worte. Die beiden Männer in ihrem Zimmer schien sie ganz vergessen zu haben.

Lieber Gott, ich hab so lang versucht, alles zu vergessen. Hast mir du die Männer geschickt? Ich bin alt, warum lässt mich nicht einfach tot umfallen? Warum tust mir das an? Ist's die letzte Prüfung, die ich zu bestehen hab? Wieso bist bloß so unbarmherzig zu mir?
Erlöse uns, oh Herr, wir bitten dich,
von allem Übel,
sei es vergangen, gegenwärtig oder zukünftig;
und auf die Fürsprache der seligen,
glorreichen, allzeit reinen Jungfrau und Gottesmutter Maria,
wie auch deiner heiligen Apostel
Petrus, Paulus und Andreas
und aller Heiligen,
gib barmherzig Frieden in unseren Tagen.
Komm uns zu Hilfe mit deinem Erbarmen,
dass wir von Sünde allzeit frei bleiben
und vor jeder Beunruhigung gesichert seien.
Durch unseren Herrn Jesus Christus,
deinen Sohn,
der mit dir lebt und herrscht
in der Einheit des Heiligen Geistes, Gott.
Von Ewigkeit zu Ewigkeit.
Amen.

Maria öffnete die Augen, sah die beiden Journalisten nacheinander an und nickte. »In Gottes Namen, sei's drum«, sagte sie laut und entschlossen. »Aber es kann sein, dass ich mich nimmer an alles erinnern kann.«

»*Das* ist überhaupt kein Problem, Frau Stadler. Wir haben Akten aus dem Polizeiarchiv. Wir helfen Ihnen schon, sich zu erinnern.«

Maria schaute Aumüller erstaunt an. »Das können

Sie?« Dann zog sie misstrauisch die Brauen hoch. »Sie sind doch nicht etwa von der Polizei?« Sie sah immer noch zu Aumüller, und seine nach hinten gegelten Haare, die stocksteife Körperhaltung und die Art, wie er sie musterte, vermittelten ihr eine elitäre, nahezu arrogante Selbstzufriedenheit.

Korbinian Lallinger wusste um den Eindruck, den sein Kollege machte, weshalb er es war, der auf Marias Frage antwortete: »Nein, nein. Aber einfach war es nicht, an die Akten zu kommen.« Er legte dabei seine braune Ledertasche, die bisher auf dem Boden neben dem Bett gestanden hatte, auf das klapprige Besuchertischchen, das unter dem Kruzifix stand.

Maria konnte nicht verstehen, warum ein so feiner Herr eine so abgenutzte, alte Tasche hatte. Hätte sie gewusst, dass Lallinger die Tasche im »Vintage-Look« für viel Geld erst vor einer Woche gekauft hatte, wäre sie schier vom Glauben abgefallen: Man kauft sich doch nichts Neues, das gebraucht aussieht.

Was der Mann allerdings aus der Tasche zog, war tatsächlich so alt, wie es aussah. Es war ein zehn Zentimeter dicker Aktenordner aus grauschwarzem Karton. Auf dem Deckel war ein vergilbtes Blatt Papier aufgeklebt, das sich an den Rändern schon abzulösen begann. Darauf stand in fein säuberlichem Sütterlin:

»Wolfsham, 5. und 6. Dezember 1920«

Maria blinzelte. Ihre Augen waren feucht. »Darf ich mal schauen?«

»Vorsicht, schwer«, sagte Lallinger und reichte ihr die Unterlagen.

Sie senkte langsam den Kopf und fuhr mit ihren Fingern über den Ordner. »Ja ... *das* ist fast so alt wie ich.«

Dann riss sie ihre Hände in die Höhe, machte eine abwertende Geste und drehte den Kopf beiseite. »Es stinkt abgestanden und verpestet die Luft zum Schnaufen. – Ich versteh's nicht, wieso man so was aufhebt.« Ihr Tonfall war schroff, fast schon schrill. »Sie haben doch schon alles. – Ich war *zehn* Jahre alt. Was kann ich schon wissen?« Sie legte ihre Hände in den Schoß, ballte sie zu Fäusten und blickte zu Jesus, der vom Kreuz gegenüber auf sie herabschaute.

»Lassen Sie es uns versuchen, Frau Stadler, bitte!«, sagte Aumüller.

»Holen Sie eine Schwester, die soll die Blumen in eine Vase stellen«, entgegnete Maria. Sie atmete schwer, doch ihre Stimme wechselte in eine freundlichere Tonlage. »Wissen Sie, ich hab schon lang keinen Blumenstrauß mehr gekriegt. Haben Sie den in München gekauft?«

Lallinger nickte und drehte den Kopf zu seinem Kollegen. Dieser verließ das Zimmer, um kurz darauf mit einer wassergefüllten Vase zurückzukommen. Maria wiegte den schwarzen Rosenkranz nachdenklich in ihren Händen. »Und jetzt?«, fragte sie.

»Um Ihnen das Erinnern zu erleichtern, ist es wohl am besten, ich lese Ihnen aus den Unterlagen vor. Hinterher schildern Sie uns *Ihre* Geschichte. Einverstanden?«

Maria blieb stumm, und Lallinger zog an der Schleife, die die Klappen des Ordners zusammenhielt. Einige Dokumente waren mit Schreibmaschine getippt, andere handschriftlich in Sütterlin niedergeschrieben. Als er vor drei Monaten mit dem Fall begonnen hatte, konnte er die alte Schreibschrift nur mühsam entziffern, doch inzwischen ging es sehr flüssig.

Die Blätter lagen lose, aber chronologisch geordnet zwischen den Kartonklappen. Das Papier schien dicker zu sein als das heute typische 80-Gramm-Papier. Vielleicht war es aber auch über die lange Zeit der Aufbewahrung starrer geworden. Der Journalist rieb seine Fingerkuppen aneinander. Obwohl die Unterlagen gut erhalten waren, haftete ihnen doch ein modriger Geruch an, da hatte die alte Dame schon recht.

Marias Gedanken bewegten sich zunächst nur zögerlich in Richtung Vergangenheit. Aus reiner Gewohnheit blickte sie auf das gerahmte Foto auf ihrem Nachttisch, das ihren Mann und sie an ihrem fünfzigsten Hochzeitstag zeigte. Joseph trug seinen schwarzen Sonntagsanzug und sie ein Kostüm mit blauen und roten Blumen. Achtundsechzig Jahre waren sie verheiratet gewesen.

Vor sechs Jahren, im Oktober 1999, war der Joseph dann an einem Herzinfarkt gestorben. Er wurde vierundneunzig Jahre alt.

Nicht einmal ihm hatte Maria ihre Version der Geschichte von damals erzählt. Ihr Mann kannte die Schauermärchen von Wolfsham nur aus den Erzählungen anderer. Er stammte aus einem vierzig Kilometer entfernten Dorf, in Richtung der österreichischen Grenze. Selbst dort erzählte man sich noch Jahre später Gruselgeschichten über jene »Blutnacht«.

Im Jahr nach dem Massaker verkaufte Marias Vater seinen Hof in Wolfsham, und die beiden zogen auf den Hof eines Großonkels, der zur selben Zeit seinen siebzigsten Geburtstag feierte. Er war kinderlos, und Maria und ihr Vater sollten alles erben.

Natürlich schrieben sie im Vorfeld einen detaillierten Übergabevertrag nieder, der festlegte, was Marias Uronkel bis an sein Lebensende zustand: die wöchentliche Menge Milch und Brot, das Taschengeld und vieles andere.

Vor ihnen hatte damals viel Arbeit gelegen: undichte Dächer im Stall und im Wohnhaus, brachliegende Wiesen und Felder. Die Milchkühe, Ochsen, Schweine und Hühner füllten nicht einmal mehr die Hälfte der Ställe. Doch gehörten über hundert Tagwerk an Ackerland und Wald dazu, mehr als dreimal so viel wie zu ihrem alten Hof in Wolfsham.

Im November 1921 lernte Maria dort in der neuen Schule den Joseph kennen. Anfangs hatte er sie noch gefoppt und an ihren blonden Zöpfen gezogen. Zehn Jahre später heirateten sie.

Wenn er noch auf der Welt wär, hätt er die zwei gewiss rausgeworfen, dachte Maria. Sie atmete tief durch.

Lallinger saß direkt neben dem Bett. Unter seinem grauen Kaschmirpullover schaute ein kariertes Hemd hervor, das er in der morgendlichen Eile ungebügelt angezogen hatte. Er räusperte sich kräftig, denn zu viele Zigaretten am Vorabend hatten seine Stimmbänder in Mitleidenschaft gezogen. Mit dem Ordner auf dem Schoß begann er zu lesen.

Stefanie Wagensonner, ledig, Bedienung und Magd, 42 Jahre

Ich glaub, ich kann Ihnen da gar nicht viel sagen. Bevor's finster geworden ist, war ich aus Wolfsham heraußen.

Ich arbeit als Bedienung beim Kramer-Wirt, wissen Sie, direkt neben der Kirche. Aber ich hab an dem Abend vom Kramer frei gekriegt, weil's doch Nikolaus war.

Meine freien Tage nutz ich immer aus, um meine Schwester zu besuchen. Die wohnt mit ihrem Mann, dem Schorsch, und ihren vier Kindern drüben in Leithausen.

Obwohl sie einen großen Hof haben, können sie mich aber leider nicht zum Arbeiten brauchen. Die Zeiten sind schlecht, sagt der Schorsch immer. Aber wenn ich mal nicht im Wirtshaus arbeiten muss, übernacht ich meistens bei denen.

Eigentlich wollt ich an dem Tag schon eher weg, aber der Kramer hat mich noch zum Abspülen gebraucht. Und weil's ja schon seit ein paar Tagen geschneit hat, hab ich mich extra geschickt.

Wenn's auf d' Nacht wird, mag ich mich im Winter nicht allein auf den Feldern oder im Wald aufhalten. Da krieg ich Angst. Man weiß ja nie, was sich für Gesindel rumtreibt, und wenn's dämmert, graut's mir, draußen allein unterwegs zu sein. Bei dem vielen Schnee und wenn's stockfinster ist.

Weil's mir pressiert hat, bin ich dann abseits von der Straße, ein paar Meter vom Waldrand entfernt, pfeilgrad über die Felder durch den tiefen Schnee. Unter den Bäumen war's schon fast finster, und auf den Feldern hat's mir fette Schneeflocken ins Gesicht geweht. Mein Gewand war deswegen auch ganz schnell feucht und eiskalt, aber trotz der Kälte hab ich schwitzen müssen, so anstrengend war's in dem tiefen Schnee.

Nach Leithausen sind's sieben Kilometer. Es geht aber ganz schön bergauf, das macht einem den Weg nicht leicht, und geweint hab ich, weil ich keinen Mann hab, wie meine Schwester den Schorsch, und ich allein über die Felder muss.

Und dann ... auf einmal ist mir einer begegnet. Ziemlich genau auf der Hälfte von der Strecke war's. Ich weiß das noch so gewiss, weil ich da grad am Gedenkmarterl für den armen Huber Sepp vorbei bin.

Vor zwei Jahren hat den da oben ein Baum erschlagen. Er war damals für den Hofmeister-Bauern am Ausholzen, und der wollt dann zuerst nicht einmal die Beerdigung zahlen. Am Schluss hat der dann den schäbigsten Sarg ausgesucht, und eine Kremess hat's auch nicht gegeben. Der Ruach hat der Witwe auch bloß einen halben Tageslohn ausgezahlt, weil's den Sepp ja mittags um eins erwischt hat.

Der Herr Pfarrer hat später fürs Marterl gesammelt. Keinen Pfennig hat der Hofmeister dafür hergegeben und gesagt, dass es wohl langt, wenn wir das Marterl auf seinem Grund aufstellen dürfen.

Ja ... und da oben ist mir einer übern Weg gelaufen. Der war höchstens fünfzig Meter weit weg von mir. Mehr waren's aber nicht, glaub ich. Sonst hätt ich den bei den ganzen Schneeflocken ja auch gar nicht sehen können, und gedämmert hat's da ja auch schon. Der ist über die Felder in Richtung Wolfsham gegangen. Seiner Haltung und seinem Gang nach war's ein stattliches Mannsbild. Der war groß und kräftig und hat einen langen Stock dabeigehabt. Ich glaub nicht, dass der mich gesehen hat.

Zuerst wollt ich ihm winken und hinüberschreien, aber dann hab ich's auf einmal mit der Angst gekriegt.

Das muss ungefähr um halb fünf gewesen sein. Ich weiß es, weil ich kurz nach sechs bei meiner Schwester aufm Hof war und mein Marsch drei Stunden gedauert hat.

Mich hat's überall gefroren, so kalt war's. Meine Schwester hat dann gleich den Ofen angeschürt und mir eine Brotsuppe gemacht. Es ist mir dann auch gleich wieder besser gegangen.

Später, bevor die Kinder ins Bett sind, haben sie ihre Holzschuhe noch vor die Haustür gestellt. Die wissen ja noch nicht, dass meine Schwester die Nikolausgeschenke in denen ihre Schuhe steckt.

Die Stefanie, die Älteste, ist nach mir genannt, sie ist grad einmal sechs Jahre alt, und wenn ich dran denk, dass in der Nacht sogar Kinder ... furchtbar ... der Teufel war's! Ein Mensch kann's nicht gewesen sein.

Am nächsten Tag bin ich dann zum Kramer heimgegangen und hab erfahren, was passiert ist.

Furchtbar ... einfach furchtbar ... ich bin gleich in die Kirche, um zehn Vaterunser zu beten.

Glockenschläge tönten über das umliegende Ackerland. Durch das Schneegestöber klangen sie dumpf und fern, doch hinter der nächsten Anhöhe lag Wolfsham.

Es ist nimmer weit. Bloß noch ein paar Kilometer.

Der Mann stützte sich erschöpft auf seinen Stock. Bei jedem Schritt knirschte es unter seinen Füßen. Bäume bogen sich unter ihrer weißen Last, und die Sträucher sahen unter dem dicken Schneemantel wie kleine Hügel aus.

Wie Federn im Wind tanzten fette Flocken durch die Luft und legten sich auf seine Kleidung. Er kniff die Augen zu Schlitzen und blickte sich um. Das letzte Licht der Dämmerung drang kaum mehr durch das Schneetreiben und tauchte die Landschaft in ein bedrohliches Grau. Mit großen Schritten ging er über die Felder auf den Waldrand zu. Die dicht gewachsenen Tannen und Fichten würden ihm etwas Schutz bieten. Weit war er schon gegangen, und Speichel hing gefroren in seinem Vollbart. Er wischte sich über das Gesicht, und bevor er zwischen den dunklen Bäumen verschwand, sah er sich nochmals um. Niemand war ihm gefolgt, er war allein.

Georg Hofmeister, Witwer, Hofbesitzer, 57 Jahre

Eigentlich hab ich's als Letzter vom Dorf mitgekriegt.

Wissen Sie, mein Hof liegt einen Kilometer außerhalb von Wolfsham, in Richtung Leithausen, und an dem Tag war ich bis nach Sonnenuntergang im Holz unterwegs. Wenn's so viel schneit, geh ich regelmäßig in den Wald und schau nach abgedrückten Bäumen. Heuer hat's uns ja schon früh erwischt, und der Schnee ist schon Anfang November gelegen. Der Schneebruch hat mir einen schönen Schaden angerichtet und jetzt haben wir's erst Dezember. Die meisten Leute haben ja keine Ahnung, wie viel Arbeit einem ein Wald macht.

Ich war recht lang im Tannenwald draußen. Seit meine Frau gestorben ist, wartet ja keiner mehr daheim auf mich. Also hat's mir auch nicht pressiert. Bis ich wieder da war, war's stockfinster. Ich bin sogar über eine Wurzel gestolpert und mit dem Kopf voran in den Schnee gefallen, so finster war's.

So um vier, ich hab da grad die Kirchenglocken vom Dorf her läuten hören, hab ich die Wagensonnerin laufen sehen. Die ist am Wald vorbei über die Felder durch den Schnee. Selber schuld, hab ich mir gedacht. Das ist ein fesches Weibsbild und hätt einen jeden vom Dorf haben können, aber gewollt hat sie keinen. Jetzt kann sie bei dem Wetter allein zu ihrer Schwester laufen.

Aber ein Luder ist sie ja schon. Ich hab sie mit dem Kramer einmal beim Poussieren hinterm Wirtshaus erwischt. Ob seine Frau was davon weiß? – Keine Ahnung. – Geht mich auch nix an. Die Weiber versteht sowieso keiner, und mir kommt auch keine mehr aufn Hof!

Wie's dann schon ganz schön finster war, ist mir noch

jemand begegnet. Das war mitten im Holz. Normalerweise ist da draußen alles stad, und erst hat's mich gerissen, weil ich auf einmal was knacksen gehört hab. Aber da hab ich noch geglaubt, dass mir der Schnee schon wieder einen Baum abdrückt. Doch dann hab ich was gesehen, das sich bewegt.

Ein Wolf im Unterholz, war's Nächste, was mir eingefallen ist. Weil, wissen Sie, ein Mensch begegnet mir da draußen im Winter so tief im Wald eigentlich nicht. Mir wär der wahrscheinlich auch gar nicht aufgefallen. Aber der muss wohl auf einen dicken Ast aufm Boden gestiegen sein. Im Holz liegt ja nicht so viel Schnee, das meiste bleibt in den Bäumen hängen.

Zuerst wollt ich zu ihm hinüberschreien und fragen, was er da treibt. Schließlich gehört mir der Wald. Aber dann hab ich's mit der Angst gekriegt. Weil von Wolfsham, glaub ich, war's keiner. Die wissen alle, wem der Wald gehört und dass ich da rigoros bin. In meinem Holz hat niemand was zu suchen! Aber ich hab nix gesagt und bin ihm auch nicht nach. Bloß ein Depperter geht bei dem Wetter raus ins Holz, wenn er nicht unbedingt muss. Mir war's nicht geheuer, nicht einmal Scherenschleifer strawanzeln um die Jahreszeit umeinander. Ich glaub, dass ein Lump war, der sich da umeinandergetrieben hat, und denen kann man ja sowieso nicht trauen. Bei Tageslicht hätt ich den gepackt und zur Red gestellt. Auch wenn ich nicht im Krieg dabei war, kann ich einem schon zeigen, wo's langgeht – und so einem Hallodri schon zweimal.

Aber mich hat's gefroren und ich wollt einfach bloß aufn Hof retour ... und ich glaub nicht, dass der mir um die Jahreszeit, noch dazu allein, einen Baum umschneiden wollt. Wie ich den gesehen hab, war er zwischen mir und dem Waldrand. Da hat's grad zum Schneien aufgehört, und bevor's richtig finster geworden ist, haben die Wolken noch einmal kurz aufgerissen. Der Schnee hat da zwischen den Bäumen hell vom Feld herein geleuchtet. Drum hab ich ja auch seine Gestalt so gut erkennen können. Groß war er, hat einen langen Stock dabeigehabt und eine ganz komische Haube aufm Kopf ... und langsam ist er gegangen. Ich hab gewartet, bis er zwischen den Bäumen verschwunden ist, und bin dann auf meinen Hof retour.

Mitten in der Nacht hat mich dann der Kramer-Wirt aufgeweckt. Ich hab mir zuerst gedacht, dass er der Lump ausm Holz wär und sich grad an meiner Haustür zu schaffen macht. Aber ich rechne's dem Kramer hoch an, dass er mitten in der Nacht zu mir aufn Hof raus ist. Geschneit hat's schon wieder, und saukalt war's. Er wollt wissen, ob alles in Ordnung bei mir wär.

Wissen Sie, ich leb allein auf meinem Hof. Für die Ernte im Sommer hol ich mir ein paar Tagelöhner, und sonst brauch ich keinen und möcht auch keinen bei mir heraußen sehen.

Der Kramer hat mir dann erzählt, was drunten im Dorf passiert ist. Um sicher zu sein, dass sich keiner auf meinem Hof rumtreibt, hab ich dann im Heustadel und bei den Viechern nachgeschaut, aber da war alles, wie's sein sollt.

Zu mir kann schon einer kommen. Der wird dann schon sehen, was ihn auf meinem Hof erwartet ... Neben meinem Nachttisch steht ein Hinterlader, der bloß auf ihn wart.

Anna-Marie Dorfmeister, Witwe, Bäuerin, 86 Jahre

Ich hab ja schon viel erlebt. Das Leben aufm Land ist hart. Auch Kriege kommen und gehen, aber das, was bei uns in Wolfsham passiert ist, von so was hab ich noch nie gehört. Ich bin alt und hab viel gesehen, aber das ...

Unser Hof liegt am Dorfrand, im Osten. Die Leute haben sie auf der andern Seite umgebracht. Wolfsham ist zwar klein, aber mitgekriegt haben mir nix. Ich zumindest nicht.

Wissen Sie, mir sind arme Bauern. Mein Mann ist seit fünf Jahren tot, und vorm großen Krieg haben mir den Hof unserem Buben, dem Bepperl, übergeben. Gott sei Dank hat er nicht in den Krieg gebraucht, sonst wär hier alles verwildert. Mir sind einfache Leut, nicht so wie der Burgstaller oder der Schmidtmeier. Dagegen ist unser Hof ein Armenhaus.

Drum haben mir wohl auch überlebt. Auch wenn's der Beelzebub war, so war er doch gerecht und hat zumindest ein paar arme Bauersleut verschont.

Ja, ja ... ich weiß schon, andere haben nicht so viel Dusel gehabt. Besonders die Kinder, um die tut's mir schon leid.

Den Herrgott zu verstehen ist schwer. Weil, wissen Sie, mir Bauern aufm Land haben ein hartes Leben, und manchmal fragt man sich schon, warum's so ist; besonders mir Weiber. Unsere Mannsbilder sind zwar fleißig, aber mir müssen das machen, was sie sagen, ohne Widerspruch. Ich hab immer gespurt, wenn mein Mann was gesagt hat ... am Anfang nicht, aber später schon.

Vielleicht waren's aber auch ein paar Franzmänner, die sich in der Gegend umeinandergetrieben haben. Die mögen mir da bei uns nicht und die uns ja auch nicht. Ich hab das vor fünfzig Jahren noch erlebt, wissen Sie. Frankreich ist zwar weit weg, aber die Zeiten sind schlecht, und 's gibt grad genug Hausierer. Und jetzt, wo mir den Krieg verloren haben, müssen mir uns ja sowieso alles gefallen lassen.

Erwischen tut die Gendarmerie gewiss keinen mehr. Wenn's der Teufel war, derbleckt der uns jetzt, und wenn's der Franzos war, ist der schon lang über alle Berge.

Obwohl's am 5. Dezember der zweite Advent war und der Vorabend vom Nikolaus, so war's für uns trotzdem ein ganz normaler Sonntag. Kleine Kinder haben mir nicht bei uns aufm Hof, und in die heilige Mess gehen mir sowieso jeden Sonntag.

Auf d' Nacht hab ich meinem Buben dann eine gute Suppe gekocht. Weil, wissen Sie, eine Frau hat er nicht. Aber das schafft er auch allein. Unser Hof ist nicht groß, ein paar Viecher und ein paar Tagwerk, mehr nicht. Solang ich noch kann, mach ich ihm den Haushalt. Später muss er sich halt doch mal eine finden.

So um acht bin ich in meine Kammer. Ich bin erst wieder wach geworden, wie sie den Bepperl mitten in der Nacht ausm Bett geholt haben. Vorm Haus haben sie nach ihm geschrien. Auf der andern Seite vom Dorf wär was passiert, hat's geheißen, und dann sind sie fort mit ihm. Ich hab eine Kerze angezündet und gebetet, dass meinem Buben nix passiert. Und stellen Sie sich vor: Wie ich ein Vaterunser gebetet hab, hat mir der Wind die kleine Flamme ausgeblasen. Ich glaub, dass das der Beelzebub war ...

Gebetet hab ich, dass mein Bepperl wieder gesund heimkommt. Ich kann mich aber nicht erinnern, um was für eine Uhrzeit der wiedergekommen ist. Der war aufgeregt und gleichzeitig wie erschlagen vor Müdigkeit. Sein Gewand war voller Blut. Gott sei Dank war's nicht von ihm selber. Dann ist er mit einer Lampe hinüber zu den Viechern und den ganzen Hof abgegangen. Mir haben ja nicht viel und lang hat's nicht gedauert. Dann hat er die Haustür zugesperrt und ist stad in seine Kammer.

Franziska Hallschmied, alleinstehend, Mesnerin, 52 Jahre

Der Herrgott im Himmel hat schon seinen Grund gehabt, den Sensenmann nach Wolfsham zum schicken. Ich hab meinen Rosenkranz immer dabei und geh in jede Andacht von unserm Herrn Pfarrer.

Aber es gibt grad genug Leut im Dorf, die's mit dem Herrgott und seinen Geboten nicht so genau nehmen. Jetzt merken die vielleicht, wo zu wenig Gottesehre hinführt. Der Herr Pfarrer sagt immer, die Kirche muss auch für die verirrten Gotteskinder beten und sie auffangen. Aber ich sag: Nix da!

Wer sich vom Herrgott abwendet, dem geschieht's ganz recht, wenn von Zeit zu Zeit ein Sturm der Gerechtigkeit niedergeht ... dass es auch Kinder erwischt hat, ist tragisch. Aber der Himmelvater wird schon wissen, warum.

Die Hälfte von denen, die am Sonntag in der Messe hocken, geht bloß aus Gewohnheit da hin. Richtig aufrecht beten grad die wenigsten. An der Dorfmeisterin, der Annermirl, da können sie sich ein Beispiel nehmen. Gehen kann sie schon fast nimmer, aber in der Kirche ist sie fleißig und beichten tut sie auch beim Herrn Pfarrer. Sie und den Bepperl hat der Herrgott verschont. Auch wenn die nicht viel haben, sie und ihr Bub, aber am Leben sind sie noch.

Den Schmidtmeier und alle auf seinem Hof hat's erwischt, und wundern tut's mich nicht. Der hat einen jeden beschissen, und wenn's ums Geld gegangen ist, dann schon zweimal!

Sodom und Gomorrha, wohin man schaut ... wo die Stalldirn vom Burgstaller ihren kleinen Buben herhat, weiß auch keiner. Jetzt müssen die sich alle vorm Herrgott verantworten. Um ein paar andere tut's mir freilich leid, aber der Herrgott wird's schon gewusst haben, was er da zugelassen hat ...

Ich bin froh, wenn ich keinen von denen Schlawinern sehen muss. Gott sei Dank wohn ich hinter dem Friedhof links neben der Kirche. Der Kramer-Wirt ist auf der andern Seite, und das ist auch gut so; sonst müsst ich mich jedes Mal giften, wenn ich die Bagage sehen muss, wenn sie zum Wirt gehen und sich eine Maß Bier kaufen und Karten spielen.

Dass es den Kramer und seine Bedienung, die Wagensonnerin, nicht erwischt hat, wundert mich am meisten. Der blitzt einen jeden mit den Karten und poussiert vor seiner Frau, der armen Hilde, mit seiner Bedienung. Ein jeder weiß das, aber keiner sagt's. Die arme Hilde hat's nicht leicht mit so einem Mannsbild.

Ich versteh auch den Herrn Pfarrer nicht. Der macht seine Brotzeit immer im Wirtshaus, und am Sonntag nach der Mess geht er zum Frühschoppen dahin. Ich tät ihm ja alles kochen, was er mag, und eine Hauserin, die Marie, hat er auch – und trotzdem rennt er fort.

An dem Abend hab ich nach der Andacht die Kirche zugesperrt, und obwohl's bloß ein paar Schritte sind, geh ich immer schnell zu mir heim. Ich bin froh, wenn ich keinen von den ganzen Baatzen anschauen muss.

Mitten in der Nacht hat dann auf einmal der Herr Pfarrer an meine Haustür geklopft. Der war ganz aufgeregt und hat mich gefragt, ob alles in Ordnung wär bei mir. Auch wenn ich allein wohne, so hat mir keiner was getan. Der Herrgott hat auf mich aufgepasst. Wir sind dann miteinander in die Kirch hinüber, um die Glocke zu läuten.

Ganz hektisch war er, unser Herr Pfarrer. Mit seinen Händen hat er immer wieder 's Kreuzzeichen gemacht und gebetet.

Kurz drauf ist der Kramer in der Sakristei aufgetaucht und hat den Herrn Pfarrer geholt. Ich hab nachher die Kirche wieder zugesperrt und bin heim.

Hildegard Kramer, verheiratet, Wirtshausbesitzerin, 45 Jahre

Eigentlich war's ja ein Wunder, dass uns nix passiert ist. Die Hauptstraße geht mitten durchs Dorf. Auf der einen Seite sind die Kirche, das Wirtshaus und zwölf Bauernhöfe. Der letzte Hof hinten raus ist der vom Dorfmeister, und keinen hat's da erwischt. Auf der andern Seite gibt's sieben Bauernhöfe, und von denen hat's sechs getroffen. Bloß die Familie vom Müller ist übrig geblieben.

Wenn ich dran denk, was vis-à-vis vom Wirtshaus passiert ist ... und wir nix davon mitgekriegt haben, gruselt's mir heut noch.

Ob's der Teufel war? – Ich weiß nicht ... ist ja doch bloß Gerede. Ein Lump war's halt. Der Hofmeister hat ja eh einen im Holz umeinanderlaufen gesehen. Vielleicht war's ja der? Wenn's so war, ist der bestimmt schon lang auf und davon. Finden tun sie den garantiert nimmer. Kein normaler Mensch lauft im Winter, wenn's finster wird, im Holz umeinander.

Mein Mann, der Karl, hat unserer Bedienung an dem Abend freigegeben. Die Stefanie ist eine ganz eine Fleißige und freut sich immer, wenn sie zu ihrer Schwester und den Kindern nach Leithausen darf. Und weil's ja Nikolaus war, hat der Karl sie halt gehen lassen.

Beim Frühschoppen nach der Kirche hat sie uns noch geholfen, und am Nachmittag ist sie dann losgegangen. Gefehlt hat sie uns an dem Abend in der Gaststube sowieso nicht. Es war nicht viel los. Am Spätnachmittag waren die Bauern vom Stammtisch da. Ein paar Halbe haben die getrunken, und ab sechs war 's Wirtshaus leer. Bei dem Wetter schaut ein jeder, dass er früh genug heimkommt.

Ich bin dann in unser Wohnhaus, das steht direkt hinterm Wirtshaus. Da hab ich noch am Spinnrad gearbeitet. Höchstens eine Stunde, dann hat's mich zu stark gefroren. Weil, wissen Sie, wir sind meistens im Wirtshaus, und deswegen ist unsere Stube daheim bloß selten geheizt. Meine Finger sind ganz steif geworden.

Der Karl hat mir erzählt, dass der Burgstaller kurz danach gekommen ist, wie ich weg bin. Und um acht hat der Herr Pfarrer noch vorbeigeschaut. Die zwei haben dann noch gekartelt. Wie lang, kann ich Ihnen aber nicht sagen.

Mitten in der Nacht ist dann der Karl in unserer Schlafkammer aufgetaucht. Er hat geschnauft wie ein Wilder und wollt nach mir schauen. Aber mir hat nix gefehlt. Er hat gesagt, ich soll nicht lang fragen, und hat mich ins Pfarrhaus hinüber zur Marie und der Hirtreiter Marianne gebracht. Ich hab alles getan, was er wollt. Der Karl hat immer schon gewusst, was das Beste für mich ist.

Wir drei Frauen haben uns dann im Pfarrhaus eingesperrt, und der Karl ist wieder in die Kälte raus. Die Marie hat mir dann erzählt, was mit der Hirtreiter ihrer Familie passiert ist und dass sie noch mehr Nachbarn umgebracht haben ... aber da haben wir noch nicht gewusst, dass so viele waren.

Mitten in der Nacht, im tiefsten Schnee, sind sie dann dem Lumpen nach, der das angerichtet hat. Aber gefunden haben sie den nimmer, hat der Karl mir dann gesagt.

Maria Hauser, 10 Jahre

An dem Abend war ich ganz aufgeregt, wie ich mitm Papa meine Schuh vor die Haustür gestellt hab. Ich war ganz gespannt, was mir der Nikolaus hineinsteckt, wenn er durch Wolfsham geht. Davor hat's Speckknödel mit Sauerkraut gegeben, und dann bin ich ganz, ganz schnell ins Bett und wollt ganz, ganz schnell einschlafen und am nächsten Tag gleich in aller Herrgottsfrüh aufstehen.

Bevor ich eingeschlafen bin, haben wir aber noch für die Mama gebetet. Der liebe Gott hat sie geholt, wie sie mich auf die Welt gebracht hat. Da hab ich gesehen, dass er wieder Tränen in seinen Augen gehabt hat. Das hat er oft, wenn wir über die Mama reden und zum lieben Gott und der Jungfrau Maria beten. Er dreht sich dann immer kurz weg und wischt sich übers Gesicht. Der meint, ich merk's nicht. Aber ich werd nächstes Jahr schon elf. Ich seh das ganz genau. Er tut mir dann immer leid, mein Papa, und ich sag dann allerweil, dass ich ihn lieb hab wie *niemand* anders auf der Welt, außer der Mama. Aber die ist ja im Himmel und schaut uns von da oben zu, drum braucht er sich da nix denken, wenn ich sie genauso gern hab wie ihn.

Bevor ich eingeschlafen bin, hat mir der Papa noch gesagt, dass ich 's ganze Jahr über ein braves Mädel war und der Nikolaus das ganz bestimmt gesehen hat. Dann bin ich eingeschlafen und hab mich aufn nächsten Tag gefreut.

In der Nacht sind dann Männer gekommen und haben an unsere Haustür geklopft. Der Papa ist auch gleich zur Tür gelaufen. Ich weiß nicht, wann's war, finster war's halt draußen. Die wollten, dass er mit denen mitgeht. Ich hab keine Ahnung, warum. Vielleicht haben die im Wirtshaus noch einen zum Kartenspielen gebraucht. Bevor er dann fort ist, hat er mich mit meinem Bettzeug in unseren kalten Vorratskeller gesperrt und noch ein Vaterunser mit mir gebetet. Dann ist er hinaus, in Schnee.

Marias rot geränderte Augen waren feucht, und sie verdeckte sie verlegen mit der Hand. Unbarmherzig wurde sie gerade in die schlimmsten Momente ihres langen Lebens zurückversetzt. Die winterliche Kälte jener Nacht, in der sie ihre Kindheit verloren hatte, kroch wieder in ihr hoch.

Lallinger war aufmerksam genug, um die Veränderung in Marias Haltung zu bemerken. »Waren Sie die kleine Maria Hauser?«, fragte er leise. Maria nickte.

»Soll ich ...«

»Nein, nein ... lesen Sie weiter«, unterbrach sie ihn mit brüchiger Stimme.

»Also gut, wir reden später darüber.« Lallinger schlug die nächste Seite im Ordner auf.

Thomas Reitmeier, ledig, Knecht, 37 Jahre

Was möchten Sie denn von *mir* wissen? Ich weiß doch nix. Fragen Sie lieber den Bauern. Der ist in der Nacht noch hinaus und mit den andern dem Lumpen nach.

An dem Tag hab ich bloß meine Arbeit gemacht, mehr nicht. Ich bin der Knecht aufm Pflügler-Hof, und bei dem Sauwetter ist halt bloß die Stallarbeit bei den Viechern zu machen. Der Winter ist lang, und die meiste Holzarbeit ist auch schon lang erledigt. Wer jetzt sein Holz noch nicht beieinander hat, der kriegt auch keins mehr. Einen Teil haben mir sauber gestapelt und ein paar Ster einfach im Schuppen hinterm Haus eingelagert. Nach und nach, je nachdem wie kalt's ist, mach ich dann jeden Tag ein paar Scheitl ... ja, und die Viecher eben. Melken und Ausmisten tun mir immer alle miteinander, dann geht's viel schneller. Da langt auch der Bauer und seine Frau kräftig hin. Mehr hab ich an dem Tag nicht zu tun gehabt und mehr hab ich auch nicht gemacht.

Im Sommer dagegen, ja, da hab ich viel mehr zum Erledigen. Die ganzen Felder, pflügen, eggen, pflanzen. Hernach dann die Ernte und dazu die Wiesen und der Wald, da wär ich um ein paar ruhigere Tage, wie jetzt im Winter, froh. Aber man kann sich's halt nicht aussuchen. Wenn die Arbeit da ist, muss sie auch gemacht werden. Ich mag bloß meine Ruhe, jeden Tag mein Essen aufm Tisch und ein Bett zum Schlafen.

Was da in der Nacht passiert ist, ist schlimm, ganz schlimm ... aber das geht mich nix an. – Eigentlich komm ich ja aus Zwiesel im Bayerischen Wald. Kennen Sie das? Aber wie ich nach dem Krieg heimgekommen bin, hab ich da keine Arbeit gekriegt. Verwandtschaft hab ich auch keine mehr. Also bin ich auf Wanderschaft gegangen und in Wolfsham hängen geblieben.

Fast zwei Jahre bin ich jetzt schon Knecht beim Pflügler aufm Hof und zufrieden. Das ist ein guter Bauer und immer anständig zu seinen Leuten. Aufm Feld gibt's eine ordentliche Brotzeit und einen Krug Scheps. Auf d' Nacht macht seine Frau dann oft noch eine aufgeschmalzene Brotsuppe, oder es gibt Rauchfleisch oder Lüngerl. Wissen Sie, da geht's mir gut, bei denen. Außerdem brauch ich auch gar nicht mehr und hab's auch noch nie so gut gehabt wie da.

Ich bin bloß froh, dass ich noch am Leben bin. Tod, Leid und Elend hab ich in Frankreich genug gesehen, das können Sie mir glauben. Drum bin ich auch nicht hinüber zu den Höfen, wo sie die ganzen Toten gefunden haben. Es gibt sowieso schon keine einzige Nacht, in der ich durchschlafen kann. Im Schützengraben haben mir Franzosen erschossen, mit dem Bajonett abgestochen oder mit einem Spaten den Schädel gespalten. Das werd ich meinen Lebtag nimmer vergessen können.

Daheim haben die mir dann 's Militär-Verdienstkreuz dritter Klasse mit Schwertern gegeben. 1917 war das. In dem Jahr bin ich heimgekommen, weil's mich am rechten Oberschenkel erwischt hat. Der Ordens-Großkanzler hat sogar selber auf meiner Urkunde unterschrieben ... und ich war stolz drauf ... verloren haben mir trotzdem.

Vielleicht war ja der Haderlump, der in Wolfsham alle umgebracht hat, auch ein Soldat? Nach dem, was man mir erzählt hat, kann's bloß einer gewesen sein, der schon einmal einen Menschen abgemurkst hat.

Mehr kann ich Ihnen nicht verzählen. Wo das Ganze passiert ist, war ich aufm Hof und hab in meiner Kammer geschlafen. Aufgeweckt haben mich dann die lauten Stimmen vorm Haus, und kurz drauf hat auf einmal die Kirchenglocke geläutet. Dann hat mich der Pflügler aus meiner Kammer geholt. Mit ein paar andern Bauern aus der Nachbarschaft ist er dann in die Nacht hinaus.

Ich bin aufm Hof geblieben, um auf seine Frau und die Kinder aufzupassen. Bis in der Früh um fünf hab ich Wache gehalten. Mein altes Gewehr ist neben mir aufm Stuhl gelegen.

Ja, und dann ist der Bauer endlich wieder heimgekommen und hat mir alles verzählt. Was mich am meisten gewundert hat, war, dass es den Sedlmeier Sepp auch erwischt hat. Das war der Schmied in Wolfsham und ein Brackl Mannsbild. Der hat Hände so groß wie eine Waschschüssel gehabt. Den hätt man mit einem Hammer nicht erschlagen können, so ein Viech war das!

Aber sogar den hat's erwischt.

Sophie Hallschmied, 9 Jahre

Am Vormittag waren wir noch in der Kirch. Da hab ich sie noch gesehen, die Irmgard und die Elfriede. Wir drei sind in dieselbe Klasse gegangen, drüben in der Schule in Leithausen. Die zwei waren meine *besten* Freundinnen. Wenn ich ganz ehrlich bin, hab ich die Irmgard immer ein bisschen mehr gemocht wie die Elfriede. Aber gern gehabt haben wir drei uns schon immer.

Im Sommer haben wir jeden Tag Fangerl und Verstecken gespielt. Und wenn uns der Vater von der Elfriede einen alten Eisenreifen gegeben hat, haben wir damit Stockschlagen gemacht. Wenn wir den dann mal auf der Wiese liegen gelassen haben, hat er uns immer kräftig geschimpft. Manchmal haben wir's sogar absichtlich gemacht. Wir haben uns dann hinterm Hauseck versteckt und ihm dabei zugeschaut, wie er den Reifen heim in seinen Stadel retour getragen und dabei geschimpft und geflucht hat. Dann hat's aber meistens ein paar Wochen gedauert, bis er wieder einen rausgerückt hat.

Wenn wir mal wieder auf einen gewartet haben, sind wir barfuß über die Wiesen gelaufen und haben Ackerenzian, Gänseblümchen und Vergissmeinnicht gepflückt. Oder wir sind bei Regen zum Pfützenspringen hinaus und haben uns von oben bis unten dreckig gemacht. Die Mama hat mich dann immer sackrisch geschimpft. Einmal hab ich deswegen sogar eine saftige Watschen von ihr kassiert. Aber lustig war's trotzdem. Ab und zu haben wir auch mal ein paar Wasserrüben stibitzt, aber sagen Sie das fei bittschön nicht weiter.

Wir haben sogar ein eigenes Versteck bloß für uns drei gehabt. Das war oben am Waldrand, und da haben wir uns dann gegenseitig Zöpferl geflochten. Von dort kann man ins ganze Tal Richtung Wolfsham schauen. Wir haben bloß immer aufpassen müssen, dass uns der Hofmeister nicht erwischt. Der hat uns auch immer geschimpft und geschrien, dass das sein Holz ist und wir da nix zu suchen hätten. Als wenn wir den Bäumen was getan hätten, so ein Schmarrn. Außerdem geht ja sowieso keiner in seinen blöden Wald. Meistens sind wir am Rand gesessen und haben bloß aufs Dorf geschaut.

Immer, wenn er uns erwischt hat, hat er uns bei unseren Eltern verpetzt, und dann haben wir gleich wieder geschimpft gekriegt. Unsere Eltern wollten nicht, dass wir allein so weit aus dem Dorf hinausgehen. Aber den weiten Weg in die Schule nach Leithausen müssen wir schon gehen. Wer soll denn da verstehen, was wir dürfen und was nicht. Eine halbe Stunde braucht man im Sommer zum Wald hinauf, und im Winter sind wir da sowieso nicht hingegangen. Das haben wir uns ja auch gar nicht getraut. Nachmittag um drei wird's ja da schon langsam wieder finster, und da fürchten wir uns sowieso. Aber im Sommer, da sind wir schon hinauf. Kann ja auch nix passieren. Wir kennen doch alle vom Dorf.

Mein Papa hat gesagt, dass die zwei jetzt im Himmel sind und uns von da oben zuschauen, genau so, wie wir immer vom Waldrand aus ins Tal geschaut haben. Die Mama ist dann mit mir in die Kirch gegangen. Wir haben zwei Kerzen für sie angezündet und ein Vaterunser gebetet.

Die Tür in Marias Zimmer ging auf. »Sonja« stand auf dem angehefteten Namensschild der Pflegerin, die mit einem »Hallo, Frau Stadler«, abgehetzt den Raum betrat.

»Möchte Ihr Besuch hier zu Abend essen? Es gibt Brot mit Butter und Käse und eine Kartoffelsuppe. Für Besucher kostet das fünf Euro.«

Mit einer Handbewegung gab Maria die Frage an ihre Besucher weiter.

»Nein ... nein, danke. Wenn Sie uns Kaffee bringen, genügt uns das völlig«, sagte Aumüller und blickte zu seinem Kollegen. »Danke, nur Kaffee«, stimmte Lallinger zu.

»Kaffee gibt's um die Uhrzeit nicht mehr. Ich bringe Ihnen aber gerne eine Kanne Tee. Die kostet dann auch fünf Euro.«

»Das ist schon in Ordnung«, sagte Aumüller und verdrehte genervt die Augen.

»Ich kann Sie verstehen«, schmunzelte Maria. »Ich hab's früher auch nie gemocht.«

»Was meinen Sie denn?«

»Als Besucher im Altersheim was essen.«

Aumüller presste seine Lippen zusammen und zuckte verlegen mit den Schultern. Maria lächelte. »Mir bleibt ja leider nix anders übrig, sonst tät ich ja verhungern.«

Alle drei lachten. Dann blickte Maria wieder mit ernster Miene auf den Ordner in Lallingers Schoß.

»Wir machen eine Pause. Essen Sie zuerst etwas«, sagte dieser und schob die Blätter zusammen. Mittlerweile war es dunkel geworden, und Maria sah, wie ein leichter Wind die Äste des Kirschbaums vor dem Fenster bewegte und ein paar vereinzelte Schneeflocken herumwirbelte. »Winter wird's«, sagte sie mit ruhiger und fester Stimme.

Mittlerweile hatte es aufgehört zu schneien, und der Himmel war wieder klar. Der Wanderer stand auf dem Hügel am Waldrand. Mit tiefen Zügen atmete er die kalte Luft. Sein Blick streifte über das Tal.

Die Nacht war hereingebrochen. Der glänzende Neuschnee reflektierte das Mondlicht, und der Rauch aus den Schornsteinen von Wolfsham zeichnete Silberstreifen in die eiskalte Luft des Himmels. Hügel mit Waldstücken, Felder und Wiesen säumten das Dorf. Dahinter ragten die weißen Gipfel der Alpen in den Sternenhimmel.

Mit langen Schritten stapfte er den Hügel hinunter. Sein Mantel schleifte im tiefen Schnee ...

Ihr Kinder, stellt die Schuh' hinaus,
denn heute kommt der Nikolaus;
und wart ihr immer gut und brav,
dann lohnt's euch Nikolaus im Schlaf.
Er bringt euch Äpfel, Feigen, Nüss'
und gutes Backwerk, zuckersüß
doch für das böse, schlimme Kind
legt er die Rute hin geschwind.

Lautes Gelächter tönte über den Wieser-Hof. Die kleine Liesel rannte hinüber in das Haus. Mit ihren klobigen Nagelschuhen schleifte sie durch den Schnee, und ihre Socken aus Schafswolle waren nass. Jetzt kam auch ihr Vater aus dem Kuhstall. Nach ein paar Schritten in der Dunkelheit trat er in den Lichtkreis der Petroleumlampe, die neben dem Eingang zum Wohnhaus hing.

»Du kleins Luder, du. Mach die Tür zu, die Mama hat eingeheizt. Na wart, ich erwisch dich schon«, schrie er in Richtung der offen stehenden Haustür.

»Fang mich doch, fang mich doch«, rief das fünfjährige Mädchen. Sie stand im Türstock, streckte die Zunge heraus, machte dann eine blitzschnelle Drehung und verschwand im Gebäude.

»Ich erwisch dich gleich«, rief der Wieser-Bauer ihr hinterher. An der Tür nahm er die Lampe vom Haken und ging hinein. Durch die geöffnete Stubentür fiel etwas Licht in den Gang. Er blies seine Leuchte aus, stellte sie auf den Boden und klopfte sich schmunzelnd den Schnee von den Hosenbeinen. Eine Spur aus geschmolzenen Flocken führte die Treppe hinauf.

»Ja, wo ist denn die Liesel, ich find sie nirgends«, rief er und sprach dann mit normaler Lautstärke weiter. »Stell dir vor, Maria, unser Kleine hat vorm Kuhstall einen Schneeball nach mir geschmissen.«

»Wie der Josef, furchtbar, der kleine Balg.« Seine Frau stand in der Stube am Ofen und nahm Kartoffeln aus einem gusseisernen Topf. Wie alle Räume im Haus war auch die Stube nicht sehr groß. Gegenüber der Tür stand im rechten Eck der Ofen, im linken ein großer Holztisch mit Eckbank und drei Stühlen. Dazwischen war unter das Fenster ein Kanapee gequetscht. Eine Kommode für Küchenzeug hatte direkt neben der Stubentür ihren Platz gefunden. Nur das Spinnrad und die Wiege wechselten ständig ihren Platz, je nachdem, wie sie gerade gebraucht wurden.

Der Wieser senkte seinen Kopf, um sich nicht am Türstock zu stoßen, und trat in die Stube. Er tauchte seine dreckigen Finger in ein kleines Weihwasserbecken und zeichnete ein Kreuz auf seine Stirn. »Ja, da ist er ja, der kleine Schorsch«, sagte er.

Zwischen Kommode und Tisch stand die schon ziemlich verrußte Wiege. Vor dem vier Monate alten Georg waren darin auch schon die Liesel, die Traudel und der Josef gelegen. Das Baby streckte seinem Vater die Händchen entgegen.

»Auch wenn wir nicht viel haben, aber den Hof und unsere Kinder kann uns keiner nehmen, gell, Maria.«

Maria sagte nichts und zwinkerte ihm nur zu.

»Jetzt kommt's runter – alle drei. Essen gibt's, und hernach geht's ab ins Bett«, rief der Bauer nach oben. Der Reihe nach kamen sie die Stiege herunter: der Josef, die Traudel und die Liesel.

»Macht's die Tür zu, sonst kühlt uns die Stube aus«, sagte ihr Vater. »... und Liesel, zieh die nassen Socken aus und häng sie über die Leine.«

»Aber da komm ich doch nicht rauf, Papa.«

»Na komm her, meine Kleine.« Er hob sie hoch, und Liesel legte die beiden Socken über das quer durch das Zimmer gespannte Seil. In anderen Räumen des Hauses wäre die nasse Kleidung während der Wintermonate gefroren statt getrocknet.

»Wieso hast mich nicht gesucht, Papa?«, fragte Liesel.

»Weil du dich immer so gut versteckst, dass ich dich nie finden kann.«

Die Kleine lachte zufrieden.

»Und jetzt esst's was und dann stellt's eure Schuhe fürn Nikolaus vor die Haustür, und um halb sieben: ab ins Bett. Alle drei.«

»Wieso denn so früh?«, beschwerte sich der achtjährige Josef.

»Weil ihr morgen in aller Herrgottsfrüh aufstehen wollt, um zu schauen, was euch der Nikolaus gebracht hat, oder?«

Die Kinder nickten eifrig. Es war nicht immer so leicht, sie zu bändigen, aber die Aussicht auf die Geschenke machte sie fügsam.

Maria stellte eine große Schüssel Kartoffeln auf den Tisch. »Komm, Herr Jesus, sei unser Gast und segne, was du uns bescheret hast. Amen.«

Schnee und Mondlicht erhellten die Nacht. Der Wanderer erkannte die Umrisse mehrerer Gebäude. Zwei Lichtpunkte flackerten von dort in die Ferne. Doch das abgelegene Gehöft interessierte ihn nicht. Jeder Schritt war eine Qual.

In Wolfsham ist genug zum Holen.

Auf seinen Stock gestützt, ging er weiter auf das Dorf zu. Sowohl den schweren Atem als auch den knirschenden Schnee unter seinen Füßen konnte man auf den stillen Feldern weit hören.

Während die Teller der anderen bereits leer waren, kaute Liesel immer noch an ihrem zweiten Bissen. Vorsichtig versuchte sie, die große Kartoffel in ihrem Blechlöffel zurück in die Emailschüssel zu balancieren.

»Nix da, Liesel«, sagte ihre Mutter und klopfte auf ihren Handrücken. »Du bist eh schon zu leicht für dein Alter. Aufgegessen wird. Hast gehört?«

Das Mädchen schüttelte den Kopf, und ihre blonden Löckchen flogen. »Aber ich mag keine Erdäpfel, Mama.«

»›Ich mag nicht‹, gibt's nicht«, sagte Maria.

»Du isst auf und basta, sonst gibt's eine Watschen«, fügte ihr Mann hinzu und hob die rechte Hand in die Höhe.

»Geh, hör auf, Schorsch. Sie ist doch kein Bub und auch noch so klein.«

»Aber sie muss lernen, dass Essen was Wertvolles ist. Ich arbeit das ganze Jahr für die Erdäpfel, und sie mag's nicht essen, weil ...«

»Eine halbe, Liesel, eine halbe isst noch, hernach kannst ins Bett«, unterbrach Maria ihren Mann.

Der Bauer schaute seine widerspenstige Tochter an. Zaghaft schob sich das Mädchen ein kleines Stück in den Mund. Er strich ihr über das Haar. »Ich mein's dir nicht bös. Keinem von euch.«

»Mama, die Bretteln?« Josef deutete auf den Ofen.

»Stimmt ...«, antwortete seine Mutter und eilte durch die Stube, um die drei Wärmebretter aus dem Ofenrohr zu ziehen. »So, jetzt aber ab ins Bett. Da, schaut's her ...« Sie reichte jedem der Kinder ein angebräuntes Wärmebrett. Die Liesel lachte und hüpfte vom Stuhl.

»Und morgen in der Früh gibt's was vom Nikolaus«, sagte Maria und verschwand mit den dreien nach oben in ihre Kammer. Während die Bretter die eisigen Daunenbetten vorwärmten, beteten die Kinder unter den Augen der Mutter ihr Nachtgebet. Auf dem kalten Holzboden knieten sie vor einer flaschengroßen Figur der Jungfrau Maria.

Georg saß am Stubentisch. Liesels Kartoffel lag noch immer auf dem Teller. Er schaute zur Wiege, in der das Baby gluckste. »Du hast's schön«, sagte er. Seine Unterarme waren auf den Tisch gestützt, und seine Hände fühlten sich taub an. Nachdenklich betrachtete er die Schwielen und die Hornhaut und den blutigen Riss in der rechten Handfläche, der bei der Arbeit in der kalten Winterluft schmerzte.

Er gähnte und rieb sich die Augen, bevor er sechs Glasschusser, drei Kastanien und Walnüsse aus der Schublade unter der Tischplatte nahm. »Dann spiel ich jetzt einmal den Nikolaus«, brummte er, ging in den Gang und öffnete die Haustüre. Ein kalter Luftzug wehte ihm ins Gesicht. Unter dem Vordach standen die Holzschuhe seiner drei Kinder. »Für die Liesel, für die Traudel und fürn Josef«, sagte er leise und ließ die Geschenke in das Innere der Schuhe gleiten.

Sein Blick schweifte nach links zum Misthaufen, dann zum kleinen Schuppen neben dem Leierbrunnen. Einer der Ochsen war kurz zu hören, und er blickte hinüber zum Stall. Hinter dem Stalldach leuchteten weiße Felder den Hügel hinauf, darüber thronte Furcht einflößend der finstere Wald.

Im Wohnhaus des Hofmeister-Bauern konnte man wie üblich vier einsame Lichter flackern sehen. Sein Anwesen lag auf dem Hügel auf halber Strecke zwischen Wolfsham und dem Wald. An der Beleuchtung konnte man erkennen, ob der Bauer noch in seiner Stube saß. Um dem Dorf zu zeigen, dass er an nichts sparen musste, stand in jedem Fenster eine Lampe.

Georg Wieser ging zurück ins Haus. Er zündete eine Handvoll Kienspäne an und legte sie in das Feuerbecken auf dem Fensterbrett. Dann blies er die Petroleumlampe auf dem Stubentisch aus.

Die kleinen Flammen warfen lange Schatten in den Raum, und Georg legte sich auf das Kanapee. An der Scheibe hatten sich Eisblumen gebildet, und Kälte fiel dort in die Stube.

Maria kam die Stiege herunter. »Gut, du hast die Lampen schon ausgemacht«, sagte sie und lächelte.

»Waren sie brav, und sind alle im Bett?«, fragte er.

»Ja, die Liesel hat's noch ein bisserl gefroren, und ich hab ihr die Füße gerieben.« Sie zog ihre Schürze aus, hängte sie an einen Nagel neben die Stubentür und nahm das Baby aus der Wiege. »Ich geb dem Kleinen noch was zum Essen. Hernach komm ich zu dir.« Das Kind nuckelte an ihrem kleinen Finger. »Hunger hat er«, sagte sie und schaute ihren Jüngsten liebevoll an. Der Säugling riss seine Augen neugierig auf und griff fest nach ihrer ganzen Hand.

Maria setzte sich an den Tisch und knöpfte ihr Kleid auf. Instinktiv schmiegte sich das Baby an die nackte Brust und begann, hastig zu trinken.

Der Vollmond erhellte blaugrau den Himmel. Der Mann lehnte sich an eine Bretterwand. Drinnen hörte er ein Pferd mit den Hufen scharren und einen Ochsen schnaufen. In dem Stall schienen auch Kühe zu stehen, daneben sah er einen Verschlag für Hühner und Gänse. Durch einen Spalt zwischen den Brettern versuchte er etwas zu erkennen, doch es war vollkommen dunkel. Nur die Geräusche der Tiere waren zu hören.

Er ging vor bis zur Ecke und blickte hinüber zum Wohnhaus. Durch das Fenster, links neben der Türe, schien schwaches Licht. Sein Atem bildete Nebelwolken vor seinem Mund, während er mit bedächtigen Schritten den Hof überquerte ...

Es pochte an der Haustüre: drei Mal!

»Wer ist denn das? Bei der Saukälte«, sagte Georg. Er stand vom Kanapee auf und ging in den Gang.

»Vielleicht ist's ja der Nikolaus«, sagte Maria und lächelte. Der kleine Schorsch war satt und brabbelte zufrieden in ihren Armen. Sie wiegte ihn sanft und streichelte seine geröteten Wangen ...

O Gott, dir ist es eigen, dich immer zu erbarmen, immer zu verzeihen, demütig flehen wir zu dir für die Seelen deiner verstorbenen Diener, die du heute geheißen hast, aus dieser Welt zu scheiden: Überlasse sie nicht den Händen des Feindes und vergiss sie nicht auf ewig, sondern gebiete den heiligen Engeln, sie aufzunehmen und zu der Heimat des Paradieses zu führen, damit sie, weil sie auf dich vertraut und an dich geglaubt haben, die Strafen der Hölle nicht erleiden, sondern die ewigen Freuden genießen.
Durch unseren Herren in Ewigkeit, Amen.

Lieselotte Vorholzer, ledig, Einsiedlerin, 72 Jahre

Ich wohn zwar nicht unten im Dorf, aber ich kann Ihnen trotzdem sagen, was da passiert ist. Finstere Mächte und Dämonen sind nach Wolfsham zurückgekommen.

Ja, kennen Sie denn die Geschichten nicht? Sollten Sie aber: Die Lösung liegt *immer* in der Vergangenheit.

Da schicken sie uns welche aus der Stadt wie Sie, und dabei kennen Sie nicht einmal die Wahrheit über die Bewohner vom Wald, die Kräfte der Natur und die der Untoten.

Das passt! Aber wundern tut's mich nicht ... mir haben ja auch einen Pfaffen im Dorf, und überall hängen Kruzifixe, und ein jeder rennt in die Kirche. Die sollten sich lieber an die alten Bräuche und Geschichten halten! Den Herrgott hat noch keiner gesehen, ich zumindest nicht, und ich kenn keinen, der ihm begegnet ist. Aber die teuflischen Zwischenwesen, die haben schon viele zu sehen gekriegt.

Niemand mag drüber reden, obwohl's alle wissen, dass sie da sind, draußen im finsteren Wald. Da gehen sie um, und in manchen Nächten kommen sie in die Dörfer und holen sich ein paar Menschlein.

Ja, wissen Sie denn überhaupt, wieso der *Wolf* im Dorfnamen steht? Wahrscheinlich nicht! Aber ich helf Ihnen auf die Sprünge. Noch vor hundert Jahren war das hier ein Wolfsrevier. Alle Bewohner haben in Angst und Schrecken gelebt. Fast jede Nacht haben die Wölfe Schafe gerissen oder einen Menschen angefallen. Eine große Wolfsjagd hat dem Ganzen danach ein End gesetzt. Doch von Zeit zu Zeit kommen sie retour ins Tal. Ich kann's spüren, wenn sie um meine Hütte schleichen. Sie trauern um ihre erlegten Vorfahren.

In der Thomasnacht von 1868 hat mein Vater die Verwandlung von einem Bauern miterlebt. Der ist zu einer reißenden Bestie geworden. Vier Wochen zuvor hat ein Wolf den armen Mann angefallen. In einer kalten Novembernacht hat er seine Schafe gegen die blutgierigen Mistviecher verteidigt. Zwei von denen hat er mit seiner Büchse erschossen. Aber ein anderer Wolf ausm Rudel hat seine Artgenossen auf die schlimmste Weise gerächt. In der Finstern hat er sich versteckt gehabt, und erst wie der Bauer aufm Heimweg war und sich schon lang in Sicherheit gefühlt hat, da ist er über ihn hergefallen.

Mit einem Biss in seinen Fuß hat er den dann in ein Mischwesen verwandelt. Vier Wochen lang ist der dann in seinen Albträumen von den Geistern der Toten gequält worden.

Das ist danach bis zur längsten Nacht vom Jahr so gegangen, der Thomasnacht. Bei Mondschein hat er dann Hunger nach Menschenblut bekommen. Die Leut ausm Dorf haben das Monster danach mit sechs Silberkugeln erschossen und die Leich aufm Platz vor der Kirche verbrannt.

Schütteln Sie nicht so abfällig den Kopf. Ich weiß, von was ich red. Hat's mir doch mein eigner Vater verzählt.

Wahrscheinlich wissen Sie wohl auch nix von dem verlassenen Hof im Holz, drüben, auf der andern Seite von Wolfsham?

Der Wald zieht sich da kilometerweit bis nach Leithausen hinüber. Ein Teil davon gehört dem Hofmeister, dem alten Deppen. Der tut immer so, wie wenn ihm nix Angst machen könnt. Aber in Wirklichkeit geht der auch bloß bis zu einer gewissen Stelle ins Holz hinein. Weiter traut er sich nicht. In den Wald, der zum verlassenen Hof gehört, setzt er keinen Fuß. Der verlogene Aufschneider, der. Der und furchtlos, dass ich nicht lach. Ein Dampfplauderer ist das, sonst nix.

Keiner geht in den Teil vom Wald. *Alle* haben sie Angst und wissen von den bösen Mächten, die da gehaust haben. Aber keiner traut sich, drüber zu reden. Bloß *ich* sag das, was sich alle andern nicht sagen trauen.

Sehen Sie den Fünfstern da oben über der Tür? So was kennen Städter wie Sie gar nicht, oder? Das ist ein Drudenhax, zur Abwehr von bösen Geistern. Aber daran glauben Sie wohl auch nicht, oder? Ich sag's Ihnen: Die Drud und die wilde Jagd sind Wirklichkeit und die, die nicht daran glauben, die holen sie am liebsten. Übers nebelige Feld und im düstern Wald streifen sie umeinander; und die, die ihnen übern Weg laufen, stürzen sie ins Verderben. Lang bevor's bei uns Kirchen gegeben hat und sie Holzkreuze aufgestellt haben, waren sie schon da, und die Alten können's bezeugen. Wenn die Nacht kommt, sollt man lieber drinnen bleiben, in der warmen Stube, und sich vor der Hütte nicht sehen lassen. Jedes Jahr verschwinden Leut. Ja, ich kenn die Geschichten, das können Sie mir schon glauben. Wenn's Winter wird und die Raunächte kommen, passieren die seltsamsten Sachen ...

Und jetzt möcht ich Ihnen die Geschichte verzählen: 1875 hat der Kastel Hans seinen Hof beim Kartenspielen verloren. Der liegt mitten im Wald auf der Strecke nach Leithausen, und das Holz hat er sich mitm Vater vom Hofmeister geteilt. Der Familie Kastel ist's gut gegangen, aber dann ist's passiert zwischen Weihnachten und Neujahr, beim heutigen Kramer-Wirt unten im Dorf. Der, der den Hof gewonnen hat, war ein Tagelöhner auf Wanderschaft. Wo der hergekommen ist, weiß kein Mensch, und ob beim Kartenspielen einer beschissen hat, kann auch keiner sagen. Der Fremde hat den Kastel-Bauern dann samt seiner Familie vom Hof vertrieben. Verwandte, drüben in Leithausen, haben denen danach Unterschlupf gegeben. Vom Großbauern zum Bittsteller ist er geworden, der Kastel. Und das hat auf den Tag genau ein Jahr gedauert, bis die Tragödie weitergegangen ist. Der Kastel hat seinem Leben und seiner Schand ein End gesetzt. Am Jahrestag vom Kartenspiel hat er sich aufgehängt. In dem Holz, das ihm früher einmal gehört hat. Seine steif gefrorene Leich haben sie erst am nächsten Tag an einer Eiche baumelnd gefunden. Seine Frau ist ein paar Tage später gestorben. Vom Alter her wär ihre Zeit noch nicht vorbei gewesen. Ihr Leben ist nicht erloschen, weil sie krank war, sondern weil sie nimmer leben wollt. Ihr Herz hat in der Nacht einfach aufgehört zu schlagen. Die wilde Jagd hat ihren schwachen Lebenswillen gewittert und sie ins Reich von den Toten geholt. Glauben Sie mir!

Der, der den Hof beim Kartenspiel gewonnen hat, ist dann nach Leithausen und hat die Tochter vom toten Kastel geheiratet. Wenn derer ihr Vater das noch erlebt hätt, hätt er sich gewiss am Tag von der Hochzeit aufgehängt. Noch im selben Jahr ist die junge Braut schwanger geworden. Sie hat ein Kind von dem erwartet, der ihre Familie ins Verderben gestürzt hat. Bloß so hat sie auf den alten Hof von ihrer Sippschaft wieder heimkommen können. Das Kind, das sie erwartet hat, war ja schließlich auch ihr Fleisch und Blut. Wenn die Zeit dafür reif wär, auch wenn's Jahrzehnte gedauert hätt, wär der Erbe, der neue Besitzer vom Hof, wieder einer von den Kastels gewesen.

Ich sag's Ihnen, die ist mitm Teufel ins Bett, bloß um wieder den Hof zu kriegen. Gemocht hat die ihren Mann garantiert nicht, und weggeschaut hat sie, wie der sich an ihr vergangen und ein Kind in ihren Bauch gemacht hat. Das hat die bloß zwecks dem Hof getan. Wie die Schwangerschaft dem End zugegangen ist, hat die viele Wochen keiner mehr gesehen. Obwohl aufm Hof seit jeher kein Besuch willkommen war, hat man die Kastel-Tochter oft im Dorf oder im Wald spazieren gehen sehen, und am Sonntag hat das Mädel keine Messe verpasst. Auch nach der Heirat nicht. Aber auf einmal war sie wie vom Erdboden verschluckt.

Es war wieder um die Zeit vom Jahreswechsel, und nach der letzten Raunacht sind ein paar Männer vom Dorf den Berg hinauf. Die wollten aufm Hof im Wald nach dem Rechten schauen. Fest entschlossen waren sie, erst wieder zu gehen, wenn sie die junge Kastel gesehen hätten. Aber niemand hat sich denen aufm Hof in den Weg gestellt. In der Kuchl ist ein Kruzifix aufm Boden gelegen, und in der Stuben haben sie das Neugeborene ruhig in seinem Bettchen gefunden ... aber geschnauft hat's nimmer. Irgendwer hat dem Wuzerl ein Kissen aufs Gesicht gedrückt gehabt und ohne einen Mucks erstickt.

Die junge Kindsmutter war in der Schlafkammer. Derer ihr Bauch war von links nach rechts mit einem Messer aufgeschnitten. Der ganze Hof war ohne Leben. Den zwei Ochsen und acht Milchkühen im Stall hat einer die Gurgeln durchgeschnitten und allen Hühner die Hälse umgedreht. Sogar dem Hofhund hat man mit einer Hacke den Schädel zerdroschen. Der Hofbesitzer und Vater vom toten Kinderl war verschwunden. Der Teufel war's, garantiert!

In Menschengestalt ist der ins Dorf gekommen und hat sich beim Kartenspielen den Hof erschlichen. Bloß so hat der die jungfräuliche Tochter vom Hofbesitzer dazu bringen können, dass die sich ihm freiwillig hingibt. Der Beelzebub ist verkleidet heraufgestiegen aus der Höll, um ein Kind zu zeugen. Und wie's auf der Welt war, hat er's mit seiner Hur mitgenommen.

Mein Vater hat mir alles verzählt. Seitdem ist der Hof unbewohnt. Sogar die Verwandtschaft aus Leithausen hat sich geweigert, den Wald und die Felder zu bewirtschaften. Seit fast fünfundvierzig Jahren verwildert da alles, und ein jeder macht einen großen Bogen rundrum. Ab und zu geh ich dahin und halt Ausschau nach den Toten. Weil, in besonderen Nächten kommen sie wieder, glauben Sie mir. Ich hab's selber gesehen. Die junge Bauerstochter, wie sie beim Neumond an mir vorbeigegangen ist. Im Wald war's, bei der großen Lichtung. Da wo sich der Hof befindet. Ein weißes Nachthemd hat sie angehabt, mit Blut zwischen den Haxen. Das hat der Teufel angerichtet, wie er ihr 's Kind ausm Bauch gerissen hat.

Was vor drei Tagen unten im Wolfsham passiert ist, wundert mich nicht. Ich hab's schon vorher gespürt gehabt. Ich hab gewusst, dass was passieren wird. Das Toben vom Wind war der Vorbote von der wilden Jagd. Ich hab gespürt, dass die Untoten und Teufeln in der Nacht nach Wolfsham kommen und sich die Frevler und Leugner da unten holen ...

Ich sag's Ihnen, gehen Sie wieder in die Stadt retour. Die gefährlichsten Nächte vom Jahr liegen noch vor uns. Dann, wenn die finstern Wesen zu den Raunächten auf die Erde kommen. Glauben Sie eigentlich an Schicksal? Mein Vater hat dran geglaubt, und er hat's gewusst, dass ein jeder Mensch für seine Taten zahlen muss. Auch wenn's Jahrzehnte dauert, aber 's Schicksal und die wilde Jagd vergessen nix. Sogar unschuldige Nachfahren müssen für die Taten von denen ihren Ahnen büßen.

1868 waren Angehörige von acht Familien an der Hinrichtung der Wolfskreatur beteiligt. Der Rädelsführer von denen war der alte Kastel. Sieben Jahre später hat der seinen Hof beim Kartenspielen verloren und ein Jahr hat's gedauert, bis der sich dann aufgehängt hat.

Mein Vater war damals auch dabei, wie die Leich von dem Wolfsmonster vor der Kirch in Flammen aufgegangen ist. Kurz drauf hat er die Hütten hier droben aufm Berg gebaut und unseren Hof verscherbelt. Von da weg hat er unten im Dorf als Knecht gearbeitet. Jeden Tag auf d' Nacht, wenn's finster geworden ist, hat er Wolfsham verlassen und ist hoch in unsere Hütte. Erst wie ich *sehend* geworden bin, hab ich gemerkt, warum. Er hat immer davon geredet, dass sich unsere Blutslinie vor der Rache aus der Zwischenwelt verstecken muss. Er hat 's Schicksal gepratzelt. Schauen Sie nach Wolfsham hinunter und passen Sie auf, was sie für Familien heimgesucht haben. Ich wohn hier droben. Die wilde Jagd ist an meiner Hütten vorbeigezogen. Sie haben gewiss auch nach mir gesucht unten im Tal, aber mein Vater hat mich versteckt, glauben Sie mir.

Der Wolf ist nach Wolfsham zurückgekommen und hat sich an der Blutlinie von seinen Mördern vergangen. Zählen Sie die Toten. Den Kastel und seine Familie hat sich der Teufel schon vor langer Zeit geschnappt. Von denen ist keiner mehr über. Aber für die Familien von den andern ist erst jetzt der Augenblick der Abrechnung gekommen. Das Böse kennt keine Zeitrechnung, so wie mir.

Glauben Sie immer noch nicht an Schicksal?

»Bauerngewäsch und Märchen vom bösen Wolf«, sagte Aumüller und schüttelte offensichtlich belustigt den Kopf. »Sie glauben an so etwas nicht, oder, Frau Stadler?«

Maria zögerte, bevor sie Antwort gab: »Sie müssen die Menschen seinerzeit verstehen. Wenn der Herbst kommt, wenn's früh finster wird und der Nebel übern Boden kriecht, sind die Bauern in ihren Hütten ohne Strom vor einer Kerze oder Petroleumlampe gesessen. Ein paar haben überhaupt keine Nachbarn gehabt und quasi in der Einöd gelebt. Andere haben zwar in einem Dorf gewohnt, aber die Höfe sind dreißig Meter oder weiter auseinander gelegen. Wenn man in der Nacht ausm Fenster geschaut hat, hat man bloß Dunkelheit gesehen, sonst war da nix. Man war allein. Da hat's noch kein Telefon und keinen Fernseher gegeben. Man war sich und seinen Gedanken überlassen, und dann hat der Wind um die Hausecken gepfiffen und Geräusche gemacht, die einem 's Blut in den Adern einfrieren haben lassen. Die Ältesten im Dorf haben Geschichten über Geister und Teufeln erzählt. Geschichten, die ihnen schon von ihren Großeltern erzählt worden sind. Aberglaube, Dichtung, Missverständnisse ... verstehen Sie, junger Mann?«

»Ja, schon. Aber ...«

Maria unterbrach ihn: »Glauben Sie an den Herrgott?«

»Ja, sicher. Ich meine, ich gehe nicht jeden Sonntag in die Kirche ... aber ich glaube daran. Wieso fragen Sie?«

»Und wer hat Sie zum Glauben geführt? Ihre Eltern und die Lehrer in der Schul vielleicht?«

»Ja ... selbstverständlich. Meine Mutter ist sehr gläubig.«

»Na, sehen Sie, und genau so war's damals auch. Die Menschen haben an das geglaubt, was ihnen erzählt worden ist und womit sie groß geworden sind. Und wenn der tobende Sturm vor der Hütte Geräusche gemacht hat, die niemand erklären hat können, so hat man halt nach einer Erklärung gesucht, und dann war's die Drud oder die wilde Jagd, die durchs Dorf gezogen ist, verstehen Sie?«

»Sicherlich verstehe ich das. Aber wir sprechen hier nicht über das finstere Mittelalter, sondern von 1920.«

»Ach, Sie wissen doch, Mythen und Bräuche können sich jahrhundertelang halten. Jeder zweite Bauernhof hat damals im Herrgottswinkel ein Kreuz stehen gehabt, und über der Tür ist trotzdem ein Drudenhax oder ein Mistelzweig gehangen. Das, woran man im christlichen Sinne geglaubt hat, hat sich mit dem alten Brauchtum vermischt, verstehen Sie jetzt, wie ich das mein?«

»Ich denke schon. Aber bevor ich mit den Recherchen begonnen habe, hatte ich nicht damit gerechnet, Geschichten von Werwölfen und Geistern zu lesen. Und das mitten in Bayern, nach dem Ersten Weltkrieg! Ich dachte, dass der Glaube an diese Dinge nicht so nah an die Gegenwart reicht. Wie denken Sie denn selbst darüber, Frau Stadler? Haben Sie an diese Geschichten geglaubt? Tun Sie das am Ende immer noch?«

Maria zeigte lächelnd auf das Kruzifix. »Ach, junger Mann, was hängt denn da an meiner Wand? Ein Kreuz. Das sagt doch schon alles, oder?«

»Ja, schon. Aber damals? Haben Sie damals daran geglaubt?«

»Hm ...«, Maria senkte den Kopf. »Manchmal, als kleines Kind, wenn ich allein im Haus gesessen bin und draußen komische Geräusche zu hören waren, sind mir die alten Geschichten eingefallen, die sie mir erzählt haben. Aber das war bloß manchmal. Richtig dran geglaubt hab ich nie, und dass man sich nachts allein im Wald fürchtet, hat ja nix damit zu tun, dass man an Geister und Dämonen glaubt. Aber ich muss zugeben, dass mein Glaube an den Herrgott meinen Glauben an unerklärliche Dinge nicht ausschließt. Aber solche Fragen kann wohl keiner klären.«

»Haben Sie diese ...«, Lallinger blätterte hastig in den Seiten, »... Lieselotte Vorholzer gekannt?«

»Ja, schon. Aber mein Vater hat mich immer vor der gewarnt und gesagt, ich soll nix davon glauben, was sie erzählt, und ihr ausm Weg gehen. So hat's auch ganz Wolfsham mit ihr gehalten: Sie hat außerhalb vom Dorf gelebt, und wenn sie ins Tal runtergekommen ist, ist ihr jeder ausm Weg gegangen. Mein Vater und ich sind aber kurz drauf aus Wolfsham weggezogen. Ich hab sie dann nimmer mehr gesehen. Ich weiß nicht, was aus der Kräuterhex geworden ist.«

Lallinger nickte. »Ich verstehe. So eine seltsame Gestalt findet man wohl in jedem Dorf. Es gibt immer jemanden, der am Rande steht. Sind Sie eigentlich jemals nach Wolfsham zurückgekehrt?«

Maria biss die Zähne zusammen. Man konnte die verkrampften Kieferknochen sehen. Sie zögerte mit ihrer Antwort und blickte auf das Jesuskreuz: »Nein – niemals.«

Der Journalist war skeptisch: »*Niemals?* Aber wie kann das sein? Sie waren elf Jahre alt, als Sie weggezogen sind, und lebten weiterhin im selben Landkreis. Und es ist nicht ein einziges Mal vorgekommen, dass Sie dort waren? Nicht einmal mit dem Auto durchgefahren? Wir reden von einem Zeitraum von fast achtzig Jahren, bis zu Ihrer Unterbringung in diesem Pflegeheim.«

»Nein – niemals.« Ihr Tonfall war scharf. »Ich hab's doch grad gesagt«, fügte sie erbost hinzu.

Die beiden Journalisten merkten, dass Marias Offenheit an diesem Punkt in die anfängliche Ablehnung umzuschlagen drohte. »Sicher, ich verstehe«, sagte Aumüller deshalb schnell und blickte mit gerunzelter Stirn zu seinem Kollegen, der seine Brille abnahm und sich die Augen rieb. Just in diesem Moment kam die Pflegerin mit einer frischen Kanne Tee ins Zimmer. »Das ist bereits die Zweite, meine Herren. Nicht nur Kaffee, auch Tee kann einen wach halten.« Oberlehrerhaft wackelte sie dabei mit ihrem Zeigefinger.

»Ähm, wie lange können wir eigentlich bei Frau Stadler bleiben?«, fragte Lallinger.

»Bis zweiundzwanzig Uhr, aber leise sein. Wenn Sie noch was wollen, finden Sie mich vorne im Schwesternzimmer.« Sie wandte sich Maria zu: »In einer Stunde kommt jemand und richtet Sie für die Nacht her.« Mit einem Blick auf die Besucher fügte sie spitz hinzu: »Die Herren müssen dann eine Pause machen und das Zimmer verlassen.«

»Kein Problem, sagen Sie einfach Bescheid, wenn es so weit ist«, sagte Aumüller.

»Keine Angst, das werden wir schon«, entgegnete ihm die Pflegerin und ließ beim Verlassen des Zimmers die Tür offen stehen. Lallinger stand auf und schloss sie kopfschüttelnd. »Die denkt wohl auch, dass sie was Besseres ist«, murmelte er leise. »Wollen wir weitermachen?«, fragte er laut.

Berthold Wimmer, verheiratet, Hofbesitzer, 42 Jahre

Jetzt passen Sie einmal auf: Bei mir aufm Hof war keiner. Da hat man auch keinen umgebracht, und mitgekriegt haben wir auch nix. Mein Bauernhof liegt am Ortsende, und das ist auch gut so. Ich möcht von niemandem was, und die sollen mir dafür auch alle meine Ruhe lassen. Hauptsache, meine Viecher sind gesund und ich kann meiner Familie Essen aufn Tisch bringen.

Die ganze Bagage – sei's der Kramer, der Hofmeister oder sonst einer von denen – die sind mir alle wurscht. Sogar die alte Hex vom Berg droben meint, sie wär was Besonderes. In Wirklichkeit ist's auch bloß eine alte Jungfer, die spinnt.

Die Leute sind schon komisch. Die einen rennen dem Herrgott nach, die andern irgendwelchen alten Bräuchen und Gruselgeschichten, und die, denen das alles wurscht ist, saufen eine Maß Bier nach der andern und geben ihrer Alten daheim eine Mordsdrumm Watschen.

Wenn ich gekonnt hätt, hätt ich den Hof schon lang verkauft und wär auf einen Berghof in die Alpen gezogen, bloß um das verlogene Gesindel nimmer anschauen zu müssen.

Ich glaub an harte Arbeit und eine anständige Brotzeit. Hilf dir selber, dann hilft dir Gott, sagen die doch immer, die Pfaffen, oder? So halt ich's auch. Ich helf mir selber. Fast könnt man ja doch meinen, ich wär auch einer von denen bigotten Heuchlern, aber glauben Sie mir, ich bin keiner davon. Mich ärgert's jeden Tag, wenn meine Buben in die Schule nach Leithausen gehen. Da bringt man ihnen Sachen bei, die so nützlich sind wie ein Kropf. Die sollen lernen, wann man ackert, wie man einer Kuh beim Kalben hilft und wann man Rüben anbaut. Statt dem lernen die was übern Herrgott und rechnen mit Zahlen auf der Tafel rum, die sie im Leben nimmer brauchen. Am liebsten tät ich sie ganz bei mir haben, ohne Schule und ohne den klugscheißenden Lehrern und oberschlauen Pfaffen. Ich weiß am besten, was meine Buben lernen müssen, damit sie im Leben zurechtkommen.

So, und jetzt gehen Sie besser. Wie Sie sehen, können Sie bei uns auf dem Hof nix Neues erfahren. Ich weiß nix, und jetzt schaut's gefälligst, dass ihr hier verschwindet's. Ich hab euch nicht eingeladen, sondern bloß aus Anstand die Haustür aufgemacht. Und untersteht's euch, meine Frau oder unsere Magd mit blöden Fragen zu belästigen, ansonsten werd ich ungemütlich. Ich hoffe, dass wir uns da verstanden haben. Und meine Buben wissen auch nix, dass das klar ist.

Der Mann saß alleine am Stubentisch. Die Spitze seines Jagdmessers steckte in der Tischplatte. Er wippte mit dem Stuhl nach hinten, streckte seinen Kopf in die Höhe und schaute aus den Fenstern. Erst durch das eine über dem Kanapee und dann durch das direkt vor ihm, welches auf die Straße ging. Mit ruhigen, fast zeitlupenartigen Bewegungen verspeiste er eine gekochte Kartoffel. Mit den Fingern schob er sich danach auch noch die letzten Brocken aus der Schüssel in den Mund. Im Vorratskeller hatte er Bauernbrot gefunden und sich eine dicke Scheibe abgeschnitten. Kartoffelreste und Brotbrösel hingen in seinem Bart. Langsam kehrte Wärme in seine Finger zurück. Von dem langen Tag im Schnee war er durchgefroren. Sein nasser Mantel hing über einer Flachsleine, darunter auf dem Boden bildeten sich Pfützen. Sein lautes Schmatzen und der bullernde Stubenofen übertönten die Stille im Haus. Alle paar Minuten glitt der Blick des Mannes über die Fenster hinweg zur Stubentüre. Von der Kirche tönten Glockenschläge die Hauptstraße hinunter durch das Dorf. Es war halb acht. Er zog sein Messer aus der Tischplatte und steckte es in das Halfter an seinem Gürtel.

Thomas Burgstaller kam aus dem Schweinestall herüber in das Wohnhaus. Er war der einzige Sohn auf dem Hof. »Ist er beim Kramer im Wirtshaus?«

»Ja, du kennstn doch«, sagte seine Mutter resigniert.

»Der soll endlich aufhören mitm Saufen oder mir den Hof übergeben.«

»Da kannst lang warten, Bub. Das macht er gewiss erst zum Siebzigsten.«

»Der soll bloß nimmer auf die Idee kommen, seiner Hur und ihrem Buam was zu überschreiben. Keinen Pfenning sollen die kriegen, die zwei.«

»Ach, Bub, sei doch nicht so gehässig.« Die Bäuerin blickte auf den Boden. »Die Resi hat sich seiner genauso wenig wehren können wie ich.«

»Wo ist die denn überhaupt?«

»Droben in der Kammer mitm Kinderl.«

»Hat sie wenigstens ihre Arbeit gemacht? Die soll bloß nicht vergessen, dass sie die Magd aufm Hof ist. Bloß weil die einen Balg vom Pap geworfen hat, gehört ihr da kein einziger Strohhalm.« Der Vierundzwanzigjährige stand mitten im Raum und schleuderte seine dreckige Joppe auf die Ofenbank. »Ganz Wolfsham lacht uns aus.«

»Keiner lacht.« Seine Mutter strich ihm liebevoll über die Schulter. »Die haben viel zu viel Respekt vor deinem

Vater und dir ... ach, Thomas, denk nicht so viel nach. Und, hat die Sau geworfen?«

»Ja, acht Junge. Aber eins hab ich erschlagen müssen.«

»Komm jetzt her und iss. Du hast den ganzen Tag gearbeitet und brauchst was Gescheites im Bauch.«

»Ich wart noch aufn Sepp.«

Da kam der Knecht auch schon durch die Stubentür. »Da, komm her, jetzt gibt's was zum Essen«, sagte Thomas zu ihm.

Auf dem langen Tisch standen ein dampfender Tiegel Sauerkraut und zwei Teller mit aufgeschnittenem Schweinefleisch und Kartoffeln. Daneben eine Zinnkanne mit gestöckelter Milch.

Wo der Bauer war, hätte sich der Knecht niemals zu fragen getraut. Doch Thomas schob ihm einen Teller und Besteck über den Tisch und sagte: »Beim Wirt ist er. – Fleißig warst.«

Sepp nickte. »Vergelts Gott, Bauer. Einen Guten wünsch ich.«

Der Kramer und der alte Burgstaller saßen alleine in der Gaststube. Unter dem gelben Licht einer Petroleumlampe zog der Burgstaller wie üblich über die Nachbarn im Dorf her. »Der Depp soll mir endlich das Grundstück hinter meinem Hof verkaufen. Davor, daneben und dahinter gehört mir eh schon alles. Bloß das kleine Fleckerl geht mir noch ab«, sagte er in seiner Gutsherrenart.

Bevor er antwortete, trank der Wirt seinen Maßkrug leer: »Ja hast ihm denn überhaupt einen anständigen Preis geboten? Hoppla, entschuldige ...« Er musste aufstoßen. »Vielleicht liegt's ja bloß am Geld und nicht an eurer Feindschaft.«

»Der soll froh sein, dass ich ihm überhaupt was geboten hab!« Der Bauer nahm einen kräftigen Zug von seinem Bier, strich sich Schaumreste aus seinem aufgezwirbelten Bart und lehnte sich zurück. Griesgrämig verschränkte er die Arme über seiner Bierwampe. »Ich könnt ihm auch einfach den Durchgang zum Feld verbieten. Der lauft ja dabei allerweil über meinen Grund und Boden.«

Der Wirt beugte sich nach vorne über den Tisch. »Jetzt hör aber auf. Übertreib's doch nicht immer. Du brauchst dich überhaupt nicht wundern, wenn dich bald keiner mehr in Wolfsham leiden mag«, sagte er und schüttelte den Kopf.

»Komm, Kramer, gib mir noch eine Maß«, erwiderte der Burgstaller und klopfte mit seinem Krug auf den Tisch.

»Nix da.« Mit der flachen Hand schlug der Wirt auf die Tischplatte, dass es durch die leere Gaststube hallte. »Schau, dass du heimkommst. Für heut langt's.«

Mit zusammengezogenen Augenbrauen blickte der Burgstaller den Kramer finster an. »Sag *du* mir nicht, was ich tun soll. Keiner sagt mir, was ich zu tun hab. Meine Alte nicht, der Thomas nicht und du schon gleich zweimal nicht. Krieg ich jetzt noch eine Maß?« Unter dem Tisch ballte er seine Hand zur Faust.

»*Nein,* hab ich gesagt.« Der Wirt stand auf und trug ihre leeren Krüge hinter den Ausschank.

Der Burgstaller kannte kein Maß, und wenn er zu ihm kam, dann nicht, um eine Halbe Bier zu trinken, sondern um sich zu besaufen.

»Wennst du dich weiter so aufmandelst, setz ich keinen Fuß mehr in dein Wirtshaus.«

»Du kennst ja die Preise. Leg 's Geld aufn Tisch, nimm deinen Hut und geh.« Der Hausherr blickte aus dem Fenster. »Pass lieber auf, dass du dir bei dem Wetter nicht das Genick brichst.«

Mit einem Grunzen verabschiedete sich der erboste Gast. Doch der Wirt zuckte nur mit den Achseln. Dieses Theater gab es alle paar Tage. Wenn der Burgstaller wieder nüchtern war und eine Maß Bier brauchte, kam er brav wie ein Lamm in die Stube, als ob nichts vorgefallen wäre. Sein Hass auf alles und jeden sowie seine grobe Art, auf Widerspruch zu reagieren, die blieben ihm aber auch im nüchternen Zustand erhalten.

Durch die Eingangstür hatte der Wind ein paar Schneeflocken in die Gaststube geweht. Es schneite wieder, aber lange nicht so stark wie am Nachmittag. Der Betrunkene stampfte an Kirche und Friedhof vorbei. Bis zu seinem Hof waren es knapp zweihundert Meter die Hauptstraße entlang. Seiner war der vorletzte Hof, bevor sich die Straße nach Leithausen zwischen den Feldern den Hügel hinaufschlängelte. Mit hochgestelltem Mantelkragen, den Hut in das Gesicht gezogen, wankte er mitten auf der Straße und hinterließ dabei eher eine Schleifspur als einzelne Abdrücke. Der Betrunkene erkannte in der Ferne eine dunkle Gestalt. Um nicht zu stolpern, blickte er wieder nach unten und konzentrierte sich lieber auf den Boden unter seinen Füßen. Er blinzelte, hob den Kopf und spähte erneut die Straße entlang. Kalter Wind blies ihm ins Gesicht. Die Gestalt war verschwunden. Er dachte nicht weiter darüber nach, schließlich war er nicht der einzige Mensch in Wolfsham, und torkelte weiter durch die Nacht. Selbst in größter Dunkelheit kannte er den Heimweg.

Hinter der Ecke seiner Scheune, die an der Straße stand, hörte er ein leises Klopfgeräusch, aber laut genug, um seine Neugier zu wecken. Er wandte sich zur Scheune hin und starrte in die Dunkelheit, die den Holzbau umgab. *Da treibt sich einer auf meinem Hof herum*, dachte er und ballte die Hand zur Faust. Mit dem Alkoholpegel wuchs üblicherweise auch seine Aggressivität, was seine Frau ausbaden musste, wenn er sich, nach Schweiß und Bier stinkend, zu ihr ins Bett legte. Ein Jahr etwa war es her, dass sie gewagt hatte, sich ihm zu verweigern. Nach einer kräftigen Watschen für seine ungehorsame Ehefrau hatte er sein Glück dann bei der Magd versucht, die sich nicht getraut hatte, sich dem Bauern zu widersetzen.

In dieser Nacht richtete sich Burgstallers Zorn gegen den Eindringling. Obwohl nichts mehr zu hören oder zu sehen war, ging er zielstrebig auf den Stadel zu. Er blickte hinüber zum Wohnhaus, das rund dreißig Meter entfernt stand. Die Haustür war geschlossen, und in mehreren Fenstern sah er Licht flackern. Er drehte sich abermals um und inspizierte die Straße in beiden Richtungen. Keine Menschenseele war zu sehen. »Na wart«, sagte er leise und machte einen Schritt in den tiefen Schnee am Straßenrand. Mit langem Hals lugte er um die Ecke zur Rückseite der Scheune. Gemeinsam mit der des Nachbarn bildete sie eine finstere Gasse, an deren Ende ein Acker lag. Auf der Straße glitzerte der Schnee im hellen Mondschein, und seine Augen gewöhnten sich nur langsam an die extreme Dunkelheit. Erst als sich seine Pupillen weiteten, machte er schließlich den Umriss einer etwa zwei Meter großen Gestalt aus, die einen langen Stock in die Höhe hielt. Doch da sauste der Stock auch schon auf den Burgstaller nieder, der Betrunkene fiel zu Boden, und in den Schnee sickerte dunkelrotes Blut. Das Abstellen des Mordwerkzeugs an die Scheunenwand erzeugte das leise Geräusch, das den Bauern neugierig gemacht hatte.

Seine Füße zuckten noch schwach, als ihn kräftige Hände in die Dunkelheit der Scheunengasse schleiften. Dann waren drei dumpfe Schläge zu hören.

Es klopfte dreimal.

»Ja, ist der alte Depp schon so besoffen, dass er nimmer weiß, dass die Haustür offen ist?«, schimpfte Thomas und ging hinaus zur Tür. Seine Mutter hatte sich bereits in ihre Kammer zurückgezogen, und der Sepp saß auf der Ofenbank. Er schnitzte Kienspäne aus einem Scheitel Kiefernholz und warf sie in den Korb vor sich auf dem Fußboden.

»Was bistn du für einer?«, hörte der Sepp den Thomas noch sagen, dann vernahm er einen dumpfen Laut und schwere Schritte im Hausgang. Ein kalter Luftzug wirbelte in die aufgeheizte Stube, und ein fremder Mann erschien im Türstock.

»Ja, der Herr Pfarrer schaut auch noch zu uns rein«, sagte der Kramer-Wirt, als die Tür zum Schankraum aufging.

Der Besucher klopfte sich den Schnee von seiner Joppe und stampfte mit den Füßen zweimal auf den Boden. »Grüß Gott, Kramer. Ich hab mir gedacht, ich genehmige mir an diesem feierlichen Abend noch eine Maß von deinem guten Bier. Hast noch eine für mich?«

»Aber, Herr Pfarrer, für Sie doch immer«, sagte der Wirt.

Der späte Gast schaute sich um. »Oh, ich bin wohl heut der Einzige bei dir?«

»Ja, ich hätt auch gleich zugesperrt. Bei dem Wetter bleiben doch alle daheim. Aber für Sie ist natürlich immer geöffnet. Den Burgstaller hab ich grad vor ein paar Minuten rausgeworfen. Der hat's schon wieder übertrieben und zu viel erwischt. Alle andern sind schon früher heim.«

Der Pfarrer setzte sich auf den ihm vorbehaltenen Platz. Selbst wenn die Gaststube noch so voll war, hielt man die Sitzbank unterhalb des Jesuskreuzes für ihn frei – was jedoch ausgesprochen selten nötig war.

»Na, wo sind deine Frau und die Wagensonnerin?«, fragte der Pfarrer und rieb sich die kalten Hände.

»Die Meine ist drüben im Haus und die Wagensonnerin ist bei ihrer Schwester in Leithausen.«

»Du hast ihr heut freigegeben, das ist ein feiner Zug von dir, Kramer«, sagte der Geistliche noch, bevor er sein Gesicht genüsslich in die Schaumkrone einer frischen Maß Bier steckte. »Ah ... immer wieder gut.« Er nahm einen großzügigen Schluck. »Dann hab ich wohl vorhin den Burgstaller beim Heimgehen beobachtet. Den hab ich von der Weiten schon torkeln sehen, so besoffen wie der wieder ist.« Er schüttelte den Kopf.

»Na, Herr Pfarrer, ein Spielchen?« Der Wirt zog ein Päckchen Karten hervor und wedelte damit durch die Luft.

»In Herrgotts Namen, Kramer, du weißt, was deine Gäste mögen, gell? Sei's drum. Komm her damit.«

Die Glocke des Kirchturmes schlug. Es war fünfzehn Minuten nach acht.

Marianne Hirtreiter, verheiratet, Bäuerin und Hebamme, 45 Jahre

Ich hab alles verloren, was mir lieb war. Schauen Sie mich an, meine Hände zittern.

Mein armer Alois und unsere Zwilling, das Lenerl und die Marie, fünfzehn Jahr waren sie alt, die zwei. Meine Mädel hat der umgebracht, die Sau, die dreckige. Absolut gleich haben sie ausgeschaut, bloß ich hab die auseinanderhalten können.

Entschuldigen Sie meine Tränen, ich weiß nimmer, wie's weitergehen soll. Am liebsten wär's mir, ich wär früher heimgekommen, dann hätt's mich auch erwischt, dann müsst ich jetzt nicht allein sein und wär mit meiner Familie beim Himmelvater.

Den Willi, unseren Ältesten, haben die auch erschlagen. In seinem Bett ist er gelegen. Das war 's gleiche Bett, in dem ich ihn auf die Welt gebracht hab. Zwei Tage bin ich mit ihm in den Wehen gelegen. Wir haben sogar Angst gehabt, dass er bei der Geburt stirbt. Das war für uns alle beide eine Plag. Aber ausm Willi ist ein Pfundskerl geworden! Und jetzt, jetzt ist mein Bub tot.

Ich zieh wahrscheinlich zu meiner Schwester nach München und verkauf den Hof. Ich kann ihn nimmer sehen. Was soll ich bloß tun ohne die alle?

Das Herz haben die mir rausgerissen, die Teufeln. Mei, hätten sie doch bloß *mich* umgebracht.

Ich weiß schon, Sie mögen, dass ich Ihnen alles genau verzähl. Ich bemüh mich, so gut's geht, aber's tut so weh, so furchtbar weh.

Meine Kinder waren mir das Wichtigste auf derer Welt. Kinder sollten nicht vor ihren Eltern gehen, das ist

Unrecht, das ist nicht der natürliche Lauf der Dinge. Ich hab sie auf d' Welt gebracht, und jetzt muss ich sie auch zu Grabe tragen; das Lenerl, die Marie und den Willi und auch mein braven Mann.

Verrecken und in der Hölle schmoren sollen die, die's angerichtet haben. Lassen Sie mir bittschön noch einen Augenblick Zeit. Ich verzähl Ihnen gleich alles ...

Die Tür in Marias Zimmer wurde abermals geöffnet, und eine neue Pflegerin kam herein. »Guten Abend, ich bin die Nachtschicht und werde Sie jetzt für die Nacht fertigmachen. Ah, Sie sind also die Herren, von denen mir meine Kollegin erzählt hat. Bitte gehen Sie jetzt.« Sie nickte den Journalisten höflich, aber bestimmt zu.

»Ihre Kollegin hat uns aber gesagt, dass die Besuchszeit bis zweiundzwanzig Uhr geht. Jetzt haben wir es gerade mal kurz vor sieben«, protestierte Aumüller.

Sie rümpfte die Nase. Auch wenn es laut Hausordnung erlaubt war, sahen die Schwestern es nicht gerne, wenn sich nach dem Abendessen noch Besucher im Seniorenheim aufhielten.

»Meinetwegen können Sie schon bleiben«, rief die Nachtschwester aus dem Badezimmer, wo sie sich die Hände wusch. »Aber solange ich Frau Stadler für die Nacht herrichte, verlassen Sie bitte das Zimmer.«

Lallinger nickte. »Kein Problem, dann kann ich wenigstens eine rauchen.« Er winkte seinem Kollegen und stand von seinem Stuhl auf.

Die Pflegerin hielt ein Glas Wasser vor Marias Gesicht. »Bitte, Frau Stadler.«

Maria ließ ihre Zahnprothesen hineinplumpsen, und

Speichel tropfte aus ihrem Mundwinkel. Die Reinigungstabletten sorgten für wild blubbernde Bläschen.

Die Pflegerin brachte eine Plastikwanne mit warmem Wasser aus dem kleinen Bad. Beim Gehen schwappte das Wasser hin und her. Über ihrer Schulter hingen zwei Handtücher. Sie stellte die Wanne auf den Stuhl, auf dem Lallinger gesessen hatte. Aus einem Einbauschrank nahm sie zwei Waschlappen.

Maria sprach kein Wort, sie versuchte, möglichst unbeteiligt aus dem Fenster zu schauen. Auch die Pflegerin sagte nichts. Als diese mit dem Lappen zwischen Marias Beine fuhr, stiegen der alten Frau Tränen in die Augen. Aber sie hatte in ihrem Leben eines gelernt: Weinen bringt nichts. Ihr Blick schweifte langsam zu der Fotografie auf dem Nachttisch. Sie dachte an die Zeiten mit ihrem Mann. Jetzt war sie alt und einsam und lag hilflos in einem Bett, das nicht einmal ihr eigenes war, und wurde von einer Fremden gewaschen. Ihren Sohn hatte sie vor drei Wochen zuletzt gesehen. An einem Sonntag im Oktober. Alle anderen, die eine Rolle in ihrem Leben gespielt hatten, waren längst tot. *Warum soll ich noch dagegen ankämpfen?*, dachte sie. *Aus was für einem Grund soll ich weiter schweigen und mich damit selber strafen?*

Mit dem Wechsel des Katheterbeutels waren die abendlichen Exerzitien beendet. Maria griff nach dem Glas mit ihren Zahnprothesen, reichte es der Pflegerin und nuschelte: »Bitte waschen Sie die kurz mit Wasser ab. Ich brauch's heut noch.«

Wenig später kamen die beiden Journalisten zurück. Maria erwartete sie bereits, sie war gekämmt und roch nach billiger Feuchtigkeitscreme. Die Männer steuerten den Geruch von Zigarettenrauch und frischer Winterluft bei. Lallinger nippte kurz an seiner Tasse mit kaltem Schwarztee, bevor er sich ein Pfefferminz in den Mund steckte.

»Dann legen wir mal wieder los, Frau Stadler«, sagte Aumüller und setzte sich an den Tisch. Lallinger griff sich den Ordner und nahm wieder seinen Platz neben Marias Bett ein. »Wo sind wir denn stehen geblieben?« Mit dem Finger wanderte er über die aufgeschlagene Seite ...

Ich helf den Frauen in Wolfsham schon seit vielen Jahren als Hebamme. Ich hab Kinder über alles lieb. An dem Abend hat die Anneliese Kreitmaier gekreißt, und da musst ich hin. Die wohnt am andern End vom Dorf. Ihr Mann hat mich schon in der Früh geholt, weil die Wehen eingesetzt haben. Den ganzen Tag hat sie sich geschunden, die Anneliese, bis es dann auf d' Nacht so weit war. Ein liebes Mädel hat sie gekriegt. Und geschrien hat das kleine Wuzerl wie am Spieß, und die vielen Haare sind vom Kopf weggestanden. Am liebsten hätt ich's mitgenommen, so gefallen hat's mir.

Die letzten acht Jahr war ich bei einer jeden Geburt im Dorf dabei. Ein schönes Gefühl ist das, und jetzt, wo ich alles verloren hab, ein kleiner Trost. So weiß ich wenigstens, dass mein Leben nicht ganz umsonst war.

Wie ich 's Neugeborene und die frischgebackene Mama versorgt gehabt hab, bin ich noch gute zwei Stunden dageblieben. Ich hab ihr geholfen, das Kind anzulegen, und ihr die Versorgung vom Bauchnabel gezeigt. Danach hab ich mich aufn Heimweg gemacht. Aber davor hab ich dem Kreitmaier noch genau gesagt, auf was er Obacht geben muss und dass er sich unterstehen soll, seine Frau zum Arbeiten anzutreiben. Die Mannsbilder können sich ja überhaupt gar nicht vorstellen, was für eine Viecherei eine solche Geburt ist. Die Arbeit am Hof macht sich ja nicht von allein, sagen sie dann immer. Aber ich glaub, der Kreitmaier nimmt schon Rücksicht auf sein junges Weiberl.

Wenigstens hat's an dem Tag auch ein frohes Ereignis gegeben, wo doch so viele gestorben sind ... Entschuldigen Sie bitte, ich hab grad an meine Dirndl denken müssen, es geht gleich wieder ... Kurz vor neun bin ich aufgebrochen. Ich kann Ihnen leider nimmer genau sagen, wie lang ich gebraucht hab, bis ich daheim war. Leicht geschneit hat's und Vollmond war's. Der Nebel ist erst später gekommen.

Unser Hof liegt ziemlich genau in der Mitten vom Dorf. Vis-à-vis von der Kirch und dem Wirtshaus, auf der andern Seite von der Hauptstraß. Eigentlich war's ja ein schöner Winterabend. Es war so, wie man sich die Vorweihnachtszeit eigentlich vorstellt. Und ein gesundes Kind ist auch auf d' Welt gekommen.

Nein, begegnet ist mir keiner. Ich war ganz allein unterwegs.

Und dann bin ich daheim angekommen. Unsere Haustür war nicht zugesperrt, was mich aber nicht überrascht hat. Der Alois hat sie immer erst verriegelt, wenn alle von uns da warn. Ich bin ins Haus rein, hab mein Mantel im Gang aufn Haken gehängt und wollt in die Stube, um mich aufzuwärmen.

Das ... das war unbeschreiblich ... mein Mann ... mit blutigem Kopf ist er mitten im Zimmer gelegen ... und ... meine Madln ... das Lenerl hat sich wohl verstecken mögen. Sie war zwischen dem Ofen und der Wand eingequetscht. Dazwischen sind's vielleicht grad einmal dreißig

Zentimeter Platz. Ihr toter Körper hat nicht mal umfallen können. Ihr Kopf ist zur Seiten gehängt, und Blut ist aufn Boden getropft ... das ist so furchtbar, wenn ich mir vorstell, wie jemand auf sie eingeschlagen hat ... verzeihen Sie mir ...

Die Marie ist noch auf der Eckbank gehockt. Als wär sie vor lauter Müdigkeit eingeschlafen, ist sie einfach nach vorn gekippt. Aber alles war voller Blut. Wie ich ihren Kopf angehoben hab, hab ich gesehen, dass die ihr den Hals durchgeschnitten haben ...

Wie kann ein Mensch bloß so was machen? Sagen Sie mir das, Sie sind doch von der Gendarmerie!

Ich weiß schon ... verzeihen Sie mir, Sie können ja auch nix dafür.

Die haben wohl grad essen mögen. Das Essen aufm Tisch war noch nicht einmal kalt.

Mein Mann ist ... war so lieb, dass er sogar gekocht hat, wenn ich bei einer Geburt geholfen hab. Wissen Sie: So was ist selten zu finden unter den Bauern, so einer wie mein Alois. Wahrscheinlich haben sie gemeint, ich komm von der Haustür rein, aber anstatt meiner ist denen ihr Mörder in der Tür gestanden!

Ich bin dann nach droben gelaufen und wollt nach unserem Buben schauen, weil ich ihn unten nirgends finden hab können. In seinem Bett war der gelegen: Den Schädel haben die ihm eingeschlagen gehabt. In der Früh hat er noch schweres Fieber gehabt, wie ich aus dem Haus bin, und ich glaub, dass er deswegen immer noch im Bett gelegen ist und geschlafen hat. Weil sonst hätt er wahrscheinlich den Radau unten gehört und wär aufgestanden. Eine Zeit lang bin ich hernach einfach bloß im Haus umeinander gestanden. Ich kann Ihnen beim besten Willen nicht sagen, wie lang's war. Mein ganzer Körper hat sich ganz pelzig angefühlt. Mein Kopf war ganz leer und gleichzeitig mit so viel Gedanken vollgestopft ...

Dann bin ich in die Kälte raus und ins Wirtshaus gelaufen. Der Herr Pfarrer und der Kramer waren da und haben Karten gespielt. Ich weiß wirklich nimmer, was ich zu denen gesagt hab, auf alle Fälle sind die zwei mit mir dann aufn Hof retour.

Wie ich denen alles gezeigt hab, ist der Herr Pfarrer dann mit mir in unsere Schlafkammer. Ich hab keine Toten mehr anschauen können. Ich bin erst wieder ruhiger geworden, wie wir hernach um die verstorbenen Seelen gebetet haben. Dann ist er allein zu den Toten hinübergegangen, wahrscheinlich hat er denen da die letzte Ölung gegeben ... ich hab bei vielem von dem, was in der Nacht passiert ist, nicht aufgepasst oder schon wieder vergessen, ich weiß auch nicht ...

Der Kramer ist derweil zum Nachbarhof um Hilfe gelaufen. Der hat gewiss zwanzig Minuten gebraucht, bis er wieder retour gekommen ist. Aber er war allein und ganz käsig im Gesicht.

Total dasig hat er uns nachher erzählt, dass er beim Gruber und beim Burgstaller war und ... das ist so schlimm: Alle waren sie maustot in ihren Häusern gelegen. Wie er sie gefunden hat, ist er wieder zu uns retour gerannt.

Mir ist's wie dem Kramer gegangen: Ich hab nimmer denken können, und die zwei Mannsbilder haben mich dann raus auf die Straße gezogen. Der Kramer war ganz wirr im Schädel und wollt gleich nach seiner Frau schauen. Davor ist er aber noch rüber ins Wirtshaus, sein Jagdgewehr holen.

Mich hat der Herr Pfarrer nachher in sein Haus gebracht und seine Hauserin, die Marie, aus ihrer Kammer geholt. Sie hat mir dann einen Tee gekocht, auf der Eckbank in eine Decken gewickelt und auf mich aufgepasst. Geschüttelt hat's mich am ganzen Körper, und wo hätt ich auch sonst hinsollen?

Hätt ich vielleicht allein auf unserm Hof bleiben sollen?

Der Herr Pfarrer ist danach wieder weg, um nach der Mesnerin zu schauen. Kurz drauf hat auch der Kramer seine Frau ins Pfarrhaus gebracht gehabt. Und auch der ist gleich wieder weiter. Wie der durch die Tür wieder nach draußen ist, ist mir aufgefallen, dass ein Nebel aufgezogen ist.

Das dürft so um zehn oder halb elf gewesen sein. Genauer kann ich's Ihnen aber beim besten Willen nimmer sagen. Und dann haben wir die Kirchenglocke gehört.

Wir drei Weiber haben erst am nächsten Tag in der Früh von dem ganzen Ausmaß der Tragödie erfahren. Aber für mich hat's keinen Unterschied nimmer gemacht, ich hab ja schon alles verloren gehabt.

Korbinian Pflügler, verheiratet, Hofbesitzer, 48 Jahre

Die Kinder waren schon lang im Bett. Und unser Knecht, der Reitmeier Thomas, ich glaub, mit dem haben Sie schon geredet, war auch schon eine gute Stunde in seiner Kammer verschwunden.

Meine Frau und ich sind noch in der Stube gesessen, als auf einmal einer an unserer Haustür randaliert hat. Der hat richtig dagegen geschlagen und wie ein Narrischer an der Glocke neben der Tür gezogen. Zuerst war ich fuchsteufelswild. Ich hab ja nicht gewusst gehabt, was los ist, und hab mir gedacht: *Das muss ein Depperter sein, wenn der um die Uhrzeit so einen Rabatz macht.* Der hat mir ja den ganzen Hof aufgeweckt!

Wie ich danach die Tür aufgemacht hab und der Kramer dagestanden ist, war ich ganz schön baff. Das Erste, was er gesagt hat, hat aber überhaupt keinen Sinn ergeben, so ein Durcheinander hat er dahergeredet. Ich wollt'n dann in die Stuben bitten und in Ruhe mit ihm drüber ratschen, was denn passiert wär. Aber dann hat er mir mit einem einzigen Satz erzählt, um was es gegangen ist: In Wolfsham haben sie Leute umgebracht! Dann war auch mir klar, dass keine Zeit für einen Ratsch war. Das war um kurz nach elf. Ich weiß das, weil ich auf die Uhr geschaut hab, wie ich mich über den Radau an der Tür aufgeregt hab. Und wie ich mit dem Kramer grad vor unserer Haustür gestanden bin, hat die Kirchenglocke angefangen zu läuten.

Furchtbare Sach, das Ganze, gell? Alle auf dem Hirtreiter-Hof, bis auf die Marianne! Und den Burgstaller hat's auch erwischt. Sogar den Sepp haben sie gefunden, das war der Knecht vom Burgstaller und ein wilder Hund. Ich hätt nie geglaubt, dass dem einer gefährlich werden könnt. Aber das hab ich alles erst später erfahren. An der Haustür hat mir der Kramer bloß von der Tragödie beim Hirtreiter erzählt, für mehr haben wir keine Zeit gehabt.

Ich bin nachher gleich ins Haus zurück und hab mir mein Gewehr und mein Jagdmesser geholt und den Thomas aufgeweckt. Ich wollt ihn nicht dabei haben. Ich wollt, dass er auf meine Familie und den Hof aufpasst. Ich bin froh, dass ich den hab. Der kann zupacken, und ein feiner Kerl ist er auch ... Auch wenn der Krieg seine Spuren an ihm hinterlassen hat und er wahrscheinlich deswegen so wenig redet, ist er freundlich und dankbar für eine Brotzeit und ein Dach übern Kopf. Ich könnt mir keinen Besseren aufm Hof wünschen.

Ich bin mit dem Kramer hinüber zum Dorfmeister und seiner Mutter. Die sind natürlich auch schon lang in ihren Betten gelegen. Am Anfang haben wir schon 's Schlimmste befürchtet. Aber die haben ja auch erst einmal aufstehen müssen und an die Haustür kommen. Wach waren die aber schon gewesen, hat uns der Dorfmeister hinterher erzählt. Die Kirchenglocke war ja nicht zu überhören.

Der Dorfmeister ist mit uns mitgegangen. Wir haben dann vereinbart, jeden Hof im Dorf zu kontrollieren. Der Kramer ist in die Kirch, um den Herrn Pfarrer zu holen, und ich bin mit dem Dorfmeister aufn kleinen Hof vom Hauser hinübergelaufen. Die Glocken hat ihn auch schon aufgeweckt gehabt. Bevor er dann mit uns mit ist, hat er seine Tochter, die Maria, im Vorratskeller weggesperrt.

Ich glaub, das Kind brauchen Sie gar nix fragen. Das weiß nix und wenn, dann wissen wir doch alle, dass man einem Kind nicht alles glauben darf.

Mit dem Hauser und dem Dorfmeister bin ich dann auf jeden Hof und in jedes Haus auf unserer Seiten von

Wolfsham. Bloß zu der schrumpeligen Vorholzerin, zu der sind wir nicht hinauf. Die haust weit draußen am Berg droben, und außerdem tät der ohnehin niemand was. Die erschreckt einen jeden Einbrecher zu Tod, bevor der ihr überhaupt zu nah kommen könnt. Wenn Sie mit derer reden, erzählt die Ihnen wahrscheinlich bloß gruselige Geistergeschichten.

Alle, nach denen wir geschaut haben, waren am Leben. Die meisten waren schon wach, und jeder hat uns sofort die Haustür aufgemacht. Das war eine gute Idee vom Herrn Pfarrer, die Glocken zu läuten. Mindestens zehn Minuten hat er sie schlagen lassen.

Dann sind wir hinunter zur Kirch gelaufen. Da haben wir uns mit dem Kramer und dem Herrn Pfarrer getroffen. Miteinander wollten wir dann die Höfe auf der andern Seiten der Hauptstraße kontrollieren. Sieben sind's der Reihe nach die Straße entlang. Furchtbar, wenn man darüber nachdenkt, was da auch mit uns hätt passieren können. Jeder hat Angst gehabt, auch wenn's keiner gesagt hat. Wir haben ja nicht gewusst, wer oder wie viel Lumpen das angerichtet haben.

Meine Aufgab war's dann, Wache zu schieben. Ich hab mich nachher mit meinem Gewehr vor die Kirch postiert, und die andern sind über die Hauptstraße hinüber und da von Hof zu Hof gegangen. Wir haben ausgemacht, dass ich, wenn ich jemanden laufen seh, den zuerst nach seinem Namen frag, und wenn der nix sagt, hätt ich sofort schießen sollen.

Ich hätt's gemacht. Glauben Sie mir! Aber das hat's nicht gebraucht. Außer Schnee und Nebel war da nix.

Aber ich muss schon sagen ... so allein vor der Kirch und dem Friedhof ... bei dem Sauwetter ... in der furchtbaren Nacht … ich bin froh, dass es vorbei ist. Das waren die schlimmsten Stunden in meinem Leben. Besonders, wie dann auf einmal im Nebel doch einer aufgetaucht ist und ich nicht gewusst hab, wer das war. Aber Gott sei Dank war's der Müller Manfred, und der hat mir ja nachher dann sein Namen zugerufen. Bis in der Früh um fünf bin ich mutterseelenallein auf der Lauer gelegen. Aber ich bin froh, dass ich nicht bei den andern dabei war, sonst hätt ich die ganzen Toten anschauen müssen.

Die Eingangstür stand offen. Im schmalen Gang vor der Küche lag eine junge Frau. Ihre Augen waren weit aufgerissen, ihr Bauch war von unzähligen Messerstichen zerfetzt. In der Küche flackerte eine Kerze, die den Raum nur wenig erhellte. Auf dem Tisch lag eine zerrissene Hose, daneben Nadel und Faden.

Eine Treppe im Gang führte nach oben. Auch im ersten Stock standen alle Türen offen. In einer der engen Kammern lag ein Mann in seinem Bett. Er atmete nicht, Blut tropfte auf den Boden. Auch das alte Paar nebenan war schon tot. Aus dem Zimmer gegenüber drangen Geräusche. Vor dem Bett der kleinen Elfriede stand ein Mann. Sein Kopf stieß in der niedrigen Kammer fast an die Decke. Das neunjährige Mädchen weinte.

Der Fremde starrte das Kind wortlos an. Den Rosenkranz auf dem Nachttisch wischte er mit einer schnellen Bewegung der linken Hand auf den Boden. In der rechten hielt er ein Mangholz, das er aus der Küche mitgenommen hatte.

»Wo – ist – mein – Papa?«, stammelte Elfriede. Mit angewinkelten Beinen kauerte sie an der Wand. Der Fremde antwortete nicht. Er schwang das Mangholz und ließ es auf das Kind niedersausen. Einmal, zweimal – Blut spritzte in sein Gesicht ... Die Kirchenglocke begann zu läuten. Für einen kurzen Moment lauschte er in die Nacht, dann holte er ein letztes Mal aus.

Der Mann stieg langsam die Treppe hinab, das Mangholz noch immer fest in der Hand. Er war ganz ruhig und nicht in Eile.

Manfred Müller, verheiratet, Tagelöhner und Knecht, 35 Jahre

Für uns war's ein ganz normaler Adventssonntag. Außer, dass es eben der Tag vorm Nikolaus war.

So um elf umeinander hat mich die Kirchenglocken aufgeweckt. Ich hab nicht gewusst, was los ist, und bin deswegen aufgestanden, um nach unseren zwei Buben zu schauen. Aber es hat alles gepasst. Danach hab ich ausm Fenster geschaut. Es hätt ja sein können, dass es irgendwo im Dorf gebrannt hat und sie deswegen die Glocken läuten haben lassen. Aber außer Nebelschwaden und Schnee war da nix zum Sehen.

Mein Weiberleid und die Kinder sind im Bett geblieben. Ich hab mich angezogen und bin einmal ums Haus herumgegangen. Weil irgendwas hat ja passiert sein müssen, sonst hätt ja die Glocken nicht geläutet.

Ich hab aber wieder nix Beunruhigendes finden können. Bloß um sicherzugehen, bin ich danach auf die Hauptstraß in Richtung Kirch gegangen. Mitten im Nebel hab ich dann 's Licht von einer Laterne schimmern sehen.

Ich bin darauf zu, bis jemand geschrien hat: »Wer da? Sag dein Namen, du Lump, oder ich schieß!«

Ich hab mir gedacht, ich hör nicht richtig, und hab retour geschrien, was überhaupt passiert wär. Aber ich hab keine Antwort gekriegt. Stattdessen hat's wieder ausm Nebel die Frag geschrien, wie ich denn heißen tät. Ich hab dann meinen Namen genannt, ohne zu wissen, wer ihn denn da wissen wollt.

Wie ich weitergegangen bin, hab ich nachher gesehen, wer's war, der da durch den Nebel geschrien hat. Der

Pflügler-Bauer war's. Ganz nervös war er und hat mir von dem Ganzen erzählt.

Ich bin dann sofort retour in mein Haus. Im Schnee bin ich noch zweimal hingefallen, so pressiert hat's mir.

Aber bei mir daheim war, Gott sei Dank, auch derweil nix passiert. Ich hab dann alle Türen im Haus zugesperrt und bin mit meinem Weiberleid die ganze Nacht wach geblieben. Wir sind in der Stube gesessen, und jedes noch so leise Geräusch hat uns eine Heidenangst eingejagt. Ich hab mir dann einen Holzprügel und ein langes Messer aufm Tisch zurechtgelegt. »Zefix«, hab ich geflucht. Ausgerechnet in der Nacht ist meine Büchse in Leithausen gelegen. Die hat nimmer richtig funktioniert, und ich hab's dahin zum Richten gebracht.

Es ist schon komisch, dass wir die Einzigen auf derer Seite der Hauptstraß sind, denen nix passiert ist.

Friedrich Streibl, Pfarrer von Wolfsham, 58 Jahre

Furchtbar, einfach bloß furchtbar … ich find kein anderes Wort für das Verbrechen. Ich bete zum Herrgott, dass die armen Seelen hinauffahren ins Himmelreich. Bis zu der Nacht hab ich keine Ahnung gehabt, zu was für grausige Taten Menschen imstand sind.

Ich kenn die Geschichten aus der Gegend; über die Drud, die wilde Jagd und die Raunächte. Sogar von dem Werwolf haben sie mir erzählt. Alles Humbug und gotteslästerig, überhaupt an solch einen Schmarrn zu glauben. Ein Mensch aus Fleisch und Blut war's. Da dran gibt's für mich überhaupt keinen Zweifel.

Aber der, der's war, hat den Teufel in sich drin gehabt, der alles an christlichem Glauben in ihm unterdrückt hat.

Ob's ein Monster war? Ein totaler Schmarrn ist das. Eins in Menschengestalt vielleicht, aber immer noch ein Mensch – ein Mensch ohne Gnad – ohne Barmherzigkeit. Der wird seine gerechte Straf schon noch kriegen, wenn der ins Reich von den Toten kommt, glauben Sie mir, weil 's Fegefeuer wart schon auf den, garantiert!

Der ländliche Aberglaube über den ganzen Blödsinn mit der Drud und so weiter ist mir bis heut ein Dorn im Aug. Die Leut sollen lieber an den Herrgott glauben! Sie müssen wissen, dass ich erst vor zehn Jahren nach Wolfsham gekommen bin. Davor war ich in München tätig. Zeit meines Lebens bin ich auch nie woanders gewesen. Ich bin da auf die Welt gekommen und hab auch da studiert. Wolfsham ist ein schönes Dorf mit fleißigen Menschen. Selbst wenn sie's manchmal mit der Ehrlichkeit und den zehn Geboten nicht so ganz genau nehmen, so kann ich denen trotzdem nix Schlechts nachsagen. Und wenn die einmal streiten, dann schmus ich sie wieder zusammen, diese Dickschädeln.

Ich hab's aber erst lernen müssen, die raffinierte Bauernschläue von denen zu verstehen. Inzwischen klappt's aber ganz gut, und ich glaub, ich gehör jetzt richtig dazu.

Warum sie mich von München daher versetzt haben? Wieso fragen Sie das mich? Sie glauben wohl auch wie die Oberen aus München, dass ein guter Geistlicher in kein Wirtshaus gehen darf. Mein Gott, wenn man ausnahmsweise einmal einen Krug Bier trinkt und mit seinen Schäflein Karten spielt, macht das etwa gleich einen schlechten Pfarrer aus mir?

Ich glaub, die Dinge gehen Sie nix an, auch wenn Sie von der Gendarmerie aus München kommen. Reden wir lieber über die Blutnacht. Deswegen sind Sie ja schließlich da.

Am Vormittag hab ich die Messe gelesen und am Nachmittag hab ich mich meinen Studien gewidmet, ein Buch gelesen und mir Notizen dabei gemacht. Für so was hab ich ein kleines Bücherl, und wenn ich was Interessantes les, schreib ich mir das sofort auf. Wenn ich später eine Predigt zu halten hab oder eine Grabrede ausarbeiten muss, blättere ich da drin umeinander, um mir Anregungen zu holen.

Die Marie, meine Haushälterin, hat mir danach ein ausgezeichnetes Mahl gekocht. Der Abend war aber noch früh, und ich bin nachher noch aufn Friedhof. Sind ja grad ein paar Meter dahin. Der liegt direkt neben der Kirch und dem Pfarrhaus. Ich mag's, an Winterabenden übern Friedhof zu gehen. Ein Ort der Stille und Andacht. Alles ist friedlich, und ich mach mir Gedanken über meine Pfarrgemeinde, den Herrgott und 's Leben. Der Schnee stört mich dabei nicht. Ich mag den Winter, mit seiner weißen Pracht und der beruhigenden Stimmung.

Wie ich da so umeinandergegangen bin, hab ich einen einzelnen Mann gesehen. Der hat aber mit sich selber zu kämpfen gehabt und ist allein die Hauptstraße entlanggetorkelt. Ich glaub, dass der die Begegnung mit mir nicht einmal mitgekriegt hat. Von der Statur und vom Gang her müsst's der alte Burgstaller gewesen sein, und kurz drauf hat's ihn wohl erwischt.

Danach bin ich zum Kramer ins Wirtshaus. Ich mag ihn, ist ein anständiger Kerl. Ein- oder zweimal die Woche schau ich zu ihm rein, und wir ratschen ein bisserl. Ein Wirtshaus ist der Mittelpunkt in einem Dorf. Da erfährst alle Neuigkeiten über Streiterei und Zwietracht im Ort. Und da ich gern weiß, was in Wolfsham vor sich geht, rede ich mitm Kramer da drüber. Weil wissen Sie: Es gibt immer mal wieder ein Anliegen oder ein Problem, bei dem sich die Leute schämen, mit mir da drüber zu reden.

Das war um kurz nach acht, wie ich ins Wirtshaus bin. Ziemlich genau um zehn ist dann die Frau vom Hirtreiter in die Gaststuben gestürmt. Ohne Mantel ist die bei derer Saukälten durchs Dorf gerannt. Geweint und geschrien hat sie, die arme Frau: wieso der Herrgott so was zugelassen hätt?

Der Kramer und ich haben überhaupt keine Ahnung gehabt, was los war und was die eigentlich wollt. Dann hat sie uns von ihrer Entdeckung erzählt. Tragisch, einfach bloß tragisch. Die gute Frau hat dabei geholfen, ein Kind auf die Welt zu bringen, und findet daheim ihr eigene Familie ... so abgeschlachtet ... ach Gott ... was soll man zu so jemandem sagen: »Du musst aufn Herrgott vertrauen?« In einem solchen Moment ... da ... da fehlen wohl einem jeden die richtigen Worte.

Wir sind dann zu dritt hinüber aufn Bauernhof. Weit ist der ja nicht vom Wirtshaus weg. Schräg über die Hauptstraß, vielleicht hundert Meter. Ich kann's immer noch nicht glauben, dass ich mitm Kramer so kurz davon entfernt in der Gaststuben gesessen bin, wie sie die Leute umgebracht haben.

Sie kennen ja die grausigen Einzelheiten ... auf jeden Fall haben wir die Leichen vom Bauern und von den drei Kindern gefunden. Der Kramer wollt dann Hilfe holen und ist zum Nachbarhof gelaufen. Zuerst zum Gruber hinüber und dann zum Burgstaller ... danach war er ganz käsig. Er hat uns erzählt, dass er da auch bloß lauter Tote gefunden hat.

Wir haben natürlich noch mehr Angst gekriegt, als wir ohnehin schon gehabt haben. Drei Bauernhöfe haben die überfallen und Menschen umgebracht! Wir haben da noch überhaupt nicht gewusst, was noch alles passiert war, geschweige denn, wie viel von denen Lumpen, die Leute abmurksen in Wolfsham, überhaupt unterwegs waren.

Drum sind wir dann über die Hauptstraß retour gelaufen. Ich hab die arme Marianne stützen müssen und hab sie dabei halb durch den Schnee geschleift. Wenn ich die was gefragt hab, hat sie bloß aufn Boden gestarrt, ohne mir Antwort zu geben. Die arme Frau wird wohl ihren ganzen Lebtag nimmer glücklich werden!

Der Kramer ist in sein Wirtshaus, um sein Gewehr zu holen und dann nach seiner Frau zu schauen. Ich bin mit der Marianne ins Pfarrhaus. Ich war unsäglich erleichtert, wie uns die Marie die Haustüre aufgemacht hat. Ich hab ja schon 's Schlimmste befürchtet ... Gott sei Dank hat ihr nix gefehlt.

Im Haus hab ich mich dann noch umgeschaut und mich davon überzeugt, dass alles in Ordnung ist. Dann hab ich alle Türen verriegelt und die zwei Frauen allein gelassen. Mir ist ja nix anders übergeblieben. Ich hab ja auch nach der Frau Hallschmied schauen müssen. Die Hallschmied ist die Mesnerin und lebt allein in einer kleinen Hütte neben dem Friedhof.

Aber wie ich an ihre Haustür geschlagen hab, war mir schnell klar, dass die wohlauf ist: Wie sie den Gang entlang ist, um die Tür aufzumachen, hab ich sie schon gehört, wie sie vor sich hin geflucht und geschimpft hat. Ich war noch nie so froh drüber, das zu hören wie in dem Moment.

Ich hab dann gesagt, sie soll mit mir in die Kirch gehen. Sind ja grad ein paar Meter die Hauptstraß entlang, am Friedhof vorbei. Ich wollt sie nicht allein in ihrer Hütten lassen, und außerdem war's auch mir wohler in Begleitung, auch wenn's sich dabei um die Hallschmied gehandelt hat.

In Wolfsham sind grausige Dinge vor sich gegangen und die Bewohner sind in Gefahr geschwebt, also war's für mich am gescheitesten, die Kirchenglocken zu läuten. So haben wir alle aufgeweckt und gewarnt. Wenn die Glocken zu einer unüblichen Zeit über ein paar Minuten schlagen, ist einem jeden klar, dass was passiert ist.

Kurz drauf ist der Kramer in der Sakristei aufgetaucht. Die Mesnerin haben wir dann wieder heimgeschickt. Sie hat mir versprochen, alle Türen in ihrer Hütten zu kontrollieren und sich in ihrer Schlafkammer einzusperren. Erst bei Tageslicht sollt sie wieder rauskommen. Für das, was der Kramer und ich vorgehabt haben, wär die Hallschmied wohl eher eine Last anstatt eine Hilf gewesen.

Ein paar Minuten später ist dann auch der Pflügler Korbinian, der Dorfmeister Bepperl und der Hauser Michael zur Kirch gekommen. Wir sind dann zu fünft auf der Hauptstraß gestanden. Den Anblick werd ich gewiss mein Lebtag nimmer vergessen. In alle Richtungen bloß Nebel. Unser Wolfsham, das wir doch kennen, war auf einmal ein fremder und gefährlicher Ort. Wir haben bloß noch ahnen können, was hinter der nächsten Ecke kommt.

Der Pflügler ist nachher vor der Kirch geblieben. Wir haben ausgemacht, dass der da mit seinem Gewehr Wache halten muss. Das ist ja in der Mitte vom Dorf, von wo aus er eigentlich die ganze Hauptstraß entlangschauen kann. Wenn bloß nicht der saublöde Nebel gewesen wär. Aber von da aus wär er auch schnell im Pfarrhaus und in der Hütte von unserer Mesnerin gewesen, wenn er was Verdächtiges gehört hätt.

Außerdem ist ja Wolfsham durch die Hauptstraß in zwei Teile getrennt, und wenn jemand weiter sein Unwesen treiben hätt mögen, so hätt der über die Straß laufen müssen.

Wir haben halt gehofft, dass der Pflügler die Lumpen in der weißen Suppen nachher auch erkennen könnt. Und wenn's soweit wär, dann sollt er einmal in die Luft schießen, um uns so zu alarmieren. Wir wären dann sofort zur Kirch gekommen. Wir haben halt gemeint, dass das eine gute Idee ist. Was hätten wir sonst auch anders machen sollen?

Michael Hauser, verwitwet, Kleinbauer, 39 Jahre

Oh mei, was möchten Sie denn von *mir*? Ich bin doch bloß ein kleiner Bauer, dem seine Frau schon lang weggestorben ist und der versucht, seine Tochter großzuziehen. Mehr möcht ich ja gar nicht. Ich bin nicht gut im Reden. Sie wissen doch eh schon, was passiert ist. Was soll *ich* da noch viel dazu sagen?

Ja, das stimmt schon: Ich war dabei, wie wir die Leichen gefunden haben. Aber glauben Sie mir, das kann Ihnen der Kramer oder der Herr Pfarrer besser erzählen wie ich. Der Kramer redet sowieso den ganzen Tag, und der Herr Pfarrer hat studiert. Bei denen sind Sie besser aufgehoben als wie bei mir.

... und lassen Sie mir meine Tochter in Ruh. Gewiss hat die mitgekriegt, dass Menschen umgebracht worden sind, und sie hat auch alle gekannt. Aber sie ist erst zehn Jahr alt. Lassen Sie die bittschön in Frieden, es ist ja so schon tragisch genug, das Ganze ...

Karl Kramer, verheiratet, Wirtshausbesitzer und Kleinbauer, 53 Jahre

Man hat's mir schon zugetragen, dass ihr die Leut aushorcht's. Ich hab 's Wirtshaus hier, und bei einem guten Bier in einer gemütlichen Runde gibt's nix, was ich nicht erfahr. Jetzt bin ich wohl als Letzter an der Reih.

Das, was passiert ist, hat unser Dorf aus heiterem Himmel getroffen. So was kann keiner vorherschauen … bloß die narrische Vorholzerin; die wird wieder einmal erzählen, dass sie alles gewusst hat. Aber da kann ich euch beruhigen. Wurscht, ob's was Gutes oder was Schlechtes ist, für die Alte ist alles eine Bestätigung für ihre Geistergeschichten.

Was? – Warum ich ein Drudenkreuz *und* ein Kruzifix in meiner Gaststuben hab? Ach, mein Großvater hat 's Wirtshaus aufgemacht und 's Drudenkreuz ist ein Überbleibsel vom alten Brauchtum. Ich lass das aus Tradition da oben hängen. Gehört irgendwie genauso daher wie der Herrgottswinkel.

Man hat sich halt dran gewöhnt.

Dann erzähle ich euch jetzt einmal, was ich weiß und selber miterlebt hab: Meiner Bedienung hab ich an dem Abend freigegeben, und meine Alte ist schon früh ins Wohnhaus hinüber. Drum bin ich auch allein im Wirtshaus gestanden, was aber nicht schlimm war, weil nix los war.

Die einzigen Gäste waren der Burgstaller und der Herr Pfarrer. Der Pfarrer ist aber erst um acht hereingeschneit, da war der Burgstaller schon wieder weg. Wie meistens, wenn der bei mir war, hat der schon wieder ein paar Bier zu viel gehabt.

Eigentlich wollt ich ja grad zusperren, doch statt dem hat mich der Herr Pfarrer noch auf eine Abendhalbe beehrt. Nach einem kurzen Ratsch haben wir hernach Karten gespielt, und auf einmal ist aus heiterem Himmel die Hirtreiter Marianne in der Gaststuben aufgetaucht und hat erzählt, dass bei ihr daheim alle umgebracht haben. Ich hab's zuerst nicht geglaubt. Der Alois war nämlich ein anständiger Bauer und freundlich zu einem jeden, der ihm übern Weg gelaufen ist. Wir haben uns gut gekannt, auch wenn er grad einmal im Monat in mein Wirtshaus gekommen ist. Und so brave Kinder!

Wir sind dann hinübergelaufen und haben die Toten gefunden.

Pfui Teufel! Keiner von uns hat so was Grausigs vorher jemals zum Anschauen gekriegt. Der Alois ist in der Stube aufm Rücken ausgebreitet gelegen. Seine Augen sind weit offen gestanden. Rundumherum hat sich eine riesige Blutlache ausgebreitet gehabt. Ich hab da sogar reintreten müssen, um ihm die Augen zuzumachen. Das gehört sich so und war mir wichtig.

Die haben was durch ihn durchgestochen gehabt. Ich hab keine Ahnung, was das gewesen sein könnt. Ein Messer garantiert nicht. Das hat ihn durchbohrt und ist am Rücken wieder herausgekommen. Der, der's getan hat, muss mit aller Gewalt zugestoßen haben. Der Arme hat ein richtiges Loch in seiner Brust gehabt. Ich glaub, dass es ganz schnell mit ihm zu End gegangen ist.

Eines der Madln ist am Esstisch gesessen. Ihr Oberkörper ist nach vorn auf dem Tisch gelegen. Sie ist wohl auch dort gesessen, wie die ihren Vater umgebracht haben. Wahrscheinlich vor ihrn Augen ... Ihr Blut war über die ganze Tischplatte verteilt und hat aufn Boden getropft. Irgendein Misthund hat ihr einfach die Gurgel durchgeschnitten. Das zweite Madl hat sich gewiss in Sicherheit bringen wollen, hat aber die Stube nicht verlassen können. Wir haben sie mit eingeschlagenem Schädel hinterm Ofen gefunden. Der Bub, Willi hat der geheißen, ist oben in seiner Kammer gelegen. Ob man den im Schlaf erschlagen hat oder ob der dabei wach war, weiß ich nicht.

Um Hilfe zu holen, bin ich dann allein zum Nachbarn gelaufen. Dem Gruber sein Bauernhof ist am nächsten gelegen, und da bin ich hin. Die Tür ins Wohnhaus ist sperrangelweit offen gestanden. Ich hab Schiss gehabt und schon geahnt, warum die Haustür offen ist. Und nach dem, was ich zuvor gesehen hab, glaub ich, ist das auch normal, dass man mitm Schlimmsten rechnet. Bevor ich ins Haus hinein bin, hab ich aber noch speien müssen. Mir war von dem Anblick vom Alois und seinen Madln immer noch schlecht.

Aber was ich dann zu sehen gekriegt hab, war schlimmer wie das, was hinter mir gelegen ist. Ein Menschenkopf ist im Hausgang gelegen. Wie's mir klar geworden ist, was ich da gefunden hab, hab ich gleich noch mal gespien. Ich bin fast zu Tode erschrocken und hab nicht einmal geschaut, was für einen Schädel ich da gefunden hab. Ich hab keinen Schritt mehr gehen können und bin wie angewachsen dagestanden. Gezittert hab ich wie noch nie in meinem Leben. Ich wollt ja weitergehen, aber ich hab nicht gekonnt. Ich weiß noch nicht einmal, wie lang ich so dagestanden bin. Wie ein kleines Kind, das hofft, dass wenn's sich nicht bewegt, dass es nachher auch nicht erwischt wird. Irgendwann hab ich dann meinen ganzen Schneid zusammengepackt und bin weggelaufen.

Ich weiß, dass das keine Heldentat war, aber ich hab nicht anders gekonnt.

Wie ich an der Scheune vorbeigerannt bin, bin ich auf einer Eisplatte ausgerutscht, die unterm Schnee versteckt war. Am Boden hab ich dann bloß Nebel und Finstern gesehen. Ich wollt vor Angst schreien und hab gleichzeitig Angst gehabt, ein Geräusch zu machen. Es war unbeschreiblich.

Ich bin dann aufgesprungen und einfach bloß losgelaufen, um nach Lebendigen zu suchen. Links vom Gruber waren ja der Pfarrer und die Marianne auf dem Hirtreiter-Hof, also bin ich nach rechts zum Burgstaller. Ich hab zwar gewusst, dass der besoffen war, aber glauben Sie mir eins: Sogar mitm größten Rausch wär der mir in dem Moment eine Hilf gewesen. Außerdem hat's auf dem Hof ja auch noch seinen Buben und denen ihren Knecht gegeben.

Die Haustür war zu und ich im ersten Moment heilfroh. Ich hab dann gegen die Tür geschlagen und ihre Namen geschrien. Aber nix ist passiert. Keiner ist gekommen. Wie ich dann die Türklinken gedrückt hab, hab ich gemerkt, dass gar nicht zugesperrt war. Ich wollt dann in die Stuben stürmen, weil ich da von draußen ein Licht hab brennen sehen. Aber ich bin gestolpert und ... aufn Boden gefallen ... da ... es war der Thomas, der Bub vom Burgstaller. Er ist direkt hinter der Tür gelegen.

Könnt ihr euch eigentlich vorstellen, was ich in den Moment durchgemacht hab? Garantiert nicht. Niemand kann's. Am liebsten hätt ich schon wieder schreien wollen, aber ich hab mir die Hand auf mein Mund gedrückt und bin wieder aufgestanden. Mit kleinen Schritten bin ich zur Stubentür geschlichen und hab ums Eck geschaut. Da hab ich dann den Knecht gesehen. Der war auch maustot und ist ausgestreckt vorm Kaminofen gelegen.

Ich bin danach so schnell, wie ich gekonnt hab, zum Herrn Pfarrer und der Marianne zurück. Ich hätt nicht einmal sagen können, ob sich noch jemand in der Stube befunden hat. Ich bin einfach losgelaufen. Sogar wenn der Teufel hinter mir hergelaufen wär, wär ich nicht schneller gewesen ... vielleicht war er's ja sogar.

Dann wollt ich zu meiner Alten ... ja, ich mein schon meine Frau damit. Ich wollt also als Nächstes zu ihr.

Aber wir waren auch unbewaffnet, und narrische Mörder sind im Dorf umeinandergelaufen. Also haben wir dann den Hirtreiter-Hof wieder verlassen. Der Herr Pfarrer hat die arme Hirtreiterin ins Pfarrhaus zu seiner Hauserin gebracht, und ich bin ins Wirtshaus gelaufen. Da hab ich meine Büchse griffbereit hinter dem Ausschank liegen gehabt. Aber wie ich vor dem Haus gestanden bin, hab ich's mit der Angst zu tun gekriegt, in meine eigene Gaststube zu gehen. Ich hab auf einmal die Schnapsidee gehabt, dass die Mörder an einem Tisch hocken und auf mich warten. Ich hab auch nimmer gewusst, ob ich die Eingangstür offen stehen hab lassen, wie wir ausm Wirtshaus raus sind. Ich hab mich ums Verrecken nimmer daran erinnern können. Auf jeden Fall war die jetzt halb offen gestanden. Das Licht von der Stube hat einen Streifen nach draußen in den Schnee geworfen. Ich hab wieder meinen ganzen Schneid zusammengenommen, die Tür aufgestoßen, bin hineingelaufen, hab schnell in alle Ecken geschaut, bin dann übern Ausschank drüber und hab mir meine Büchse geschnappt. Dann bin ich wieder retour ins Freie.

Wahrscheinlich denkt's ihr euch, dass ich ein Feigling bin, oder? Aber das ist mir wurscht. Bei den ganzen Toten bin ich froh, dass meine Frau und ich noch am Leben sind. Alles andere ist mir wurscht!

Dann bin ich ins Haus zu meiner Frau. Die war – Gott sei Dank – wohlauf, und ich hab sie dann ins Pfarrhaus zu der Marie und der Marianne hinübergebracht.

Dann bin ich weiter. Wir haben ja die restlichen Leute im Dorf aufwecken müssen. Ich hab so fest gehofft, dass mir an der nächsten Türe wer aufmacht und ich keine Toten mehr finden müsst.

Auf der Seite der Hauptstraß, wo ja auch die Kirch und mein Wirtshaus ist, bin ich dann durch Wolfsham. Auf keinen Fall wollt ich noch mal allein auf die andere Straßenseite zurück. Als Erstes war ich beim Pflügler aufm Hof. Da war alles in Ordnung. Der ist dann gleich mit mir mit zum Dorfmeister Bepperl. Auch der und seine alte Mutter waren wohlauf. Überall, wo wir dann geklopft haben, haben sie uns aufgemacht, und von Haus zu Haus sind wir immer mehr geworden. Es waren also doch einige am Leben.

Weil ich mitm Pfarrer vereinbart hab, mich in der Kirch mit ihm wieder zu treffen, sind der Pflügler und der Dorfmeister dann allein weiter von Haus zu Haus gegangen. Wir haben Glück, einen so gescheiten Pfarrer zu haben. In der Zwischenzeit hat der nämlich die Glocken läuten lassen, sodass ein jeder im Dorf Bescheid gewusst hat, dass was passiert ist.

Es hat nicht lang dauert, dann sind noch drei Bauern vor die Kirch gekommen, um sich dem Pfarrer und mir anzuschließen. Wir wollten in die Häuser zurück, wo ich die Toten gefunden hab, und auch alle andern auf der Straßenseite vis-à-vis kontrollieren. Wir waren dann zu fünft; der Pflügler Korbinian, der Hauser Michael, der Dorfmeister Bepperl, der Herr Pfarrer und ich. Am Anfang war ich schon enttäuscht, dass sich nicht mehr Männer haben finden lassen, die mit uns mitwollten. Aber wenn ich jetzt so drüber nachdenk, kann ich's verstehen. Die wollten alle auf ihre Kinder und Weiber aufpassen.

Wenn ich noch mal in die Lage käm, hätte ich wohl auch dafür gesorgt, dass meine Frau in der Obhut eines gestandenen Mannsbildes bleibt. Aber was die betrifft, ist ja alles gut gegangen. Wenn nicht, hätt ich mich am nächsten Baum aufgehängt, das könnts mir glauben.

Der Pflügler ist mit seinem Gewehr vor der Kirch geblieben. Da war er quasi mitten im Dorf, und wenn er was gehört hätt, wär er sofort zu Hilfe gekommen. Und wenn dem jemand begegnet wär, den er nicht gekannt hätt, hätt er sofort drauf schießen sollen. Und wenn wir gegenseitige Hilfe gebraucht hätten, haben wir ausgemacht, dass ein jeder einen Schuss in die Luft abgeben soll.

Von der Kirch aus kann man alle Zufahrten an der Hauptstraße sehen. Wenn kein solcher Nebel gewesen wär, hätt er immer genau gewusst, wo wir uns grad aufhalten. Aber durch unsere Petroleumlampen hat er zumindest einigermaßen abschätzen können, wo wir sind. Wir haben vereinbart, die Lampen zu schwenken, wenn wir von einem Hof zum nächsten gehen. Aber hinterher hat sich rausgestellt, dass der arme Pflügler durch den Scheißnebel nix von uns sehen hat können. Erst wie wir direkt vor der Kirch in Richtung Hirtreiter-Hof gegangen sind, hat er uns wieder sehen können ... Aber so weit sind wir ja noch nicht, ich erzähl euch alles nach der Reih ...

Wir sind zuallererst an den Ortseingang, um ganz vorn anzufangen. Ich weiß schon, Sie könnten jetzt fragen, wieso wir zuerst durchs ganze Dorf gelaufen sind, um die

Häuser abzugehen. Aber der Herr Pfarrer hat's vorgeschlagen, und von uns hat keiner dagegen geredet. Ob's richtig war oder eine Zeitverschwendung, weiß ich nicht. Aber irgendwie hat sich ein jeder zurückgehalten und keiner gewusst, was wir machen sollten. Und ein jeder von uns fünf hat drauf gewartet, bis ein anderer was sagt. Der Pfarrer hat dann gesagt, von vorn, und wir haben's gemacht.

Allerdings war's ich, der wollt, dass wir als Erstes noch zum Hofmeister gehen. Sein Hof ist aufm Hügel, und's ist schon eine Strapaze, durch den Schnee da hoch, aber ich bin ja mit dem Hofmeister ganz dick, und's war unsere Pflicht, auch da nachzuschauen. Wir haben uns dann durch den Schnee gekämpft, und je höher wir gekommen sind, umso mehr hat sich der Nebel aufgelöst. Weil ich der Einzige bin, der mit dem Hofmeister ein gutes Verhältnis hat, haben mich die andern vorgeschickt. Glücklicherweise war er am Leben und alles in Ordnung.

Hm, schon komisch, der Hof, der am weitesten draußen liegt, ist verschont geblieben. Aber dafür seids ihr ja da, um das zu klären.

Ich hab eigentlich gehofft, dass der uns auch begleitet, aber stattdessen hat der sich wieder in sein Bett gelegt. Ja mei, was hätt ich denn da drauf sagen sollen, ich hab ihn ja nicht zwingen können. So ist er eben! Aber ich war froh, dass ihm nix passiert ist.

Wir sind dann den Berg wieder hinunter. Ein jeder hat geschnauft wie ein Ochs, weil's so anstrengend war. Aber auch wenn ich kaum Luft gekriegt hab, hab ich den Pfarrer trotzdem schimpfen müssen. Mich hat's furchtbar aufgeregt, dass der die ganze Zeit einen Rosenkranz nach dem andern runtergebetet hat. Auch wenn er leise war, hab ich's hören gekonnt. Dem seine Beterei hat mir aber noch mehr Angst gemacht, wie ich sowieso schon gehabt hab, und mich dann einfach bloß noch aufgeregt.

Umso weiter wir wieder runtergekommen sind, sind wir wieder in den Nebel hineinmarschiert. An ein paar Stellen war's ganz klar, und zehn Meter weiter war's noch dichter wie bevor wir den Berg hinauf sind. Wie wir also wieder drunten waren, sind wir vorm ersten Hof am Dorfeingang gestanden. Das war der vom Wieser Georg, und das Haus ist mitten in einer Nebelschwade gestanden. Der Hauser Michael ist vorangegangen. Alles war stad, bloß den Schnee unter unseren Stiefeln hat man gehört. Ein jeder von uns, bis aufn Pfarrer – der hat sich wohl bloß auf seine Gebete verlassen – hat eine Lampe und eine Waffe dabei gehabt. Der Dorfmeister und ich haben ein Gewehr gehabt, der Hauser einen Holzprügel und ein Schlachtermesser.

Die Haustür war bloß angelehnt. Davor haben wir die Holzschuhe von den Kindern gesehen – war ja Nikolaus. Die Tür hat geknarzt, wie der Hauser sie langsam aufgeschoben hat. Ich hab dann nachm Wieser geschrien: »Georg, bist da?« Aber wir haben keine Reaktion drauf gekriegt.

Hab ich schon gesagt gehabt, dass es stad war? Es war furchtbar stad, so stad, dass es nicht zum Aushalten war. Wenn man Angst hat – Todesangst –, ist eine solche Stille kaum zum Aushalten, und wenn man nachher noch darauf wartet, dass sich was rührt, weil ja da wer wohnt, und es rührt sich aber nix ... Dann kriegt man bei jedem Schritt noch mehr Angst ...

Wir sind dann langsam ins Haus hinein. Gleich links ist die Stube gelegen. Ich war überrascht, wie klein das

Haus ist. Ich mein: Ich hab ja gewusst, dass der Wieser ein armer Bauer war. Aber dass der mit seiner Frau und den vier Kindern so eng hausen hat müssen, das hab ich nicht gewusst.

Was wir dann gesehen haben, war so grausig ... die Maria ist mit blutigem Kopf aufm Boden gelegen. Gleich daneben das Kinderl. So wie dem sein kleines Kopferl ausgesehen hat, ist jemand mit seinem Stiefelabsatz draufgetreten ... ich ... ich kann's nicht in Worte fassen ... Mich hat's gewürgt, aber mein Magen war ja schon leer. Ich hab nachher gespürt, wie sich bei mir im Bauch alles umgedreht hat, und einen ganz sauren, ganz grausligen Geschmack hab ich im Mund gehabt.

Neben der Kommode ist der Wieser mit seinem Buckel an die Wand gelehnt aufm Boden gesessen. Wie ich mich gebückt hab, hab ich eine Schleifspur aus Blut gesehen. Die hat vom Gang herein in die Stuben geführt. Wahrscheinlich haben sie ihn draußen erschlagen und dann ins Zimmer geschleift. Ich glaub, die haben sie beim Essen überrascht. Aufm Tisch ist immer noch 's dreckige Geschirr gestanden. Wir haben dann 's Haus abgesucht. Die zwei Madln und den zweiten Buben haben wir in den Kammern unterm Dach gefunden ... alle erschlagen. Der Herr Pfarrer hat denen nachher die letzte Ölung gegeben. Keiner von uns hat einen Laut rausgebracht. Wir sind einfach bloß dagestanden und haben ihm dabei zugeschaut.

Auf einmal ist der Dorfmeister hinausgelaufen. Der war neben dem dermantschten Kopf vom kleinen Georg gestanden. Vorm Haus hat er dann in den Schnee gespien.

Wir sind alles gestandene Mannsbilder, aber das ... das war zu viel. Wir sind Bauern, die eine Sau schlachten und einem Gickerl den Hals umdrehen, aber tote kleine Kinder ... das können wir nicht aushalten ... keiner kann das.

Um alles zu durchsuchen, haben wir keine Zeit gehabt. Die Sauhund hätten sich gewiss dort verstecken können, aber wir waren ja in Eile und wollten weiter zu den Nachbarn. Wir haben gehofft, wenigstens noch ein paar von denen lebendig zu finden.

Was sind das bloß für Leute, die so was tun können?

Wissts ihr das? Nein ... wie auch. Das hab ich mir schon gedacht. Ihr hätts das Kind sehen sollen. Der Kopf war ... nein ... ich kann und mag's gar nicht in Worte fassen!

Wir sind dann weiter. Der nächste Hof ist gute fünfzig Meter weit weg gewesen. Eigentlich hätten wir ja laufen müssen, um vielleicht noch einen Mord zu verhindern. Aber ein jeder von uns war so geschockt und hat Angst gehabt, dass irgendwo in der nebeligen Finstern was auf uns lauert. Wie ich schon gesagt hab: Wir haben ja keine Ahnung gehabt, wie viel von den Mördern in Wolfsham umeinandergelaufen sind.

Als Nächstes war hernach der Burgstaller-Bauernhof dran. Den Thomas und den Knecht, den Sepp, hab ich ja schon vorher maustot im Hausgang und in der Stube gefunden. Auch in den restlichen Kammern haben wir dann bloß noch Tote gefunden.

Der Thomas, das war ein fleißiger Bursche gewesen. Ich wär froh gewesen, einen solchen Buben zu haben.

In der Stuben hat's gewiss eine Rauferei gegeben. Zwei Hocker und ein Korb sind umgekippt gewesen, und im ganzen Zimmer warn Kienspäne verstreut. Der Sepp war ein flinker Hund. In der rechten Hand hat er immer noch 's Messer gehalten. Ich schätz einmal, dass er sich noch verteidigen wollt, bevor's ihn nachher erwischt hat.

Wir sind dann in ersten Stock hinauf. Die alte Burgstallerin ist im Nachthemd vor ihrem Bett gelegen. Die haben sie auch schlimm zugerichtet gehabt ... ganz schlimm.

Am meisten Angst hab ich aber davor gehabt, nach der Resi, der Magd vom Burgstaller, zu schauen. Ich wollt nicht schon wieder ein totes Kind sehen. Ich sag's euch: Ein toter Erwachsener ist ja schon grausig genug. Aber ein Kind ... das bricht einem 's Herz ... glaubt's mir.

Die Resi ist im Gang direkt vor ihrer Kammertür gelegen. Wir haben dann nach dem kleinen Maxl gesucht. Das Wuzerl ist grad einmal drei Monate alt gewesen. Zuerst haben wir schon geglaubt, dass er vielleicht gar nicht da ist, weil in der Schlafkammer haben wir den auf den ersten Blick nirgends sehen können. Aber der Kleine hat ja irgendwo stecken müssen.

Seine Wiege ist direkt neben dem Bett gestanden. Drin ist aber nur ein zu großes Kissen gelegen, das es seitlich zwischen den Holzstäben rausgedrückt hat. Der Herr Pfarrer hat's nachher hochgehoben und hat zu weinen angefangen. Die Fäuste hat das kleine Wuzerl geballt, und sein Mund ist offen gestanden.

Zefix, das hat's nicht gebraucht, so was ... wer macht so was bloß? Wenn ich bloß daran denk, dreht's mir den Magen schon wieder um.

Die feigen Drecksäue haben den armen Buben einfach erstickt. Mit bloßen Händen hätt ich die erschlagen können, wenn ich die in die Finger gekriegt hätt. Wir haben alle gefunden, bloß vom Burgstaller-Bauern hat eine jede Spur gefehlt. Drum sind wir noch ein zweites Mal durchs Haus gelaufen, haben ihn aber nirgends gefunden!

Vielleicht haben die ja auch gestritten, er und seine Alte. Gewundert hätt's mich nicht, so besoffen wie der schon wieder war. Wir haben uns dann gedacht, dass er vielleicht in den Stall hinaus ist, um dort in Ruhe seinen Rausch auszuschlafen. Auch wenn's Winter ist und saukalt, hätt's mich trotzdem nicht gewundert. Wenn einer so blau ist, stört den die Kälte wenig. Aber auch im Stall und im Schuppen haben wir ihn nirgends gesehen. Im Vorratskeller war auch keine Spur von ihm.

Der Hauser Michael war's, der den Burgstaller gefunden hat, wie der erschlagen zwischen seiner Scheune und der vom Gruber gelegen ist. Das war aber erst am nächsten Tag.

Ich schätz, dass es den beim Heimgehen erwischt hat. Deswegen mach ich mir heut noch Vorwürf. Ich war's ja, der dem sein Bier ausgeschenkt hat. Wenn der nicht so voll gewesen wär, wär er vielleicht noch am Leben. Ja, ja, ich weiß es ja selber: Ich soll mir keine Vorwürf machen. Andere haben die schließlich auch umgebracht. Jüngere und kräftigere Mannsbilder, die keinen Tropfen Bier intus gehabt haben.

Der nächste Hof war dann der vom Gruber. Ich bin voraus. Schließlich hab ich ja auch hier schon gewusst, was uns da hinter der Haustür erwartet. Wie ich den abgehackten Kopf das erste Mal gesehen hab, hab ich nicht gemerkt, wer's war, weil ich ja gleich zum Speien angefangen hab, und große Lust, mir 's Gesicht anzuschauen, hab ich nicht gehabt. Aber dieses Mal hab ich die Lampe hingehalten. Der Gruber Sebastian war's. Der Besitzer vom Hof.

Ich bin dann über die kopflose Leich drübergestiegen und wollt auch gar nimmer auf den Boden schauen. Ich wollt endlich einen Lebendigen finden. Der Hof vom Gruber ist recht klein, und wie wir auch da bloß Tote gefunden haben, waren wir auch gleich wieder weg …

Ins Haus vom Hirtreiter sind wir gar nimmer rein. Der Herr Pfarrer und ich haben ja schon gewusst, was da passiert war. Aber wenigstens war die Marianne in Sicherheit!

Ungefähr um die Zeit hat sich der Nebel langsam verzogen, und alles ist klarer geworden. Wie wir die Hauptstraß entlanggegangen sind, haben wir dann auch den Pflügler vor der Kirch endlich sehen können. Der hat uns dann zugeschrien, dass bei ihm alles in Ordnung ist. Wir sind dann aufs Grundstück von unserm Dorfschmied, dem Sedlmeier Sepp. Am Anfang waren wir uns alle gewiss: Wenn einer überlebt hat, dann garantiert der Sepp. Das war ein Brackel Mannsbild und garantiert zwei Meter groß.

Aber sogar *den* hat's erwischt. Der ist mit blutigem Kopf unterm Dach vor seiner Haustür gelegen. Das Ganze muss gescheit schnell gegangen sein, sodass er keine Zeit gehabt hat, sich zu wehren. Sonst, da waren wir uns alle sicher, wär der garantiert noch am Leben. Die Sauhund haben ihn ohne Vorwarnung erwischt, anders kann's gar nicht gewesen sein.

Der Sepp war ein eingefleischter Junggeselle und hat allein gelebt, drum haben wir uns auch gar nicht länger dort aufgehalten und sind gleich wieder weiter.

Neben der Schmiede liegt 's Haus vom Müller Manfred. Der arbeitet als Tagelöhner und Knecht. Der ist im ganzen Umkreis bekannt dafür, dass er ein ganz ein fleißiger Erntehelfer ist. Seine Haustür war zugesperrt, aber im Fenster haben wir eine brennende Lampe sehen können. Wir haben danach an die Tür und die Fensterscheiben geklopft. Auf einmal hat jemand im Haus geschrien: »Wer ist da? Sag mir deinen Namen.«

Wir haben dann unsere Namen gesagt, und die Tür ist langsam aufgegangen. Der Manfred ist mir fast um den

Hals gefallen, so erleichtert war der, uns zu sehen. Aber uns ist's ja nicht anders gegangen. Endlich haben wir einen Lebendigen gefunden.

Er hat uns dann erzählt, dass er den Pflügler vor der Kirch getroffen hat und dass er seitdem in seiner Stuben gehockt ist und aufgepasst hat. Seine zwei Buben waren wohlauf in ihrer Kammer gelegen. Die Sieglinde, sein Weiberleid, ist auch in der Stube gesessen und hat gewusst, was los ist. Kasweiß war die im Gesicht, und bei jedem Geräusch hat sie's gerissen.

Wie wir ihm von unseren Entdeckungen erzählt haben, wollt er unbedingt mit uns mit, um die Lumpen zu finden, die das verbrochen haben. Aber wir haben ihn davon abhalten können.

Weil die Müllers waren ja die Einzigen, die wir auf der Seiten vom Dorf noch lebendig gefunden haben, und drum haben wir's für besser gehalten, wenn er daheim weiter auf seine Familie schaut.

Und dann sind wir wieder weitergezogen. Nach dem Haus vom Müller kommt grad noch ein Hof, dann ist Wolfsham zu End.

Grausam ... einfach bloß grausam ... was wir dort gefunden haben. Entschuldigung ... aber mir wird grad schon wieder schlecht, wenn ich bloß dran denk.

Die Traudl, die Bäuerin vom Schmidtmeier-Hof, ist mit zerstochenem Bauch gleich hinter der Haustür gelegen. Sie hat den Misthunden die Tür aufgemacht. Im Parterre haben wir sonst keinen finden können.

Im ersten Stock hab ich dann schon wieder gespien. Mein Bauch hat sakrisch weh getan, und mir ist bloß noch Galle hochgekommen. – Aber ich muss ja erst einmal verzählen, warum ...

Wir sind die Stiege dann nach oben gegangen, und da haben wir schon sehen können, dass wir wieder bloß Tote finden. Fette Blutstropfen sind auf einzelnen Staffeln gewesen, und die waren noch so frisch, dass sich 's Licht von unseren Lampen drin gespiegelt hat.

Der Bauer ist erschlagen in seinem Bett gelegen. Genauso seine Eltern.

Das war schon schlimm genug ... aber das, was wir dann zu sehen gekriegt haben, war schlimmer wie alles davor. Wenn wir das arme Mädel nicht gekannt hätten, hätten wir nicht sagen können, wer da liegt. In der Kammer von der Elfriede war alles mit Blut vollgespritzt. Die Wände, die Fensterscheiben, alles ...

Je weiter wir mit unseren Lampen in den Raum hineingegangen sind, umso schlimmer ist's geworden. Der Leich fehlt der Kopf; das haben wir zumindest am Anfang geglaubt ... aber wie wir näher hin sind, haben wir die blonden Haare sehen können. Auf den Kopf hat einer so lang eingeschlagen, bis der bloß noch Brei war.

Das Kind war neun ... *neun Jahr*.

Ja, und hernach sind wir wieder raus auf d' Straß.

Wie bitte? Wie viele Bauernhöfe? Auf der Seite der Hauptstraß gibt's sieben – halt, eigentlich bloß fünf Bauernhöfe, die Schmiede und ein einzelnes Wohnhaus.

Von den sieben Familien haben die sechs umgebracht. Fünfundzwanzig Menschen in einer Nacht ... nicht zu glauben.

Fünfundzwanzig ... bei uns in Wolfsham.

Aber was fragt's ihr mich das überhaupt? Das wisst's ihr doch schon alles.

Was wir danach getan haben? Wir haben nach Spuren im Schnee gesucht. Vor der Haustür vom Schmidtmeier haben wir dann Stiefelabdrücke mit Blut gefunden. Die rote Farbe ist uns im Schnee gleich aufgefallen. Die Spuren haben hinters Haus auf die Wiesen, den Berg hinauf geführt. Ich hab ja gesagt gehabt, dass sich der Nebel derweil verzogen gehabt hat und die Nacht kristallklar geworden ist. Wir haben danach recht weit schauen können, aber gesehen haben wir keinen mehr.

Die Sauhund sind die Straß entlang durch Wolfsham gegangen und haben sich ein Haus nach dem andern vorgenommen und sind nachher wieder weitergezogen.

Wieso ich *sie* gesagt hab? Weil ich davon ausgeh, dass das ein paar waren. Einer allein kann's unmöglich gewesen sein. Fünfundzwanzig Leute – narrisch!

Ja, aber jetzt, wo wir drüber reden: Wir haben bloß die Spur von einem Stiefelpaar finden können. Aber ich kann's mir trotzdem nicht vorstellen, dass das einer allein gewesen sein soll.

Nein – keiner von uns ist der Spur nach. Wir haben Angst gehabt, das Dorf zu verlassen.

Wie bittschön? Was wir danach gemacht haben? Was wohl: geschlafen nicht. Der Herr Pfarrer, der Hauser, der Pflügler und ich haben die restliche Nacht in meiner Gaststube verbracht. Zwei von uns sind abwechselnd immer wieder nach draußen gegangen, um auf der Hauptstraß nachm Rechten zu schauen. Wir waren bis in der Früh, wo die Sonne wieder aufgegangen ist, zusammen.

Was hätten wir denn auch sonst noch großartig machen sollen? Der Herr Pfarrer hat gemeint, dass wir die Toten ja nicht einmal anders hinlegen dürfen. Zuerst hätt sie einer von der Gendarmerie untersuchen müssen. Ich hab aber dann gesagt, dass das ein gescheiter Schmarrn ist, wie wenn unsere Provinzpolizei großartige Untersuchungen machen tät, die können's ja gar nicht, auch wenn die immer so tun als ob! Aber deswegen seid ihr ja extra aus München gekommen.

In der Früh bin ich dann rüber nach Leithausen. Irgendeiner hat ja die Gendarmerie holen müssen. In Wolfsham gibt's keinen Gendarmen, und elektrischen Strom kriegen wir erst im nächsten Lenz. Dann soll auch einer von den modernen Fernsprechern ins Pfarrhaus kommen.

Also bin ich bei dem Sauwetter zu Fuß los, um die ganze Sauerei zu melden. Solang's finster war, hätten mich keine zehn Pferde aus Wolfsham rausgekriegt. Im Nachhinein bin ich sogar von mir selber überrascht, dass ich nach einer solchen Nacht überhaupt noch allein nach Leithausen bin.

Wer das getan hat? – Hm ... Menschen müssen's schon gewesen sein, da bin ich mir sicher; auch wenn ein paar im Dorf was anderes behaupten. Hinter vorgehaltener Hand ratschen die Alten von der Drud und der wilden Jagd. Ich hab sogar gehört, dass es mitm Teufel oder den Wölfen von früher zu tun haben soll. Alter Weiberratsch halt! Aber von Wolfsham war's keiner. So was tut keiner von uns! Wir sind anständige Leut und ehrliche Bauern, glaubts mir das.

Ob ich einen Verdacht hab? – Fremde halt. Was soll ich weiter dazu sagen? Ich hoff bloß, dass man die Drecksäue findet und gleich am nächsten Baum aufhängt oder wie einen Hund totschlagt!

Georg Wieser sen. *02.03.1880 +05.12.1920
Maria Wieser *16.07.1888 +05.12.1920
Josef Wieser *01.05.1912 +05.12.1920
Traudel Wieser *17.11.1914 +05.12.1920
Liesel Wieser *10.12.1915 +05.12.1920
Georg Wieser jun. *25.08.1920 +05.12.1920

Thomas Burgstaller sen. *17.04.1869 +05.12.1920
Rosemarie Burgstaller *01.07.1876 +05.12.1920
Thomas Burgstaller jun. *25.09.1896 +05.12.1920
Josef Meyer (Knecht) *06.12.1890 +05.12.1920
Resi Schmidt (Magd) *23.10.1889 +05.12.1920
Max Schmidt *05.09.1920 +05.12.1920

Sebastian Gruber *05.02.1876 +05.12.1920
Adelheit Gruber *06.08.1884 +05.12.1920
Irmgard Gruber *07.07.1911 +05.12.1920

Alois Hirtreiter *07.10.1865 +05.12.1920
Wilhelm Hirtreiter *01.11.1902 +05.12.1920
Lenerl Hirtreiter *28.02.1905 +05.12.1920
Marie Hirtreiter *28.02.1905 +05.12.1920

Sepp Sedlmeier *02.01.1878 +05.12.1920

Wolfgang Schmidtmeier jun. *17.05.1875 +05.12.1920
Traudl Schmidtmeier *01.06.1885 +05.12.1920
Elfriede Schmidtmeier *03.10.1911 +05.12.1920
Wolfgang Schmidtmeier sen. *12.12.1850 +05.12.1920
Waldtraud Schmidtmeier *07.09.1855 +05.12.1920

Im April 1921, also vier Monate später, legte die Polizei den Fall als ungelöst zu den Akten. Nicht nur im direkten Umkreis von Wolfsham, sondern in ganz Bayern und darüber hinaus versetzten die Geschehnisse die Landbevölkerung in Angst. Wildeste Spekulationen machten die Runde. An langen Abenden vor dem Kamin rätselte man über die »Blutnacht von Wolfsham«. Eine Bande Landstreicher oder ein kurz zuvor entflohener Irrer aus Österreich, die Drud oder der Teufel höchstpersönlich – in einem Dutzend Geschichten hatten die oder der Täter immer wieder andere Gesichter ...

Bei ihrer letzten Stippvisite hatte die Pflegerin die beiden Neonröhren an der Decke ausgeschaltet. Marias Nachttischlampe mit ihrem samtigen Schirm warf gelbes Licht in den Raum und ließ jeden Gegenstand und jede Bewegung gespenstische Schatten werfen.

Während Maria den letzten Worten Lallingers lauschte, blickte sie durch das Fenster neben ihrem Bett. Die Scheibe reflektierte den Raum, die Außenwelt verlor sich im Dunkeln – wie jene Nacht vor fünfundachtzig Jahren.

Aumüller war unter dem Kruzifix fast schon weggedöst. Er kannte die Unterlagen und Geschichten so gut wie auswendig. Doch nun richtete er sich auf und beugte sich nach vorne. »Frau Stadler – es ist spät. Wollen Sie morgen mit uns darüber sprechen?« Er sah auf seine Armbanduhr. Sie zeigte drei Minuten vor neun.

Ihr Nein war kaum hörbar, während sie weiter aus dem Fenster blickte. »Und mehr haben Sie nicht?«, wollte sie wie in Trance wissen.

»Nein.« Lallinger blickte zu Boden.

Maria drehte ruckartig ihren Kopf und sah ihn streng an: »Aber das kann nicht sein, die Polizei hat über vier Monate ermittelt gehabt. Und wenn ich mich richtig erinner, haben die mich dreimal dazu befragt gehabt.«

Der Journalist kratzte sich am Hinterkopf: »Hm ... ja, um ehrlich zu sein: Wir haben nicht alle Unterlagen bekommen.«

Maria warf ihm einen erstaunten Blick zu und wollte etwas sagen, doch Lallinger fiel ihr ins Wort: »Es gab in den Vierzigerjahren einen Brand im Münchener Polizeiarchiv. Und dabei ist der Großteil der Unterlagen wohl verbrannt.«

Die Situation schien ihm heikel. Wenn sie Maria verärgerten, konnte sehr schnell Schluss sein mit ihrer Auskunftsbereitschaft. Und so geriet sein entschuldigendes Lächeln recht verkrampft.

Marias Gesichtszüge entspannten sich aber. »Ach ...«, sagte sie und machte eine wegwerfende Handbewegung, »ist schon gut. Das macht jetzt auch keinen Unterschied mehr.« Sie hielt kurz inne, dann platzte es aus ihr heraus: »Mir war gar nimmer bewusst, wie wir die Polizei an der Nase herumgeführt haben.«

Die beiden Reporter sahen sich verdutzt an. »Wie bitte?«, fragten sie fast wie aus einem Mund.

Marias Lächeln wich nun wieder einem ernsten Ausdruck. Sie presste die Lippen aufeinander und atmete tief durch die Nase. *Ich hätte es wissen müssen*, dachte sie, *die Zeit wird kommen, wo ich darüber reden muss, selbst wenn es unangenehm wird*. Sie versuchte ihre Gedanken zu ordnen, während ihr Schweigen die beiden Herren zunehmend unruhig machte.

Wie so oft an diesem Abend wanderte ihr Blick wieder zum Kruzifix an der Wand. Nur das leise Bollern des alten Heizkörpers war zu hören.

Aumüller hielt es nicht mehr aus: »Das kann doch wohl nicht wahr sein! Wollen Sie uns ernsthaft erzählen, dass ein ganzes Dorf gemeinschaftlich gelogen hat?«, fragte er etwas ruppiger als gewollt.

Lallinger warf Aumüller einen tadelnden Blick zu und machte unauffällig eine mäßigende Handbewegung. Mit lauten Worten und Vorwürfen konnte man bei Maria nichts erreichen. Sie tappten durch ein Minenfeld, an dessen Ende die Wahrheit lag, doch ein falscher Schritt würde das Vorhaben scheitern lassen und Maria würde ihr Geheimnis wohl niemals preisgeben, fürchtete er.

Maria strich die Bettdecke glatt und legte ihre Hände übereinander. »Wissen Sie …«, sagte sie kleinlaut, »unter normalen Umständen hätt man sagen können, dass es ein Bilderbuchwinter war. Er ist ganz schön früh gekommen, und die Schneemassen haben uns alle überrascht. Ich hab den Schnee schon immer gemocht, auch heut noch, obwohl ich schon lang nimmer draußen war, um ihn mit meinen Händen anzulangen.

An dem Nachmittag war ich mit meinem Vater beim Schlittenfahren. Ich bin den Hang runtergerauscht, und er hat zugeschaut. Eigentlich wollt ich ja allein losziehen, aber ich hab nicht gedurft. Der Schnee verdeckt so manchen Graben. Falls ich da drin versinken tät, tät man mich erst im Frühjahr wiederfinden, hat mich mein Vater belehrt.

Aber obwohl ich lieber allein losgegangen wär, bin ich trotzdem mächtig stolz drauf gewesen, dass mein Vater mit mir zum Schlittenfahren gegangen ist. Andern Bauern war's wurscht, was ihre Kinder gemacht haben. Und wenn sie nicht pariert haben, hat's eine Watschen gegeben, oder man hat sie stundenlang in ihre Kammern gesperrt. Mein Vater war da anders. Wahrscheinlich ist's da dran gelegen, dass wir bloß noch uns zwei gehabt haben. Meine Mutter ist ja bei meiner Geburt gestorben, aber das wissen Sie ja schon.

Ich weiß noch, wie wir *dem* begegnet sind. Mein Vater und ich waren auf halber Höh den Hang hinauf. Wir sind unter einer großen Buche gestanden. Daneben ist eine Pestkapelle ausm 17. Jahrhundert gewesen. Die gibt's heut bestimmt immer noch. Es hat so stark geschneit, dass man von da oben aus Wolfsham gar nicht mehr gesehen hat. Der ist dann übern Hügel in Richtung Tal heruntergekommen. Groß war er, größer wie mein Vater, und einen langen Umhang hat er angehabt, unter dem ist er praktisch verschwunden. Sein Wanderstock ist um einen Kopf länger gewesen wie er selber. Ich hab schon meine dritte Abfahrt hinter mir gehabt und bin grad ein bisserl aus der Puste zu meinem Vater zurückgekommen. Der hat auf der halben Streck vom Hang auf meine Schlittenfahrt aufgepasst.

Da ist er dann gekommen. Mit ganz langsamen Schritten, fast andächtig, ist er übern Acker auf uns zu. Vom ersten Moment an hat der mir Angst gemacht. Die spitze Kapuzen hat er über seinen Kopf gezogen gehabt. Und dann die langsamen Bewegungen und so ein versteinertes Gesicht ... er hat ja kaum die Augenlider bewegt. Er ist direkt vor uns stehen geblieben. Ich hab mich sofort hinter meinem Vater versteckt. Der hat mich aber dann wieder vorgezogen und gesagt, ich soll Fremden gegenüber nicht so unhöflich sein. Aber das war mir grad wurscht, ich hab mich trotzdem wieder hinter ihn gestellt und bloß den Kopf vorgestreckt.

Der Kerl hat uns bloß angestarrt, und meinen Vater hat's, glaub ich, auch ein bisschen eingeschüchtert. Er hat aber dann »Grüß Gott« zu dem Wanderer gesagt. Aber der hat keinen Ton herausgebracht und einfach bloß weiter geglotzt, zuerst zu meinem Vater und nachher zu mir. Ich hab meinen Kopf sofort auf die Seiten gedreht. Der war mir zuwider. Der hat so fragend geschaut, als tät er was suchen, so ist's zumindest mir vorgekommen.

Das Ganze hat vielleicht zehn Sekunden gedauert, dann hat er uns noch einmal von oben bis unten gemustert, hat genickt und ist dann an uns vorbeigestapft. Zehn Sekunden, die mir ewig vorgekommen sind. Mein Vater hat bloß den Kopf geschüttelt, und wir haben auch nimmer weiter drüber geredet.

Obwohl ich schon patschnass war, hab ich dann noch so lang gebettelt, bis er mich noch einmal den Hang hinabsausen hat lassen. Der fremde Mann ist derweil verschwunden ...«

»Moment mal«, unterbrach sie Aumüller. »Wollen Sie behaupten, Sie haben ihn gesehen?«

»Jetzt lassen Sie sie doch weitersprechen«, herrschte ihn sein Kollege an.

»Genau, hören Sie mir einfach bloß zu«, sagte Maria. »Daheim hat mich mein Vater erst einmal in einen großen Waschzuber gesteckt und mich mit heißem Wasser abgegossen. Als Kind hab ich mich immer ganz schnell verkältet, und im Winter vorher bin ich grad noch an einer Lungenentzündung vorbei. Wie ich so in der dampfenden Wanne gesessen bin, hab ich meinen Vater nach dem Mann am Berg gefragt. In meinem kindlichen

Glauben hab ich gedacht, dass das vielleicht der heilige Nikolaus war. Ich hab ja davon gehört gehabt, dass es in den Jahren zuvor einige Kinder gegeben hat, die er am Vorabend vom 6. Dezember besucht hat und Geschenke dabeigehabt hat. Der komische Aufzug hat auch gepasst: der Mantel mit der Kapuzen, der Stock und ... und ach ja ... der hat auch einen Vollbart gehabt. Außerdem war der fremd in unserm Dorf ... und das Ganze am Nachmittag vom 5. Dezember. Heut sind Hausbesuche vom Nikolaus ja nix Besonderes mehr. Damals war's eine Seltenheit. Aber ich hab seinerzeit schon davon gehört gehabt. Und auch wenn mir dieser Mann Angst eingeflößt hat, war ich trotzdem ganz aufgekratzt wegen dem Gedanken, dem echten Nikolaus begegnet zu sein.

Mein Vater wollt meinen Glauben an die christlichen Bräuche und Heiligenfiguren natürlich nicht zerstören und hat mich deswegen sogar noch dabei bestärkt. Er hat davon geredet, dass es gewiss möglich wär, dass wir dem Nikolaus begegnet sind und der jetzt wohl grad durch Wolfsham geht. Da, wo er keinen Einlass kriegt, legt er einem jeden Kind ein Geschenk in die Schuh vor der Haustür.

Mein Vater hat in dem Jahr ein kleines Holzpferdchen für mich geschnitzt gehabt, um's mir in meine Schuhe zu stecken, das hab ich mir ganz fest gewünscht gehabt ...«

Die Journalisten richteten ihre Blicke auf das Fensterbrett. Neben der Fotografie von ihrem verstorbenen Mann stand ein kleines Spielzeugpferd. Es hatte den Schweif aufgestellt und die Vorderbeine angewinkelt in der Luft, bereit, eine Hürde zu überspringen. Das Holz war inzwischen nachgedunkelt und ein bisschen rissig.

»Ja«, Maria lächelte, »das ist er. Ich hab ihn Solo getauft. Den Namen hab ich als kleines Kind aufgeschnappt. Das Pferd von einem von den Soldaten, die im Ersten Weltkrieg nach Wolfsham gekommen sind, hat so geheißen. Ein schöner schwarzer Hengst war das. Zu einem eigenen lebendigen Pferd für mich hat's leider nie gelangt. Dafür hab ich meinen hölzernen Solo, und der ist mir bis heut ein treuer Begleiter geblieben. Dass der allerdings kein Geschenk vom Nikolaus, sondern von meinem Vater war und's überhaupt keinen Nikolaus gibt, hab ich noch in derselben Nacht erfahren. Weil ... der Unbekannte ist schon durch Wolfsham gegangen, aber der hat keine Geschenke gebracht!

Hm ... ein komisches Gefühl, nach so vielen Jahren über den Abend mit Ihnen zu reden. Auf einmal kommt mir wieder alles so klar vor, und ich kann mich an so viele Einzelheiten erinnern.«

Bei dem Gedanken an jene Nacht erschauerte sie, und sie zog schützend ihren Morgenmantel vor ihrem Körper zusammen. Jeder Mensch hat ein schlimmes Erlebnis in seinem Leben, das alle anderen übertrifft und seine Biografie beeinflusst. In Marias Leben war es die Nacht auf den 6. Dezember 1920, und seither kamen in jedem Winter mit den weißen Flocken auch ihre Albträume und verschwanden erst im Frühjahr wieder. Ihren Mann hatte sie in so mancher Nacht mit einem Aufschrei aus dem Schlaf gerissen. Er hatte von Anfang an gelernt, mit den inneren Qualen seiner Frau zu leben. In schlimmen Nächten hielt er ihren zitternden, schweißgebadeten Körper fest in den Armen und redete so lange auf sie ein, bis sie wieder Ruhe fand.

»Also gut. Sie haben einen Fremden beim Schlittenfahren getroffen, und Ihr Vater hat Sie anschließend in die Badewanne gesteckt. Wie ging es dann weiter?«, fragte Aumüller, schlug seine Beine übereinander und lehnte sich in seinem Stuhl zurück.

»Nicht so hudeln, junger Mann ...«, Maria streckte ihre Hand nach dem kleinen Holzpferd aus und schaute dann hilfesuchend zu Lallinger. »Wären Sie so lieb?«

Er reichte ihr die Schnitzerei. Sie lächelte ihn dankbar an und streichelte dann nachdenklich über Solos Kopf. »Wo war ich gleich noch einmal stehen geblieben?«

Aumüller beugte sich nach vorne, doch bevor er etwas sagen konnte, sprach Maria bereits weiter: »Ah, genau: Wie ich noch in dem Zuber gesessen bin und mir die Haare hab waschen müssen, hat mein Vater unser Abendessen hergerichtet. Der Abend ist nachher so verlaufen wie die meisten Winterabende; wir haben gegessen, dann hat sich mein Vater an den Tisch gehockt und irgendetwas in eines seiner Büchlein gekritzelt. Da hat er unsere ganzen Ausgaben und Einnahmen, den Ernteertrag und noch einen Haufen anderes Zeugs hineingeschrieben. Ich schätze, ich bin aufm Kanapee oder am Boden gesessen und hab mit Schussern gespielt oder gestrickt, genau kann ich's aber nimmer sagen.«

»Sie strickten in dem Alter?«, wollte Lallinger wissen.

»Ja, freilich. Eine meiner Tanten hat's mir schon ganz früh gezeigt. Schließlich hat bei uns aufm Hof die Bäuerin gefehlt, und auch wenn ich noch ganz schön jung war, hab ich versucht, die Lücke, so gut's gegangen ist, zu füllen. Wenn's Arbeit gegeben hat, die ich machen hab können, bin ich auch nicht geschont worden. Das war damals halt so!

Später auf d' Nacht hat mich mein Vater dann ins Bett gebracht. In der Kammer haben wir noch miteinander gebetet: für eine gute Ernte, dass wir und unsere Verwandtschaft gesund bleiben und natürlich auch für meine gestorbene Mutter. Nachher hat er mir noch ein Märchen vorgelesen. Das hat er immer getan, wenn ich noch nicht so müd war. War ja klar, dass ich an dem Abend nicht gleich eingeschlafen bin. Ich hab ja drauf spekuliert, dass jeden Moment der Nikolaus an unsere Haustür klopft. Dreimal tät er's tun, um eingelassen zu werden und mir meine Geschenke zu geben; mit dem Gedanken sind mir dann doch irgendwann die Augen zugefallen.

Der Fremde hat an die Haustüren von den andern geklopft, und wir haben Dusel gehabt, dass mein Wunsch nicht in Erfüllung gegangen ist ...

Irgendwann, ich kann's Ihnen allerdings nicht sagen, um was für eine Uhrzeit das war, ist mein Vater in meine Kammer gerumpelt und hat mich ausm Schlaf gerissen. Ich weiß noch genau, dass ich zuerst nicht aufstehen wollt. Ich war müd, und mein Bett war derweil warm geworden. Doch das war ihm wurscht. Der hat mich einfach gepackt, mir 's Gewand übers Nachthemd gestreift, mir meinen Mantel angezogen und mit mir 's Haus verlassen. Obwohl ich dick eingepackt war und er mich aufm Arm getragen hat, hat's mich gescheit gefroren. Es hatte wieder geschneit gehabt, und obendrein war 's ganze Dorf im Nebel verschwunden.

Zuerst hab ich's gar nicht gemerkt gehabt, aber nach einer Zeit ist mir 's dauernde Läuten von der Kirchenglocken aufgefallen, und ich hab ihn gefragt, was überhaupt los wär. Ich hab aber keine Antwort gekriegt, was mir

Angst gemacht hat, und ich hab mich deswegen noch fester um seinen Hals geklammert. Da hab ich dann sein heftiges Schnaufen gespürt. Und sein Herz hat ganz wild geschlagen. Obwohl mein Vater nix von dem gewusst hat, was passiert ist, so war's aber wegen der Glocke eindeutig, dass es was Schlimmes war! Es war immer schon Brauch im Dorf, bei Unheil die Kirchenglocke zu läuten.

Wolfsham war ja nicht groß, und auf dem Weg zur Kirch sind uns unsere Nachbarn übern Weg gelaufen. In einem solchen Aufruhr hab ich 's Dorf noch nie erlebt gehabt. Aus Angst hab ich mein Gesicht noch viel fester an den Hals von meinem Vater gedrückt. So fest, dass ich glaub, dass ich ihm sogar die Luft abgeschnürt hab. Aber er wär nicht mein Vater gewesen, wenn er mich nicht sogar da getröstet hätt. Er hat meinen Rücken getätschelt und mir ins Ohr geflüstert: »Brauchst keine Angst haben, ich bin ja da!« Ich kann's immer noch hören ...

Von unsern Nachbarn haben wir dann erfahren, dass sie ein paar im Dorf umgebracht haben. Wir sind dann mit den andern zur Kirch gelaufen, um was Genaueres zu erfahren. Ich hab, glaub ich, bloß eine Riesenangst um meinen Vater gehabt.

Meine Mutter war ja schon gestorben, und ihn wollt ich nicht auch noch verlieren. Alle andern waren mir wurscht, und außerdem war ich müd und gefroren hat's mich auch. Aber trotz der Kälte hab ich angefangen, ein bisserl zu schwitzen. Dass mein Vater so nervös war, das ist auf mich übergesprungen, und die Schüttlerei auf seinem Arm hat mich ganz narrisch gemacht. Die Glocke hat immer noch geläutet, und zwischen den Schlägen hab ich die verängstigten Stimmen von unseren Nachbarn gehört. Mein Vater hat kein Wort gesagt.

Erst in der Kirch hab ich meinen Kopf wieder hochgehoben und umeinander geschaut. Vor dem Altar ist der Herr Pfarrer gestanden und hat die Leute zur Ruhe aufgefordert und gesagt, dass sie aufmerken sollen. Der Kramer und seine Frau waren auch da, und die Mesnerin ist in der Tür zur Sakristei gestanden. Das Mistviech hat wie üblich grantig geschaut. Die Boshaftigkeit und Hinterfotzigkeit von derer hat man ihr schon an der Nasenspitzen angesehen. Sie war damals auch der Grund, wieso ich so ungern in die Kirch gegangen bin.

Neben uns sind der Kreitmeier und der Hallschmied mit seiner Frau und seiner Tochter, dem Sopherl, gestanden. Sie war ein Jahr jünger wie ich, und ich hab's ihr angesehen, dass sie wohl auch lieber im warmen Bett liegen tät, anstatt in der kalten Kirch zu stehen. Fast ganz Wolfsham hat sich nachher eingefunden. Immer wieder ist die schwere Holztür aufgegangen, und Leut sind reingekommen und haben sich den Schnee vom Gewand geklopft. Irgendwann ist die Eingangstür ungebremst in den Rahmen gefallen, und 's hat einen sauberen Schepperer gemacht. Der ewig grantige Hofmeister ist auf einmal dagestanden und hat blöd dreingeschaut.

»Was ist los? Was für ein Depp lässt um die Uhrzeit die Glocken läuten?«, hat er umeinandergeplärrt. Keiner hat ihm eine Antwort gegeben. Alle haben sie bloß gespannt aufn Herrn Pfarrer geschaut. Ganz wurscht, was passiert war, ich hätt's gar nicht wissen brauchen, mir hat's so schon genug gegruselt. Die hohen Fenster und die ganzen Ecken und Winkel von der Kirch waren ganz finster. Ein jedes Geräusch hat gehallt, und ein jedes Mal hat's mich dann aufm Arm von meinem Vater gerissen.

Merken Sie was? Die Geschichten, die Sie mir vorgelesen haben, passen nicht ganz mit der Wahrheit zusammen. Sogar meine Aussage bei der Gendarmerie war frei erfunden und vorher ausgemacht. Der Pfarrer, der Kramer und mein Vater haben meine Vernehmung gewiss zehn Mal mit mir durchgekaut, und ich hab meinem Vater das Versprechen geben müssen, mich nachher auch dran zu halten.«

Lallinger schüttelte ungläubig und heftig den Kopf.

»Aber wieso? Was war der Grund, etwas zu vertuschen?«, wollte Aumüller mit barschem Tonfall wissen.

Maria neigte den Kopf zur Seite: »Wissen Sie, junger Mann, es gibt dafür schon seine Gründe. Wenn Sie mich in Ruhe erzählen lassen, werden Sie alles verstehen.« Sie schien ihm seinen Ton nicht übel zu nehmen. Längst hatte sie ihre anfängliche Skepsis überwunden und genoss förmlich die Neugier und Ungeduld der beiden Männer. »In der Kirche ist der Kramer mitm Pfarrer auf die Kanzel hoch und hat von da oben dem versammelten Dorf erzählt, was passiert ist.

Das Zeugs, das Sie mir vorgelesen haben, stimmt ungefähr bis dahin, wo er retour ins Wirtshaus und zu seiner Frau gelaufen ist. Dann hat ja der Herr Pfarrer die Glocke läuten lassen, und wir haben uns in der Kirch versammelt. Ich war immer noch ganz dasig, und gefroren hat's mich noch mehr, weil mein Vater mich abgesetzt hat. Das, was der Pfarrer und der Kramer dann gesagt haben, ist ganz an mir vorbeigegangen, aber an den Gesichtern von den andern hab ich schon gemerkt, dass ganz was Schlimmes passiert ist.

Ein paar von den Bauern sind nachher verschwunden und kurz drauf wieder retour gekommen. Die Kirchentür hat noch einmal gescheppert, und schon sind 's dagestanden mit Reuthacken, Dreschstecken, Ofengabeln, Gewehren und Fackeln. Mein Vater hat sich eine Fackel und eine von den Ofengabeln genommen. Dann haben wir alle miteinander ein Vaterunser gebetet, und der Pfarrer hat uns dabei gesegnet. Die meisten Männer haben sich dann aufm Platz vor der Kirch versammelt und ihre Fackeln und Petroleumlampen angezündet. Mein Vater und ich waren auch dabei.

Drei oder vier von den Bauern, ich kann's nimmer genau sagen, sind bei den Frauen und Kindern in der Kirch geblieben. Eigentlich hätt ich auch dableiben sollen, aber ich hab so lang gebenzt und mich an ihm festgeklammert, bis der sich erweichen hat lassen. Ich wollt nicht, dass er mich allein lässt. Was die nachher alle vor der Kirch besprochen haben, hat mich gar nicht interessiert. Ich war so durcheinander von allem, und dann die Saukälte und der gruselige Nebel und der Vollmond ... ich hab einen Mordsbammel gehabt. Dann haben ein paar Bauern ihr Werkzeug und die Gewehre und Messer in die Höh gerissen. Ich hab so was gehört wie: ›Jetzt holen mir die uns!‹ und ›Pack mas!‹ Dann sind wir alle losgegangen.«

»Waren Sie und Ihr Vater dabei?«

»Ja!«, sagte Maria traurig.

»Warum ließ er Sie nicht in der Kirche zurück?«

Sie atmete tief durch. »Das wär wohl gescheiter gewesen, dann tät ich die Geschichte grad nur aus Erzählungen kennen. Aber ich war ja grad selber schuld daran mit meinem Gebettel. Ich hätt ja bei der Frau Kramer in der Kirch bleiben sollen. Aber ich wollt partout bei ihm bleiben. Er war doch alles, was ich gehabt hab ... und ich war alles, was er gehabt hat. Ich versteh, dass er sich hat überreden lassen. Ich hab ihn dann dafür abgebusselt. Aber ja, es wär gescheiter gewesen, mir eine ordentliche Watschen zu geben und mich in der Kirch zu lassen.

Die Nacht, die Fragen, die Angst verfolgen mich wohl bis ins Grab. Ich weiß nicht, ob Sie jemals eine solche Angst gehabt haben. Können Sie sich vorstellen, sich den ganzen Winter auf d' Nacht nicht ausm Haus zu trauen? Sobald's finster geworden ist, hab ich mich mein ganzes Lebtag eingesperrt und keinen Schritt vor die Haustür gemacht. Die paar Mal, wo's anders war, kann ich an einer Hand abzählen ... Ich glaub, mein Bub war 's einzige Kind an seiner Schule, das kein Nikolausgeschenk gekriegt hat. Nie! Aber das tut ja jetzt nix zur Sach.

Also: Den andern ist's wurscht gewesen, ob ich dabei war oder nicht. Bloß die Frau Kramer und ihr Mann wollten meinen Vater davon abbringen. ›Überleg's dir‹, hat der Kramer gesagt, ›wenn's drauf ankommt, können mir keine Rücksicht nehmen‹. Aber mein Vater hat sich bloß umgedreht und ist mit mir aus der Kirch. Im rechten Arm hat er mich gehabt, unterm linken hat er seine Ofengabel eingezwickt, und in der freien Hand seine Fackel getragen. Kein Wunder, dass ich nach ein paar Schritten zu Fuß hab gehen müssen. Wir sind dann alle miteinander über die Hauptstraße drüber, und wie ich nach links und rechts geschaut hab, hab ich wieder wegen dem Nebel gar nix gesehen, und da hätt ich mich am liebsten unterm Mantel von meinem Vater versteckt. Ich hab dann die Männer gezählt und mir eingeredet, dass so vielen nix passieren kann. Wir waren elf Erwachsene und ich. Trotz den vielen Fackeln und Petroleumlampen haben wir nicht weit sehen können. Mein Vater hat mir seine Fackel in die Hand gedrückt und gesagt, ich soll immer schön leuchten. Er hat ja gewusst, dass es mich immer schnell gefroren hat, und wollt, dass mir von der Flamme warm wird. Aber meine Zähne haben trotzdem gescheppert, so gezittert hab ich vor Kälte, und in meinen Stiefeln hab ich die Zehen nimmer gespürt.

Die genaue Reihenfolge der Bauernhöfe, auf denen wir dann waren, kann ich nimmer sagen. Ein paar Tote hab ich mit eigenen Augen gesehen. Grausig – die Bilder hab ich heut noch in meinem Kopf. Dunkelrote Blutlachen und die aufgerissenen Augen von einem Toten – so was kann man nimmer so leicht vergessen.« Maria hielt sich die Hände vor das Gesicht und schüttelte den Kopf. »Ich hab die Leut alle gekannt, bin denen aufm Feld übern Weg gelaufen. Wir haben miteinander geerntet, sind in der Kirch nebeneinander gesessen und jetzt hab ich die liegen sehen ... tot. Irgendwann haben der Kramer und der Pfarrer gemeint, dass ich genug gesehen hab. Von da weg haben mein Vater und ich vor der Haustüre oder im Gang gewartet, bis die andern überall nachgeschaut haben.

Der Pfarrer hat einem jeden Einzelnen die letzte Ölung im Eiltempo erteilt, und wenn mein Vater und ich das gehört haben, haben wir sofort gewusst: Sie haben schon wieder einen Toten gefunden!

Einmal ist der Kramer dabei aus dem Haus gelaufen und hat gespien. Wie der nachher fertig war, hat er mich ganz verzweifelt angeschaut, sich die Spucke vom Mund gewischt und ist wieder ins Haus.

Wir sind von Hof zu Hof. Ein jeder hat grad ’s Nötigste gesagt, und die Stille hat für mich bloß noch alles schlimmer gemacht. Von ein paar Häusern sind die

Türen sperrangelweit offen gestanden, und noch bevor einer von uns hinein ist, hab ich schon den Seufzer vom Herrn Pfarrer hören können, denn eine offene Tür war ein schlechtes Zeichen. Es hat alle Familien auf der einen Seite von der Hauptstraß erwischt, bloß die Familie Müller nicht, aus unerklärlichen Gründen.

Wie der später gemerkt hat, wie nah der Sensenmann um seinen Hof geschlichen ist, ist er ganz blass geworden, aber so geschockt wie der auch war, hat er sich trotzdem nicht abhalten lassen, mit der Gruppen mitzugehen. Die Bauern im Dorf haben ja schließlich zusammenhalten müssen. Seine Leut sind in der Kirch geblieben.

Auch die Tür vom letzten Haus, in das wir rein sind, ist offen gestanden. Das war 's Wohnhaus vom Schmidtmeier-Hof und der linke Nachbar vom Müller. Wie vorher ja auch schon, haben wir, auch ohne dass jemand was gesagt hat, gewusst, was uns erwartet, wenn die Haustür offen ist. Sogar ich hab's derweil verstanden gehabt, was passiert ist: Der Teufel hat Wolfsham überfallen.« Maria senkte den Kopf und zeichnete das Kreuzzeichen auf ihre Stirn. »Ich hab mit meinem Vater vorm Haus gewartet. Die Fackeln sind neben uns im Schnee gesteckt, und ich hab nach oben in den Himmel geschaut. Der Nebel hat sich immer mehr aufgelöst, und ich hab den Vollmond zwischen den Sternen über den weißen Bergen leuchten gesehen. Eigentlich war's wunderschön: In jeder andern Nacht ...

Durch die Fenster haben wir dann die Lichter von Zimmer zu Zimmer wandern gesehen. Als die dann nach ein paar Minuten wieder rausgekommen sind, hat der Herr Pfarrer ganz dasig geschaut, und dann ist er in den Schnee gefallen. Er hat von einem Kind geredet.

Damit hat er die Elfriede gemeint. Sie war so alt wie ich, ich hab sie gut gekannt. Ich hab dann wieder zu zittern angefangen, aber diesmal nicht wegen der Kälte, und meinen Vater gefragt, was der Pfarrer wohl gemeint hat. Eigentlich war's blöd von mir. Ich hab's ja gewusst, was es bedeutet hat. Ich hab auch, wie so oft an dem Abend, keine Antwort auf meine blöde Fragerei gekriegt.

Wie der Pfarrer versucht hat, wieder aufzustehen, hab ich Blut an seinen Händen gesehen. Am Anfang hab ich's übersehen, aber die Abdrücke von seinen Fingern haben rot im Schnee geleuchtet. Wie er das selber gemerkt hat, hat er auch speien müssen. Und danach, da hat er was gemacht, was ich bei unserm Herrn Pfarrer noch nie erlebt hab: Er hat geflucht und unchristliche Wörter gebraucht ...

Nach dem Schmidtmeier-Hof geht die Hauptstraße zwischen Feldern und Wiesen die Leiten hinauf. Bei dem Mond haben die schneebedeckten Berggipfel in der Finstern geleuchtet. Wie gesagt: eigentlich schön ...« Einen Moment funkelten Marias Augen wie die eines jungen Mädchens. Doch innerhalb von Sekunden wirkten ihre Augen wieder überschattet. »Aber in dem Moment, in jener Nacht, hat mir das Panorama bloß Angst eingeflößt. ›Was jetzt?‹, hat einer von den Bauern gefragt. Ich weiß nimmer, wer's war und was die dann besprochen haben. Allerdings kann ich mich noch dran erinnern, dass ein paar von denen mit ihren Laternen ums Haus gegangen sind, um nach Spuren zu suchen. Der Kramer hat so was gesagt wie: ›Die Sauhammeln müssen voller Blut sein, so wie's im Haus ausgeschaut hat.‹ Und er hat recht gehabt. Auf einmal ist nämlich der Hallschmied ums Hauseck zu uns retour gerannt. Gott sei Dank hat's mit dem

Schneien aufgehört gehabt, und er hat frische Fußabdrücke gefunden, die hinaus auf die Felder geführt haben.

Die Abdrücke waren aber bloß von einer einzigen Person!

Zuerst waren's blutige Abdrücke von großen Stiefeln ... Die Sau hat so wild gewütet, dass sogar ihre Stiefel und die Sohlen mit Blut besudelt waren. Je weiter wir uns vom Haus wegbewegt haben, desto weniger Blut hat man gesehen. Der Schnee hat die Stiefeln quasi abgeputzt. Und bald waren's bloß noch die Spuren von einem Wanderer im Schnee. Sie haben immer weiter den Berg hinaufgeführt. Aufm freien Feld ist's danach zu einer Diskussion gekommen. Einen jeden hat's gefroren, und wir sind derweil mitten im Schnee gestanden. Die eine Hälfte wollte die Leiten hinauf, dem Mörder hinterher, aber die andere Hälfte hat furchtbar Angst gehabt. Glauben Sie, dass gestandene Bauern so furchtsam waren, hat mich ganz schön durcheinandergebracht: Sie haben vom Teufel geredet und ein jeder, der's wagen würd, ihm zu folgen, dem tät er 's Herz rausreißen und seine Seel mitnehmen. Einer, ich glaub, das war der Kreitmaier, hat von der Rache der Wölfe an Wolfsham geredet. Ich kann mich noch erinnern, dass der Herr Pfarrer dann gescheit grantig geworden ist und von solch einem heidnischen Aberglauben nix mehr hören wollt. In dem Moment hat sich auch mein Vater eingemischt. Das war 's erste Mal in der Nacht, dass er wirklich laut geworden ist, und bis dahin hat er sowieso fast nix geredet. Er hat gesagt, dass jeder Einzelne eine Pflicht fürs ganze Dorf hat und dass es eine Ehrensache eines jeden aus Wolfsham ist, den Täter nicht ungestraft davonkommen zu lassen. Für meinen Vater waren Ehre und Pflichtgefühl die obersten Tugenden. Er hat einem jeden geholfen und hat's aber auch von allen andern genauso eingefordert. Deswegen hat es ihn auch dazu gedrängt gehabt, sich der Gruppe anzuschließen. Die Nachbarn haben ihm ja angeboten, mit mir in der Kirch zu bleiben. Jeder hätt's verstanden. Aber das wär Feigheit für mein Vater gewesen, und so was wär für ihn nie infrag gekommen, sonst hätt er sich nimmer im Spiegel anschauen können. Er war halt so, dass er immer in der ersten Reihe stehen hat müssen.

Aber denken Sie jetzt nicht, ich wär ihm egal gewesen. Nein, ganz im Gegenteil, drum hat er mich ja auch mitgenommen und mich nicht länger benzen lassen: Weil auf seine kleine Tochter hätt in seinen Augen sowieso niemand so gut aufpassen können wie er selber.

Die Bauern haben ihn respektiert und seine Meinung geschätzt: Und so sind wir alle miteinander weiter den Hang hinaufmarschiert. Denn eines hat ein jeder von denen kapiert gehabt, und das war auch der Grund dafür, dass alle gemeinsam weiter sind: Bis die Polizei eine Untersuchung angefangen hätt, wär der Mörder, wurscht, ob's ein Mensch oder Dämon war, längst über alle Berg gewesen.

Leithausen ist in der entgegengesetzten Richtung gelegen. Die Spur, der wir gefolgt sind, hat pfeilgrad in die Berge geführt. Wenn wir dem nicht gleich nach wären, wär der verschwunden und irgendwo in Österreich oder Italien wieder ungestraft aufgetaucht. Drum hat's für uns geheißen, schnell zu sein. Weil wenn's zu Verwehungen oder Neuschnee gekommen wär, wären die Spuren verschwunden.

Der Schnee ist nachher immer tiefer geworden, umso weiter wir den Hang hinauf sind. Für meine kleinen Füße ist ein jeder Schritt zur Qual geworden. Weil wissen Sie, die Schuh von damals waren ja nicht zu vergleichen mit denen von heut. Meine Füße sind kälter gewesen wie der Schnee, und ich hab zu weinen angefangen. Mein Vater hat mir beruhigend über meinen Kopf gestreichelt und dann meine Fackel unserm Nebenmann gegeben und mich auf seine Schultern kraxeln lassen. So hat er nachher besser Balance halten können und hat die Hände freigehabt für seine Waffen.

Von da oben hab ich dann gesehen, dass wir schon ein gutes Stück weit weg waren von Wolfsham, und von den Häusern hat man nur noch ein paar Lichter gesehen. Der Gedanke, dass man auf der andern Seiten vom Hang gar nix mehr von Wolfsham sieht, hat mich dann dazu gebracht, ein leises Vaterunser zu beten. Aber mein Vater hat verlangt, dass ich damit aufhör.

Ich hab die Welt nimmer verstanden. Einen jeden Abend haben wir zusammen gebetet, sind am Sonntag in die Kirch und jetzt? Jetzt hab ich nicht einmal ein einfaches Vaterunser aufsagen dürfen. Da hab ich zum ersten Mal gedacht, ich hätt doch in der Kirch bei der Frau Kramer bleiben sollen.

Ein jeder war ganz stad und hat sich auf seine Schritte konzentriert. Je tiefer der Schnee geworden ist, umso stärker hab ich die Männer schnaufen hören. Ganz weiß ist ihr Atem aus ihren Nasen und Mündern rausgekommen.

›Was ist, wenn wir den finden?‹, hat dann einer gefragt.

Keiner hat was drauf gesagt.

Ein paar Minuten später ist dann der Herr Pfarrer stehen geblieben, um kurz zu verschnaufen. ›Dann muss er sich vorm Himmelsvater verantworten‹, hat er gesagt und dabei nach Luft geschnappt. Alle andern sind stad geblieben. Kein Einziger hat's aussprechen müssen. Ein jeder hat's gewusst, was passiert, wenn wir den Übeltäter zu fassen kriegen. Bis soweit war, haben wir uns weiter durchn Schnee gekämpft. Zum Weiterreden hat jedem die Luft gefehlt, aber trotzdem haben wir recht schnell die Anhöhe erreicht. Zwischen Bäumen sind wir wieder abwärts marschiert, und die Lichter von Wolfsham waren schnell ganz verschwunden.

Im Sommer hat mir mein Vater da in der Gegend mal ein paar Hügelgräber gezeigt, aber die waren unter dem Schnee gar nicht zu sehen. Ansonsten bin ich in der Richtung bloß ganz selten raus aus Wolfsham, unser Leben hat sich immer nach Leithausen hinüber abgespielt. Bergab ist der Nebel wieder dichter geworden, und wir sind pfeilgrad ins Weiße hineinmarschiert. Von irgendwoher aus den Bergen haben wir dann einen Wolf heulen gehört, und mir ist 's Blut in den Adern gefroren, das können Sie mir glauben. Ich war mir sicher, dass es den andern genauso gegangen ist. Weil eigentlich haben nach der großen Jagd die Wölfe in der Region als ausgerottet gegolten. Aber keiner von denen hat sich was anmerken lassen, und drum glaub ich jetzt, dass ich die Einzige war, die's überhaupt gehört hat.

Und dann ... dann hat der Kramer auf einmal seinen Arm hochgerissen und in eine Richtung gezeigt. Er hat zwar nix dazu gesagt, aber wir haben trotzdem alle dahin geschaut. Ich hab gemeint, mir bleibt 's Herz stehn! Obwohl wir eine schlechte Sicht gehabt haben, haben wir nicht weit weg von uns eine finstere Gestalt gesehen. Wir waren nah genug dran, dass uns ein einziges lautes Wort in der staden Nacht sofort verraten hätt. Sogar 's Knirschen vom Schnee war meterweit weg noch zu hören. Der Kerl hat's nicht eilig gehabt und sich ohne Lampe in der Finstern langsam den Hügel hinuntergekämpft. Wir sind dafür umso schneller marschiert und näher an ihn rangekommen, und dann hab ich meinem Vater auf die Schulter geklopft. Er hat sofort gewusst, was ich gemeint hab: Der Mann hat einen Mantel mit Kapuzen getragen und dazu einen langen Stock, mit dem er sich bei einem jeden Schritt abgestützt hat.

Inzwischen waren wir so nah dran, dass wir seine Schritte genauso hören haben können, wie er wahrscheinlich auch die unseren. Zehn Meter vielleicht, mehr waren's nicht, da hätt der auch unsere Lichter sehen müssen. Aber der Fremde ist einfach genauso langsam weitergegangen wie vorher und hat sich gar nix anmerken lassen. Er war dann schon fast zum Greifen nah, fünf Meter waren's vielleicht noch. Der Kramer hat nachher seine Büchsen auf ihn ausgerichtet. Aber sogar wie sein Hinterlader eingerastet ist, hat der Mann sich nicht drum geschissen! Der Kramer hat sich dann umgedreht und mit den Schultern gezuckt. Keiner von uns hat das kapiert, dass der mit gesenktem Kopf einfach weitergeht, ohne Eil und ohne Angst.

›Bleib stehn!‹,hat der Herr Pfarrer dann gerufen, aber geändert hat das nix. Das Gespenst ist einfach weitergelaufen. Halt, stimmt ja so nicht ganz: Wenn er wenigstens gelaufen wär, hätten wir gemerkt, dass er Angst hätt. Aber der ist einfach bloß langsam weitergegangen. Nicht einmal seinen Kopf hat der nach uns gedreht! Damit hat der einem jeden von uns einen mordsmäßigen Schiss eingejagt. Wir waren, glaub ich wenigstens, alle durcheinander. Wieso hat der keine Angst?

Ist der denn überhaupt der Mörder? Aber der hat's doch sein müssen. Wir waren ja seiner Spur gefolgt, die uns pfeilgrad von den ganzen Toten in die Einöd da draußen geführt hat. Wir haben ja sogar noch Blutspuren an seinem Gewand sehen können.

›Hat der so ungeheure Kräfte und Schneid, dass der nicht einmal elf Männern scheuen braucht?‹, hab ich mir gedacht. Gruslig, finden Sie nicht auch?

›In Gotts Namen! Bleib stehn, du Teufel‹, hat dann unser Pfarrer geschrien. Und wieder: nicht die geringste Reaktion.

Der Hallschmied ist dann durch den Schnee nach vorn gestürmt und hat dem Fremden mit einem Holzprügel in die Kniekehle geschlagen. Und ich schwör's Ihnen beim Herrgott, in dem Moment hab ich in der Fern noch einmal das Heulen von einem Wolf gehört. Der Kerl hat aber wieder keinen Laut von sich gegeben. Der ist bloß kurz zusammengesackt, hat sich wieder aufgerappelt und ist weitergegangen.

Irgendeiner hat dann geschrien: ›Auf geht's!‹ Und dann sind sie alle nach vorn gelaufen und haben ihn eingekreist und angeleuchtet mit den Fackeln und Lampen ... und da ist der Sauhund dann endlich stehen geblieben. Hat aber immer noch stur nach vorn geschaut. Keine Spur hat der sich vor uns gefürchtet!

Mein Vater hat mich dann abgesetzt, und ich bin bis über die Knie im Schnee versunken. Mein Herz hat ganz wild geschlagen, und ich hab jeden einzelnen Schlag in meinem Kopf gespürt. Obwohl's immer noch saukalt war, hab ich geschwitzt, und mein Gesicht ist ganz heiß geworden. Ich hab die Blutspuren an seinem Mantel gesehen und an die Schmidtmeier Elfriede denken müssen und hab schon wieder zu heulen angefangen. In dem Moment hat dieses Monster seinen Kopf nach mir umgedreht. Ich sag Ihnen, das waren die Augen vom Teufel. Niemals wieder in meinem Leben hab ich was Beängstigenderes wie diesen Blick gesehen …«

Aumüller wischte mit der Rechten durch die Luft. »Ammenmärchen«, sagte er.

Maria sah ihn böse an. »Was fällt Ihnen ein«, fauchte sie. »Ich war dabei. Sie mögen doch die Wahrheit hören, also ersparen Sie mir Ihre saudummen Kommentare.«

»Verzeihen Sie meinem Kollegen, Frau Stadler. Er meint es nicht so«, sagte Lallinger und griff wieder nach Marias Arm. »Erzählen Sie bitte weiter.«

»Also gut. Aber nehmen Sie sich gefälligst zusammen und verspotten Sie mich nicht. Sie sind's mit Ihrer Unwissenheit und Ihrem Unglauben, der keine Ahnung hat.« Sie blickte zum Jesuskreuz. Nach einigen Atemzügen erzählte sie weiter: »Als der mich so angeschaut hat, hab ich mich dann hinter meinem Vater versteckt. Der hat da grad den Fremden mit seiner Ofengabel anvisiert gehabt.

›Erschießen mir den?‹, hat einer gefragt.

Aber der Herr Pfarrer hat gesagt: ›Nein, das ist zu gut für den.‹ Der Fremde ist einfach bloß dagestanden und hat nix gemacht. Verstehen Sie: *gar nix … nix.*

Und dann … dann sind sie mit Knüppeln und Hacken auf ihn los. Wie wild haben sie auf ihn eingeschlagen und ihm ihre Messer und Heugabeln in seinen wuchtigen Körper gestoßen. *Jeder,* der mit dabei war, hat brutal drauflosgehauen, bis das Blut in den Schnee gespritzt ist. Wie sie dann fertig waren … und dann … hat mir unser Pfarrer die Ofengabel von meinem Vater in die Hand gedrückt. Alle Bauern haben dann auf mich geschaut. *Um Gotts Willen*, hab ich mir gedacht, *ich gehör ja auch dazu.* Ein jeder von uns war einen Pakt eingegangen, und das war die stille Aufforderung, dass ich mich auch beteiligen muss; nicht dass ich später auf die Idee kommen tät, mitm Finger auf die andern zu zeigen.

In dem Moment haben die kein Kind in mir gesehen, sondern bloß ein Mitglied aus der Gruppe. Ich war keine Frau und auch kein Kind, ich war eine von denen. Verstehen Sie das?« Sie biss sich auf die Unterlippe, und in ihren Augen sammelten sich Tränen. Aumüller setzte an, etwas zu sagen, doch sein Kollege brachte ihn mit einem Blick zum Schweigen. Nach einer scheinbaren Ewigkeit sprach Maria weiter: »Um die Leiche rum war der Schnee platt getreten und hat sich mit Blut vollgesaugt. Ich hab ein einziges Mal so fest zugestoßen, wie ich gekonnt hab, dann hat sich mein Bauch zusammengezogen, mir ist schwindlig geworden und ich hab speien müssen.

Sogar *wie* der gestorben ist, hat uns allen Angst gemacht. Der ist einfach bloß dagestanden und hat sich nicht gewehrt.

Wie er dann nimmer gekonnt hat und zu schwach zum Stehen war, ist er wie ein gefällter Baum in den Schnee gefallen. Mit seinen Händen hat er sich nachher noch in den Schnee gekrallt. Gespürt hat der garantiert was ... aber ... er ist verreckt ohne einen einzigen Laut! Verstehen Sie? Nicht einmal ein Wimmern ... nix! Bloß die Treffer von den Hacken und Knüppeln waren zu hören. Sogar wie er schon hin war, haben die noch weiter auf ihn eingeschlagen.

Wie alles vorbei war, hab ich irgendwann gemerkt, dass mein Gesicht einen Blutspritzer abgekriegt hat, da bin ich für ein paar Sekunden in einen Krampf gefallen, und mein Vater hat gesagt, dass ich sogar ohnmächtig war.

Das Ganze hat mich mein Lebtag lang begleitet: ein Lynchmord, eine unrechte Hinrichtung, und alle hätten sie eingesperrt werden können deswegen …

Den Tatort haben sie nachher mit frischem Schnee bedeckt, um die Spuren bis zum nächsten Schneefall zu verbergen. Das Blut ist ja dann später mit der Frühjahrsschmelze im Boden versickert. Zuerst haben sie dann versucht, die Leich aufm Feld zu verscharren, aber der Boden war zu hart gefroren. Und um nicht noch mehr Blutspuren zu hinterlassen, haben dann ein paar ihre Joppen ausgezogen und ihn eingewickelt. Danach haben sie ihn dann übern Hügel zurück ins Dorf geschleppt.

Logisch war's einem jeden klar, dass die Gendarmerie eine groß angelegte Untersuchung machen wird, was ja auch passiert ist. Und genau deswegen haben sie den Toten dann, so gut's gegangen ist, verschwinden lassen. Ein Stadel oder Vorratskeller war aber zu unsicher.

Wie wir heimgelaufen sind, ist der Kramer dann auf eine Idee gekommen. Er hat vorgeschlagen, die Leich im Keller von der Kirch zu verstecken. Da hat's zwei ungenutzte Räume gegeben, und die Polizei tät in der Kirch wohl auf keinen Fall nach Spuren suchen. Und da unten ist's das ganze Jahr über kalt.

Im Morgengrauen haben sie dann die Leich hinter einer großen Truhe versteckt, die da unten schon seit ein paar Jahren verstaubt ist. Die Tür, die von der Sakristei aus nach unten geführt hat, hat ein stabiles Schloss gehabt und der Pfarrer als Einziger den Schlüssel dafür.

Am nächsten Vormittag ist dann der Kramer auf die Polizeiwache nach Leithausen – und wir waren alle froh, dass er tatsächlich durch frischen Schnee marschiert ist. Denn den Rest der Nacht hat's wieder mächtig geschneit, als hätt der Herrgott ein Erbarmen mit uns Sündern gehabt. Ich glaub, niemals hat irgendein Polizist auch bloß den geringsten Verdacht gehabt.

Jedenfalls haben im Lenz drauf dieselben elf Leut die stinkende Leich auf einem Acker vorm Dorf vergraben. Alle in Wolfsham haben's gewusst.«

»Kennen Sie die genaue Stelle?«, fragte Lallinger, kaum fähig, die Aufregung in seiner Stimme zu verbergen. »Waren Sie da auch dabei?«, fügte Aumüller hinzu.

»Hm ... ja ... aber wieso wollen Sie das wissen?« Die alte Dame blickte von einem zum anderen und erfasste dann erstaunt, fast ein wenig angewidert, was die Journalisten im Kopf hatten: »Nein – möchten Sie wirklich ...?«

»Wir könnten das arrangieren«, sagte Lallinger.

Maria zögerte: »Ich weiß nicht, ob's gut wär.«

»Sie trifft keine Schuld. Sie waren damals ein kleines Mädchen, doch der Rest von Wolfsham hat sich des gemeinschaftlichen Mordes schuldig gemacht.«

»Niemand hat sich schuldig gemacht! Es war rechtens, so wie's in der Bibel steht: Aug um Aug und Zahn um Zahn ...«

»Halt, Frau Stadler. Ich kenne den Spruch, aber das ist Altes Testament, und Jesus sagte in der Bergpredigt: Leistet dem, der euch etwas Böses antut, keinen Widerstand, sondern wenn dich einer auf die rechte Wange schlägt, dann halt ihm die andere hin. Also war es nicht nur nach rechtlichem, sondern auch nach christlichem Anspruch unrecht.«

Maria schaute verdutzt.

»Ich habe vor Jahren einen Artikel darüber geschrieben«, sagte Aumüller daraufhin und lehnte sich selbstzufrieden in seinem Stuhl zurück.

»Das ist doch total wurscht. Denken Sie, ich hab Ihnen alles erzählt, bloß dass Sie mich verurteilen können?« Maria rang nach Luft. »Außerdem war der kein Mensch, sondern ein Teufel und …«

Lallinger unterbrach sie: »Verzeihen Sie, wir wollen Sie nicht verurteilen. So etwas steht uns gar nicht zu.« Er blickte wiederum mahnend seinen Kollegen an, bevor er weitersprach: »Aber wenn ich einen Vorschlag machen darf: Wir haben die Mittel und Möglichkeiten, nach der Leiche suchen zu lassen. Wir versprechen Ihnen, die Details über den Lynchmord nicht preiszugeben, wenn Sie uns dafür sagen, wo wir suchen müssen.«

Marias Augen füllten sich mit Tränen, und sie griff nach einem Taschentuch unter ihrem Kopfkissen. »Es war ein Fehler, ich hab's gewusst gehabt! Sie verstehen's nicht. Die bestialischen Morde, die der begangen hat, sein Verhalten und sein Blick und dann die Nacht vorm Nikolaus. Das war kein normaler Mensch, sondern eine finstere Kreatur.«

»Ich dachte, Sie glauben an keine Ammenmärchen?«, bohrte wieder Aumüller nach.

»Ach Sie, Sie mit Ihrer blöden Wortklauberei …«, fauchte ihn Maria an. »Nein, ich glaub an keine Ammenmärchen, aber ich hab die Nacht miterlebt. Ich war dabei. Das ist was anderes wie Hörensagen. Ich weiß nicht, wer oder was das war, aber in den Dörfern rundrum haben sie noch Monate später behauptet, dass sie in der Nacht einen Wolf gesehen haben. Der soll suchend übers Land gestreift sein. Der Wolf ist heimgekehrt nach

Wolfsham, haben sie erzählt, und er hätt Rache genommen für die große Jagd auf seine Gefährten ... und in der Nacht vorm Nikolaus haben sie ihm alle die Tür aufgemacht.

Ich ... ich weiß nicht, ob's recht oder unrecht war, was wir getan haben. Seit so vielen Jahren hadere ich mit mir und zermartere mir mein Hirn, ob ich um Vergebung bitten soll oder nicht. Und wenn ja, wie? Ich glaub an den Herrgott, aber das heißt doch, wenn's den einen gibt, muss es auch den andern geben ... und ... und wenn's den Beelzebub wirklich gibt, dann war das, was wir in der Nacht umgebracht haben, ein Monster in Menschengestalt – ein Geschöpf der Finsternis.«

»Oder ein geisteskranker Massenmörder!«, sagte Lallinger. Maria tupfte sich Tränen aus den Augenwinkeln. »Bitte sagen Sie der Nachtschwester, dass sie mir ein Beruhigungsmittel bringen soll.«

Obwohl sie noch vieles wissen wollten, fragte Lallinger, ob sie Maria nun lieber alleine lassen sollten. Es war schon kurz vor halb zehn, und die alte Dame machte einen angeschlagenen Eindruck. Am nächsten Tag würden sie wiederkommen, um die letzten Details zu erfahren.

Doch Maria winkte ab: »Nein, ich erzähl Ihnen *heut* alles, was ich weiß, und möchte dann überhaupt niemals wieder drüber reden.« Sie griff nach ihrem Rosenkranz. »Sie müssen mir einen Eid leisten.«

»Äh ... wie bitte?« Lallinger blickte verdutzt. »Einen Eid?«

»Ja! Einen Eid auf alles, was Ihnen heilig ist ...«

Aumüller warf die Hände in die Luft, schüttelte seinen Kopf und fiel ihr ins Wort: »Lächerlich. Einfach nur lächerlich!«

»... nachher verschwinden Sie auf der Stelle«, zischte Maria ihn mit brüchiger Stimme an.

»Halt, ihr zwei, beruhigt euch.« Lallinger schob sich nervös die Brille zurecht. »Herr Aumüller: Sie sind ab jetzt still, und nichts von dem, was wir hier besprochen haben, verlässt den Raum, bevor ich es Ihnen nicht ausdrücklich genehmigt habe. Haben wir uns verstanden, Herr Aumüller?« Lallinger zog seine Augenbrauen hoch. Aumüller schaute verlegen nach unten, strich sich eine Sitzfalte aus seiner Hose und nickte.

Lallinger beugte sich nach vorne zu Marias Bett und legte besänftigend die Hand auf ihren schmalen, faltigen Arm: »Frau Stadler, was verlangen Sie von uns und weshalb einen Eid?« Maria zog den Arm weg und griff wieder nach ihrem karierten Stofftaschentuch. Sie schnäuzte sich laut und ausgiebig, was Aumüller mit einem leicht angeekelten Gesichtsausdruck kommentierte. Dann ballte sie ihre Hände zu Fäusten, in der einen den Rosenkranz, in der anderen das Taschentuch. Ihr Blick schien auf die Bettdecke gerichtet. »Erst wenn ich tot bin, erst dann dürfen Sie die Sache zu Ende bringen und von mir aus hernach auch veröffentlichen.« Sie blickte in Lallingers Augen. »Erst dann!«

»Aber, Frau Stadler, was dachten Sie denn, weshalb wir bei Ihnen sind? Wir sind Journalisten. Eigentlich hatten wir nicht vor, mit dem Artikel zu warten. Wenn Sie das überhaupt nicht wollen, wieso haben Sie uns dann alles erzählt?«

Sie schlug die Hände vors Gesicht und beugte sich nach vorne, als wolle sie sich verstecken. »Weil ich gemeint hab, dass es danach leichter wird. Verstehen Sie? Ich hab gemeint, dass es mir dann besser gehen tät, wenn ich mit jemandem drüber geredet hab.« Ihre Stimme klang tränenerstickt.

Lallinger ließ sich nach hinten in die Lehne seines Stuhls fallen: »Ach, Frau Stadler.« Er wartete kurz und presste seine Lippen aufeinander. »Das kann ich nicht machen«, sagte er daraufhin und verschränkte die Arme.

Maria richtete sich auf, ihr Blick wieder kühl und beherrscht. Sie hatte sich ihr ganzes Leben beherrscht, wieso hatte sie gedacht, es könne sich plötzlich etwas ändern, allein deshalb, weil sie sich offenbart hatte? Sie zog die Augenbrauen nach oben, drehte ihren Kopf und blickte aus dem Fenster: »Dann ist unser Gespräch zu End, und Sie werden's nie herausfinden, wo wir die Leich eingegraben haben. Außerdem haben Sie dann keine Neuigkeit, an der Sie Ihre Geschichte aufhängen können.« Trotz ihres Alters hatte sie noch immer einen mehr als wachen Geist und war zu klaren Gedanken fähig.

Stille herrschte im Raum. Doch keiner der beiden Männer machte den Eindruck, gehen zu wollen. Keiner griff nach seiner Jacke oder verstaute die Unterlagen in der Ledertasche. Sie saßen einfach nur da …

Maria flüsterte: »Ich bin fünfundneunzig Jahr alt und werd garantiert nicht ewig leben.«

Wieder machte sich Stille breit.

Vor der Zimmertüre huschte jemand mit schnellen Schritten vorbei, die Sohlen quietschten über den Linoleumboden. Wahrscheinlich hatte ein Heimbewohner die Nachtglocke gedrückt. Die Türe im Nebenzimmer wurde geöffnet, und eine weibliche Stimme war leise zu hören.

Lallinger atmete tief ein. Sie hatte ja recht. Lange würde sie nicht mehr leben. Ein Jahr, vielleicht zwei, wenn es hochkommt, drei. Hundert Jahre alt würden die wenigsten, dachte er sich. Er klopfte sich auf die Schenkel und sagte: »Na gut! Was wollen Sie?«

»Ihr Ehrenwort!«, forderte Maria entschlossen.

Auf der Jagd nach einer guten Geschichte war Lallinger schon viele Vereinbarungen eingegangen. *Wieso nicht auch in diesem Fall*, dachte er. Ob er sie jetzt oder in fünf Jahren veröffentlichte, das war ohnehin egal. Ungelöste, bizarre Kriminalfälle waren ein Dauerbrenner.

»Sie bekommen mein Ehrenwort! Aber sagen Sie mir vorher noch, weshalb Sie sich so vehement gegen eine jetzige Veröffentlichung wehren? Außer Ihnen lebt doch von damals niemand mehr.«

»Ich möcht davon in keiner Zeitung lesen. Es war ja auch mein Vater dran beteiligt. Am End tauchen außer Ihnen auch noch andre bei mir auf, um mich auszufragen. Das möcht ich nicht. Und ... und ich hab Angst. Was ist, wenn's doch der Teufel war und er mich bis heut bloß in Frieden gelassen hat, weil ich 's Geheimnis bewahrt hab?«

»Ach ... jetzt hören Sie endlich auf mit diesem Quatsch«, meldete sich Aumüller wieder zu Wort. Lallinger warf ihm einen vernichtenden Blick zu und sagte: »Ignorieren Sie meinen Kollegen! Aber ich glaube kaum, dass Sie vom Teufel etwas zu befürchten haben. Denn wenn er Sie bestrafen wollte, dann hat er das bereits durch ein langes Leben voller Albträume und Schuldgefühle getan.«

Maria senkte den Kopf. »Ja, damit könnten Sie vielleicht sogar recht haben.« Sie wischte mit dem Taschentuch über ihre Augen. »Versprechen Sie's mir trotzdem!«

Lallinger versprach ihr, diese Geschichte erst nach ihrem Tode zu veröffentlichen. Aumüller schloss sich ihm widerwillig an.

»Bitte geben Sie mir die Bibel.« Maria deutete mit dem Zeigefinger auf den Tisch, an dem Aumüller saß. Er reichte ihr das Buch über die Bettdecke hinweg, und zitternd nahm sie ein loses Blatt Papier heraus, das zwischen den Seiten klemmte. »Lesen Sie die Zeilen, und wenn Sie am Schluss von Ihren Untersuchungen angelangt sind: Urteilen Sie neutral.« Mit diesen Worten reichte sie den Journalisten das vergilbte Blatt. »Machen Sie damit, was Sie mögen. Ich möcht nie wieder was davon hören!«

In der oberen rechten Ecke war handschriftlich ein Datum vermerkt: 21. Dezember 1870. Neugierig überflog Lallinger den Text. Auf einem anderen Stück Papier skizzierte Maria währenddessen mit zittrigen Strichen, wo sie vor so langer Zeit den Fremden verscharrt hatten. Aumüller schickte ein Stoßgebet gen Himmel – nicht, dass er gläubig wäre – und hoffte inständig, dass jene Stelle in Wolfsham noch immer ein Acker und nicht zwischenzeitlich bebaut worden war.

Während Maria mit Lallingers Kugelschreiber langsam über das Papier fuhr, sprach sie weiter: »Wieso denken Sie, ist der Familie vom Müller nix passiert? Alle Nachbarn hat der umgebracht, aber um derer ihr Haus hat er einen Bogen gemacht. Denken Sie da drüber mal nach. Ich tu's schon mein ganzes Leben. Ich bin nicht abergläubisch und glaub an keine Geistergeschichten, sondern an den Herrgott und an das, was ich selber gesehen hab. Doch 's gibt Sachen, die wir allesamt nicht begreifen können. – Da, nehmen Sie«, sie reichte Lallinger die Zeichnung, »und sagen Sie der Schwester bittschön, dass ich meine Tabletten brauch, und nachher verschwinden Sie endlich!«

Die beiden Besucher packten ihre Unterlagen zusammen und verabschiedeten sich per Händedruck sowie einem freundlichen, »Alles Gute, Frau Stadler. Wir bleiben in Kontakt.«

Doch Maria blickte ziellos aus dem Fenster und sagte: »Nein, ich möcht damit nix mehr zum tun haben.«

In der Dunkelheit kratzte ein Zweig des Kirschbaumes an der Fensterscheibe.

II
LICHT

Wolfsham, 21. Dezember 1870

Die dunklen Wesen der Nacht, sie kommen wieder, um Rache zu nehmen an denen, die ihre Gefährten gejagt.

Die Bewohner von Wolfsham werden gemessen an den Taten, die ihre Ahnen vollbracht.

Selbst Jahrzehnte danach wird es sie treffen, in der Nacht vor einem festlichen Tag ihres Glaubens.

Dann wenn niemand damit rechnet und Kinderaugen funkeln, werden sie gerichtet mit unerbittlicher Härte und alle zusammen in einer einzigen Nacht.

Johannes Vorholzer verfasste jene Prophezeiung in der ersten Raunacht des Jahres 1870. Kurz darauf verkaufte er sein Haus an die Familie Müller, die von Starnberg nach Wolfsham gezogen war.

Lallinger und Aumüller wussten nicht so recht, was sie von dem Schriftstück halten sollten, von den Wesen der Nacht und rachsüchtigen Wölfen. Doch sie lösten das Versprechen ein, das sie Maria Stadler gegeben hatten. Das Dokument verschwand mitsamt den Kopien aller Zeugenaussagen in Lallingers Aktenschrank in seinem Münchener Büro, und der muffige Ordner wurde dem Archivar mit einem Dankesschreiben zurückgesandt.

Erst drei Jahre später klingelte an einem sonnigen Sonntag im September das Telefon in Lallingers heimischem Arbeitszimmer. Er sprintete aus dem Garten durch die Terrassentür ins Haus.

»Ja, hallo. Hier Lallinger«, schnaufte er in den Hörer. *Sport wäre vielleicht doch mal eine Option*, dachte er, während er den Worten der Anruferin lauschte. Am Ende des kurzen Telefonates sagte er mit einem bedrückten Lächeln: »Sie war eine besondere Frau. Danke, dass Sie mich benachrichtigt haben.« Dann drückte er die rote Taste am Telefon. Er verharrte mitten im Raum und hielt seinen Finger immer noch auf der Taste, als er murmelte: »Machen Sie's gut, Frau Stadler.«

»Was hast du gesagt, mein Schatz? Ich habe dich nicht verstanden«, rief seine Frau. Sie lag in einem der Liegestühle auf der Terrasse und schaute gelangweilt in seine Richtung.

»Nichts. Es war beruflich«, entgegnete Lallinger und tippte Aumüllers Privatnummer in das Telefon …

Es dauerte dann noch geschlagene sechs Monate, bis mit der Exhumierung begonnen werden konnte: Zunächst mussten diverse Genehmigungen eingeholt werden, dann war der Boden nach einem harten Winter erst im März endlich wieder frei von Frost.

Lallingers Zeitung hatte zugestimmt, die Kosten für die Grabungen zu übernehmen, und auch der Besitzer des Weizenfeldes, auf dem sich nach Marias Skizzen das Grab befinden musste, hatte dank einer Entschädigung von 5.000 Euro endlich seine Zustimmung gegeben.

Nun standen sogar Spurensucher der Kriminalpolizei bereit, und die Arbeiter richteten ihre Gerätschaften, während Lallinger in den Ort schlenderte. Links lag der Friedhof, auf den die Kirche ihren Schatten warf. Über der Tür des alten Wirtshauses stand immer noch *Zum Kramer-Wirt*, mittlerweile hieß der Pächter allerdings Florian Maier, stammte aus München und lebte erst seit drei Jahren in Wolfsham. Mit der Kramer-Familie hatte er rein gar nichts zu tun.

Die breite Hauptstraße teilte das Dorf noch immer in zwei Hälften. Alle abzweigenden Straßen waren schmaler und schlängelten sich zwischen Häusern und Bauernhöfen hindurch.

An beiden Ortsenden gab es einen Supermarkt, und auf einem der zur Hauptstraße gehenden Höfe stand eine große Werbetafel. »Irenes Friseursalon« war darauf zu lesen und gleich darunter »Fremdenzimmer zu vermieten«.

Lallinger überquerte die Straße und setzte sich auf eine Holzbank vor der Kirche. Es war sonnig, und unter dem hellblauen Himmel glänzten die weißen Gebirgsgipfel in der Ferne. Keine Hektik, keine hupenden Autos störten die Idylle, und frische Bergluft strömte in seine Lungen. Er war entspannt und zündete sich eine Zigarette an. Ein Traktor fuhr vorbei. Der Fahrer warf ihm einen Blick zu und grüßte mit einem Nicken. Er kannte ihn nicht, doch dies war in Wolfsham egal. Hier grüßte man jeden, auch Fremde. Der Journalist schaute nach rechts zum Friedhof. Eine alte Mauer markierte seine frühere Größe, doch zwischenzeitlich hatte man ihn erweitert.

Ein Stück entfernt stand ein Holzhäuschen aus dem vorletzten Jahrhundert. Die Gitterkreuze der Guckfenster waren verrostet, und die dürren Zweige eines Traubenstocks waren in die verwitterten Holzwände eingewachsen. In dieser Hütte hatte wohl die grantige Mesnerin aus Marias Erzählung gehaust. Jetzt war sie unbewohnt und offenbar schon seit Langem dem Verfall preisgegeben.

Ein schwarzer Mercedes fuhr vorüber. Das »HH« auf dem Kennzeichen verriet: Touristen. Sommers wie winters kamen sie aus allen Teilen Deutschlands und fuhren auf dem Weg in die Berge durch Wolfsham.

Lallinger blickte in beide Richtungen die Hauptstraße entlang. *Sie hatten recht*, dachte er. Von hier aus konnte man tatsächlich von einem Ortsende zum anderen schauen. Die Bauernhöfe und Häuser auf der gegenüberliegenden Seite der Kirche standen immer noch da wie vor hundert Jahren. Der eine oder andere Stall war einem Neubau gewichen, doch die Hofstellen waren trotz einiger Veränderungen erhalten geblieben. Nur die Einkaufsmärkte waren von der Kirche aus schlecht zu sehen, doch die hatte es ja damals noch nicht gegeben. Insgesamt hatte sich die Straße entlang nicht viel verändert. Auf den umliegenden Hügeln jedoch hatten sich Neubausiedlungen ausgebreitet.

Die Glocke im Kirchturm schlug zweimal zur vollen Stunde. *Ob es noch dieselbe Glocke ist wie damals?* Lallinger schnippte seinen Zigarettenstumpen auf den Bürgersteig. Der klare Himmel und die frühlingshafte Wärme verleiteten ihn, noch ein Weilchen sitzen zu bleiben. Als er genüsslich das Gesicht in die Sonne hielt, bemerkte er aus dem rechten Augenwinkel einen grünen Streifen auf dem Hügel. Er senkte seinen Kopf und blinzelte mehrmals. Das grelle Licht war wohl doch zu viel. Er rieb sich die Augen und sah sich um.

Eine mächtige Hügelkette umgab das Tal. Rechter Hand musste sich irgendwo Leithausen befinden. Und über den Wald, der in derselben Richtung über Wolfsham thronte, hatte er viel gelesen. Dort oben war der Fremde dem Hofmeister-Bauern und der Kellnerin vom Kramer-Wirt begegnet. Und von der Waldgrenze aus hatte die neunjährige Sophie Hallschmied mit ihren zwei Freundinnen ins Tal geschaut. *Seltsam, hier zu sitzen, fast hundert Jahre später, und zu wissen, was sich damals abgespielt hat,* dachte Lallinger. Er lächelte wehmütig. *Irgendwo dort oben sauste die zehnjährige Maria auf ihrem Schlitten den Hang herunter.* Er kniff kurz seine Augenlider zusammen. In der Ferne konnte er die Pestkapelle erkennen, von der Maria erzählt hatte und in deren Nähe ihr der Fremde zum ersten Mal begegnet war.

Plötzlich blitzte ein Gedanke auf: *Im Wald befindet sich doch dieser verlassene Geisterhof,* schoss es ihm durch den Kopf. Er klappte sein Handy auf und tippte auf dem Zahlenfeld. »Aumüller«, sagte die Stimme am anderen Ende.

»Ich bin's. Hm ... warten Sie kurz.« Lallinger zog sich mit der freien Hand eine Zigarette aus der Schachtel. »Ich hatte gerade einen interessanten Einfall.«

»Ach ja? Und welchen?« Aumüller klang genervt. Er hatte in München bleiben müssen, was eine heftige Diskussion ausgelöst hatte. Einer der beiden sollte bei der Redaktionssitzung an diesem Nachmittag anwesend sein, und Lallinger hatte ihn dazu verdonnert und war alleine nach Wolfsham gefahren.

»Wir könnten aus einer Geschichte *zwei* machen. Es gibt doch diesen Hof im Wald ...« Lallinger brauchte nicht lange, seinen Kollegen auch von dieser vielversprechenden Story zu überzeugen.

Doch gegenwärtig standen »die Blutnacht von Wolfsham« und die Suche nach der Leiche im Vordergrund. Also spazierte Lallinger nach dem Telefonat zurück zum Grabungsort. Vor einer weiß-roten Plastikbanderole tummelten sich ein paar neugierige Dorfbewohner. Lallinger erhaschte Teile ihres Getuschels: »Was mögen denn die da ...« – »Der da ... Kripo ... « – »Die solln sich schleichen.« – »... gibt's nix zum Sehen.« – »Schmarrn!« – »Ja ... 5.000 Euro ...« – »Nein ... Journalist ...« – »... eine Leich?«

Ein einzelner Mann stand abseits und beäugte stumm jede Handbewegung der beiden Arbeiter in der zwischenzeitlich ausgehobenen Grube. Klein und bucklig mit weißem Haar stützte er sich auf seinen Gehstock. Seine Hände zitterten, und abwechselnd riss er die Augen auf und kniff sie zusammen.

Lallinger schaute ihn an: Diesem kleinen Männlein war klar, dass man hier etwas finden würde ...

Plötzlich tönte es aus der Grube: »Da – schau hin. Ganz vorsichtig.« Einer der beiden Arbeiter hatte etwas entdeckt. Ein Dritter sprang nach unten. Er trug Plastikhandschuhe und bückte sich. »Ich werd narrisch«, sagte er mit zu lauter Stimme. Denn nun wollte jeder sehen, was da unten gefunden worden war, und die Zuschauer drängten einen Schritt weiter nach vorne. Nur der alte Mann senkte seinen Kopf, wandte sich ab und tappte über die holperige Wiese zurück zur Hauptstraße. Lallinger schaute ihm nach. *Maria war wohl doch nicht die einzige Lebende, die Bescheid wusste.*

Auf dem Acker legte man unter dem lauter werdenden Geraune der Dorfbewohner Stück für Stück die Gebeine eines Toten frei.

Lallinger saß hinter seinem Schreibtisch und hielt ein Blatt Papier in der Hand. Er schüttelte entsetzt den Kopf. Er hatte den Pathologen gebeten, ihm den ersten Befund der Untersuchung in Worte zu übersetzen, die auch ein Nichtmediziner verstand. Die Bestandsaufnahme jenes Lynchmordes erfüllte ihn mit Fassungslosigkeit und Abscheu:

Riss im Stirnbein. Oberkieferknochen, Pflugscharbein, Nasenscheidewand, Nasenbein und Jochbein gebrochen und ins Schädelinnere gedrückt. Loch im linken Scheitelbein. Fraktur in der rechten Kranznaht. Drei Rippen rechts, zwei Rippen links frakturiert. Berstungsfraktur des zweiten Brustwirbels.

Fraktur im rechten Schlüsselbein. Doppelte Fraktur des rechten Oberarmes. Zwei Finger der rechten Hand wurden abgetrennt ...

Der Journalist legte das Blatt zur Seite. Obgleich er nur die Hälfte gelesen hatte, war sein Interesse geschwunden. Es dauerte sowieso noch einige Wochen, bis alle Untersuchungen, inklusive DNA-Analyse, abgeschlossen waren. Dann musste er sich so oder so mit den Einzelheiten befassen. Wobei diese ihm eigentlich völlig egal waren. *Der Mann war umgebracht worden, mit wie vielen Schlägen und mit welchen Werkzeugen, war doch gleichgültig*, dachte er.

»Kann ich reinkommen?« Aumüller stand in der offenen Tür und klopfte an den hölzernen Rahmen.

»Ja, ja, selbstverständlich. Und?«

Aumüller hatte einen Termin bei der Kriminalpolizei auf Anweisung Lallingers alleine wahrgenommen. Lallinger konnte gut darauf verzichten, sich von den Beamten noch einmal von oben herab behandeln zu lassen. Nach dem Knochenfund hatte einer der Polizisten vor Ort gesagt, die Journalisten könnten sich jetzt beruhigt zurücklehnen und Feierabend machen, da nun Profis den Fall übernehmen würden. Angesichts dieser Arroganz war Lallinger der Kragen geplatzt, was so selten vorkam wie der 29. Februar.

Schließlich musste er auch oft genug Aumüllers Überheblichkeit ertragen. Und genau deshalb war Lallinger der Meinung, dass dieser bei der Polizei alleine gut aufgehoben war. *Arschlöcher verstehen sich*, hatte er geurteilt und schmunzeln müssen. *Vielleicht hätte ich es aber doch laut sagen sollen*, dachte er jetzt. *Viel zu selten spreche ich offen meine Meinung aus ... da muss ich wohl noch an mir arbeiten ... vielleicht wäre es dann auch mit Elvira nicht so weit gekommen. Aber dass ich ihr das Haus überlasse, ist richtig! Auch wenn jeder sagt, dass ich ganz schön dumm bin ...*

»Wir haben vereinbart, dass wir den Artikel über Wolfsham nächste Woche bringen können. Die Polizei hat nichts dagegen. Sie ermitteln weiter nach der Identität der Leiche, obwohl es nach so langer Zeit unmöglich scheint, etwas Gesichertes zu bekommen. Sie halten uns auf dem Laufenden«, fasste Aumüller zusammen.

»Ja, ja, dann sollen sie uns mal auf dem Laufenden halten. Den Artikel habe ich ohnehin bereits an den Chefredakteur gegeben. Er erscheint nächste Woche.« Lallingers Ton war griesgrämig. Es wurmte ihn, dass sie den Fall nicht wirklich gelöst hatten. Gewiss, sie hatten einen Lynchmord und die Verschwörung eines ganzen Dorfes ans Tageslicht gebracht. Sie hatten den Leichnam von jemandem entdeckt, der fünfundzwanzig Menschen umgebracht hatte. Alles in allem hervorragend, und ihr Artikel würde auch die entsprechende Aufmerksamkeit bekommen ... aber – wer war dieser Mann?

»Wir fahren mit meinem Wagen«, entschied Lallinger und stand auf. Er steckte eine Schachtel Zigaretten in seine Ledertasche und schwang sie sich über die Schulter. »Auf zur nächsten Story!«

Eineinhalb Autostunden später befanden sie sich kurz vor Wolfsham. »Und, sind Sie schon umgezogen?«, fragte Aumüller beiläufig.

Lallinger umklammerte das Lenkrad ein wenig fester. »Nein«, kam es kurz und knapp aus seinem Mund. Aumüllers Tonfall und dieser überhebliche Blick sprachen Bände. *Das muss wohl ein Triumph für dich sein*, ging es Lallinger durch den Kopf, *ebenso gut hättest du sagen können: ›Du bist zwar mein Boss, aber du Versager bist ja nicht einmal fähig, deine Frau zu halten, und jetzt ziehst du auch noch aus deinem eigenen Haus aus, du Idiot.‹* Lallinger hatte Aumüllers Art noch nie gemocht, aber er hatte leider Gottes eine gute Schreibe.

»Wir sind gleich da«, sagte er laut.

»Na, dann wollen wir mal schauen, was aus dem Todeshof geworden ist«, sagte Aumüller und blickte durch die Frontscheibe auf den vor ihnen liegenden Wald.

Nach Wolfsham wäre es den Hügel hinabgegangen. Beidseitig wucherten die Baumkronen über die Straße und verdunkelten das Tageslicht. *Ein Bauernhof mitten im Wald,* dachte Lallinger. *Früher hätte mich diese Abgeschiedenheit wohl depressiv gemacht. Als ich noch getrunken habe, hätte ich mir in einer solchen Umgebung wohl einen Strick genommen und mich am nächsten Baum erhängt. Seltsam, heute könnte ich dieser Einsamkeit sogar etwas abgewinnen. Aber wer weiß, für wie lange. Die Eintönigkeit würde mir wohl auf die Dauer nicht guttun, aber so für ein paar Tage …*

»Wir fahren jetzt einfach die Straße entlang durch den Wald«, sagte er laut. »Soviel ich im Internet gesehen habe, gibt es im Wald nur einen Bauernhof, etwas abseits der Landstraße.«

Aumüller nickte und fragte: »Navi?«

Ja, ja, ich weiß schon, du Schlaumeier, entgegnete Lallinger in Gedanken. »Aber ohne genaue Adresse mit Straßennamen hilft mir das wenig.«

Gegen viertel nach drei tauchte ein Traktor vor ihnen auf. Lallinger fuhr mit gedrosselter Geschwindigkeit hinter ihm her. Die wuchtige Gestalt des Fahrers ruckelte im Rhythmus mit der Maschine, die er lenkte. Am linken Straßenrand erschien ein kleiner Wegweiser mit der Aufschrift »Wolfsöd«. Der Traktor bog in die Abfahrt, die sich zwischen den Bäumen verlor. Die Journalisten folgten ihm. Nach ungefähr dreihundert Metern öffnete sich vor ihnen eine ovale Lichtung. Von da waren es noch fünfzig Meter auf einem Kiesweg zu einem Vierkanthof, der still in der Nachmittagssonne lag.

»Da ist er ja. Wir haben ihn gefunden – auch ohne Navi!«, stellte Lallinger, nicht ohne eine gewisse Genugtuung, fest und konnte sich ein triumphierendes Grinsen nicht verkneifen.

Der Traktorfahrer hatte sich, bevor er in der schmalen Hofeinfahrt verschwand, nach hinten umgedreht, um einen Blick auf den BMW zu werfen, der ihm gefolgt war. Im Rückspiegel hatte er ihn bereits auf der Landstraße gesehen und sich noch gefragt, wieso er seinen kriechenden Trecker nicht überholte. Jetzt war er wohl noch verwunderter, dass ihm die dunkle Limousine bis zum Hof gefolgt war.

»Unsere erste Frage wäre damit beantwortet: Hier leben Menschen, und der Hof wird bewirtschaftet«, sagte Aumüller.

»Stimmt! Aber nur, wenn es auch der ist, den wir meinen. Könnte ja doch sein, dass es hier draußen mehr solche Einöden gibt, von denen wir nichts wissen«, entgegnete Lallinger und deutete nach vorne, »und man hat uns bemerkt.«

Auf der dem Wald zugewandten Rückseite der großen Scheune wucherte wilder Efeu die Holzwand hinauf bis zur Dachrinne. Direkt an der Einfahrt war eine Holzstange in den Boden gerammt, an der in etwa drei Metern Höhe eine elektrische Lampe baumelte. Das herabhängende Kabel verschwand hinter dem Stadel. Gerodete, entastete Bäume lagen aufgeschichtet neben der Straße. Mit seiner schmalen Öffnung zwischen Stall und Scheune erschien der Vierkanthof wie eine schützende Bastion im finsteren Wald. Auch der BMW passierte nun diese Zufahrt.

»Oh, gar nicht mal so klein«, murmelte Aumüller. Der Traktor stand bereits vor dem Kuhstall, und sein dicker Fahrer kraxelte heraus. Aus dem Wohngebäude kam eine Frau mit verwaschener Schürze. Das Parterre bestand aus dunkelroten, unverputzten Ziegeln, der erste Stock aus Holz. Über der Eingangstür befand sich ein kleiner Balkon aus rissigen Bohlen, der anscheinend nicht genutzt wurde.

»Grüß Gott«, hallte es Lallinger und Aumüller über den Hof entgegen, nachdem sie ausgestiegen waren. Der Bauer stapfte mit schweren Schritten und wabbelndem Bierbauch unter einem zu engen Pullover auf sie zu. Die Bäuerin stand vor dem Haus und grüßte nur mit einem zurückhaltenden Lächeln.

»Haben Sie sich verfahren?«, wollte der Hofbesitzer wissen. Er stand nun vor ihnen, rieb sich die Handflächen an seiner schmierigen Hose und streckte ihnen die Rechte entgegen. Die Begrüßung hatte noch sehr abweisend geklungen, aber jetzt, als er in normaler Lautstärke sprach, verlor sich der aggressive Ton seiner Stimme.

Lallinger ergriff als Erster das Wort. »Nein, nein – keinesfalls. Korbinian Lallinger mein Name, und das ist Norbert Aumüller. Wir wollten mit Ihnen und Ihrer Frau sprechen.« Aumüller hielt sich wie gewohnt, wenn auch nicht freiwillig, im Hintergrund.

»Graumann Alois, und das ist meine Frau Rosi.« Der Bauer blickte zu seiner Frau, die nun zaghaft auf sie zukam. Auch sie streckte jetzt ihre Hand zur Begrüßung aus. »Ach ja, sprechen wollen Sie mit uns? Zwecks was denn?«, erkundigte sie sich erstaunt. Ihr Mann trat einen Schritt hinter sie und blickte über ihre Schulter.

»Das ist eine längere Geschichte. Wenn Sie erlauben?« Lallinger streckte sein Kinn auffordernd in Richtung Wohnhaus. Die Bäuerin verstand: »Ach ja – freilich. Kommen Sie nur.« Aus Angst, unhöflich zu erscheinen, bat sie die Fremden unverzüglich und ohne weitere Fragen in ihr Haus.

Der Bauer ging hinter den dreien her und nuschelte vor sich hin: »Jetzt bin ich aber mal gespannt, was los ist.« Neben der Haustüre grinste die Besucher ein kleiner Gartenzwerg mit Gießkanne an.

»Sie kriegen hier draußen wohl nicht viel Besuch, oder?«

»Nein, eigentlich nicht. Wir leben hier ganz abgeschieden.«

»Kinder?«, erkundigte sich Aumüller.

»Unsere Größte ist schon ausgezogen, und der Max ist grad in der Nachhilfe. Aber wieso fragen Sie das, und was möchten Sie jetzt eigentlich von uns?« Der Bauer baute sich demonstrativ neben seiner Frau auf.

Lallinger lächelte: »Verzeihen Sie, wir erscheinen wohl sehr neugierig und unhöflich. Wir werden Ihnen alles erklären ...«

»Na, dann kommen Sie mal rein«, sagte der Hofbesitzer und bat sie aus dem steril wirkenden Gang mit Steinfliesen und weißen, kahlen Wänden, der ebenso der Eingang in eine Gaststätte hätte sein können, in die niedrige Wohnküche. Es roch nach abgestandenem Essen und Reinigungsmitteln, sozusagen ein deftiger Geruch mit Fliedernote.

Der Raum war durch Fliesen und Teppichboden optisch in Küche und Wohnbereich getrennt. Die Küche war alt, aber blitzblank. Nichts stand auf der ausgebleichten Arbeitsfläche. Einziges Indiz, dass sie tatsächlich genutzt wurde, war ein gusseiserner Topf auf der Ablagefläche der Spüle. Doch als die Bäuerin ihn stehen sah, eilte sie durch den Raum und verstaute ihn in einem der Hängeschränke.

Der Wohnbereich erschlug die beiden Besucher mit Details. Überall unterschiedliches Holz. Eine Anrichte aus Eiche stand neben dem großen Esstisch aus nachgedunkelter Kirsche. Wo Platz war, waren kleine Tänzerinnen, Wetterfiguren und ähnlicher Krimskrams aus Glas, Porzellan und Holz aufgestellt. Das abgewetzte Biedermeiersofa hatte in der Mitte eine große Delle. Kein Wunder, bei diesem Koloss von Mann – Aumüller grinste in sich hinein.

Unterhalb der beiden Fenster zum Hof stand eingezwängt eine Eckbank. Damit die Journalisten Platz nehmen konnten, schob der Bauer den Esstisch hilfsbereit etwas zur Seite. Aumüller fühlte sich beengt. Das Tischbein rieb an seinem Oberschenkel, und überhaupt mochte er diese Umgebung nicht.

Lallinger jedoch fühlte sich wohl. *Endlich mal normale Leute mit Anstand, nicht so geschleckt*, dachte er mit einem Seitenblick zu Aumüller.

»Ich mach uns ein Licht«, sagte Frau Graumann. »Draußen wird's ja schon langsam finster.« Der ausladende Lampenschirm über dem Tisch spendete behagliches, gelbes Licht. Fast hätte sich Lallinger den Kopf daran gestoßen, als er vorgebeugt auf die Bank gerutscht war.

»Also, um was geht's jetzt?«, fragte der Bauer und lehnte sich über den Tisch. Seine Frau servierte Kaffee und Gugelhupf. Sie erklärte, sie habe immer welchen in der Speisekammer unter einem Leinentuch stehen.

»Wir sind die Journalisten, die bezüglich der Blutnacht von 1920 recherchiert haben. Haben Sie davon gehört?«

»So«, sagte Alois Graumann mit scharfer Stimme und lehnte sich zurück. »*Sie* sind das also, die Tote ausgraben lassen. Sie haben sich unten im Dorf keine Freunde gemacht, das kann ich Ihnen sagen.« Zwischen seinen Augenbrauen erschien eine tiefe Falte.

Lallinger schaute etwas hilflos drein: »Ähm …«

»Keine Angst«, unterbrach der Bauer seinen Besucher, bevor der sich rechtfertigen konnte. »Mir sind die da unten egal. Sie lassen mich in Ruh und kaufen mir mein Holz ab. Mehr möcht ich nicht …«

Seine Frau stieß einen tiefen Seufzer aus. »Wenn sie dir wenigstens einen anständigen Preis zahlen täten! Aber du, du lässt dich ja immer übern Tisch ziehen.« Sie trat hinter ihren Mann und strich ihm liebevoll über die Schultern, während sie die Besucher ansah. Der Hausherr mit seinen Hängebacken und dem unschuldigen Blick hatte etwas liebenswert Naives an sich.

»Also, was mögen Sie denn jetzt von uns?«, fragte Rosi, nachdem jeder Kaffee und Kuchen vor sich auf dem Tisch stehen hatte. Lallinger erzählte von den Gesprächsprotokollen über die Blutnacht und erwähnte die Aussage der Lieselotte Vorholzer. »… die Geschichte des Kastel-Bauern, kennen Sie die?«

Alois Graumann senkte den Blick und schwieg. Seine Frau stand abrupt auf, obwohl sie sich eben erst gesetzt hatte, ging in die Küche und begann, Wasser in die Spüle einzulassen. Ihr Mann saß da und kratzte sich am Hinterkopf.

»Komm doch wieder retour«, sagte er in ihre Richtung.

»Es ist deine Familie, ich halt mich da raus.« Ihre Stimme klang genervt. Die zwei Münchener saßen still am Esstisch. Solche Situationen hatten sie aufgrund ihrer berufsbedingten Neugier schon öfter erlebt, und jetzt wussten sie, dass sie sich zweifellos auf dem richtigen Bauernhof befanden.

»Es hat aber nix mit dem Toten zu tun, den man gefunden hat, oder?« Er beugte sich wieder nach vorne und legte seine mächtigen Unterarme auf die Tischplatte.

»Nein, nein, keine Angst. Diese Geschichte ist abgeschlossen. Leider nicht ganz so, wie ich es mir gewünscht hätte. Aber egal! Jetzt geht es um diesen Hof hier.«

Der Bauer rutschte auf dem Stuhl herum, bis er sich halbwegs zu seiner Frau umdrehen konnte. »Jetzt komm schon her, Rosi. Es hat ja auch nix mit derer Leich zu tun, die sie gefunden haben.« Seine Stimme war sanft und versöhnlich. Dann wandte er sich wieder seinen Besuchern zu. »Wissen Sie, die nimmt's mir halt immer noch übel, dass ich ihr von der Geschichte erst *nach* unserer Hochzeit erzählt hab«, er wurde ein bisschen rot und lächelte verlegen, »und das seit dreiundzwanzig Jahren, stellts euch das mal vor.«

»Ich hätt dich auch so geheiratet …«, zischte sie, quetschte den Schwamm aus und warf ihn in das Spülbecken.

Die Journalisten waren schon darauf gefasst, Zeugen eines heftigen Ehestreits zu werden, doch stattdessen kam Rosi zurück und grinste. »Weil du mein großer Brummbär bist«, sagte sie und tätschelte ihm die speckigen Wangen. Er strahlte sie an und erinnerte dabei an einen Dackel, der mit wedelndem Schwanz auf seinen Lieblingsknochen wartet.

Aumüller verdrehte die Augen. Lallinger grinste, weil er wusste, dass dieses ländliche Idyll zu viel war für seinen versnobten Kollegen mit seinen elitären Yuppiefreunden. Lallinger schob sich genüsslich etwas Gugelhupf in den Mund.

»Wir streiten ab und zu – ja. Aber wir lieben uns, und die viele Arbeit schweißt uns zusammen. Wurscht, was vor unserer Zeit da passiert ist. Ich wär auch so zu ihm aufn Hof gezogen. Ich war bloß sauer, weil er mir das verheimlicht hat. Ich mag keine Geheimnisse!«

»Ich ja auch nicht«, fügte Alois eilig dazu. »Setz dich her zu uns.« Rosi nahm wieder Platz.

»Aber ich halt mich da heraus! Die Dinge gehen bloß den Alois was an. Auch wenn ich seine Frau bin ...«

Lallinger ließ seinen Blick erneut durch den Raum schweifen. Ein Holzkreuz in der Ecke, eine kleine Maria aus Porzellan auf der Anrichte, selbst geknüpfte Wandteppiche. Diese Frau war häuslich, fleißig und vermutlich ebenso ehrlich wie ihr Mann, nur nicht ganz so gutgläubig und naiv – und fünfzig Kilo leichter, schlussfolgerte er.

»Was hat denn diese Lieselotte Was-weiß-ich über unsern Hof erzählt?«, wollte der Hausherr wissen.

Lallinger griff in seine Ledertasche, die er neben sich auf die gepolsterte Holzbank gestellt hatte. Er holte die Fotokopie des besagten Protokolls hervor und schob sie über den Tisch: »Lesen Sie selbst.«

Die Graumanns beugten sich gemeinsam mit gerunzelter Stirn über das Blatt Papier. Alois bewegte beim Lesen lautlos seine Lippen, während Rosis Gesicht langsam erstarrte. Minuten vergingen ...

Es war schon fast Abend, und draußen hatte es bereits zu dämmern begonnen. Der Bauer ließ sich gegen die Stuhllehne fallen. Auf seinem Gesicht lag jetzt ein Schatten. Er strich sich über den Hinterkopf, atmete tief durch und verschränkte dann die Arme. »Ich hab gemeint, dass alle, die die Geschichte noch kennen könnten, längst hin sind. Und die, die's vielleicht noch von ihren Großeltern erzählt gekriegt haben, interessiert's schon lang nimmer. Wissen Sie, über so was redet man nimmer – schon zu lang her.«

»Wir würden gerne darüber schreiben.«

»Ach ja? Warum?«

»Weil es eine interessante Geschichte ist. Aber natürlich, ohne Ihre Namen zu erwähnen – und auch nur mit Ihrer Zustimmung«, erklärte Lallinger.

Die brauchen wir allerdings nicht, ich zumindest! Aber du musst mal wieder einen auf höflich machen, dachte Aumüller.

»Aber was möchten Sie denn jetzt eigentlich von uns wissen?«

»Wie ich sehe, kennen Sie ja die Gruselgeschichte über diesen Hof bereits. Wir möchten wissen, ob Sie uns dazu Auskunft geben können und wie Sie in den Besitz gekommen sind.«

Der Bauer kratzte sich abermals am Hinterkopf.

»Haben Sie sonst schon irgendeine Nachforschung in der Sache unternommen?«, erkundigte sich seine Frau.

»Nein, überhaupt nicht. Wir stehen noch am Anfang. Wir haben nur das Papier, das auf dem Tisch liegt und – und jetzt sind wir hier bei Ihnen.«

»Wissen Sie, die Geschichte ist ja eigentlich kein Geheimnis. Es hat sich bloß noch nie einer dafür interessiert, und ich weiß nicht, was ich davon halten soll, dass Sie die jetzt wieder aufwärmen«, meinte der Bauer nachdenklich.

»Das musst *du* wissen, sonst keiner«, sagte seine Frau. Dann wandte sie sich an Lallinger: »Aber ich glaub, schreiben tun Sie was darüber, oder? Sie wären ja wohl die ersten Zeitungsfritzen, die um Erlaubnis fragen.«

Lallinger zögerte, während Aumüller der Frau direkt ins Gesicht sah: »Natürlich wäre es uns anders lieber, aber wenn es nicht anders geht ... verstehen Sie? Wenn eine Geschichte gut ist!«

Lallinger schaute ihn scharf an, entspannte sich dann aber wieder. Sein Kollege hatte ja eigentlich recht. So war ihr Job nun einmal! Doch er wollte es lieber auf die harmonische Art versuchen statt auf die harte Tour.

»Hab ich's mir doch gedacht.« Sie klang ernüchtert.

»Wissen Sie, ein paar Alte im Dorf könnten die Geschichte sogar noch aus Erzählungen kennen«, sagte ihr Mann. »Früher, in den Vierziger- und Fünfzigerjahren, hat die ein jeder in Wolfsham gekannt. Bloß ab einem gewissen Zeitpunkt redet einfach keiner mehr davon, weil – was gibt's auf Dauer, was man immer wieder über die gleiche Sach sagen soll? Verstehen 'S, wie ich mein?«

»Und wieso dann in den Vierzigern und Fünfzigern? Jetzt bin ich etwas verwirrt. Wir beginnen wohl am besten ganz von vorne.« Lallinger zog seinen Notizblock aus der Ledertasche und legte sich einen Kugelschreiber zurecht. Aumüller dagegen stellte ein Diktiergerät auf den Tisch. Lallinger mochte diese Dinger nicht. Sie hielten die Leute nur davon ab, frei zu sprechen. Also nahm er das Teil und legte es beiseite. »Ich denke, das brauchen wir nicht.«

Aumüller war wie immer brüskiert, wenn Lallinger das tat, bestand aber um des lieben Friedens willen nicht darauf.

»Was meinst denn du, Rosi, soll ich alles erzählen?« Der Bauer lehnte sich wieder nach vorne und griff nach ihrem Unterarm.

»Hm ... ich weiß doch auch nicht. Aber wenn die Herren schon drüber schreiben – und das werden die ja sowieso, haben sie gesagt – dann sollt's wenigstens die Wahrheit sein und keine erfundenen Geistergeschichten. Und die Wahrheit kennst du am allerbesten.«

»Ja, schon, aber auch bloß von den Geschichten von meinem Vater.«

»… und denk an die Briefe«, ergänzte sie.

Der Bauer verzog den Mund, während es Lallinger kaum auf der Bank hielt: »Briefe, welche Briefe?«

»Langsam, langsam. So weit sind wir noch lang nicht«, dämpfte der Hausherr seine Euphorie. »Ja, es gibt Briefe und Testamente, sogar ein Gerichtsurteil. Aber bevor ich Ihnen alles erzähl, möcht ich zuerst wissen, wie 's Ganze abläuft, wenn ich mit Ihnen geredet hab.« Er drückte sanft den Arm seiner Frau. »Das ist doch richtig so, Rosi, dass ich das frag, oder?« Dieser Berg von einem Mann wirkte, selbst wenn er misstrauisch und erregt war, unsicher und hatte etwas Kindliches. Lallinger dachte beim Anblick des ungleichen Paares unwillkürlich an sich und seine Frau Elvira.

»Soll ich?«, fragte Aumüller.

»Wie? Ach ja, ja gerne, reden Sie nur.« Lallingers Gedanken waren gerade zu seiner eigenen Hochzeit abgedriftet.

Aumüller erklärte, dass bei einer Veröffentlichung nur der Landkreis, aber kein Ortsname und schon gar nicht die Namen genannt würden.

»Dann wissen's sowieso allesamt. So viele Hofstellen auf einer Lichtung im Wald gibt's ja nicht in unserm Landkreis«, entgegnete der Bauer. Seine Frau nahm seine Hand. »Ich halt zu dir, egal, was die Leut sagen.«

Lallinger und Aumüller waren höchst erstaunt über die Offenheit und Gutmütigkeit des Paares. Andere hätten die beiden Reporter vermutlich längst mit der Mistgabel vom Hof getrieben. Nicht so Alois und Rosi Graumann.

Plötzlich sprang die Bäuerin auf. »Mei, der Max! Ich ruf kurz an, dass wir ihn später holen, und frag, ob er da Brotzeit machen kann. Die Karin wird sicher nix dagegen haben.« Die Nachhilfe für Max erteilte der Sohn eines befreundeten Ehepaars, der aufs Gymnasium ging und Max sicher durch die Realschule bringen sollte.

Rosi kehrte an den Tisch zurück. »Ich hol ihn erst um zehn ab. Die Karin hat gesagt, dass das überhaupt kein Problem ist.«

»Also, wo soll ich beginnen?« Das Gesicht des Bauern glänzte vor Aufregung.

»Am besten ganz von vorne. Wenn Sie darüber Bescheid wissen, dann ab 1877, wie in dem Protokoll beschrieben.«

Alois räusperte sich laut. »Die Frau, die sie 1877 mit aufgeschnittenem Bauch aufm Hof gefunden haben, war meine Ururoma, und ihr toter Bub mein Urgroßonkel.«

Die Köpfe der beiden Journalisten stießen fast an den Lampenschirm, so weit beugten sie sich nach vorne, näher zu Alois hin.

»Die Geschichte über den unbekannten Wanderer, das Kartenspiel und alles war so, wie's auf Ihrem Zettel da steht. Allerdings war der Wanderer kein böser Mensch, der hat bloß Glück gehabt und wollt seine Chance auf ein neues Leben nutzen. Warum meine Ururoma aber aufn Hof retour ist und den geheiratet hat, weiß ich nicht. Ob's Liebe war oder ob die bloß wieder an den Hof hat kommen wollen – keine Ahnung! Ist ja heut auch wurscht, oder? Aber 's war schon so, dass sich ihr Vater aus Verzweiflung über den verlornen Hof aufgehängt hat und ihre Mutter kurz drauf im Bett gestorben ist ...«

Lallinger unterbrach ihn: »Aber wie geht das, dass Sie miteinander verwandt sind? Es wurden doch alle umgebracht, und der Ehemann, der sie getötet hatte, war geflohen.«

»Ach Blödsinn – ja, der hat sich danach ausm Staub gemacht, aber der hat niemand umgebracht, das waren andere ...« Er machte eine Pause und wischte sich kleine Schweißperlen von der Stirn. Im Hintergrund war das Ticken einer Standuhr zu hören. Lallinger platzte fast vor Neugier. »Aber wie?«, forderte er Alois auf, weiterzusprechen.

»Es hat Ende der Vierzigerjahre eine Gerichtsverhandlung deswegen gegeben. Aber ich soll doch der Reih nach erzählen, oder?«

»Ja – ja, entschuldigen Sie, fahren Sie bitte fort«, sagte Lallinger, unterbrach den Bauern aber gleich darauf mit der Frage, ob er auch von der Geschichte über einen angeblichen Werwolf wisse. Alois antwortete, dass er von diesem Unfug gehört habe. Es sei damals auch tatsächlich ein Bauer in der Thomasnacht 1868 ums Leben gekommen, aber dass dies mit Werwölfen oder sonstigen Spukgeschichten zu tun habe, glaube er nicht. Er kenne dieses Ammenmärchen auch nur aus Gesprächen im Wirtshaus. Und dann begann er mit seiner Schilderung im Jahre 1875 ...

An jenem Abend war ein Fremder im Wirtshaus eingekehrt und hatte sich dem Kartenspiel der einheimischen Bauern angeschlossen. Der hohe Einsatz jener gut situierten Spielergruppe schreckte den Fremden nicht ab, doch der unglückselige Hans Kastel verspielte unter den Augen seiner Nachbarn sein ganzes Hab und Gut. Es ging um nichts Geringeres als einen großen Hof inmitten einer Waldlichtung nahe Wolfsham. Gewinner war der fremde Wanderer.

Obwohl man Franz Graumann, so hieß der neue Eigner, im ganzen Dorf Argwohn entgegenbrachte, bestand er auf seinem Gewinn und vertrieb den Bauern samt dessen Frau und deren einziger Tochter. Ein Jahr später erhängte sich der gedemütigte Verlierer am Jahrestag des Kartenspiels. Wenige Tage darauf folgte ihm seine Frau in den Tod. Sie wachte eines Morgens einfach nicht mehr auf.

Die Tochter, also die Ururgroßmutter des jetzigen Hofbesitzers, kehrte auf das ehemalige Anwesen ihrer Familie zurück. Franz Graumann hatte ihr einen Heiratsantrag gemacht, den sie annahm. Was die tatsächlichen Gründe hierfür waren, konnte man nur vermuten. Vielleicht Einsamkeit oder Geldnot, Liebe jedenfalls war aus damaliger Sicht wohl die letzte aller möglichen Erklärungen. Ein guter Grund war jedoch, dass sie als Graumanns Ehefrau nicht nur in ihr früheres Zuhause zurückkonnte, sondern dass mit ihren Kindern der Hof zurück in ihre Familie fallen würde.

Kurz nach der Heirat erwartete sie ein Kind, was nach dem Selbstmord des alten Bauern das Fass schließlich zum Überlaufen brachte. Das Dorf wurde für das Paar mehr und mehr zum Hexenkessel. Der neue Nachbar wurde beschimpft und bedroht. Und wie bereits acht Jahre zuvor, als sie 1868 einen Mann, der angeblich zum Wolf wurde, umgebracht hatten, nahm dieselbe Gruppe tatkräftiger Männer erneut die Sache in die Hand. Dass es sich bei Hans Kastel um einen der Ihren handelte, machte sie umso entschlossener. Doch der eingeschworene Kreis zählte 1876 nicht mehr acht, sondern nur noch sechs Männer.

Als der Bauer dies erzählte, überflog Lallinger nochmals Lieselotte Vorholzers Aussage. »Aha, das passt zusammen. Hans Kastel hat 1876 Selbstmord begangen, und ein anderes Mitglied der Gruppe hatte sich schon 1870 von ihnen losgesagt, und zwar jener Johannes Vorholzer, den bittere Schuldgefühle plagten, weil die Werwolfgeschichte vermutlich nur erfunden war, um einen Mord zu rechtfertigen. Er predigte seither diese seltsame Prophezeiung und sprach nach der Kastel-Tragödie dann davon, dass das erste Mitglied ihres Bundes bereits seine gerechte Strafe erhalten habe und dessen Tochter nun ein Kind des Teufels in sich trage.«

»Ja, das mag schon sein. Jedenfalls waren die bloß noch zu sechst, soviel wie ich weiß«, beendete der Bauer Lallingers Exkurs. Er wollte seine Geschichte weiter erzählen. Es war selten, dass ihm jemand so gebannt zuhörte wie in diesem Moment. Nicht einmal die Rosi war eine so aufmerksame Zuhörerin, wenn ihr Mann das Wort ergriff.

Der Hass auf ihren neuen Nachbarn und die Angst, dass sich mit dem Selbstmord von Hans Kastel tatsächlich Vorholzers Prophezeiung zu erfüllen begann, kamen zusammen, und so stellten die sechs Bauern Graumann ein Ultimatum: Bis zum Dreikönigstag sollte er den Hof verlassen haben. Obwohl seine Angetraute eine von ihnen war, forderten sie auch ihr Verschwinden. Sie hatte sich mit dem Mörder ihrer Eltern eingelassen, und man beschimpfte sie als Teufelshure.

Das Ultimatum interessierte den neuen Hofbesitzer nicht sonderlich. Franz Graumann bestand auf seiner Chance, ein neues Leben als Hofbesitzer, Ehemann und Familienvater führen zu können.

Nach dem Dreikönigstag im Januar 1877 machten sich die sechs Männer aus dem Tal auf und wanderten zur Lichtung.

Bis dahin stimmte alles mit der Aussage von Lieselotte Vorholzer überein, doch der Rest der Geschichte verlief anders. Nicht der Teufel und auch nicht der Ehemann schlitzten der Frau den Bauch auf und erstickten das Neugeborene, sondern der Mob aus dem Dorf wütete auf dem Hof.

Sie beschuldigten die Bauerstochter der Unzucht mit dem Teufel und töteten sie und ihr Kind im Namen Gottes und aus Rache für den erhängten Bauern. Anschließend erschlugen sie den Hofhund und töteten das Vieh im Stall. Den neuen Hofbesitzer konnten sie jedoch nirgends finden, sonst hätte auch er an diesem Tag sein Leben verloren. Stattdessen bot seine Abwesenheit die Möglichkeit, ihn des Mordes an seiner Frau und seinem Kind zu beschuldigen.

Franz Graumann entging der wilden Jagd nur, weil er an diesem Tag nach München zu einem Arzt gereist war – mit seinem zweiten Kind, das lungenkrank war. Dass seine Frau auf dem abgelegenen Hof Zwillinge zur Welt gebracht hatte, wusste im Dorf niemand. Als Franz mit seinem Sohn nach Hause zurückkehrte, wehte ihm der Gestank des Todes entgegen. Er wusste, dass dies die Tat der Bauern aus dem Dorf war und sie auch ihn erschlagen hätten, wenn sie ihn angetroffen hätten. Deshalb flüchtete er mit dem Neugeborenen in die Stadt und kehrte niemals nach Wolfsham zurück. Von da an war der kartenspielende Tagelöhner und vorübergehende Hofbesitzer, Ehemann und Vater ein gesuchter Mörder auf der Flucht.

In München besorgte er sich auf dem Schwarzmarkt neue Papiere und zog unter dem neuen Namen Hubert

Speck seinen Sohn Ludwig alleine groß.

»Ich werd verrückt! Ein Zwilling, von dem keiner wusste!« Lallinger schlug voller Begeisterung mit der flachen Hand auf die Tischplatte – und entschuldigte sich sofort dafür, weil Alois Graumann erschrocken zusammenzuckte. Doch genau solche Momente genoss Lallinger, und es störte ihn eigentlich nicht, wenn andere das mitbekamen. Aumüller hingegen ließ sich keine Gefühlsregung anmerken. Er zog lediglich die Augenbrauen hoch und fragte interessiert: »Wirklich?«

Nachdem der Bauer sich von seinem Schrecken erholt hatte, berichtete er weiter.

Franz Graumann alias Hubert Speck starb 1914 an einer Lungenentzündung in München. Der gerettete Zwilling, Ludwig, also der Urgroßvater des heutigen Hofbesitzers, war zu diesem Zeitpunkt ein Mann von achtunddreißig Jahren. Mittlerweile war auch er verheiratet, und erst auf dem Sterbebett seines Vaters erfuhr er von dieser Geschichte. Vorsorglich hatte der Sterbende auch einen Brief sowie ein Testament verfasst. Fest entschlossen, für Gerechtigkeit zu sorgen, kam ihm die Weltgeschichte in die Quere. Ludwig wurde zum Dienst im bayerischen Infanterieregiment verpflichtet und zog im selben Jahr noch in den Ersten Weltkrieg.

1918 kehrte er als verbitterter und gebrochener Mann nach München zurück. Er kämpfte noch lange nach Kriegsende mit einer Verwundung, die ihm in Frankreich beigebracht worden war. Er hasste sein Leben und konnte sich mit der Armut, in der seine Familie lebte, nicht abfinden. Irgendwann verschwand er spurlos. Auf dem

Küchentisch seiner Münchener Wohnung hinterließ er jedoch einen Abschiedsbrief, in dem er seinen Selbstmord ankündigte, und ein Testament für seine Frau und seinen damals sechsjährigen Sohn Friedrich, Alois' Großvater.

»Haben Sie die Briefe und die Testamente noch?«, wollte Aumüller wissen. Alois nickte bedächtig. Am Ende seiner Erzählung würde er sie holen, kündigte er an. Lallinger strahlte. *Eine gute Geschichte – schon die zweite in Wolfsham,* dachte er sich. Seltsam, aber Hauptsache, er erfuhr das Ende der Geschichte. »Wie kamen Sie dann in den Besitz des Hofes?«, fragte er.

Nach dem grausamen Gemetzel, das auf dem Hof im Wald stattgefunden hatte, war niemand bereit, ihn zu bewirtschaften. Mutter und Kind wurden beigesetzt, doch die Kadaver der Tiere verfaulten im Stall, die Gebäude verfielen und Wald und Felder lagen brach und verwilderten. Es gab nur eine Verwandte der Familie Kastel in München: eine alte Jungfer, die jedoch an einem eigenen Bauernhof wenig Interesse hatte, umso weniger, als sie erfuhr, was sich dort zugetragen hatte. Ihn zu verkaufen, brachte sie allerdings auch nicht übers Herz.

Friedrich kämpfte schließlich für den Kastelschen Besitz, allerdings erst nach der Nazizeit und dem Zweiten Weltkrieg. Erst da beschäftigte er sich mit den Dokumenten seines Vaters, die er als Sechsjähriger nicht zur Kenntnis genommen hatte, und erfuhr aus ihnen seinen richtigen Familiennamen. Sein Großvater, der Kartenspieler, hatte also eigentlich Graumann geheißen. In den späten Vierziger- und frühen Fünfzigerjahren setzte

Friedrich alle Hebel in Bewegung, um den Hof zurückzubekommen. Er legte die Briefe, die Testamente und eine Menge anderer Unterlagen vor. Es gab Gutachten, Gerichtsverhandlungen und viel Ärger.

In der Nachkriegszeit hatte man jedoch andere Probleme, als einen Mordfall vom Januar 1877 aufzuklären. Also wurden diesbezüglich auch keine weiteren Untersuchungen durchgeführt. Außerdem wäre die Erbfolge, selbst wenn der Ururgroßvater des heutigen Bauern seine Frau und eines seiner Kinder tatsächlich getötet hätte, dieselbe geblieben. In der zweiten Instanz sprach das Gericht Friedrich Graumann den Grundbesitz mitsamt dem verfallenen Hof zu. Der riss die alten Gebäude ab, baute alles neu auf und bewirtschaftete die Felder.

»Jetzt wissen Sie, wie ich an den Hof gekommen bin: Mein Opa hat ihn meinem Vater übergeben und der ihn hernach an mich.«

»Könnten wir die Briefe sehen?«

Mit einem heftigen Schnauben erhob sich der Bauer und ging hinaus. Nach ein paar Minuten kehrte er mit einem dicken Aktenordner in die Wohnküche zurück. Darin befanden sich alle Unterlagen, bis hin zu den Gerichtsurteilen, akkurat sortiert und bestens erhalten. Das müsse auch so sein, erklärte Alois, denn wenn man unter solchen Umständen an Haus und Hof gekommen sei, müsse man alle Belege sorgfältig hüten. Man könne ja nie wissen, ob nicht doch noch einer komme, um einem Grund und Boden streitig zu machen.

Lallinger war begeistert von dieser lückenlosen Aufklärung, doch aushändigen mochte der Bauer ihm die Schriftstücke nicht. Das Ehepaar bot aber an, selbst Kopien anfertigen zu lassen, die sich die Journalisten dann zwei Tage später abholen könnten.

»Ein echter Glücksfall, dass die beiden nicht so verstockte Bauern sind. Hätte auch anders laufen können.«

Lallinger nickte, während er den BMW durch den dichten Nebel lenkte. Die Scheinwerfer warfen grelle Lichtkegel in die milchige Suppe. Dann sagte er: »Mit beiden Geschichten! Die Stadler war auch sehr aufgeschlossen. Wir mussten ihr nur einen kleinen Schubs geben und auf die Sprünge helfen.«

Dann schwieg er wieder und hing seinen Gedanken nach: *Die arme Frau hatte ihr ganzes Leben mit diesen Morden zu kämpfen. Sie war doch noch ein Kind – einfach unverantwortlich.*

Plötzlich verschwand die Müdigkeit eines langen Tages aus seinen Gliedern. »Moment mal!«, rief er und machte eine Vollbremsung. Die Landstraße war feucht, und der Wagen geriet ins Schleudern, bevor er zum Stehen kam. Aumüllers Oberkörper schnellte auf dem Beifahrersitz nach vorne, und der Sicherheitsgurt schnitt in seine rechte Schulter. »Was ist los?«, fragte er. *Du Idiot,* dachte er.

»Wir müssen zurück. Ich will noch mal was nachsehen.«

»Was ist denn los?«, wollte Aumüller erneut wissen.

»Seien Sie jetzt bitte still und lassen Sie mich denken ...«

Lallinger fuhr wieder zurück durch den Wald. Über der Straße schimmerte der Mond durch die Baumwipfel. Als sie auf der Kiesstraße über die Lichtung fuhren, ging plötzlich die Lampe auf der Holzstange neben der Scheune an – ein Bewegungsmelder sorgte dafür, dass sie den Hof nicht verfehlten.

Lallinger saß auf dem Balkon seines Hotelzimmers. Es war gegen neun Uhr am Abend, und auf dem kleinen Tisch standen ein Glas Weißwein und ein voller Aschenbecher. Daneben lag ein Umschlag. Er hatte sich die Nachricht direkt ins Hotel faxen lassen, und der Portier hatte das Fax in ein Kuvert gesteckt. Auf diese Informationen wartete Lallinger bereits seit Wochen.

Er blickte auf die schneebedeckten Gipfel, die vom dritten Stock des Hotels zum Greifen nahe schienen. Sie glitzerten im Mondlicht, und die Sterne funkelten am klaren Nachthimmel.

Elvira hatte ihn gebeten, endlich auszuziehen, und diese Bitte war für ihn Anlass genug, sich Urlaub zu gönnen. Er brauchte Abstand, und – »Wieso nicht die bayerischen Alpen!« – so war er nach Berchtesgaden gefahren und hatte sich spontan entschlossen, am Königssee zu übernachten.

Zum ersten Mal in seinem Leben war er nicht einfach nur mit seinem Wagen vorbeigebraust, sondern hatte Watzmann und Jenner in der purpurroten Morgendämmerung betrachtet. Er war selbst überrascht, dass er heute so früh den Drang verspürt hatte, das Bett zu verlassen. Zu Hause hätte er um diese Tageszeit seinen Wecker verwünscht. Gestern hatte er das Boot nach St. Bartholomä genommen und die Hand in das eiskalte blauschwarze Wasser des Sees gehalten. Diese Ruhe, diese Stille, diese Naturgewalten ... er war fasziniert gewesen. *Hier bekommt man den Kopf von bösen Gedanken frei.*

Den Sonnenuntergang des heutigen Tages verbrachte er allein auf dem Balkon und starrte in die Ferne. *Ich muss einige Dinge in meinem Leben ändern!*

Nun schaute er auf den Umschlag. Eine Stunde war es jetzt her, dass ihm die Nachricht vom Hotelpersonal aufs Zimmer gebracht worden war. Er nippte an seinem Weißwein und zündete sich eine Zigarette an. Dann endlich riss er das Kuvert auf. Der Absender war Prof. Dr. Rupert Mailer, München, und es folgten mehrere Seiten Text. Doch Lallinger spähte nur nach einem Wort, einem Ja oder einem Nein! Als er fand, was er suchte, schloss er die Augen. *Ich wusste es! Arme Maria Stadler – ein Leben voller Gedanken an das Böse und Ängste vor dem Teufel ... unnötige Verschwendung!*

Zugleich war die Hoffnung auf eine zweite Geschichte damit gestorben – denn aus zwei Ansätzen wurde eine Lösung. Die Identität der Gebeine war nun geklärt und der Täter, neunundachtzig Jahre nach seinem Tod, identifiziert. *Aumüller wird in die Tischkante beißen, weil nicht er, sondern ich dahinterkam.* Lallinger schmunzelte.

Nachdem sie zurück auf den Bauernhof gefahren waren, hatte er dort nochmals einen Blick auf die Briefe geworfen, die er kurz vorher nur flüchtig durchgeblättert hatte. Tatsächlich interessierte ihn jedoch nur einer: der Abschiedsbrief des Weltkriegsveteranen, in welchem er seinen Selbstmord ankündigte. Als Lallinger das klein gekritzelte Datum überprüfte, war er in seiner Vermutung bestätigt: *4. Dezember 1920. Ein Tag vor der Blutnacht!*

Dann stellte er zwei Fragen an den Bauern: Er wollte wissen, welche Verletzungen sein Urgroßvater im ersten Weltkrieg erlitten hatte und ob er einer Blut- und Haarprobe zustimmte?

Die Puzzleteile ergaben ein Bild: In den Schützengräben Frankreichs wurde sein Urgroßvater verwundet. Im Kampf Mann gegen Mann stieß ihm sein Gegner ein Bajonett durch den Hals, wodurch er seine Stimme verlor. Das hatte Alois von seinem Großvater erfahren, als er noch ein kleiner Bub war. Und Maria Stadler hatte den Journalisten erzählt, dass dem Täter bei seiner Hinrichtung kein Wort über die Lippen kam. Es war, als ob er sich seinem Schicksal ohne Gegenwehr ergebe. Er schien nichts mehr zu verlieren zu haben!

Die Blutnacht von Wolfsham war die Tat eines stummen Weltkriegsveteranen! Das Töten hatte er bereits auf den Schlachtfeldern in Frankreich gelernt. Er rächte sich an den Hinterbliebenen des Mobs, der seinen Zwillingsbruder und seine Mutter ermordet hatte. Die Verbitterung über den Verlust seiner Stimme und seine bedrückende Armut hatten wohl seinen Drang nach Rache verstärkt. Wäre er glücklich, gesund und wohlhabend gewesen, wer weiß, vielleicht hätte er die Sache auf sich beruhen lassen.

Die Namen der beteiligten Männer hatte er vermutlich 1914 am Sterbebett seines Vaters erfahren. Er tötete nicht wahllos, wie es den Anschein hatte – nur wer sich auf den betreffenden Bauernhöfen aufhielt, wurde das Opfer seiner Rache.

Am Tag zuvor hatte er München in der Gewissheit verlassen, niemals zurückzukehren. Hätten seine Verfolger ihn nicht getötet, hätte er vermutlich tatsächlich Suizid begangen. Soweit Lallingers Theorie, die er aus den offensichtlichen Fakten konstruierte. Den Beweis sollte eine DNA-Analyse der gefundenen Knochen liefern, die man mit der Haar- und Blutprobe von Alois Graumann abgleichen konnte.

Den Befund hielt Lallinger nun in der Hand: ein Verwandtschaftsverhältnis dritten Grades der direkten Blutlinie.

Lallinger starrte auf die bewaldeten Berge vor dem Hotel. Der Schrei eines wilden Tieres war zu hören – Angst einflößend und gewaltig wie das Gebirge vor ihm. Es fuhr ihm durch Mark und Bein. Er konnte es weder als Heulen noch als Brüllen einordnen. Es klang wie eine Mahnung, eine Botschaft: *Ich bin hier und warte auf dich, wenn du mich suchst. Doch ich rate dir, mich in Frieden ziehen zu lassen.*

Vielleicht war es aber auch nur ein Wolfshund aus der Nachbarschaft, und Lallingers Weinkonsum machte ihn empfänglich für solche Deutungen. Seit er trocken war, hatte er keinen Tropfen mehr getrunken – bis zu diesem Abend.

Doch jener undefinierbare Schrei schickte seine Gedanken auf eine Reise. Er erinnerte sich an die Prophezeiung von Johannes Vorholzer. Was 1868 wirklich geschah und ob man mit der Geschichte vom Werwolf einen Mord gerechtfertigt hatte, würde er nicht mehr herausfinden. Die Archive, in denen Lallinger recherchiert hatte, verzeichneten den Tod eines Bauern am Thomastag 1868. Jedoch kam der laut Akten bei dem Versuch, seine brennende Scheune zu löschen, ums Leben. Die Vorholzer hatte erzählt, dass der Körper des Werwolfs nach seiner Hinrichtung vor der Kirche verbrannt worden war. Es war noch nicht einmal sicher, ob es tatsächlich das schlechte Gewissen war, das Johannes Vorholzer veranlasste, jene Prophezeiung niederzuschreiben, die sich fünfzig Jahre später erfüllen sollte ...

Wolfsham, 21. Dezember 1870

Die dunklen Wesen der Nacht, sie kommen wieder, um Rache zu nehmen an denen, die ihre Gefährten gejagt.

Die Bewohner von Wolfsham werden gemessen an den Taten, die ihre Ahnen vollbracht.

Selbst Jahrzehnte danach wird es sie treffen, in der Nacht vor einem festlichen Tag ihres Glaubens.

Dann wenn niemand damit rechnet und Kinderaugen funkeln, werden sie gerichtet mit unerbittlicher Härte und alle zusammen in einer einzigen Nacht.

Korbinian Lallinger schüttelte den Kopf. »Oh shit, ich habe wohl eindeutig zu viel Wein getrunken.«

Alois Graumann war mehr als geschockt, als er später die ganze Wahrheit erfuhr. Sein Urgroßvater hatte fünf Kilometer von seinem Hof entfernt auf einem Acker verscharrt gelegen, weil er zuvor das halbe Dorf ausgelöscht hatte. Von der Blutnacht hatte Alois natürlich auch gehört. Doch weder er noch sonst jemand hatte diese alte Geschichte mit seiner Familie in Zusammenhang gebracht, bevor nicht, bewusst einen Tag vor Nikolaus, am 5. Dezember 2009 unter der Rubrik *Bizarre Morde in Bayern* das Ergebnis einer jahrelangen journalistisch-kriminalistischen Arbeit erschien:

Nikolaus in Wolfsham
Ein bayerischer Kriminalfall

1920: Der Erste Weltkrieg lag einen Wimpernschlag zurück, ein neues Kapitel deutscher Geschichte hatte eben erst begonnen. Noch während das Donnern der Kanonen und die Schreie der Verstümmelten in den Köpfen der Bevölkerung widerhallten, waren im Jahr zuvor die Friedensverträge von Versailles in Kraft getreten. Das Vaterland war gedemütigt worden und stand mit dem Rücken zur Wand. Arbeitslosigkeit, Inflation, Hunger und zerbrochene Großmachtträume ließen die Bevölkerung angstvoll in die Zukunft blicken.

Wohl dem, der in solch wirren Zeiten ein Stück Land sein Eigen nennen durfte. Selbst wenn dies kein Garant für volle Mägen und ein beschauliches Leben war, so schlief man zumindest unter dem eigenen Dach. Man war sein eigener Herr, und die Kartoffeln und Rüben vom eigenen Feld bewahrten vor dem schlimmsten Hunger.

Im oberbayerischen Dorf Wolfsham, weitab von den Städten, eingebettet zwischen Hügelketten am Rande der bayerischen Alpen, lebte man weiterhin den alten Rhythmus. Es gab dort weder Bombenkrater noch ausgebrannte Häuser, und wer den Krieg für sich entschieden hatte, war zweitrangig. Morgens waren die Kühe zu melken und der Stall auszumisten, ganz gleich ob George Clemenceau in Frankreich Verträge unterschrieb. Und ob Deutschland nun ein Kaiserreich oder eine Republik war, machte bei den Rückenschmerzen keinen Unterschied. Doch selbst in Wolfsham schien die Ernte schlechter als sonst, der Winter kälter als die Jahre zuvor, und die Arbeitskraft der gefallenen Männer fehlte im Stall und auf dem Feld.

Ein früher Wintereinbruch bescherte Anfang Dezember schneebeladene Wälder und eingeschneite Straßen. Der 5. Dezember 1920 fiel auf den zweiten Advent. Hölzerne Kinderschuhe standen vor den Haustüren im Schnee. Und Kinderaugen funkelten in der Erwartung, dass der Nikolaus auch nach Wolfsham kommen würde.

Doch an jenem beschaulichen Adventsabend vor dem Nikolaustag kam das Böse den Hügel herabgestiegen. Ein Fremder stapfte durch den tiefen Schnee. In der Dunkelheit zog er von Haus zu Haus …

von Korbinian Lallinger und Norbert Aumüller

Ein paar Worte zum Schluss ...

Mein aufrichtiger Dank gilt zuallererst meinem Literaturagenten Thomas Montasser. Obwohl ich ein absoluter Neuling in dieser Branche bin, haben Sie an mich und meine Idee geglaubt. In Worte zu fassen, was diese Wertschätzung für mich bedeutet, würde jedoch den Rahmen sprengen. Darum ganz kurz: Herzlichen Dank Ihnen und dem gesamten Team der *Montasser Medienagentur*!

Natürlich gehört zu jeder Veröffentlichung auch der passende Verlag. Als ich erfuhr, welcher davon sich meines Debüts annimmt, wurde mir sofort klar: Das Schicksal fügt sich so, wie es sein soll! Der Name »ars vivendi« steht für Lebenskunst und sich den schönen Dingen des Lebens zu widmen. Lieber Norbert Treuheit, auch Ihnen und Ihrem kompletten Verlagsteam von *ars vivendi* ein herzliches Danke!

Meine Lektorin Andrea Kunstmann möchte ich hier ebenso erwähnen. Sie halfen mir über so manche Klippen der Unsicherheit und hatten den richtigen Weg parat. Danke!

Auch Anke Daniela Mayer, danke für Ihre Hilfe an den passenden Stellen!

Ebenso bedanken möchte ich mich bei Tanja & Christian Bachmeier, Peter Endl und Petra Eckert. Außerdem bei Kurt Jugl – danke für unsere Gespräche!

Ganz besonders auch bei Stefan Haschke. Ich hoffe doch sehr, dass dich meine wirren Gedanken, an denen ich dich ungefragt teilhaben ließ, nicht allzu sehr in Mitleidenschaft gezogen haben ...

Ich weiß, dass dieses Buch auch mein soziales Umfeld beeinflusst hat. Danke an alle meine Freunde für euer Verständnis!

Da ich zu der Spezies der Kaffeehausschreiber gehöre, möchte ich auch die jeweiligen »Tatorte« an dieser Stelle erwähnen:

Herzlichen Dank an Ludwig Kellermann und sein gesamtes BLAUE-STUNDE-Team sowie an das *Café Kreuzer* mit ihrem Besitzerehepaar Rita & Franz Wenninger. Ihr alle habt mich mit ausreichend Kaffee und Wein versorgt ... das Ergebnis haltet ihr jetzt in euren Händen.

Abschließend danke ich Susanne Wachtel, einem besonderen Menschen, ohne den ich dieses Buch niemals fertiggestellt hätte. Somit bist du die wichtigste Person von allen, die ich hier erwähne. Danke für dein grenzenloses und von mir oftmals ausgereiztes Verständnis und deinen dennoch bedingungslosen Rückhalt!

Originalausgabe

Erste Auflage Oktober 2014
Zweite Auflage Dezember 2015

www.arsvivendi.com
Dieses Werk wurde vermittelt durch die
Montasser Medienagentur, München.
Die im Buch enthaltene *Erlösungsbitte* und das
Gebet am Sterbe- oder Begräbnistage stammen aus:
Armenseelenbüchlein, Verlag Karl Jansen, Buttenwiesen/Bayern, 1952.
Lektorat: Andrea Kunstmann
Umschlaggestaltung: ars vivendi verlag unter
Verwendung einer Fotografie von © plainpicture/BY
Druck: CPI Ebner & Spiegel, Ulm

Printed in Germany

ISBN 978-3-86913-470-3

Gerhard Köpf

Käuze in Pfeffer und Salz

Roman

Klöpfer & Meyer

… und nicht wenig wunderten wir uns, als die alten Käuze, die wir sonst immer so gebeugt und fast blödsinnig schweigend umherwandeln gesehen, jetzt plötzlich das Haupt erhoben und uns Jungen freundlich entgegenlachten und die Hände drückten und lustige Geschichten erzählten.

Heinrich Heine
»Zur Geschichte der Religion und Philosophie in Deutschland«

In grateful memory of

Catherine Murray
Countess of Dunmore
Widow of the Late Earl of Dunmore
Lady of the Bedchamber to Queen Victoria
(1814–1886)

Erste Abendandacht

Monsignore Menzinger zelebrierte die Messe nach altem Ritus mit klangvollem Bariton. Bange, unser Theaterarzt, der eigens eine Vorstellung schwänzte, und ich ministrierten. Generalstaatsanwalt Klemm schwang das Rauchfass so krautjunkerlich wie ehedem. Neben Ascot von Daalen kniete Sebastian, frisch gebadet, schamponiert und gewandet in feinsten schottischen Tweed, reizend chaussiert mit maßgeschneiderten Stiefelettchen aus weißem Ziegenleder und Gamaschen aus kardinalsrotem Velours. Er trug diesen Anzug mit einem Air von Melancholie in seinen Knopfaugen, denn Sebastian war ein Plüschtier, genauer gesagt ein Teddybär, knapp einen halben Meter groß. Seinen Namen verdankte er Lord Sebastian Flyte. Nachdem Ascot vor etlichen Monden mehrere Semester lang Evelyn Waughs Roman »Wiedersehen mit Brideshead« in ausschweifenden Vorlesungen traktiert hatte, folgte er der Marotte dieser Romanfigur, die ihrerseits einen Teddybär namens Aloysius überall hin mitnahm und sogar mit ihm sprach. Wir waren froh, daß Ascot sich nicht auch noch die Trunksucht dieses unglücklichen Helden zu eigen gemacht hatte, und gingen verständnisvoll lächelnd über seinen Spleen hinweg.

So war unser Anglist, seit wir ihn kannten und liebten.

Seine Lektüre wirkte regelmäßig allzu nachhaltig in sein Alltagsleben hinein, und als er eines Tages im weißen Leinenanzug mit Tropenhelm erschien und nur noch vom Leben in den Kolonien sprach, wußten wir, daß nunmehr die Kipling-Conrad-Somerset-Maugham-Phase angebrochen war. Zu seinen Idiosynkrasien gehörte auch die Akzentuierung seiner adligen Herkunft. Zitat: »*von* Daalen. So viel Zeit muß sein.« Schließlich habe er durchaus berechtigte heraldische Ansprüche. Gelegentlich verstieg er sich sogar unter Berufung auf die Fürstin Gloria von Thurn und Taxis zu der Forderung, den Adel als Teil des Unesco-Weltkulturerbes unter Artenschutz zu stellen: wie etwa den Schneeleoparden.

Nach dem gemeinsamen Fest-Gottesdienst in der Hofkapelle versammelten wir uns in den Vier Jahreszeiten, um unseren Freund fünfzig Jahre nach seiner Ernennung zum Dr. phil. in einer Feierstunde zum Doctor jubilaris zu promovieren. Mit allem, was dazu gehört, einschließlich Talarpflicht und ausladender Urkunde in gediegener Latinität. Selbst die Großwetterlage spielte mit. Bei erfreulichem Befinden herrschte am Himmel keinerlei geschäftige Bewegung, voralpinerweise angepasst und von beständiger Nachhaltigkeit.

Alle ehemaligen Kollegen waren gekommen zum Abschiedsdefilée, denn jeder wußte: eine Wiederholung würde es nicht geben. Nicht einer ließ sich entschuldigen oder schützte Unpässlichkeit vor. Sogar von der Tränk war da, wenn auch, wie üblich, mit fliegenden Rockschößen. Er sah wieder einmal aus, als habe er sich unter einem Hubschrauber umgezogen. Und nach dem stillen, von gesetzter Trauer gerahmten Gedenken an jene, die vor uns abberufen wurden, hob munteres Geplauder an, obgleich keine Damen anwesend waren.

Dem alten Schwapnewski mit der hängenden Lippe, republikweit einschlägig geübt darin, war es vorbehalten, mit diskursivem Blick auf die weit hinten am Horizont in Aussicht genommene große Werkausgabe, die Laudatio abzuspinnen. Was soll man sagen? Haarspaltereien vom Katheder herab? Keinesfalls. Dafür Verlesen sämtlicher von unserem Freund Ascot verantworteter wissenschaftlicher Verlautbarungen, einschließlich keinesfalls unerheblicher Lesartenverzeichnisse und nicht abgeschickter Briefe, die reichlich Einblick in die Affektlage unseres Jubilars gäben. Schwapnewski und sein berüchtigt gründelnder Konjunktiv! Situativ adäquat enthalten darin quisquilische Querverweise auf die mittlerweile barfuß in Jesuslatschen daherkommende Anglistik, welchselbige exegetisch beim Zählen von absichtslos verstreuten Erbsen angelangt sei. Das Ganze war überzuckert mit einer anteilnehmenden Prise Schopenhauer. Von der Tränk mümmelte beflissen heideggernd mit. Es kann halt nicht jeder mit Wolken bildhauern.

War das schon das gefühlte Heraufdämmern einer neuen Klassizität, entschieden jenseits von Weimar, Wasserburg und Wesendonck?

Jedenfalls dauerte das, wenn auch nicht fatiguierend-überflüssig, also keinesfalls mediocker, und zu aller tief seufzendem Bedauern mußte der Locoteniente sämtlicher Eloquenten, mittlerweile wacker Richtung Neunzig unterwegs, finaliter stante pede zurück in seine Reha-Klinik. Man hatte ihm nur knapp bemessenen Freigang gewährt: Der Rücken!

Solche sich gehörenden akademischen Bräuche sind heutzutage verschüttet. Gar obsolet. Sie haben keinen Platz mehr in einer vulgären Welt, in der Alter, Würde und Respekt mit Füßen getreten werden. Das war der Generalbass der Dankesrede des gerührten Gelehrten und Laudierten.

Gentlemen, sagte er und klopfte an sein Glas:

Diesmal verschone ich euch mit meinen eigenwilligen Ansichten zu William Butler Yeats und dem gebetsmühlenhaft wiederholten *Cast a cold Eye On Life, On Death, Horseman, pass by.* Im Grab unserer Aufmerksamkeit, das unseren Gedanken täglich zulächelt, liegen viele Tote, denn wir werden geformt von dem, was wir an Erinnerungen mit uns tragen, von den Träumen, die wir spinnen und von den Sehnsüchten, die uns treiben. Doch man begegnet uns mit Verachtung und schreibt uns vorzeitig ab. Unsere Zeit weiß es nicht besser. Wir Alten sind unbeliebter als Niederlagen. Dabei haben wir Anspruch wenigstens auf Höflichkeit. Trotz unseres Makels. Aber Höflichkeit, was ist das? Es gibt keine Umgangsformen mehr, kein Benehmen, keine Konventionen. Daher die Haltlosigkeit. Stil kommt nur noch als Stilblüte vor. Manieren waren einst Ausdruck von Kultur, doch von Kultur ist ›Kult‹ geblieben. Wir aber, Freunde, sind das ›Ur‹. Was heute zählt, das sind Rüpelhaftigkeit, Rücksichtslosigkeit und geistige Verblödung. Je dümmer und dreister, desto lauter und erfolgreicher. Die allgemeine Dumpfheit und Verpöbelung ist die wahre Klimakatastrophe. Das ist nicht mehr unsere Welt. Gottlob sind wir alt und brauchen diesen kollektiven Dreck, zu dem man jetzt ›Emission‹ sagt, nicht mehr lange ertragen.

Ascot von Daalen war an den blauen Wassern seines Gemüts angekommen und mußte nachschenken, denn er war sichtlich erregt und ein wenig außer Atem. An seinem Ehrentag wurden die üblichen Verlegenheitsschnittchen gereicht, bekannt aus Fakultätssitzungen: bürgerliche Kost, ausreichend Bouteillen präsentabler Weine und das von Ansgar Bange geschätzte naturtrübe Kellerbier der Privatbrauerei Liebhard, welchselbiges übrigens sogar die Zustimmung des russischen Staatspräsidenten Putin für sich reklamieren könne. Unser Mediziner sprach gerne von einer hoch dosierten Gersteninfusion, indiziert wider die Bitternis der Erkenntnis des Alters. Das gesamte Arrangement war perfekt zusammengestellt im Geiste eines gründlich gallig durchdachten Hohnes auf uns selbst.

Das war aber ja alles einmal ganz anders, sagte Otto Dietrich Scheuble, unser schwäbischer Ökonom, in jungen Jahren zeitweilig Vertrauensmann des Beamtenheimstättenwerks. BHW

Und ob, seufzte Ascot: Es waren leuchtende Tage, an die uns wenigstens kostbare Memorabilien binden.

Oder das, was wir dafür halten, wandte Otto Dietrich ein. Wir wissen wenig, aber wir glauben viel. Übrigens:

Hast du deine Urne schon ausgesucht, oder ziehst du eine ökologisch belastende Erdbestattung vor? Dann verschlang er hastig sein Schnittchen, spülte nach, klopfte mit einer Kuchengabel an seinen Pokal und wurde feierlich:

> Wer kommt, wenn alle schon gegangen,
> wer jagt, wenn alles schon gefangen,
> wer gratuliert, wenn ausgeblasen alle Kerzen,
> der tut's, damit der letzte Reim passt,
> schlicht von Herzen.

Daraufhin erhoben auch wir unsere Gläser, prosteten Ascot von Daalen zu und plauderten vergnügt durcheinander. Man würde weiterhin mit uns rechen müssen, versicherten wir uns erhitzt. Waren wir nicht die neue Avantgarde? Und zuständig? Auch, wenn man uns auf dem Trottoir längst nicht mehr respektvoll den Vortritt ließ? Schließlich hatten wir genug getrunken, um sogar »Auld Lang Syne« zu singen. Monsignore Menzinger griff in die Tasten und ersparte uns keine einzige Strophe.

Derlei verlockte bei fortgeschrittener Stunde zu Erinnerungen. Zum Ausklang zitierte Ascot, mit schon ein wenig schwerer Zunge, wie allgemein erwartet Evelyn Waugh: *Wir möchten so gerne glauben, unsere Weisheit sei ausschließlich etwas, das wir selbst erworben haben, während sie in Wahrheit wohl kaum etwas anderes ist als die letzte Münze eines Erbes, das mit der Zeit zusammenschmilzt.*

So war es damals, als wir seine Ehrenpromotion feierten und länger aufbleiben durften.

Zweite Abendandacht

Wir vom Antiquariat sind Geisterreiter. In leichter Schräglage. Ein handverlesenes Häuflein betagter Gentlemen, Buben und Könige, einst Prinzen von Arkadien, distinguiert in Rang und Erscheinung, entfernt gekitzelt von einem vagen republikanischen Herrengefühl, kreuzfidel und verschworene Partisanen wider das ›sozialverträgliche Frühableben‹, das uns zu Wegwerf-Rentnern machen will. Bald werden wir aussterben, aber *Aussterben ist vornehm*, sagt Keyserling. Vielleicht sind wir schon tot, denn wir leben nach der Devise *The best is yet to come.* Besser als alle anderen wissen wir selbst, was wir in den Augen des gehobenen Seifenoper-Feuilletons sind: verknöcherte alte Säcke, für die's nur eine Er-, nein: Endlösung gibt – marschmarsch, zurück in die Urne!

Wir wollen nicht länger von dieser Gegenwart belästigt werden. Auf den ersten trügerischen Blick sind wir noch immer Mitglieder einer Gesellschaft der Sieger, der Starken und der Schönen. Als wir noch ex cathedra lehrten und schier unter den Masken erstickten, die uns die deutsche Universität aufzwang, als wir noch unsere Antithesen wie das Pendel eines Geistheilers bedienten, da hatten wir genügend Mut zur Lücke. Jetzt bekennen wir uns zum Mut zur Endlichkeit, und wir würden nicht weiter auffallen, wenigstens nicht auf Münchens Prachtboulevards, trügen wir nicht alle, wie verabredet, ein Monokel, durch das wir den Rest der Welt mustern wie die Stil-Ikone des »New Yorker«. Das Einäugige steht uns zu, und es steht uns gut. Mit dem anderen Auge wird geblinzelt. Der Bürger hat ja gar kein Auge mehr, wir dagegen haben unseren Weltschliff. Weil unsere Zukunft lediglich aus den Stunden besteht, die uns noch bleiben, sind wir rückwärtsgewandt. Wir sind keine Rebellen, sondern bestenfalls ein wenig sonderlich oder schrullig gewordene Epochenverschlepper. Mancher mag uns für ignorante Dickschädel halten, aber das trifft die Sache nicht. Jedenfalls wissen wir noch, was unter einem gesellschaftlichen ›Comment‹ zu verstehen ist. Derlei Reminiszenzen an untergegangene Umgangsformen sind uns ebenso Grundlage wie die stete Verfügbarkeit unserer Klassiker. Unser Bildungskanon, der uns vom Pöbel ringsum unterscheidet, sichert uns die Zugehörigkeit zu einer kulturellen Überlieferung, die mit einem Begriff wie Traditionsbewusstsein nur unzulänglich umschrieben ist. Daraus versteht sich aber auch unsere Enerviertheit bis hin zur Affektinkontinenz. Es ist die groteske Diskrepanz zwischen unseren Idealen und der Welt, in der wir alt sein müssen. In manchen Augen macht uns das anmaßend. Nun, die Bourgeoisie hat ja nie tief aus dem Becher der Erkenntnis getrunken, wie schon Fontane anmerkt. Dabei verhalten wir uns im Grunde genommen nur treuhänderisch. Anmerkung zur Vermeidung von Missverständnissen: Mit Nietzsches ›antiquiertem Menschen‹ aus den »Unzeitgemäßen Betrachtungen« hat das nichts zu tun. Wir lieben es nur, altmodisch zu sein, und sind nichts weiter als noble Herren in gut gesetztem Alter. Bei unserer Kleidung orientieren wir uns ausschließlich am englischen Stil, bevorzugen ebenso bequeme wie kostspielige Kaschmir- oder Breitcordhosen, einige in dezent akzentuierten Farben, sämtliche aber mit strenger Bügelfalte und selbstverständlich mit Aufschlag, ersatzweise gelegentlich auch handgefertigte Knickerbocker sowie Tweedjacketts in Pfeffer und Salz, die wir entweder aus der Londoner Savile Row beziehen oder von unserem Vertrauensmann im Theatinerhof nach Maß anfertigen lassen: bei einem ebenfalls älteren Herrn, der sich, wie nur noch wenige seiner Zunft, auf qualitätvolle Stoffe und original britische Schnittmuster versteht. Unser ausgeprägter und lebenslang geschulter Sinn für diskret kultivierte modische Extravaganzen, die stets einem nicht zu übersehenden Hang zu Nostalgischem verpflichtet sind, veranlassen gelegentlich unsere C&A-Mitmenschen dazu, sich auf der Straße bewundernd nach uns umzudrehen. Wir tragen Kleidung, diese eben nur Klamotten. Das ist der feine Unterschied. Natürlich verstehen wir vom Antiquariat uns darauf, unsere Verwunderung über diverse zeitgenössische Zustände oder Ansichten zum Ausdruck zu bringen, indem wir unser Monokel ebenso zufällig wie effektvoll geplant aus dem Auge gleiten und in ein samtenes Fangbändchen fallen lassen. Wir reagieren auf alles, aber stets mit Stil. Während die uns umgebenden Lumpenträger ihre Ohren mit grauenvoller Musik ruinieren, hört bei uns der

Begriff Pop bei den drei M's auf: Mancini, Mantovani und Morricone. Wir wissen noch, was unter den »Days of Wine and Roses« zu verstehen ist, und wir haben oft genug in unserem ereignisreichen Leben, als wir uns noch die Herzen brechen ließen, den »Moonriver« überquert. Sogar ohne Schwimmweste.

Häufig werden wir von jenen, die uns nicht kennen, für englische Landadelige gehalten. Die guten Leute sind dann regelmäßig überrascht, daß wir tadelloses Deutsch sprechen. Wir spielen diese Rolle so perfekt, daß wir mitunter wie Schauspieler wirken, die auf die vorzüglichste Weise gerade einen Landlord geben. Vor gut hundert Jahren wären wir allesamt glatt als Kolonialoffiziere durchgegangen. Jeder, der uns anerkennend nachblickt, kann zu dem Eindruck gelangen, hinter diesen feinen, schon als Sahib geborenen Herren stehe eine lange Ahnenreihe von Edelleuten. Wir wiederum wissen, was sich gehört. Alte Klasse eben. Wir sind durchaus keine Snobs oder Dandies, sondern schlicht Gentlemen. Jeder von uns hat auf seinem Briefkopf die Bezeichnung Esq. hinter seinem Namen.

Doch was zählt das noch in diesen alles entmastenden Zeiten wie den jetzigen? Deshalb haben wir uns zusammengetan. In unserem Club, genannt ›Die Societät‹. Eine vornehme Einrichtung ganz in ehrwürdiger viktorianischer Tradition. Ein Bollwerk wider den Zeitgeist. Wir nehmen allerdings nicht jeden. Gewisse Voraussetzungen müssen erfüllt sein, denn wir sind die vom Antiquariat: Eine ehrenwerte Gesellschaft von Gleichen. Gegen Hierarchien haben wir uns ein Lebtag aufgelehnt. Komme also keiner von den Jungen und versuche, uns das Rad zu erklären! Bei uns gilt das gegebene Wort. Deshalb bedarf es keiner Sitzungsprotokolle. Unsere Losung lautet: *Noblesse, Stil, Eleganz.* Darin ist ausreichend Raum für die vorbildliche britische Club-Misogynität ebenso wie für eine sich selbst gewisse und gerecht werdende Moralität. Kurz, unsere Communitas mit ihrem fein trassierten Repertoire wird reguliert in der festen und leisen Choreographie ungeschriebener und präzis befolgter Gesetze, wie der alte Wapnewski sagen würde. Wir treffen uns bei Sonnenuntergang, denn tagsüber hocken wir in unseren Höhlen.

Nur abends auf Raub ins Freie hinaus, heißt's bei Keyserling.

Liturgische Regularien

§ 1

Eintrittsalter nicht unter 65 Jahren

§ 2

Jedes Mitglied muß zur Führung des Titels »Professor emeritus« berechtigt sein.

§ 3

Frauen haben keinen Zutritt.

§ 4

Das Vermögen des Mitglieds spielt keine Rolle. Für bedürftige Mitglieder werden clubinterne Subventionsleistungen erbracht, über deren Höhe Stillschweigen bewahrt wird.

§ 5

Dresscode: Jedes Mitglied ist ausschließlich in Tweed oder in eine Kombination von Tweed und Cord gekleidet. Pfeffer und Salz bevorzugt. In den Monaten mit einem »r« im Namen: Deerstalker. Im Sommer: Leinenanzug und Tropenhelm. Es herrscht Krawatten-, ersatzweise Fliegenpflicht. Statt eines Abzeichens am Revers trägt jedes Mitglied ein Monokel und eine Taschenuhr.

§ 6

Die Vereinslokalität besteht aus einem angemieteten Séparée eines Grand Hotels. Die Kosten tragen die Mitglieder zu gleichen Teilen.

§ 7

Die Zusammenkünfte finden unter strengster Wahrung der Diskretion und unter Ausschluss der Öffentlichkeit statt.

§ 8

Auf einen Eintrag ins Vereinsregister wird ausdrücklich verzichtet.

§ 9

›Die Societät‹ strebt weder nach Gemeinnützigkeit noch nach öffentlichem Auf- oder Ansehen. Presse und Medien wird prinzipiell jedwede Auskunft verweigert.

§ 10

An die Stelle des Messweins tritt Whisk(e)y. Bei jedem Treffen ist eine Verköstigung durchzuführen, denn Whisk(e)y ist die Milch der Greise. Jedes Mitglied hat dazu eine Geschichte beizusteuern.

Zusatz:

Die Bezeichnung ›Societät‹ ist in der Öffentlichkeit zu vermeiden. Sofern jemand fragt: Wohin des Wegs? genüge als Antwort: In die Abendandacht.

Dritte Abendandacht

Als wir uns zuletzt im Oriental trafen, war Ascot von Daalen ziemlich echauffiert. Neuerdings erhalte er immer wieder Anfragen ehemaliger Studenten, ob er nicht gewillt sei, sie noch rasch vor seinem Ableben zu promovieren. Eine Unverschämtheit, ereiferte sich unser Anglist, und Sebastian auf seinem Schoß nickte zustimmend. Die Pubertät beginne heute bekanntlich mit acht Jahren und ende mit vierzig. Danach kommen nur noch Schmarotzertum und Demenz. Seinerzeit, polterte von Daalen, haben es diese legasthenischen Bürschchen mit einer künstlich aufgeblasenen Hauptseminararbeit zu einem bemitleidenswerten Magister geschafft. Jetzt nennen sie sich Kommunikationstrainer, Rhetoriker, Motivationsberater oder, schlimmer noch, Kulturjournalisten. Lauter ungeschützte Titel aus dem unerschöpflichen Arsenal der eitlen Selbstadelung. Und nun finden sie plötzlich heraus, daß ein Doktortitel ganz ungemein putzen würde und ihre erbärmliche Karriere befördern könnte. Bei dieser Gelegenheit erinnern sie sich ihres alten Professors, den sie mittlerweile für derart senil halten, daß er ihren billigen Schwindel nicht mehr durchschaut und ihnen willfährig zu akademischen Würden verhilft.

Ascot konnte sich kaum beruhigen. Schließlich beobachteten wir durch die großen Fenster des Grand Hotels, wie gerade ein Bus mit Japanern vorfuhr. Arme Hunde, bemerkte Otto Dietrich Scheuble, geschoben von Klemm, sobald sie fünfundsechzig sind, werden sie von ihren Frauen wie Sperrmüll entsorgt oder während des Europatrips an irgendeiner Raststätte ausgesetzt. Allgemeine Entrüstung. Otto Dietrich hielt auf allseitigen Wunsch aus dem Stegreif, genauer: aus seinem Rollstuhl heraus ein geschliffenes Referat über das Thema »Jugend als Rassismus«. These: Jugend ist eine kollektive Obsession und gewinnt immer. Sie besteht aus Können und Kraft, Glück und Gelingen, Effektivität und Rentabilität. Wir kennen das, aber wir haben das alles schon hinter uns. Wir setzen auf Versagen und Schwäche, Unglück und Misslingen. Wir sind die Verlierer und schauen den Gewinnern zu, wie sie ganz langsam ebenfalls zu Verlierern werden. Unser Soziologe und Ökonom machte uns klar, wie sehr die allseits vergottete Jugend Mode, Wirtschaft und Management dominiere, indes diametral entgegen die sogenannte Alterspyramide wachse. Allem voran die täglich zunehmende Zahl der Demenzkranken. Heute ist schon jeder Dritte …, warf Bange ein. Die Arroganz der Jugend, so Otto Dietrich, beruhe auf ihrer von keiner Seite infrage gestellten Sicherheit, eines nicht mehr allzu fernen Tages das zu erben, wofür unsere Generation sich den Buckel krumm geschuftet habe. Mit sechzehn bekommen sie einen Bentley. Und das steht dann anderentags im Feuilleton. Andere Verdienste können sie nicht vorweisen, diese parasitären Absahner.

Unser Mediziner mußte beim Stichwort Demenz naturgemäß sogleich nachhaken und meinte, wir wüssten das alles längst, schließlich sei ja unsere gesamte Epoche dement. Kennzeichen: die fünf A's: Aphasie, Alexie, Agraphie, Apraxie, Agnosie. Will sagen: Verlust der kognitiven Kompetenzen insgesamt, alles verklumpt, verklebt, atrophisiert, verkommen. Alzheimer als Universalformel für unser Jahrhundert und den Zustand unserer auf den Hund gekommenen Gesellschaft! Es sei erhellend, dies von Kollege Scheuble aus sozioökonomischer Sicht bestätigt zu bekommen.

Und ohne einen einzigen falschen Konjunktiv, stimmte Ascot von Daalen, unser Geisteswissenschaftler, freudig zu! Er nörgelt gerne am falschen Gebrauch des Konjunktivs herum. Kollege Bange hält das für ein postpubertäres Trauma, wahlweise auch für eine Ticstörung oder eine Zwangshandlung und empfiehlt Doxepin in Verbindung mit Nikotinpflaster, während Meinrad Menzinger, unser Theologe, Eschatologisches dabei ins Spiel bringt. Er interpretiert die Genesis ausschließlich unter dem Aspekt des Konjunktivs, denn im Anfang ›sei‹ das Wort gewesen. Überhaupt neigt Meinrad dazu, alles gleich ins Metaphysische zu zerren. Emotional nüchtern blieb allein unser Starjurist Elmar Klemm, der etwas von einer notwendigen Reform der Erbschaftssteuer murmelte, sonst aber dem vorzüglichen Wiser's Oldest, einem achtzehnjährigen Canadian Blend der Hiram-Walker-Tochter Corby, zusprach, den diesmal Bange vorgeschlagen hatte.

Otto Dietrichs Abschlussfrage: Was hat die Jugend zu bieten?

Klemms Antwort: Nasenringe, Arschgeweihe und Viehfutter.

Keine weitere Diskussion.

Jedes von uns ›Societäts‹-Mitgliedern ist – Jüngere mögen behaupten: war – eine Kapazität auf seinem Gebiet, und die übrigens rein zufällige Zusammensetzung unserer Loge entspricht in etwa den fünf wichtigsten Fakultäten einer Universität im traditionellen Sinne, aber das ist ja bekanntlich Schnee von gestern, in dem wir noch immer unsere eleganten Telemark-Bögen drehen.

Nach neuester Sprachregelung sind wir sogenannte Best Agers. Manche Vertreter der kommerziellen Euthanasie sprechen auch von der ›Generation Silver‹: fünf ältere Herren über fünfundsechzig Jahre. Zusammen ergibt das wenigstens dreihundertfünfundzwanzig Jahre Erfahrung, Wissen, Geistesadel. Uns kann also so schnell keiner was! Die meisten von uns sind übrigens mehrfach promoviert und können auf Ehrendoktorate verweisen, doch spielen solche marginalen Quantitäten keine Rolle, denn wir sind alles andere als eitel. Wir sind weder Kleeblatt noch, um das verfängliche Wort auszusprechen, ›Sextett‹. Wir wären es, wäre unser korrespondierendes Mitglied Professor Tränk, von uns allen nur Tränk der Pandur genannt, nicht notorisch abwesend.

Warum dieser Ehrentitel mit historischer Anspielung?

Weil unser Freund von der Tränk, Vornamen: Abel Malte, eine verblüffende Ähnlichkeit mit Hans Albers hat, der in einem Film von 1940 den Haudegen, Husaren-Rittmeister und Anführer der Panduren namens Trenck verkörpert hat. Ein wilder Kerl, in der Heimat der kalabresischen Ndrangeta geboren, zum Tode verurteilt, schließlich aber von Kaiserin Maria Theresia zu lebenslanger Festungshaft begnadigt.

Wir wissen, daß wir das Alter nicht aufhalten können. Aber wir können etwas gegen die allenthalben um sich greifende Verbitterung unter der Gerontokratie tun, und wir können gegen die verstreichende Zeit anerzählen, um unseren Kopf aus der Resignationsschlinge zu ziehen. Es geht gegen die Pest des gesellschaftlich eingeforderten sozialverträglichen Frühablebens. Dabei zehren wir unser Kapital auf: Lebenserfahrung und jede Menge Geschichten, Schoten, Anekdoten, wahre und erlogene Begebenheiten. Das ist es auch schon.

Grund zur Klage hätten wir alle: Ascot von Daalen geht wegen eines schweren Hüftleidens am Stock und ist mehrfach verschraubt, Otto Dietrich sitzt seit einem Reitunfall im Rollstuhl, Klemm wird seinen Morbus Parkinson nicht mehr los, Meinrad Menzinger hat bereits eine Prostatakrebs-Operation hinter sich, und Bange, unser Theaterarzt mit schwachem Herz, wird von seinen bedenklich großen Gichtknoten an Fingern und Zehen geplagt. Uns allen wachsen bereits die Haare aus den Ohren.

Aber solange wir nicht davon erzählen, sondern uns mit Geschichten und Geschichtchen unterhalten, sind wir weder alt noch tot. Wir wollen als Serapionsbrüder vom Antiquariat dabei weder Zwang noch Langeweile. Jeder von uns ist sein eigener Trommler, und jeder schlägt seinen eigenen Takt, und jeder von uns gestaltet seine vorsorglich gekaufte Grabstätte nach seinem Gusto. Weder verkünden wir Losungen, noch geben wir Rezepte. Wir alle glauben an nichts als die Wirklichkeit unserer Geschichten. Was uns bei allen Unterschieden eint, ist der Geistesadel der Epochenverschleppung, der uns zu fundamentalistischen Liebhabern versunkener Manieren gemacht hat. Man sollte übrigens Manieren nicht mit Etikette verwechseln: *Etikette ist, was an Flaschen klebt.* Rezzori.

Apropos Serapionsbrüder, sagte Ascot von Daalen. Kämen wir in einem Roman vor, würden einige Jungkritiker allein bei diesem kostbaren und geschichtsträchtigen Wort, das in spätestens zehn Jahren ohnehin keiner mehr kennt, gleich wieder aufheulen und von Bildungsprotzerei oder, sofern nach 1990 geboren, von Intertextualität lallen. Meine sehr verehrten Damen und Herren, wir sind nun einmal gebildet. Ob Sie's ebenfalls sind, entzieht sich vorsätzlich unserer Kenntnis. Sollten Sie's sein: Warum werfen Sie es uns dann vor? Ist Gebildetsein jetzt verboten? Und sind Sie's nicht, so röche Ihre Reaktion verdächtig nach Neid. Liebe Freunde, am meisten ekle ich mich nicht vor Spinnen, Schlangen, Krokodilen oder Ministerialbeamten, sondern vor dem Feuilleton: ein einziger öffentlicher Abtritt voll Hingerotztem, Ausgekotztem und Kluggeschissenem. Pardon, aber das mußte sein.

Gemach, rief Otto Dietrich und griff energisch in die Speichen seines Rollstuhls, um sich, ganz heiß vor schneidiger Opposition, jeweils dreißig Linealzentimeter vor und zurück zu bewegen:

Was seid ihr Geistesmenschen doch für komische Heilige mit eurer ständigen Bereitschaft zur Kränkbarkeit und zum Zänkischen. Auch nach Jahrhunderten habt ihr es immer noch nicht begriffen, daß es in eurem trostlosen Gewerbe lediglich um die Herstellung und Verteilung einer Ware geht. Was ihr Kritiker nennt, das hat es nie gegeben. Es waren entweder Konkurrenten, die euer Produkt bei den Kunden schlecht reden wollten, oder es waren PR-Leutchen, meist schlecht bezahlte Kleingeister aus den Kellergewölben der großen Kulturmaschinerie: Sklaven des ›Etikettiergewerbes‹, wie euer Kollege Walser, Martin, sagt. Natürlich gab es Ausnahmen, die euch übrigens haushoch überlegen waren. Ihr wolltet es bloß nicht eingestehen. Soll ich Namen nennen? Nein, sprechen wir lieber von den Lohnschreibern. Sie verdienen Mitleid, denn sie haben in den Medien für öffentlichen Wirbel zu sorgen. Ein zähes Brot. Inhalte und Meinungen spielen in Wirklichkeit keine Rolle. Entweder haben sie das begriffen und mischen tüchtig mit, damit sie endlich aus der Pinkelecke des Feuilletons herauskommen, oder aber sie haben es nicht begriffen. Dann trällern sie, was Joseph Schmidt einst sang: *Es wird im Leben dir mehr genommen als gegeben …* und verstehen sich selbst als höchst empfindliche, jederzeit kränkbare Künstler, weil ihnen irgendein Romantiker eingeredet hat, auch eine Kritik sei ein Kunstwerk. Pfeifendeckel. Es geht um die Herstellung und Verteilung einer Ware, wie ich schon sagte. Habt

Erbarmen, ihr edlen Geistesmenschen. Meistens sind Verrisse mickrig im Umfang, verfasst von Subalternen, die auffallen wollen, weil sie nach Zeilen oder Sendeminuten bezahlt werden. Ich glaube kaum, daß diese Galeerensträflinge sich von den paar Kröten, für die sie ihr zähes Gehirnschmalz absondern, jemals jene Whiskys leisten können, die wir hier nobel verköstigen. Ich stelle sie mir vor als Muttersöhnchen in trostlosen Einzimmerappartements, ohne Platz für solide Handbücher und Staubsauger, unglücklich verkeilt in brüchige Beziehungen zu lebenstüchtig überlegenen Frauen. Ein gesunder und vernünftiger Mensch wählt diesen Beruf nicht, und gestandene Frauen lachen nur darüber. Ach, ihre Hände sind wund vom Klinkenputzen, die Rücken krumm vom Buckeln in den Redaktionsstuben. Wahrlich, ich sage euch, meine Brüder: Von denen hat jeder ein dickes Ding mit sich am Laufen. Diener seit Anbeginn ihrer erbärmlichen Existenz. Personal eben, nichts weiter als Gesinde, und immer erreichbar. Sie haben's zu nichts Rechtem gebracht, sind gestrandet bei Zeitungen, in Funk und Kantine. Keiner mag sie wirklich, denn sie werden verachtet, eben weil sie nur Domestiken sind. Selbst von ihren Ressortleitern, die es verstanden haben, sich, auf welch düstere Weise auch immer, einen Namen auf ihrem Markt zu machen und sich in einer grausamen Hierarchie an die Spitze zu intrigieren, um sich von ehrgeizigen Nachstrebenden und Speichelleckern ohne Unterbruch zum Absturz ermuntert zu sehen. Antisemitischer Urteile enthalte ich mich als Ökonom hiermit feierlich, denn mein Großvater von Mutters Seite wurde in Aussig an der Elbe, heute Úsdi nad Labem, von der SS auf der Straße erschlagen. Er war Fischhändler, und man steckte ihm zur allseitigen Erheiterung einen toten Fisch in sein offenes blutendes Maul. Ich plädiere für Erbarmen. Freunde, welche Macht haben diese Kritiker schon? Hymnus oder Verriss. Dazwischen gibt es nichts, was redenswert wäre oder auffiele, und diese Armen wollen ja nichts anderes als auffallen. Sie suchen Bestätigung und Bewunderung wie Schiffschaukelburschen auf der Kirmes des Kulturbetriebes. Wichtig, meine weltfremden Geistesmenschen, ist lediglich, daß euer Name richtig geschrieben ist und ihr auf dem Markt von solchen notorisch heiseren Schreiern feilgeboten werdet, denn es geht um den Verkauf, zu dem ihr selbst nicht imstande seid. Solches ist ökonomisch auch gar nicht eure Aufgabe. Ihr stellt die Ware her und versemmelt sie meist zu Schleuderpreisen. Ein anderer verteilt sie. Dazu bedarf es angesichts der unüberschaubaren Vielzahl innerhalb der Produktpalette der akzentuierten Werbung. Allein auf den Akzent kommt es an. Negativ ist gar nicht schlecht. So mancher kauft eine herabgeminderte Ware schon aus Trotz, entweder, weil er weiß, wer da warum eine Sache schlecht redet, oder weil man als Geschäftsmann auch mit Konkursmasse, etwa der Marke ›verkannt‹, hübsch spekulieren kann. Trotz ist eine verlässliche Konstante im Wirtschaftsleben. Meist wird sie unterschätzt.

Noch einmal: Habt Erbarmen, ihr gekränkten Geistesmenschen dieser Erde. Stellt euch eure Kritiker alt vor, wie sie in kalte Wohnungen zurückkehren, einsam, ungeliebt und fern vom Glanz jener Tage, da ihr Zweispalter noch für Gesprächsstoff in zweitrangigen Kneipen sorgte. Ach, Kinder!

Otto Dietrich lächelte matt.

Und damit: Gute Nacht, Freunde.

Der deutsche Genuß am Rechthaben, murmelte Klemm, auch so eine Untugend.

Aber keiner hörte ihm zu.

Ehe wir uns formvollendet voneinander verabschiedeten und den Kellner um unsere Inverness-Coats baten, warf Elmar Klemm noch in die Runde, er befasse sich gerade mit einem neuen Phänomen, welches eine große Herausforderung für das Strafrecht darstelle: Kriminelle Handlungen, begangen von Rentnern. Konform der Sozialstruktur, rief Otto Dietrich Scheuble, geschoben von Klemm, therapierefraktär, meinte Ansgar Bange, indes Ascot von Daalen geistig in den Annalen der englischen Literatur zum Postraub blätterte. Nur Meinrad Menzinger zeigte sich betrübt über den Sittenverfall und setzte sein Karfreitagsgesicht auf.

Vielleicht ein Thema für uns, mutmaßte Klemm, warf sich lässig elegant seinen weinroten Kaschmirschal um den Hals, der aufs Feinste mit seinem Jackett in gediegenem Racing-Green harmonierte, und karrte Otto Dietrich zum Ausgang.

Justiz schiebt Ökonomie, unkten wir: fast wie im echten Leben.

Juristen waren immer nützlich, wenn es um Schiebung

ging, frozzelte Otto Dietrich und trieb den verzitterten Klemm zur Eile.

Erster Bericht des korrespondierenden Mitglieds

Wir vom Club bezeichnen den emeritierten Ordinarius für Philosophie, Prof. Dr. Dr. Abel M. von der Tränk, aufgrund seiner notorischen Abwesenheit als korrespondierendes Mitglied. Dabei darf nicht verschwiegen werden, daß uns der Pandur immer wieder ein wenig Sorge bereitet. Er hat einen fatalen Hang zur Weiblichkeit, und er will unbedingt auf seine alten Tage noch sehr reich werden. Mit seinem Professorengehalt, so behauptet er, komme er bei seinem Lebensstil hinten und vorne nicht aus. Dieser Drang zur Welt der High Society oder dem, was sich dafür hält, brachte Tränk bereits in der Vergangenheit gelegentlich in Kalamitäten, doch wollen wir darüber den Mantel des Schweigens breiten. Da er aufgrund seiner psychischen Grundausstattung immer wieder unseren Kollegen Ansgar Bange konsultiert und ihn schon früh zu seinem Seelenarzt erkoren hatte, erfuhren wir vom Antiquariat meist über den Theaterarzt, wo sich der Pandur gerade herumtrieb und welches Wild er vor der Büchse hatte. Bange las seinen jüngsten Brief vor:

Liebe Freunde und Partisanen,
ihr kennt doch alle Graham Greene? In seinem Roman »Reisen mit meiner Tante«, den er immerhin im Alter von fünfundsechzig Jahren schrieb, findet ihr zwei Sätze, die für das Verständnis meines Rapportes fundamental sind: Erstens: *Die Leute reden immer vom Vernünftigwerden.* Zweitens: *So etwas gibt es nicht.*

Und damit befinden wir uns bereits hinter den Kulissen eines abgespielten Stückes aus dem letzten Jahrhundert. Und gleich wird Euch das Lachen aus dem Gesicht fallen, wenn Ihr hört, was sich ereignet hat:

Manchen Menschen steht es im Gesicht geschrieben, daß sie sich zu Höherem berufen fühlen, es aber nur zu Hochstrebendem gebracht haben. Zu oft haben sie sich auf dem Gebärstuhl des Gedankens gequält, und wenn sie dann endlich mit einem einzigen guten Einfall niedergekommen sind, wirken sie erschöpft wie eine Wöchnerin.

In diesem weiland von Gräfin Ida Hahn-Hahn oder Christoph Willibald Gluck so beschriebenen Zustand befand sich auch eine Edelin namens Tosca von Kain. Was die besagte Dame Tag und Nacht umtrieb, war die fixe Idee von der definitiven Beendigung ihres Single-Daseins, denn in ihrer Psyche sah es mittlerweile aus wie bei Hempels unterm Sofa. Einen speziellen Galan hatte Frau von Kain zwar noch nicht im Auge, aber es würde sich schon einer finden. Davon war die Witwe offenbar felsenfest überzeugt, glaubte sie doch, vom großen Glück noch etwas in Pacht zu haben. Häufiger als sonst prüfte sich die Gnädigste vor dem Spiegel. Und sie wurde dabei immer zufriedener, denn nichts fürchtete sie mehr, als am Ende auszusehen wie eine Mater dolorosa der versagenden ästhetischen Chirurgie.

An jenem verhängnisvollen Tag war Tosca sogar ohne Mantel unterwegs: Eine eher betucht als betagt erscheinende, durchaus gepflegte und ebenso makel- wie geschmacklos gekleidete Dame. *Over the top, but not over the hill*, will sagen: noch nicht frischzellenbedürftig und auch nicht knapp vor dem definitiven Übergang ins Museale.

Herr, es ist Zeit, seufzte diese *Donna sotto le stelle*, höchste Zeit sogar, und kramte nervös in den Abgründen ihrer Handtasche, deren Innenleben laut Psychologie ein unverzerrtes Spiegelbild des Seelenzustandes der dazugehörigen Frauensperson ist.

Da fiel, welch dummer Zufall, beim hektischen Suchen nach der Streifenkarte die Pistole heraus. Das Geschenk von Eugen Ferdinand von Schenkenschanz selig. Eine Damenpistole. Mit anmutigem Perlmuttgriff. Sie roch nach Ballistol und war in tadellosem Zustand.

Ach, liebe Käuze in Pfeffer und Salz, es gibt Tage, da hat sich die ganze Welt gegen einen verschworen, um einen heftig leidend in den Halteriemen einer Straßenbahn hängen und schließlich das martialisch erteilte Kommando *Fahrscheine vorzeigen!* hören zu lassen.

Welch barscher Ton! Welch inquisitorisch vorgebrachtes Ansinnen! Ein Bitte oder gar ein kordiales Wort darf man ja wohl heute bei der allgemeinen Verpöbelung der Umgangsformen nicht mehr erwarten. Schon gar nicht in der nördlichsten Stadt Italiens, wo das Hirn im Dialekt und der Geldbeutel hochdeutsch denken. Die Weltstadt mit Herz ist in Wirklichkeit die Metropole der Posierer und das Mekka der Schwindler, Betrüger und Hochstapler. Sie ist, wie Blasius, der Spaziergänger einmal gesagt hat, *die Stadt der grenzenlosen Unmöglichkeiten.* Ein fideles Grab.

Es herrscht eine süddanubische Inversionslage, Kopfwehwetter, also Föhn, und wir befinden uns in der Straßenbahn Linie 19 in Höhe der Haltestelle Staatsoper Richtung Innenstadt. Es ist etwa elf Uhr dreißig. Da vernehmen die dicht gedrängt stehenden Fahrgäste laut und deutlich durch den Großraumwagen die amtlich gemeinte, in bajuwarisch grantelnder Volkstümlichkeit vorgetragene Aufforderung: *Die Fahrberechtigungsausweise vorzeigen!*

Ein Knall!

Aus der zu Boden fallenden Waffe löst sich unversehens ein Schuß, der aber niemanden verletzt und aufgrund des kleinen Kalibers nur geringfügigen Sachschaden an der Innenhaut des Straßenbahnwagens verursacht. Die natürliche Folge: Gekreische. Notbremsung. Aufruhr. Tumult. Volkszorn. Funksprechverkehr. Auftritt der Ordnungsmacht in Form einer grimmig dreinblickenden Doppelstreife.

Während die Dame unter dem gebrummelten Beifall des Mobs verhaftet wurde, plagte Tosca von Kain ein Ohrwurm. Es war ein schöner alter Schlager von René Carol, dessen Melodie sie noch zwischen den beiden

Polizisten vor sich hin summte, als diese sie mit entschlossener Miene und hartem Griff abführten:

> Rote Rosen, rote Lippen, roter Wein.
> Und Italiens blaues Meer im Sonnenschein …

Wie aber kamen ihr diese unsterblichen Reime gerade jetzt in den Sinn? Lag es daran, daß sich das Schicksal wieder einmal als Schnulze verkleidet hatte? Nein. Die Erklärung ist viel einfacher: Die Dame hatte Frühlingsgefühle. Wenn in reifen Jahren noch die Säfte steigen, dann hängt der Himmel plötzlich voller Geigen, und das Leben wird zur Operette.

Und was, bitte, liebe Sundowner, ist die fatale Folge solcher Johannistriebe?

Ein Strafbefehl, in dem ›mir‹, jawohl: ›mir‹ vorgeworfen wird, ich habe – oder heißt es: ich hätte? – vor geraumer Zeit, die für mich aus dem Kalender fällt, eben dieser gewissen Tosca von Kain die Ehe versprochen und sie in vorsätzlich betrügerischer Absicht veranlasst, mir testamentarisch ihr gesamtes Vermögen zu überschreiben. Wegen dieses Vergehens gegen § 263 StGB werde auf Antrag der Staatsanwaltschaft München eine Geldstrafe festgesetzt: in Höhe von 360 (in Worten: dreihundertsechzig) Tagessätzen zu – nein: Den Betrag kann ich nicht wiederholen, ohne ernsthaft um meinen Kreislauf fürchten zu müssen. Neben den Abgründen tun sich vor allem Atemnöte auf. Beweisgrundlage – was für ein lächerlicher Begriff – sei eine dem Gericht vorliegende schriftliche Strafanzeige. Von wem, wurde mir nicht verraten.

Nach Einschätzung unserer Justiz bin ich ein Heiratsschwindler. Glaubt ja nicht, liebe Freunde, dies sei ein Gewerbe aus dem Genre der Operette. Ich könnte genauso gut sagen: Perlentaucher. Denn ein Heiratsschwindler taucht unentwegt nach Perlen. Er jagt aber nicht nur unter Wasser, sondern auch zu Lande und am häufigsten in der Luft. Dort, wo sie besonders dünn oder außergewöhnlich heiß ist. Ein Heiratsschwindler ist ein Jäger und immer auf der Pirsch. Er hockt gewissermaßen im Ansitz auf Altwild. Das gleicht zwar dem Spatzenschießen und ist die niederste Niederjagd, die sich denken läßt, aber ich nehme es auf meinen Eid: Die waidmännische Satisfaktion beim ›Abschuß‹ ist nahezu vollkommen, wenn auch vom Laien kaum nachvollziehbar.

Gegen besagten Strafbefehl, heißt es, könne ich (als der Beschuldigte) binnen einer Frist von zwei Wochen nach Zustellung Einspruch erheben. In einem Zusatz wird ausserdem behauptet, ich habe – oder heißt es: ich hätte? – mich vorsätzlich durch Flucht den deutschen Ermittlungsbehörden entzogen.

Dabei befinde ich mich zum derzeitigen Zeitpunkt lediglich auf Geschäftsreise, will sagen: erneut im Ansitz. Diesmal auf mandeläugiges Jungwild. Ich weile soeben in Singapur.

Trotzdem: Ich stelle mich. In mir findet die Staatsanwaltschaft einen Geständigen vom alten, treuherzigen Schlag. Machen wir uns also nichts vor, sondern seien wir ehrlich und uns im Rahmen des geltenden Unsinns darüber einig, daß ein Bekenntnis immer verlogen ist. Damit träumen wir uns doch bloß in eine Rolle hinein. Wir sind nicht die Helden, sondern nur die Schauspieler unserer Phantasie. *Wir schmieren unsere Rolle herunter, um uns selbst davon zu überzeugen, daß sie uns auf den Leib geschrieben ist.* So spricht mein verehrter Lehrer, Meister Hilarius, und er fährt fort: *Je klarsichtiger der Schwindel durchgeführt wird, als desto legitimer stellt er sich heraus.*

Meine selige Frau Mutter, die mich – ich bitte dies zu Protokoll zu nehmen – nie geliebt hat, pflegte mich oft mit abschätzig ostpreußischem Zungenschlag ein Falottchen zu nennen. Damit ist ein Windbeutel gemeint, ein Gauner, Schwindler, Schlawiner, Aufschneider, kurz: ein Existenzakrobat.

Aber auf mich trifft das nicht zu! Meine Benutzeroberfläche ist freundlich, mein Schutzpatron ist Sankt Strapazius, der Geduldige, meine Zierde ist eine überobligatorische Nachsichtigkeit. Alle Heiligen waren geduldig. Sie hielten nichts von Lichthupe und Überholspur. *Ein Geduldiger ist besser als ein Hochmütiger*, heißt es beim Prediger Salomo. Habe ich von Meinrad.

Ehe ich mich in biblische Weiten verliere, fasse ich zusammen: Ihr alle kennt mich als einen gutmütigen, bescheidenen und friedliebenden Zeitgenossen, der ein äußerst zurückgezogenes Leben führt. Schon früh habe ich mich entschlossen, auf leisen Sohlen durchs Dasein zu gehen. Ich bin alles andere als ein nichtswürdiger Lump! Vielmehr war mein Leben bis zur folgenreichen Begegnung mit jener Frau von Kain lediglich eine Karikatur meiner Ideale.

Mein einziger Fehler mag sein, daß mir leicht etwas zur Vorlesung gerät. Ich setze diese Begabung besonders dann als enervierende Abstrafung meiner Umgebung ein, wenn diese mir ihrerseits auf meine empfindlichen Nerven geht. Die Lust an der – oder der Zwang zur – belehrenden, bisweilen weit ausholenden, noch randständige Quisquilien behandelnden Rede hängt zweifellos mit meinem früheren Beruf zusammen, denn die grundsätzliche Haltung des deutschen Professors ist die der Bemeisterung. Vielleicht spielt auch noch etwas Altersgeschwätzigkeit eine Rolle. Ich persönlich würde bei der Interpretation dieses Phänomens das Wort Spleen für angemessen halten.

Davon habe ich nämlich mehr als nur einen. Begründung: Das Wort ›Professor‹ bedeutet schließlich ›Bekenner‹! Professor zu sein ist ja kein Beruf, sondern eine Daseinsform, unentschieden pendelnd zwischen liebenswürdiger Schrullenhaftigkeit und kaltem, von kackgelbem Neid getriebenem Ehrgeiz.

Mitunter mögen meine Einlassungen etwas Unwahrscheinliches haben, aber vielleicht sind gerade diejenigen Berichte, die weder ganz realistisch noch ganz phantastisch abgehoben sind, am glaubwürdigsten. Schon Felix Krull sagt: *Welcher moralische Wert und Sinn wäre auch wohl Bekenntnissen zuzusprechen, die unter einem anderen Gesichtspunkt als demjenigen der Wahrheit abgefasst wären!*

Grundgütiger Himmel: Krull!

Welche Rang-, Stil-, ja Fallhöhe!

Ich verweise nicht ohne Scham und respektvolles Erröten auf diesen in Schwindler-Kreisen geheiligten Namen. Meine notorische Bescheidenheit verbietet es mir, ihn einfach zu übergehen. Dabei ist diese Bescheidenheit eine mir als genetischer Defekt eingebaute Hochstapelei zu einem Hochstapler. Vielleicht gibt es das, was der blinde Borges in der Nachfolge von Nietzsches Schrift »Über Wahrheit und Lüge im außermoralischen Sinne« den *natürlichen Zustand der Lüge* nennt.

Ein Heiratsschwindler freilich findet bei seinen Lügen für jeden Topf einen Deckel. Er kann sogar, wenn es sein muß, auf einer Glatze Löckchen drehen. Ganz sicher gibt es daneben aber auch das, was in der Psychiatrie als ›False Memory Syndrom‹ bezeichnet wird: Erinnerung als nachträglich konstruierte Fiktion mit Entlastungsfunktion. Wie dem auch immer sein mag, schließlich ist die Unaufrichtigkeit laut Dorian Gray nichts anderes als eine Methode zur Vervielfältigung der eigenen Persönlichkeit.

Doch lasst mich, liebe Freunde, in der Schilderung des fatalen Geschehens fortfahren:

Der Verhaftung folgt die demütigende Fahrt der Delinquentin Tosca von Kain im Fond eines nach verschwitzten Diensthemden müffelnden Polizeiwagens zur nächsten Wache in der berühmt-berüchtigten Ettstraße.

Dortselbst: auf einer schäbigen Holzbank gemeinsames Warten neben einer jungen Frau mit tadelloser Figur, aber zu kurzem Rock. Tosca von Kain protestierte mit den Worten »Hier zieht es ja wie Hechtsuppe« und dachte an ihren Eugen Ferdinand. Er war von westfälischem Adel und seinerzeit gerade befördert worden. Das war während des Krieges. Sie hatten sich in Ostpreußen kennen gelernt und schwammen beide leidenschaftlich gern. Besonders am Abend. *Schwarz war die See und kein Mensch in der Näh'* ... Der schmucke Herr Leutnant hatte ihr aus einem Strandkorb heraus unverhohlen frivole Komplimente gemacht: angeblich wegen ihres koketten Badeanzuges mit den Rüschchen und Paspeln ... Damals sei sie vor der Entscheidung gestanden, entweder Novizin zu werden oder sich ihrem Reitlehrer hinzugeben.

Meine Freunde: Jedwede Aufnahme von Personalien hat etwas Entwürdigendes. Behördlicherseits mangelt es grundsätzlich an elaborierten Umgangsformen.

Also: Tosca von Kain, geboren in Dorpat, verwitwete Müller-Eschenbach, alleinstehend, ohne Konfession ... Nein, sie besitze keinen Waffenschein und wisse auch gar nicht, wie man mit so einem ›Schießzeug‹ umgehe. Die Rolle der geistig unbedrohten Naiven beherrschte sie vollkommen. Die Dame war sichtlich erregt. Noch einmal ein deutliches doppeltes Nein: Sie wolle erstens niemandem etwas antun und sei zweitens froh, wenn sie selbst in Ruhe gelassen werde. Sie führe das *Ding* auch nicht als sogenannte Pistole im Handtäschchen mit sich, übrigens: echt Kroko, sondern als Erinnerungsstück, gewissermaßen als *Waffe gegen das Vergessen.* Die Pistole vermittle ihr so etwas wie ein Gefühl für die *Würde der Vergangenheit.* Vielleicht auch nur wegen des schmucken Perlmuttgriffs. Nebenbei bemerkt solle der berühmte

Panzergeneral Patton einst im Pariser Ritz Marlene Dietrich seinen Colt überlassen haben: ebenfalls mit Perlmuttgriff. Oder war es Elfenbein? So geschehen jedenfalls am Rande einer Badewanne, in der die Dietrich gerade Hemingways schmutzige Unterwäsche …

Das tue hier nichts zur Sache. Keine überflüssigen Abschweifungen, keine billigen Ausflüchte, bitte! Was zähle, das sei der fehlende Waffenschein. Hier interessiere lediglich, warum ihre Pistole gut geölt, aufmunitioniert und überdies entsichert gewesen sei.

Ganz einfach, weil ihr Eugen Ferdinand von Schenkenschanz ans Herz gelegt habe, sie von Zeit zu Zeit mit dem bewährten Waffenöl Ballistol zu pflegen. Und die Worte eines von Schenkenschanz seien ihr heilig. Schließlich habe er für Führer, Volk und Vaterland sein blutjunges Leben in der Schlacht um die Reichshauptstadt … Und das tut, ich muß doch sehr bitten, durchaus etwas zur Sache, beharrte Madame.

Meine Freunde! Was unsere Polizei nicht begreift, weil sie überwiegend aus Männern besteht, ist die einfache Tatsache, daß Mann und Frau nicht ›kompatibel‹ sind. *Ihr Zusammenleben beruht auf einer bis über die Zähne bewaffneten Koexistenz, die nur dann ihre Balance nicht verliert, wenn man den Damen den kolossalen Glauben läßt, die Wirklichkeit verhalte sich genau so, wie sie es sich wünschen.* So spricht mein Lehrmeister Hilarius.

Kurzum: Viele ermittlungsbehördlichen Worte zeitigten noch mehr weibliche Widerworte, bis Tosca von Kain, eigensinnig ihr Geburtsjahr verschweigend, energisch nach einem juristischen Beistand verlangte. Den Polizisten gefiel dieser Vorschlag gar nicht. Wer mag schon Juristen? Offenbar schob man mit einer würdelosen Geste Frau von Kain ein Telefonbuch über den Tisch.

Von diesem Zeitpunkt an greife ich aktiv in die ebenso folgenreiche wie tragische Geschichte ein, und dies aus blankem Zufall. Ich befand mich wegen meines Einspruch gegen eine sogenannte Geschwindigkeitsübertretung mit meinem Porsche zufällig auf derselben Etage, hörte den Tumult, sah die verzweifelte Frau von Kain, fühlte mich sogleich in meiner Ritterlichkeit angesprochen und stand der Dame unter Einsatz all meiner akademischen Titel und Würden unversehens bei. Ich stellte mich der Ermittlungsbehörde mit einschüchterndem Erfolg als Professor Dr., Dr. h.c. vor.

Wieder war jener Zufall am Werk, den Voltaire weiland das *Pseudonym Gottes* genannt hat. Nicht nur Thomas Mann hatte Appetit darauf, seinem *Leben einen Lauf* zu geben. Vielfach haben Philosophen darüber nachgedacht, daß alles, was in dieser Welt scheinbar zwangsläufig und selbstverständlich geschieht, dem Missverständnis oder dem Zufall unterliegt. Erst wo der Funke des Zufalls das brütende Gemisch scheinbarer Notwendigkeiten und Selbstverständlichkeiten entzünde, vollziehe sich die Explosion der Ereignisse.

Liebe Freunde, wie Ihr alle wisst, sind mein Charme und mein Lächeln ansteckend wie die Cholera. Ich bin der in ungezählten Heiratsannoncen gesuchte ›Ältere Herr mit Niveau‹. Niveau ist etwas, das stets mit der

Perfektionierung einer Rolle zu tun hat. Anders gesagt: Die Larve wird als Gesicht ausgegeben. Maßgebend war für mich folgende Maxime: *Wer eine Rolle spielt, bedarf der Zuschauer, ist sozial; er braucht auch einen Rahmen, und wenn er Geschmack hat, wählt er den der guten Gesellschaft. Das Kunstwerk jedoch fängt beim Ich an.* Außerdem strahle ich etwas Sanitäres aus.

Nach wenigen, mit wohlfeilen Autoritätsfloskeln untermauerten Formalitäten gelang es mir, Frau von Kain aus den Fängen der Polizeigewalt zu befreien. Wie heißt es doch bei Oscar Wilde? *Wenn ein Mann irgendetwas ganz Dummes tut, so geschieht es immer aus den edelsten Motiven.* Es war die Melodie »An der schönen blauen Donau«, die ich auf dem Flur des Polizeipräsidiums vor mich hin pfiff, und noch in dieser Sekunde erinnerte ich mich an die Initiationsformel des Wiener Opernballes: *Alles Walzer!* Damit war der Reigen eröffnet – das böse Spiel konnte beginnen.

Herzlichst – oder welcher Briefschluß immer Euch gefällt –

Euer

Pandur

Vierte Abendandacht

Es vergingen etliche ereignislose Wochen, bis wir uns wieder trafen. Diesmal in den guten alten Vier Jahreszeiten. Ehe wir uns in den Clubraum zurückziehen konnten, wurden wir vom Barpianisten aufgehalten. Wir kennen ihn seit Jahren und schätzen diesen älteren Herren ob seiner diskreten Kunst ganz außerordentlich. Er schien distanzlos gestimmt. Jedenfalls stürzte er auf uns zu, hielt uns am Ärmel des Jacketts fest und bat um Erlaubnis, sich zu uns setzen zu dürfen. Selbstverständlich willigten wir mit einer einladenden Geste ein und fragten, was wir für ihn bestellen sollten. Während des Dienstes trinke er nie, antwortete er, aber gegen ein Mineralwasser habe er nichts einzuwenden. Offensichtlich wußte der Kellner Bescheid, denn er brachte sogleich ein große Flasche San Pellegrino.

As time goes by, sagte der Barpianist und prostete uns zu. Und als wir ins Plaudern kamen, fragte er uns, ob es uns seltsam erscheine, wenn er uns ohne Umschweife gestehe, daß er ein Außerirdischer sei.

Halten Sie mich deshalb für verrückt?

Keineswegs, antworteten wir, aber uns interessiert natürlich brennend, woher Sie das wissen.

Die Sache ist im Grunde genommen ganz einfach, wie alle großen Dinge eigentlich ganz einfach sind, begann der Barpianist: Der einzige Unterschied zwischen einem Außerirdischen wie mir und einem Außerirdischen wie Ihnen besteht darin, daß ich weiß, wo ich herkomme. Während Sie es vielleicht nicht wissen.

Und Sie wissen es definitiv?

Ich wußte es bereits als kleines Kind, antwortete er mit aller Selbstverständlichkeit, bekam es aber zum ersten Mal fünfundsechzig Jahre später offiziell bestätigt.

Ach, offiziell? Wie das?

Hochoffiziell. Und zwar in London, als ich eines Tages zufällig im Regen die Marylebone Road entlanglief und rasch in einen breiten Gebäudeeingang schlüpfte, um das Ende eines Wolkenbruchs abzuwarten. Ich sah eine Kasse, vor der Leute Schlange standen, gesellte mich dazu und kaufte eine Eintrittskarte für das Londoner Planetarium, in dem ich noch nie gewesen war. Und so saß ich mit einem Mal in einem dunklen, kreisrunden Kinosaal, in dem sich gerade hoch oben in der Kuppel ein stellares Geschehen abspielte, welches das Sterben und die Geburt eines Sternes zeigte.

Glauben Sie wirklich, was Sie da sagen, oder wollen Sie uns den Großen Bären aufbinden?

Aber nein! Die sympathische Stimme einer namhaften Astronomin sprach über den Sternenstaub, der überall im Kosmos vorhanden sei. Und wie bei bestimmten Voraussetzungen aus dieser wichtigen stellaren Materie Sterne entstünden.

Wir gestanden ihm, daß uns das nie interessiert habe.

Aber mich, sagte der Barpianist. Es ist heute erwiesen,

daß der Sternenstaub alle Lebensbausteine enthält, erklärte uns die Astronomin; und wenn wir überhaupt leben auf unserer Mutter Erde, verdanken wir dies dem Sternenstaub. *We are made of stardust! We are children of the stars!* sagte sie wörtlich. Das war es, was ich schon von klein auf gefühlt und gewusst hatte und was mich alle Ereignisse um mich herum aus einer völlig anderen Sicht erleben ließ. Ich stelle Ihnen, meine verehrten Herren Professoren, anheim, Ihre Schlüsse daraus zu ziehen.

Keine Sorge, beschwichtigten wir den Pianisten. Wir fühlen uns allein schon aufgrund unseres Alters allesamt wie Außerirdische, denn die Gesellschaft hat uns längst dazu gemacht. Am liebsten wäre sie uns los, aber noch sind wir da, und sei es als Sternenkinder.

Damit war er's zufrieden und verabschiedete sich mit mehreren Kratzfüßen und Katzbuckeleien. So sehr wir sein Spiel schätzten, hatte ein Gespräch mit dem Klavierspieler immer auch etwas rasch Enervierendes. Wir waren nicht sicher, ob das an seinem zeckenhaften Schnorrertum lag oder an seiner verzeihlichen Altersgeschwätzigkeit.

Wir konnten die Sitzung eröffnen. Bei einem eher enttäuschend modrigen Glenallachie, einem Schottischen Single-Malt (Speyside), berichtete Meinrad Menzinger bedrückt von seinem Umzug in das von Armen Schulschwestern dirigierte Sankt-Anna-Stift. Er bewohne dort jetzt eine muffige Suite, nachdem man ihn unter unwürdigen Umständen aus dem fakultätseigenen Kardinal-Teufels-Haus im Herzen Schwabings mit der Begründung hinauskomplimentiert habe, man könne sich so ein ›Sterbezimmer für Emeriti‹ nicht mehr leisten, weswegen der Professor sarkastisch und ganz wider seine Natur zu dem Begriff ›Teufelsaustreibung‹ gegriffen hat. Der bedauernswerte Meinrad, dessen Verbitterung jedermann einleuchten wird, ein herausragender Gelehrter, der nicht nur sein stupendes Wissen, sondern sein gesamtes akademisches Leben der Kirche geweiht und, wie manche vom Club meinen, fahrlässig geschenkt hat, dieser nunmehr auf schäbige Weise aus seinem vertrauten Heim Verstoßene hatte überdies seine Schwester am Hals: die schwerhörige Waltraud, die ihm ›schon immer‹ den Haushalt geführt hatte. Menzinger sprach von ihr stets als von seiner ›Zölibatesse‹. Tante Traudl, wie die alte Dame auch genannt wurde, konnte durchaus als emeritierte Pfarrhaushälterin bezeichnet werden. Zum Club hatte sie satzungsgemäß keinen Zutritt. Langatmiger als bei seinen vormals ebenso gefürchteten wie rhetorisch ausgefeilten, am Vorbild von Abraham a Sancta Clara geschulten Fastenpredigten erzählte Menzinger von den Leiden der Schwerhörigkeit, dem Pfeifen der Hörapparate diverser Fabrikate sowie der Last, seiner Schwester alles wenigstens dreifach sagen zu müssen, bis diese die richtige Lautstärke ihres Gerätes eingestellt habe. Tinnitus? wollte Bange wissen. Unsinn: Es sei beispielsweise entwürdigend, immer wieder sagen zu müssen, daß kein Toilettenpapier mehr vorhanden sei: bitte fünflagig. Das Wort ›fünflagig‹ bereite außerordentliche Schwierigkeiten, es sei offenbar akustisch derart differenziert, daß selbst teuerste Hörgeräte davor versagten! Darüber hinaus entzünde sich gewissermaßen hinter dem Rücken dieser Problematik regelmäßig der bereits Jahrzehnte währende Streit, wie herum man das Toilettenpapier aufzuhängen habe: Blatt oben oder Blatt unten, will sagen hinten, wie von Traudl uneinsichtig behauptet. Mittlerweile habe ich sogar gelernt, wie man das Flusensieb einer Waschmaschine reinigt. ›Flusensieb‹: auch so ein Wort, dem sich die Hörgeräte verweigern. Noch Wochen vorher wußte ich nichts von dessen Existenz, geschweige denn von dessen Einfluß auf die Tauglichkeit solch eines komplex arbeitenden Gerätes. Aber ich lerne dazu: Eine Spülmaschine benötigt Salz. Welch kulturgeschichtlicher Hintergrund tut sich da auf? Das geht bis zum *Salz der Erde*!

Beim Stichwort Toilettenpapier hakte Ascot von Daalen ein und erzählte, seine Wirtschafterin, eine brave Frau namens Hermine, habe als hierfür strategisch und operativ Verantwortliche irgendwo in einem Supermarkt, einer verrufenen Stätte, die er ohnehin meide wie der Teufel das Weihwasser, einen Restposten sogenannten WM-Toilettenpapiers erworben. Und wenn er – pardon – gewissermaßen seinem Stoffwechsel freien Lauf lasse, so finde er, der doch leidenschaftlich gerne lese, die einzelnen Blätter – ohnehin nur dreilagig – mit sinnlosen Fragen vor: *Für welchen Bundesligaverein spielte Patrick Owomoyela?*

Derlei könne durchaus zu Harnverhalt führen, warnte Ansgar Bange. Und das habe Folgen.

Wir erlebten Meinrad Menzinger mit Gefühlen, die er wohl in dieser Intensität bisher nicht gekannt hat. Er sann auf Rache für den Rausschmiss aus dem Kardinal-Teufels-Haus, und wir sannen mit. Als Drahtzieher der Teufelsaustreibung wurde übereinstimmend Prälat Huldreich Wurlitzer erkannt, ironischerweise ein früherer Student Menzingers, den er zwar promoviert, aus Gründen mangelnder wissenschaftlicher Qualifikation aber nicht habilitiert hatte und irgendwo im akademischen Mittelbau hängen ließ, wo er offenkundig auch mit seiner milbenhaften Umtriebigkeit und seinem Talent zur Intrige hingehörte. Offenbar wollte sich Huldreich Wurlitzer seinerseits dafür rächen. Biblische Worte alttestamentarischen Ausmaßes machten im Club die Runde. Ascot von Daalen memorierte sogleich die einschlägigen Stellen der Weltliteratur. Nüchtern blieb nur Elmar Klemm, ein unauffälliger Kenner der besten Westernfilme. Er zitierte Django: *Eine gute Rache muß heiß gekocht und kalt genossen werden.*

Wir bestellten eine zweite Flasche Whisky, diesmal etwas Derberes namens Bowmore Legend, einen wuchtigen torfigen Malt von der Insel Islay, und beschlossen gemeinsam, sofort und ohne Abstimmung, Klemms John-Wayne-Doktrin zu verinnerlichen, zumal uns bei dieser Gelegenheit auch noch andere Anlässe einfielen, für die wir uns längst hätten rächen sollen, ja müssen. Das Alter besteht naturgemäß ununterbrochen aus Demütigungen. Mitunter ist eben die Würde des Einzelnen nur durch gezielte Racheakte gegen erlittenes Unrecht aufrechtzuerhalten. Und Menzingers Kündigung war ein himmelschreiendes Unrecht.

Spätestens vom fünfundsechzigsten Lebensjahr an befindet man sich im Widerstand. Otto Dietrich, geschoben von Klemm, wies auf die für das geschickte strategische Ausüben und das lange anhaltende Wirken von Rache nicht unwichtige ökonomische Seite hin. Dabei berief er sich wortreich auf den Grafen von Monte Christo, der ohne den Schatz im Rücken nichts weiter geblieben wäre als der einfältige Edmond d'Antes. Kurz: Wir brauchten Geld, viel Geld. Doch woher nehmen, wenn nicht stehlen? Klemms staatsanwaltlich scharf platziertes Proverbium holte uns auf den Boden der Tatsachen zurück.

Das ›Unternehmen Nemesis‹, wie wir unser Projekt tauften, mußte systematisch durchdacht und planerisch sorgfältig angegangen werden. Wissenschaftliche Vorgehensweise war gefragt. Das hatten wir alle gelernt. Klemm warnte davor, Rache mit dem strafrechtlich nicht deckungsgleichen Begriff der Vergeltung zu verwechseln, da Vergeltung einen deutlicheren Gerechtigkeitsbezug und somit eine gewisse Ausgleichsfunktion für eine erlittene Ungerechtigkeit habe. Freilich zeige die Selbstjustiz als Form der Vergeltung wiederum eine deutliche inhaltliche Nähe zur Rache.

Ascot von Daalen wies, nicht ohne Kriemhilds Rache und Grabbes »Herzog Theodor von Gothland« unerwähnt zu lassen, auf die durchsichtige etymologische Nähe von Rache zu ›Recht‹ und ›Gerechtigkeit‹ hin. Hier spiegle sich eine sprachgeschichtliche Entwicklung, in der das archaische Sippenrecht der Blutrache von einem öffentlichen Rechtssystem abgelöst worden sei, wobei im Falle unseres Clubmitglieds Meinrad von einem geordneten Vorgang der Konfliktaufklärung, der Bestrafung und der Schadensregulierung auszugehen sei. Wir müssten das stellvertretend für eine in dieser Hinsicht vollständig versagende Gesellschaft selbst in die Hand nehmen. Versöhnung falle a priori weg. Die Strukturen seien vergleichbar denen in Dürrenmatts »Besuch der alten Dame«.

Aus psychologisch-psychiatrischer Sicht, gab Ansgar zu bedenken, müsse man Rache oder Vergeltung als bewertungsabhängige Emotion verstehen, deren Qualität und Quantität von den Zielsetzungen und Intentionen des Schädigers abhängig seien. Stets sei Lust mit im Spiel! Schließlich gehe es uns um die Wiederherstellung von Meinrads Selbstwert, um die Wiederherstellung von Gerechtigkeit insbesondere gegen die Alten, gar um die Wiederherstellung unserer Sicherheit, die durch Prälat Huldreich Wurlitzers unwürdiges Vorgehen mit Füßen getreten worden sei. Rache und Vergeltung würden schließlich entweder direkt oder stellvertretend für andere, das heiße aber doch in der Regel für wehrlose Opfer vollzogen. Aus ethischen Gründen komme Verzicht nicht in Frage, denn Langmut und Barmherzigkeit habe man im Sinne eines allzu einseitigen Rechtsverzichtes ebenso ausgiebig wie fruchtlos praktiziert.

Otto Dietrich wandte, geschoben von Klemm, ein, er sehe Rache weit eher als die ›negative Gabe‹, die auf eine andere negative Gabe antworte. Das Ganze sei nichts als ein Tauschhandel, es gehe um Schadensausgleich, aber dafür sei wohl eher Klemm als Jurist zuständig.

Ich hätte es mir ohnehin verbeten, daß du in meinem Revier wilderst, fügte Elmar knapp ein.

Für ihn, fuhr Otto Dietrich unbeirrt fort, sei Rache ein Akt der Selbsthilfe, es komme auf die Wiederherstellung nicht nur eines psychischen Selbstwertgefühles an, wie Ansgar argumentiere, sondern einer auch ökonomischen Gerechtigkeit: auf Augenhöhe, wie Otto Dietrich nachdrücklich wiederholte. *Was du nicht willst, das man dir tu, das füge einem andern zu!* Darauf beruhe die freie Marktwirtschaft. Das Wörtchen ›sozial‹ habe man erst später als Beruhigungsmittel eingeführt: im Grunde eine Verlegenheitslösung. Letzten Endes bewege man sich auf der freien Wildbahn mit den Gesetzen des Dschungels und der Savanne, und nicht in einem Mädchenpensionat.

Klemm erwog, die Sache wie in guten alten Zeiten auf dem hochanständigen Wege des Duells auszutragen, und benannte sich selbst sogleich als Sekundanten von Menzinger. Er werde dem Schuft Huldreich Wurlitzer die Forderung standesgemäß überbringen und schlage als Ort die Arkaden des Hofgartens vor: bei Sonnenaufgang. Als Gekränkter habe Menzinger die Wahl der Waffen. Da komme ohnehin nur schwerer Säbel in Frage, betonte Klemm, nicht ohne auf die Tatsache zu verweisen, daß er jahrelang Schüler des Wiener Universitätsfechtmeisters Carl von Stritesky gewesen sei, Georgenstraße 94, der ihn sowohl mit Florett als auch mit Degen und Säbel zum

Bühnenfechter ausgebildet habe. Satisfaktion beim ersten Blutstropfen.

Wir verwarfen den Vorschlag nur sehr ungern.

Meinrad schwieg längere Zeit, man könnte sagen: betroffen, denn er war bestürzt und bedrückt, bis er aus dem Pentateuch zitierte: *Du sollst nicht Rache üben, noch Groll behalten gegen die Kinder deines Volkes, sondern du sollst deinen Nächsten lieben wie dich selbst!* (3 Mose 19, 18).

Schön und gut. Das gelte fürs Alte Testament, aber nicht für Prälat Huldreich Wurlitzer, wurde kollektiv kundgetan.

Klemm gestand, es würde wohl schwierig werden, dem prälatenbäuchigen Menzinger den effizienten Umgang mit Degen, Florett oder schwerem Säbel beizubringen. Blieben also nur noch Pistolen. Aber bei diesem Stichwort habe er eine bessere Idee, die sich zugleich von der personalisierten Rache an Prälat Huldreich Wurlitzer verabschiede und auf größere Ziele verweise, überdies bedeutendere Möglichkeiten eröffne. Er denke da an einen Fall, mit dem die sonst notorisch erfolgreiche, geradezu bomfortionöse Münchner Kriminalpolizei ihre liebe Not habe, worüber er, Klemm, Otto Dietrich schiebend, sich köstlich amüsiere. Es gehe um den sogenannten Schießer.

Ascot von Daalen forderte, auch im Namen seines Freundes Sebastian, der wegen einer Erkältung derzeit das Bett hüte, detaillierten Bericht, wobei Ansgar Bange noch rasch seinen Verdacht hüsteln konnte, unser Freund Ascot regrediere ein wenig. Doch da war Klemm schon in

Fahrt geraten und sagte, die Lippen zwischen den Sätzen in klassischer Resignationsformation aufeinander gepresst:

Die Causa drehe sich um einen etwa siebzigjährigen Mann, der mit einer scharfen Waffe dreimal hintereinander dieselbe Bank überfallen habe, völlig unmaskiert. Die weithin veröffentlichten, gestochen scharfen Bilder der Überwachungskamera hätten keinen Erfolg gezeigt.

Warum Schießer?

Weil er stets drei Schüsse aus einer kleinen Pistole in die Decke abgibt. Dabei sieht er so harmlos aus wie ein gemütlicher Rentner mit Honecker-Hütchen und heller Brille, der sich zum Seniorentreff am Chinesischen Turm verabredet hat.

Mittlerweile, berichtete Klemm, sei der Mann ruhiger geworden. Aufgeregt sei man stets nur beim ersten Stelldichein. Man merke ihm seine Routine an. Den jüngsten Überfall auf die Sparkasse in der Fürstenrieder Straße, die er schon dreimal heimgesucht hat, spulte er in weniger als fünf Minuten ab. Er bevorzuge Supermärkte und Banken und verdrücke sich anschließend mit einem lilafarbenen Mountainbike. Regelmäßigkeiten bei den Überfällen ließen sich nicht ablesen. Enttäuschend sei nur das Ergebnis. Bisher habe er magere 30 000 Euro abkassiert.

Ein bescheidener Mann, meinte Menzinger mit gutmütiger Anerkennung.

Und die Polizei? Die Frage von Ansgar Bange klang besorgt.

Großoffensive, lachte Klemm, Flugblätter, Hausbefragung, Überwachungsmaßnahmen. Alles Dilettanten. Sie haben sogar in Altenheimen recherchiert. Umsonst. Köstlich. Man wisse immerhin, der Mann spreche tadelloses, akzentfreies Deutsch.

Wie beruhigend, wandte Ascot von Daalen ein.

Kein Befund in Spielhallen, einschlägigen Milieus, den üblichen Sucht-Kathedralen? fragte unser Psychiater und Facharzt für Theaterheilkunde.

Nichts, nicht einmal eine verwertbare DNS-Spur, triumphierte Klemm, der meinte, dies sei unser Mann. Er könne uns Vorbild sein.

Und was lernen wir daraus? wollte Otto Dietrich wissen.

Klemm lehnte sich zurück, griff zum Glas, ließ sich Zeit für eine rhetorische Kunstpause und erwiderte schließlich:

Erstens, daß unsere Polizei dümmer ist, als die Polizei eigentlich erlaubt, was mich nicht weiter überrascht. Erst neulich sah ich, wie ein Streifenwagen mit Blaulicht bei Dallmayr vorfuhr und zwei uniformierte Landpomeranzen ausstiegen, um für eine Betriebsfeier einzukaufen. Alles unsere Steuergelder, warf Otto Dietrich ein. Zweitens, daß wir bei unserer versammelten Intelligenz noch viel größere Chancen hätten als der Schießer.

Und, bitte, was hat das alles mit unserem bedauernswerten Meinrad zu tun?

Eine ganze Menge, meinte Klemm. Wir brauchen Kapital, um das Modell des von mir geschobenen Otto Dietrich realisieren zu können.

Apropos Modell. Wie wär's mit dem, was man heute als Model bezeichnet?

Wir bewerben uns mit unserem fabelhaften Aussehen bei Madame Carola, Chefin der Model-Agentur Fifth Generation. Unser Krautjunker könnte als Kuschel-Opi mit Claudia Schiffer zusammenarbeiten, möglichst auf einem Poster für Viagra. Unser Oberstaatsanwalt macht dann Werbung für Banken, Versicherungen, Kosmetik, Reisen. Alter Schlauch, junger Wein, und so weiter. Seniorenmarketing statt Diktatur der Falten, fotogene Silberfüchse und anorektische junge Häschen. Fuchs, du hast die Gans gestohlen.

Elmar war begeistert von dieser Perspektive, lehnte aber jedwede Zusammenarbeit mit Organisationen ab, die krumme Geschäfte unter dem Deckmäntelchen der Gerontenfürsorge betrieben: sprechende Armbanduhren, Kühlschränke, die lärmten, sobald das Verfallsdatum der Pizza abgelaufen ist. Und dann noch die Zumutung aller Zumutungen namens Seniorenteller. Zitat: Die wollen nicht mich, die wollen nur meine Kaufkraft.

Wieder war es Otto Dietrich, geschoben von Klemm, der uns bei diesem Stichwort darauf hinwies, daß man so etwas wie Rache heutzutage auf dem unblutigen Weg der ökonomischen Finte ausübe. Beispielsweise könne man Prälat Huldreich Wurlitzer in eine Börsenfalle locken und ihn dann genussvoll braten: Entschuldige, lieber Meinrad, aber in jedem Theologen steckt ein Spekulant, getrieben von der Hoffnung, ja der Gewissheit auf den großen Profit. Beide versprechen Freiheit und

Unabhängigkeit. Geld und Gott sind heute Synonyme. Brotvermehrung ist Geldvermehrung. Das ist die Botschaft der Bergpredigt. Niemand liebt die Spekulanten mehr als wir Ökonomen, nirgendwo sind sie so angesehen wie bei uns Schwaben. Wer sonst hält das Wirtschaftsrad am Laufen als derjenige, der Risiken auf sich nimmt und die Schwachstellen im System aufdeckt? Der Spekulant vertraut, wie der Theologe, auf sein Insider-Wissen. Er ist – laut FAS – ein Jongleur der Zahlen, Termine, Informationen, und er braucht den Nervenkitzel wie der Spieler, der nicht vom Roulettetisch lassen kann. Ihn treibt das nämliche Pathos: im richtigen Moment auf die richtige Zahl im richtigen Feld zu setzen. Und in jedem schlummert deshalb ein Seher, der die Zukunft aus jenen Karten liest, die aktuell auf dem Tisch liegen. Speculator: der Wächter, der Späher. Glück ist nur ein anderes Wort für Gewinn, und er will gewinnen. Die Moral kümmert ihn ebenso wenig wie die Sicherheit. Beide stehen nämlich für Stillstand. Deshalb begibt sich der Spekulant nicht auf die Märkte, sondern auf den Markt der Märkte, nämlich an die Börse. No risk, no fun. Besser kann man's nicht fassen. Abschätzig reden über Spekulanten nur diejenigen, die das Feuilleton dem Wirtschaftsteil vorziehen, den sie meist gar nicht lesen können.

Der Inhalt der Flasche Bowmore hatte sich ebenso geneigt wie der Abend. Es war Zeit, aufzubrechen und fünf Droschken rufen zu lassen. Eine davon rollstuhltauglich.

Zweiter Bericht des korrespondierenden Mitglieds

Liebe Freunde!

Schon lud ich meine neue Mandantin galant – gewissermaßen kompensatorisch – in die Bar des Hotels Vier Jahreszeiten ein, wo sich für gewöhnlich einige gut im Sparstrumpf stehende, prachtvoll angestrapste, duftig aufgehübschte, leicht überständige Püppchen mit hungrigen Blicken zum Fünfuhrtee treffen, um – wie aus einem Leib schwitzend – von dem zu träumen, was ihnen aufgrund schicksalhafter Umstände ›nicht‹ widerfahren war. Betuchte Chirurgenwitwen, von ehrgeizigen Bankern schmählich abgelegte Chefsekretärinnen, unerfüllt gebliebene Gattinnen bedeutender Wirtschaftsführer, frustrierte Ehegesponse namhafter Nationalökonomen. Lauter chronische Fälle, wie ihren Unterhaltungen zu entnehmen war. Mit einem Wort: *Golden Girls*, jederzeit bereit, sich von den fein geschliffenen Kavaliersmanieren eines noch lange nicht ausgeglühten Rotweinherzens der alten Schule bestechen zu lassen.

Ich bin nun mal ein Gentleman. Das ist *die moralische Ausgabe des Kavaliers. Was ihn einsam macht, das ist sein Gewissen.* So spricht mein Lehrmeister Hilarius, Ritter vom Orden des Pineau des Charentes, und ich füge die Frage hinzu: Wie muß eine Welt beschaffen sein für ein moralisches Wesen wie mich? Wer heute alten Damen ritterlich den Arm reicht und ihnen galant über die Straße hilft, der gilt als ›Warmduscher‹. Auch ›Seerosengießer‹ habe ich schon gehört.

Ich kannte mich aus in der Bar des Vier Jahreszeiten. Es war der Ort, an dem ich mich leger und weltmännisch geben durfte: der ideale Ansitz auf Altwild, Perlen und Pelze. Das Dorado für Troglodyten mit ihrem bürgerlichen Begriff der Wohlanständigkeit. Die Welt nicht als Wille und Vorstellung, sondern als Schickimicki und Schabernack. Oft nahm ich dort zur Blauen Stunde meinen Sundowner Sour, um dem Barpianisten zuzuhören, denn ich habe eine enorme Schwäche für Grand Hotels und ein fatales Faible für Pianobars. Sobald ich das dezente Klavierspiel höre, lasse ich mir vom Ober einen Bogen Briefpapier bringen und lege schriftlich mit elegantem Stift mein Credo nieder: *Adlon, Beau Rivage, Claridge's, Dorchester, …* das Alphabet durch bis *Savoy*: *Szenen der schönen Welt! Nie habt ihr euch empfänglicheren Augen dargeboten*, möchte ich jedes Mal mit Kollege Krull ausrufen und meine Karriere dort beenden, wo seine begann. Nirgendwo habe ich mich im Leben wohler gefühlt als in einem dieser luxuriösen Grand Hotels, denen ich für immer verfallen sein werde.

Wie aus meinen Ausführungen hervorgeht: Nach einem äußerlich scheinbar erfüllten Professorenleben im Dienste der Wissenschaft sehnte ich mich mit zunehmendem Alter nach dem exakten Gegenteil, kurz: nach einem Luxusleben in Saus und Braus, das ich, übrigens rund um die Welt, für den Rest meiner Tage ausschließlich in Fünfsternehotels zu führen gedachte. Die wenigen Jährchen, die mir noch bleiben, ehe ich meinen dauerhaften unterirdischen Wohnsitz beziehe, die sollen ›ritzy‹ sein, meine lieben Sundowner.

Und schon glitt ich hinüber in mein anderes Laster: Meine Wirkung auf reifere Damen zu testen, denn schließlich leben wir weder in einer Leistungs- noch in einer Informations-, sondern ausschließlich in einer ›Wirkungsgesellschaft‹. Um deren Mechanismen zu studieren, eignen sich vornehme Hotelbars vorzüglich. Dort trifft man noch die Sorte Vertreterinnen der besseren Gesellschaft, deren Wangen nicht nur von einschlägigen Hilfsmitteln der Kosmetikindustrie, sondern durchaus auch von Champagner gerötet sind. Es handelt sich um jenen Typ üppig bestückten Geweibsels, wie es bei meinen längst zur Legende gewordenen Dienstagabend-Vorlesungen treuherzig mit schmachtendem Blick und hübsch aufgeputzt in der ersten Reihe gesessen war. Dieser Locus amoenus ersparte mir den Besuch beim *Ball der einsamen Herzen*, wo das Tischtelefon zum Tango mit Anschleichen klingelt und unentwegt René Carols unsterbliche Schnulze erklingt: *Rote Rosen, rote Lippen roter Wein, / Und Italiens blaues Meer im Sonnenschein …* Bei meinen früheren Vorlesungen fiel mir immer wieder auf, daß die Damen in den vorderen Reihen nicht nur von gepflegtem Äußeren waren, sondern wenigstens zwei weitere Voraussetzungen mitbrachten, die mich geneigt machten, ihnen mein Interesse zu schenken: Sie mussten erstens reich sein und zweitens eine betont weibliche Figur haben. Wie betucht die ›Mädels‹ waren, sah ich mit Kennerblick am Schmuck, den sie stolz vorführten. Oft erinnerte er an Opfergaben, mit denen grausame Götter milde gestimmt werden sollten. Allerlei Geschmeide zu taxieren hat mir stets Vergnügen bereitet, und ich darf in aller Bescheidenheit behaupten, es darin im Laufe der Jahre zu einer gewissen Kennerschaft gebracht zu haben. Beschämt gestehe ich, seit meiner Pubertät eine nach außen heftig unterdrückte Schwäche für üppig ausgestattete, prachtvoll gebaute Frauen zu haben, die ich vor meinem schlechten Gewissen, einem latenten Restbestand meiner katholischen Erziehung, stets mit der Tatsache rechtfertigte, ich sei wohl zu früh abgestillt worden. Ich weise darüber hinaus auch sonst wegen der mangelnden Mutterliebe Eigenschaften auf, die der Herr Doktor Freud dem sogenannten analen Charakter zuschreibt: Eigensinn, Trotz, Pedanterie.

Mein Rezept, auf vermögende Damen eines gewissen Alters zu wirken, ich spreche hier gerne von meiner Kragenweite, war stets ebenso banal wie erfolgreich. Es bestand neben meinem klangvollen akademischen Titel – emeritierter Professor Dr. Dr. h.c. – aus außerordentlich gepflegtem, elegantem Äußeren, einer gewissen, heimlich einstudierten Souveränität des Blicks, aus redlich erworbener, umfassender Dreiviertel-Bildung und aus Takt, mithin jenem angeborenen Talent zum charmanten Dampfplauderer, der seine Bonmots, Aphorismen und Causerien wohldosiert einzusetzen versteht und dabei dennoch die Grenzen der Schicklichkeit respektiert.

Wer Charme zur Haltung mache, soll ein Dichter einmal geschrieben haben, der schließe Waffenstillstand mit der eigenen Lüge. Ich füge dem hinzu: Wer Haltung zeigt, weiß um die Schwierigkeiten, seine Gelüste zu bändigen. Ja, mir eilte der Ruf voraus, aufgrund meiner stupenden Belesenheit Tod und Teufel zusammenzitieren zu können. Die einen hielten das neidvoll für eitles Bildungsgeprotze und nannten mich abfällig einen Zitierweltmeister, die Mehrzahl der Damen aber war bezaubert und wäre niemals auf die Idee gekommen, die Echtheit der Zitate anzuzweifeln.

Nebenbei bemerkt liegt ja der Kern unserer humanistischen Überlieferung nicht in irgendwelchen mythologischen Schreinen oder metaphysischen Tresoren, sondern schlicht in der Wiederholung ewig gültiger Wahrheiten, die man auch unter dem Begriff ›Zitat‹ subsumieren kann. In Gesellschaft kommt es bei einem Zitat nie auf dessen Echtheit, sondern immer nur auf den originellen Witz an. Deshalb erfand ich die meisten Zitate und Bonmots aus dem Stegreif oder mischte den immensen Zitatenschatz, über den ich zweifellos verfüge, kühn so durcheinander, daß sich für jede Gelegenheit flugs ein Kuckucksei zaubern ließ, das ich dann irgendeinem beliebigen Urheber unterschob. Die entsprechenden Sätze kamen bei mir wie geschmiert. Derlei ›wirkt‹. Es wirkt vor allem dann, wenn über die rhetorische Sahne eine samtene Melancholie gegossen wird, die in einem vagen, ablaßmilden Lächeln oder einem unterdrückten Seufzen an der passenden Stelle wie aus zufälliger Verlegenheit heraus kurz und wohl dosiert zum Einsatz kommt. Derlei lieben nicht nur die leicht verblühten Damen, derlei estimiert die feine Gesellschaft überhaupt. Melancholiker haben ja in Deutschland immer Hochkonjunktur. Man muß nur unter den Augen die dunklen Ringe des Saturns tragen, schon jubelt das Feuilleton. Denn woraus besteht das Feuilleton? Aus alkoholabhängigen Kleingeistern, die einander die angeblich so begabten jungen Lyrikerinnen wie Wanderpokale zuschustern. Dabei wären diese Kerle gerne wie Gary Cooper geworden. Nun aber müssen sie zur Strafe Rezensionen veröffentlichen oder im Fernsehen auftreten, anstatt mit Anstand den langen Marsch in die Demenz anzutreten.

Man schätzte meine fast schon sprichwörtlich gewordene Bescheidenheit und komplimentierte sie gelegentlich in eine schwindelnde Höhe hinauf, die ein vom Leben überwiegend verabsäumter Universitätsprofessor zu oft entbehren mußte.

Schwindelnd, liebe Freunde, ist diese Höhe durchaus, denn sie beruht auf nichts anderem als auf Schwindel. Und ganz allmählich fand ich ein stilles Vergnügen an dieser Form der Hochstapelei. Es war eine Art Satisfaktion, wie sie nur jene empfinden, die sich darauf verstehen, heimlich auf den Stockzähnen zu lachen und sich über ihre Umgebung lustig zu machen, ohne daß diese es wegen des angedeutet bitteren Zuges um die Mundwinkel merkt.

Gelegentlich schlug ich deshalb zu Studienzwecken vor dem Schlafengehen noch einmal in diversen Fachbüchern nach. Meist hielt ich mich an Krulls triviale Dublette Hans Peter Dorn alias Baron Erneste de Brantona alias Arthur Sendlinger alias Professor Lafferentz alias Claude-Baptiste Comte de Verrières. Schließlich ging es nicht darum, ein simpler Ganove zu werden, sondern einer mit Bildung, der von der Boulevardpresse gewöhnlich mit dem respektvollen Prädikat des Gentleman-Gauners versehen und auch sonst vom Zeitgeist alles andere als verachtet wird.

In unfrommen Gebeten beschwor ich die Götter, mich vor solchen Fallen zu bewahren, die mich zu einem alternden Gigolo machen könnten. Auch galt es tunlichst, den Ruf eines begehrten Salonlöwen zu vermeiden, der auf allen Hochzeiten tanzt und Krethi und Plethi die Ehre seiner Anwesenheit gibt. Man muß sich rar machen. Besonders bei den Proleten, die glauben, sich bei sogenannten Herrenabenden mit einem veritablen Professor schmücken zu können. Dabei vermied ich es, mich mit gewissen Kreisen auf den ›Frère-et-cochon-Fuß‹ zu stellen, denn die Grobheit macht gemein, während die ausgesuchte Höflichkeit den nötigen Abstand schafft.

Um vor allzu pfauenhafter Spreizerei gefeit zu sein, bemühte ich mich von Fall zu Fall, den sonst so anmutigen Cary-Grant-Charme mit einem Schuß John Wayne zu versetzen, als gelte es, einen verdächtig süffigen Cocktail durch Rüpelhaftigkeit zu stauchen.

Kurz: Ich gab vor den Ladies den bonmotsprühenden

Charmebolzen, den Ironiker aus verletztem Stolz, den fröhlichen Ketzer, den etwas anrüchigen Nichtsnutz mit der Attitüde des Leichten und Leichtfertigen. Listig, wie ich war, spielte ich den Gentleman nicht perfekt, sondern mit ein paar winzigen Schönheitsfehlern, denn man weiß, daß kalte Perfektion letztlich nur abschreckt.

Der Erfolg gab mir recht. Die leicht verblühten Schönheiten, auf die ich es mit meiner verspielten Teufelei abgesehen hatte, schätzten diese bisweilen aufblitzende Derbheit, die sie als Qualitätsmerkmal junggesellenhafter Männlichkeit durchaus akzeptierten, wenn nicht gar erwarteten. Damit relativierte ich ihre Süßholzraspeleien, damit hielt ich mir die Damen einerseits auf Distanz, während ich andererseits gleichzeitig ihren mütterlichen Instinkt weckte.

Ich wußte genau, was sich die *Golden Girls* zuflüsterten, sobald ich mich zurückgezogen hatte: Was für ein Bild von einem Mann, aber ihm fehlt halt die richtige Frau, will sagen eine, die ihm seine verzeihlichen Ungeschliffenheiten und Schrullen langsam und behutsam abgewöhnt: leicht irritierende Untugenden, die samt und sonders von dem ach so ungesunden Junggesellenleben herrühren. Es ist nämlich nicht gut, daß der Mensch allein sei … Außerdem stimmt was nicht mit seiner Magensäure.

Lilian F. beispielsweise, hoch aufgeschossen, zierlich, um den Mund herum gnadenlos wie das Schicksal, innerlich verödete Tierarztwitwe und daher medizinisch gebildet, tippte sorgenvoll auf die ›Langerhansschen Inseln‹

und empfahl entschieden eine ›biphasische Hämagglutination‹. Lilian F. argumentierte gerne mit den neuesten Artikeln aus der »Vierteljahresschrift für Transfusionstherapie«.

Fünfte Abendandacht

Uns schwante nichts Gutes, als sich Klemm bereits zum zweiten Male entschuldigte und nicht zum vereinbarten Treffen kam. Oder nicht wollte? Vorgeschobener Grund: Er müsse ein Repetitorium abhalten, für eine gewisse Jessica. Begabte Rechtsreferendarin. Aha. Den Namen kannten wir schon. Gelegentlich war er gefallen, doch bisher ohne spezifische Semantik, wie Ascot sich ausdrückte. Jetzt aber hatte er eine ›Ladung‹ erhalten, die uns stutzig machte. Ausgerechnet Klemm. Wie konnte er nur? Wollte er in die Fußstapfen des Panduren treten? Zwar hatte keiner von uns diese Jessica bisher zu Gesicht bekommen, aber allein dieser affektierte Vorname verhieß Unheil. Von wegen Repetitorium. Wer brachte hier wem und vor allem was bei? Hatte der gute Elmar Nachholbedarf, es zwischen verstaubten Akten zu treiben? Wir machten uns Sorgen. Um Klemm, aber auch um Otto Dietrich. Wer sollte ihn nun schieben? Der Kummer vergrößerte sich, als Bange aufgeregt berichtete, er glaube, Klemm bei einer fetten Schweinshaxe im Franziskaner gesichtet zu haben, in Begleitung irgendeines vollgeblusten Geweibsels. Wie alt? Genau könne er das nicht sagen, da er sich ohnehin nicht sicher sei, ob es sich auch wirklich um Klemm gehandelt habe. Jedenfalls ein älterer Herr im Tweed. Soviel sei sicher.

Und? Ja, es habe nach allerlei Geturtel und Gebalz ausgesehen. Aber doch alles nur im Konjunktiv, wandte Ascot ein. Nein, unser Klemm betreibe keinen Hochverrat, Bange müsse sich getäuscht haben, doch Ansgar zweifelte an seinen Zweifeln, ehe er uns darüber belehrte, daß Sildenafil, vulgo Viagra zu den verheerendsten Medikamenten zähle, die seit Menschengedenken in Umlauf seien.

Ich hörte, es wirke nur, wenn man diese einschlägig bekannte Lust spüre, wiegelte Otto Dietrich ab und griff energisch selbst in die Speichen. Ich will die Nebenwirkungen gar nicht alle aufzählen, von den Interaktionen mit allerlei anderen Pharmaprodukten ganz zu schweigen, insistierte Bange, der selten von einem Thema abzubringen war, in das er sich gerade rhetorisch hineingeschraubt hatte.

War es nun Klemm gewesen? Die Frage blieb offen, was aber nur zur Steigerung der allseitigen BeKlemmung (sic) beitrug. Jessica, ich muß doch sehr bitten, wer nennt sich schon Jessica? Eine Dame von Format konnte das nicht sein. Da lobe ich mir Waltraud, sagte Meinrad Menzinger, schimpfte aber zugleich über deren penetrante Schwerhörigkeit und verfiel der Klage, es werde immer schwieriger mit ihr, und schuld sei nicht seine bewährte Zölibatesse, nein, schuld seien diese gänzlich untauglichen modernen Hörapparate. Schon ein Wort wie ›fünflagig‹ …

Weiter kam er nicht, denn zu unser aller Überraschung betrat Klemm den Raum. Woher wußte er überhaupt, daß wir hier und heute tagten? Unser Strafrechtler warf den Paletot über den Stuhl, als habe er diese Geste einem jener Mantel- und Degenstücke abgeschaut, die heute nicht mehr gespielt werden, weil sich die jungen Regisseure unmöglich damit ›verwirklichen‹ konnten, und fragte unverhohlen, welcher Whisky diesmal an der Reihe sei. Es war ein Mac Na Mara, ein Blended Scotch von der Insel Skye, der von fern an einen Talisker erinnerte. Mac Na Mara: das bedeutet ›Sohn des Meeres‹, übersetzte der kundige Ascot von Daalen.

Es dauerte nicht lange, und Klemm lüftete das Geheimnis um Jessica. Er verspottete uns ob unseres kleinmütigen Verdachtes. Wörtlich zu Meinrad Menzinger: Bitte erspare uns deine schwülen Boudoir-Phantasien! Und wörtlich zitierte er unseren Lieblingsschriftsteller Keyserling: *In unserem Alter gehen wir sorgsam mit den Gefühlen um. Haben wir mal eins, das wertvoll ist, dann gehen wir damit in die Einsamkeit.* Er, Klemm, habe die fragliche weibliche Person dieses schwungvollen Namens, übrigens durchaus alles andere als irgendeine Matrone mit feistroten Oberarmen, ausschließlich dazu verpflichtet, die in der Lokalpresse nahezu täglich erscheinenden Artikel über Verfehlungen unserer Polizei zu archivieren. Das könne dereinst für ein Plädoyer von enormer Bedeutung sein. Seit seiner Kindheit, als er einmal im Kasperletheater gesehen habe, wie der Polizist anstelle des Krokodils die Großmutter verprügelt habe, brodle in ihm, so Klemm, ein tiefsitzender Hass auf jene Elitetruppe, und er gedenke, ihr eines Tages den ganz großen Prozess zu machen, der die Republik erschüttern werde. Nichts finde er abscheulicher als diese bis über die Zähne bewaffneten Intelligenzbestien mit ihrem Hauptschulabschluß, die sich aufführten, als seien sie die Herrscher aller Reußen und nicht abhängig von unseren Steuergeldern. Er sei in seinem ganzen langen Leben noch nie einem auch nur halbwegs gebildeten Polizisten begegnet, sondern immer nur der bewaffneten Arroganz. Unsere Polizei, so der Strafrechtler, bestehe zu einem erschreckenden Teil aus Gaunern, Gangstern, Zuhältern und korrupten, präpotenten Selbstdarstellern. Deshalb habe er diese gewisse Jessica, übrigens ein durchaus prachtvolles Exemplar ihres Geschlechts, allerdings jenseits der Begehrensgrenze, angestellt, um seine Dokumentationsabteilung aktuell zu halten. I mean: not bad for a girl!

Versündige dich nicht an unseren Ordnungshütern, warnte Monsignore Menzinger. Da geriet Klemm erst richtig in Fahrt: Er rede nicht von den Prügelpolizisten auf dem Oktoberfest, sondern von Drogenhandel auf der Polizeiwache, von langjähriger Zusammenarbeit mit Zuhältern, vom erpressten Beischlaf mit jungen Frauen aus dem Osten, vom rätselhaften Verschwinden von 15 000 Euro Vorzeigegeld aus dem Tresor des Landeskriminalamtes, vom Vernichten der Strafzettel von Franz Beckenbauer, vom illegalen Durchleuchten des neuen Freundes der Ex-Frau, von Aussageerpressung, Verfolgung Unschuldiger, vom Diebstahl in den Wohnungen Verstorbener ohne Angehörige, vom Erschleichen von

Fahrgeld. Allein im vergangenen Jahr seien dreihundertzweiundsechzig Polizisten in München angezeigt worden. Also mehr oder minder einer pro Tag. Eine Richterin gesteht der »Süddeutschen Zeitung«: »Ich möchte gar nicht wissen, wie viele Unschuldige ich verurteilt habe, nur weil Beamte Anzeigen erstattet haben, um eigene Übergriffe zu vertuschen.« Das wäre mein Traumberuf, sagte Klemm: Chef der Dienststelle ›Beamtendelikte‹. Dann wäre sogar mein Großvater stolz auf mich. Als ich noch bei Verhandlungen präsidierte, schwärmte Klemm, waren mir Beamtenbeleidigungen immer die allerliebste Sache. Da konnte ich nämlich, nein: ich mußte sogar all die köstlichen Beleidigungen noch einmal laut vorlesen. Nicht selten gab es Beifall im Saal. Und bei meiner Strafzumessung, zu der ich leider gezwungen war, blieb ich stets an der untersten Grenze.

Und woran arbeitest du? fragte Klemm unvermittelt unseren Geisteswissenschaftler Ascot von Daalen.

O, sagte der mit britisch steifer Oberlippe. Mein Ehrgeiz ist es, mich unbeliebt zu machen. Mein Ideal ist der versnobte, arrogante, dekadente Schnösel. Man lebt wunderbar in dieser Rolle, ist stets auf der Höhe des Zeitgeistes und hat seine Ruhe vor dem Gesocks. Allerdings bin ich frei genug, mich gelegentlich auch überraschend zu korrigieren. Dabei zog er ein Gesicht, das er sich von Stewart Granger in seiner Rolle als Beau Brummell abgeschaut hatte.

Und wie steht's in der Sache Prälat Huldreich Wurlitzer? Haben die Herren vom Antiquariat schon eine

Strategie? Otto Dietrichs Zwischenfrage löste reihum nur verlegenes Achselzucken aus.

Klemm legte seine zitternde Hand fürsorglich auf den geriffelten Gummigriff von Otto Dietrichs Rollstuhl.

Habe ich eigentlich schon einmal von meinem Großvater erzählt?

Wo man hintritt, knirscht ein Trottel. Das war eine der am häufigsten gebrauchten Redensarten meines Großvaters, berichtete Klemm. Aber es gab noch einen Lieblingsspruch des Alten: *Ein Kilo Blech, ein Kilo Lack, und fertig ist der Hanomag.* Sobald dieses Proverbium fiel, er bezeichnete seine Redensarten ausschließlich als Proverbien, erzählte der alte Herr von seinem Auto, das – nach heutigen, durchaus fragwürdigen Maßstäben – eher einem Traktor geglichen haben wird als einer Limousine. Kanariengelb wie eine Postkutsche, nicht zu übersehen. Immerhin sei er der erste Motorisierte im Dorf gewesen. Und das aus beruflichen Gründen, wie er behauptete, denn Wilhelm Klemm war Landarzt. Er kannte jedes Haus, und er kannte all die tausend Geschichten, die sich unter den höchstens zweihundertfünfzig Dächern versteckten. Der Doktor kannte sogar die ganz speziellen Geschichten, die sich unter der Decke abspielten. Wahre Begebenheiten, wie er nachdrücklich betonte. Nicht wenige Bewohner des Dorfes, in dem ich geboren bin, hatte er auf die Welt geholt, *diese bucklige Welt*, wie er nicht müde wurde zu betonen, und er hatte so manchen Lebensweg von der sprichwörtlich gewordenen Wiege, die es heute ja auch nur noch in verkitschten

Geschäften, aber nicht mehr in der modernen Wirklichkeit gab, bis zum Sterbebett begleitet. Und dann: *Von der Wiege bis zur Bahre: Formulare, Formulare.* Schließlich gab es keinen anderen Doktor weit und breit. Der Doktor, wie ihn die einfache Bevölkerung, schlichte Leute zumeist, genannt hatte, war sehr alt geworden. Sprach man ihn nach seinem gesegneten fünfundneunzigsten Geburtstag auf seine Jahre an, so behauptete er mit grimmigem Gesichtsausdruck, er sei soeben Fünfundvierzig geworden. Und das sei kein Alter, sondern bekanntlich ein Kaliber. Bei diesem Stichwort kam ein weiteres Proverbium zum Einsatz: *Ich bin fit wie ein Turnschuh.* Dabei behauptete er unermüdlich, Turnschuhe seien schädlicher als die asiatische Grippe. Sie würden von fleißigen kleinen gelben Händen in irgendeiner Opiumhöhle von Hongkong notdürftig zusammengeleimt und schleppten allerlei Bakterien aus Fernost ein. Niedriglohnbazillen, wie er sagte. *Die gelbe Gefahr.* So ging das manchmal stundenlang, denn das Reservoir des Großvaters an Sprüchen, Lebensweisheiten und Redensarten, kurz: an Proverbien war unerschöpflich. Merkwürdig, daß es mich nie gelangweilt hat, obgleich ich mir einbildete, bereits mehr als achtzig Prozent all dieser unsäglichen Weisheiten zu kennen. Aber ganz unerwartet kam dann manchmal eine, die mir unbekannt war. Zum Beispiel: *Menschenfleisch muß gepeinigt werden.* Großvater sagte das, wenn sich sein Enkel am Daumen verletzt oder sein Knie aufgeschlagen hatte. Es war ein Genuß, sich von ihm verpflastern zu lassen. Seine Salben heilten doppelt so schnell wie die aller Ärzte auf der ganzen Welt. Sogar die Pflaster hielten länger. Überhaupt konnte Großvater alles besser. Manchmal tat sich seine Sprechstundenhilfe ein wenig schwer damit, das einzusehen. Sobald sie dann mit Duldermine nörgelte oder weinerlich wurde, raunte mir der Alte ins Ohr: *Selig sind die Zikaden, denn ihre Weiber sind stumm.*

Mittlerweile ist mir klar, warum mein Großvater so alt geworden ist: Er hat Johannes Heesters gehasst, der ja immer noch lebt. Der älteste sogenannte aktive Schauspieler weltweit. Es gab keine Invektive, die der Landarzt nicht über diesen Heesters ausgeschüttet hätte, wobei er den Namen stets vermieden und immer nur vom *Lieblingsschauspieler des Führers* gesprochen hat. Zitat: *Während dieser Kerl im Mai 1941 das KZ Dachau besuchte, zitterte dein Vater als aufrechter Richter vor den Schergen der Gestapo und brachte sich um.* Der Medizinalrat Doktor Wilhelm Klemm wollte diese *dreimal verwerfliche Seele* – so seine Worte – um jeden Preis überleben: *um mit ihm später in der Hölle abzurechnen.* Gelungen ist es ihm nicht. Johannes Heesters und Großvater waren derselbe Jahrgang: ein fataler Zufall. Aber es gab ein mit allen Vorzügen behaftetes leuchtendes Gegenbeispiel: Luis Trenker, genannt Bera Luis, Jahrgang 1892, mit dem Großvater zwar nicht das Jahr, wohl aber den Tag der Geburt gemeinsam hatte: den vierten Oktober. Drei Lieblingsfilme: »Der Kaiser von Kalifornien«, »Der verlorene Sohn«, »Berge in Flammen«. Diese einmalige Mischung aus Naturburschenhaftigkeit, aufbrausendem Temperament und tiefer Güte, gepaart mit vielerlei Talenten und bauernschlauem Erfindungsreichtum traf auch auf den alten Landarzt zu – inclusive der Vorliebe für überstrapazierfähige Cordhosen, Knickerbocker und stets einem Hut auf dem Kopf, dessen unterschiedlicher Sitz verlässliche Auskunft über die jeweilige Gemütslage seines Trägers gab.

Liebe Ritter der Tafelrunde, ich erinnere mich: Jeden Sonntag war es am Nachmittag so gegen drei Uhr meine ehrenvolle Aufgabe, Kuchen mit Schlagsahne aus der Konditorei Füchslein zu holen. Und eine Tafel Schokolade der Marke Suchard. Frau Füchslein, die hinter der gläsernen Verkaufsvitrine residierte und um ihren kunstfertig aufgeschichteten Farah-Diba-Frisuren-Turm besorgt war, sprach als sonntäglich herausgeputzte Konditorsgattin das Wort natürlich französisch aus und hauchte: Eine Tafel ›Süüschaar‹, bitte sehr. Großvater bevorzugte, wie er gerne betonte: aus patriotischen Gründen, Prinzregententorte, notfalls auch alle Arten von ›Obstboden‹. Die Schlagsahne wurde aus einer Leinentüte gequetscht und auf die Schnitte platziert. Frau Füchslein zelebrierte das jedes Mal so, als sei es eine Riesenanstrengung und erfordere mehr Körperkraft als das Stemmen von Kartoffelsäcken. Die Bedienungen, welche die Bestellungen der Café-Besucher an die Chefin weitergaben, taten wichtig, ordneten immer wieder die Schleifen ihrer gestärkten Schürzen und gaben mir, dem jungen Herrn, einen ersten lebendigen Eindruck von dem, was Großvater als die *Hochnäsigkeit der Spießer* bezeichnete. Die Füchsin, die auf den betörenden Vornamen Lydia hörte, verfrachte die Tortenstückchen auf einen Pappteller, dessen Rand kunstvoll gewellt war. Schließlich schlang sie um die Ladung behände ein raschelndes Papier, auf dem das pseudofranzösische Logo des Konditorei-Cafés Füchslein abgebildet war: leichte Drahtstühlchen, ein windiges Tischchen und eine Dame – vermutlich Pariserin – mit Hütchen vor einer Tasse Kaffee sitzend, aus der gekringelter Rauch aufstieg. Nur die Tafel ›Süüschaar‹ wurde nicht verpackt, worunter sie naturgemäß litt, denn vor Aufregung hatte ich meist schwitzende Hände. Meine Erregung rührte von der üppig gefüllten, sonst aber keusch bis zum obersten Knopf hochgeschlossenen Bluse der schönen Lydia her, die ihren Torten leider mehr Aufmerksamkeit widmete als meinem schmachtenden Augenaufschlag. Später im Leben habe ich immer wieder beobachtet, daß Bäckers- und Konditorsfrauen in der Regel wohlproportioniert sind, doch nie mehr habe ich eine derart barocke Architektur erlebt wie jene der strengen Lydia Füchslein, die mir nur selten ein Lächeln geschenkt hat und selbst nach Jahren treuer Sonntagseinkäufe unnahbar wirkte wie Grace Kelly, von der man auch erst durch Hitchcocks Memoiren erfahren hat, daß sie immer nur so kühl getan hat. Um also die Sache mit meinem Repetitorium ein für allemal klarzustellen: Die Referendarin Jessica müsste schon enorm zunehmen, um auch nur annähernd an die mir einst attraktiv erscheinende Lydia heranzureichen.

Verstehe, sagte Ansgar Bange: Anorexie ist ein durchaus ernstes Problem.

Ich will endlich wissen, was jetzt mit Huldreich Wurlitzer ist. Otto Dietrich wurde ungeduldig.

Sechste Abendandacht

Tamnavulin ist ein leichter Speyside Single Malt, der nicht viel Aufhebens von sich macht, aber, jeden Tag genossen, einige Stunden glänzen lassen kann. Jedenfalls waren wir der Ansicht, er passe zu der Geschichte von einem seltsamen Wiedersehen, die uns Ascot von Daalen erzählte:

Ich erschrak beinahe, so begann er, als ich die betreffende Person, um die es gehen soll, zufällig auf der gegenüberliegenden Straßenseite inmitten der Menge erkannte, die sich entlang dem Bühneneingang der Staatsoper gebildet hatte, um eine weltberühmte Primadonna zu erwarten. Soeben war ich im Begriff, dem Kellner meine Wünsche nach einem Frühstück mitzuteilen und mich zugleich über das Wesen zu amüsieren, das um eine russische Sopranistin gemacht wurde, deren Konterfei derzeit alle Gazetten füllt und der offensichtlich die gesamte Musikwelt zu Füßen liegt.

Es mochte ein halbes Menschenleben her sein, daß ich mit der Frau vor dem Bühneneingang, die augenscheinlich unter vielen anderen mit pochendem Herzen auf den Star wartete, zu tun gehabt hatte. Damals war sie ein ausnehmend hübsches, musisch begabtes junges Mädchen, doch bereits mit jenem wissenden Zug um die Unterlippe, die immer ein wenig anschwoll, wenn etwas nicht gleich nach dem Willen der Prinzessin ging. Sie hatte eine tadellose Körperhaltung, der man die frühe Ballettschule anmerkte, sie strahlte Anmut aus und zugleich jene rehäugige Arroganz, die ein untrügliches Kennzeichen höherer Töchter ist, die ihre Ausbildung in teuren Internaten absolvieren und jedem neutralen Beobachter suggerieren, der Herr Papa sei wenigstens Chefarzt oder Wirtschaftsanwalt. Segeln, Reiten, Tauchen und Golfen gehörten zur selbstverständlichen Grundausstattung ihrer Mitgift. Sie wäre nahezu perfekt geeignet gewesen, eine blonde Beutegermanin mit einem geheuchelten Hauch von Unberührtheit abzugeben, hätte sie nicht damals gelegentlich in spitzen Nebensätzen beiläufig behauptet, eine angeborene Abneigung gegen jegliche Art von Arbeit zu haben. Sie sei dafür nun einmal nicht geschaffen, tönte es honigsüß aus ihrem dezent geschminkten Schmollmündchen, noch sei Arbeit ihrer Gesundheit und ihrem Wohlbefinden, die ihr über alles gingen, zuträglich. So führte sie täglich ihr Hündchen spazieren, und zwar zu einer Tageszeit, da Gleichaltrige ihres durchaus exquisiten Bildungsgrades über Bücher gebeugt in Instituten und Bibliotheken saßen, sich als Kellnerinnen allerlei Unverschämtheiten gefallen lassen mussten, um ihr Studium oder ihr Cabrio zu finanzieren oder sich am Fließband einer trostlosen Fertigungshalle mit Geschlechtsgenossinnen aller Altersstufen und gesellschaftlicher Klassen gegen Ausbeutung und Unterdrückung zu solidarisieren.

Es war nicht das unverhoffte Wiedersehen, dessentwegen ich erschrak, sondern es waren die nicht zu übersehenden Spuren, die das Leben offensichtlich bei jedem von uns hinterlässt und die man am deutlichsten immer nur bei anderen erkennt. Denn was war aus der biegsamen Schönheit, was war aus Anmut und Begabung, was war aus dieser einst ausnehmend hübschen, ja schönen jungen Frau geworden? Sie sah alt aus für ihre Jahre, und sie hatte zugelegt, vor allem um die Hüften. Ihr Oberkörper war ein wenig massig geworden, und das loreleifließende Blondhaar schien vom vielen Nachfärben stumpf. Außerdem war es stark gekürzt und dauergewellt. Das gab der gesamten Erscheinung etwas Tantenhaftes. Was ich sah, glich eher einer Frau auf dem Weg zur Matrone als dem einstmals aufgehenden Stern am flüchtigen Himmel der Jeunesse dorée.

In solchen Augenblicken, liebe Geisterreiter, fragt man sich unwillkürlich, wohin all die Jahre entschwunden sind und was sie aus einem gemacht haben. Dann eröffnen sich einem sogleich zwei Möglichkeiten: Entweder man zuckt gelassen mit den Schultern und geht zur Tagesordnung über, oder man verfällt in eine quälende Nostalgie, in die man tappt wie in ein heimtückisch aufgestelltes Fangeisen.

Aus Mademoiselle war ein Madamchen, um nicht zu sagen ein Muttchen geworden. Vermutlich hatte das Leben irgendwann einmal ganz unmerklich den Regieplan geändert. Derlei geschieht immer dann, wenn man am wenigsten damit rechnet. Und die junge Dame war allem Anschein nach viel zu sehr mit sich selbst beschäftigt gewesen und hatte nicht aufgepasst.

Der russische Opernstar war mittlerweile eingetroffen und durch ein Spalier von Fotografen und Autogrammjägern im Bühneneingang verschwunden, die Menge war auseinander gegangen, der Kellner hatte das Frühstück gebracht, und ich vertiefte mich in die Lektüre der Tageszeitung. Doch bald stellte ich fest, daß ich nicht wirklich las, sondern nur oberflächlich Buchstaben und Rasterbilder überflog. In Gedanken war ich woanders.

Es war ein Treffen von Künstlern anlässlich einer Vernissage, wo ich sie zum ersten Mal gesehen hatte. Sie war in Begleitung eines berühmten Schriftstellers gekommen, dem man seine unheilbare Krankheit auf Anhieb ansah. Er ging langsam und gebückt, unterhielt sich kaum mit anderen, sprach schleppend, trank wenig und hatte jene schwarzschattigen Augen, die oft ein untrügliches Zeichen für einen baldigen Tod sind. Umso leuchtender war ihr Auftritt. Ihr Name war damals Agnes, vermutlich ein Künstlername, und ihre mädchenhafte Jugendlichkeit wirkte neben dem gebrochenen alten Mann geradezu provozierend. Es gab nicht wenige, die deshalb vermuteten, der schwerkranke Dichter befinde sich augenscheinlich wieder auf dem Wege der Besserung, denn er war bekannt dafür, sich besonders hingebungsvoll junger Lyrikerinnen anzunehmen und diese nach Kräften zu fördern. Ihr Talent las er an ihren Körbchengrößen oder an der Länge des Rocks ab. Deshalb durfte man annehmen, daß die blonde Schönheit an seiner Seite besonders begabt sein mußte. In diesen fernen Tagen trug man die Röcke kurz, und ich nahm mir genügend Zeit, die tadellosen Beine der Dichterin zu bewundern. Ihre wohlgeformten Waden verrieten den frühen Ballettunterricht, und auf meine schüchterne Frage, in welcher Literaturzeitschrift ich denn ihre Poesie nachlesen könne, antwortete sie ebenso schnippisch wie charmant, sie schreibe keine Gedichte, sie beabsichtige, demnächst mit dem Studium der Pharmazie zu beginnen. Das eine schließe das andere nicht aus, meinte ich, es gebe auch lyrisch begabte Apothekerinnen, doch ich bekam zur Antwort, mit derlei brotloser Kunst wolle sie sich gar nicht erst aufhalten. Was sie anstrebe, sei eine naturwissenschaftliche Karriere: Labor, Forschung, Pharmaindustrie.

Irgendein Impuls ließ sie für den Bruchteil eines Augenblicks ihre Sehnsucht nach Anerkennung bloßlegen. Instinktiv spürte ich, daß sie trotz ihres fabelhaften Aussehens und ihrer beneidenswerten Jugend einfach nur ernst genommen werden wollte. Ehe ich daran anknüpfen konnte, hatte sie sich bereits einem anderen Verehrer zugewandt, denn es hatte sich schon nach kürzester Zeit herausgestellt, daß nicht die rätselhaften Bilder eines unbekannten Malers die Attraktion der Vernissage waren, sondern diese junge Frau. Innerhalb eines Abends schaffte sie es, ohne viel Worte machen zu müssen, sämtlichen Männeraugen den Glanz von Jagdfieber zu verleihen und manche weibliche Mundwinkel mit einem bitter neidvollen Zug des Verächtlichen auszustatten. Aus ihrer Zufriedenheit über diesen Erfolg, den sie wie selbstverständlich mit einem selbstgefällig milden

Lächeln verbuchte, machte sie keinerlei Hehl, hielt sich aber, wohlerzogen, wie sie war, mit triumphierenden Attitüden zurück. Sie verließ sich auf das, womit sie von der Natur großzügig beschenkt worden war: auf ihre Augen und ihre Haltung, die der einer Zarentochter glich.

Es mag bei dieser ehrgeizigen jungen Frau nicht weiter verwundern, daß sich ihre Spuren rasch in einer flüchtigen Gesellschaft verloren, zu der ich weder Zugang hatte noch suchte.

Damals war ich mit Tennyson und Swinburne beschäftigt und bereitete ein Gastsemester in Yale vor. Die akademische Karriereleiter mit ihren ausländischen Verlockungen ließ keine Zeit für lyrisch geneigte Ballettelevinnen und ihre anziehenden Wadennüsse. Es wird jedem aufgefallen sein, der einmal mit Damen des Balletts zu tun gehabt hat, daß deren Beine nicht eigentlich schön sind. Oftmals sind besonders die Fesseln von einer Robustheit, die eher acker- als bühnentauglich wirken. Zu viele Sehnen und Muskeln trüben die Nahaufnahme, doch von den ersten Reihen im Parkett aus gesehen unterliegt die Perspektive einer alles verändernden Wahrnehmung. Jeder anatomisch geschulte Orthopäde würde feststellen, daß zwischen Wade und Sprunggelenk ein Defizit besteht. Aber vermutlich ist es genau dieses fehlende Stück, das Tänzerinnenbeine für den männlichen Blick so anziehend macht.

Agnes liebte das Zündeln, schrak aber vor einem richtigen Feuer zurück. Sie hätte damals aus dem aufstrebenden Finanzadel jeden haben können. Die Söhne einer Generation, die aus dem verlorenen Krieg finanziellen Gewinn gezogen hatte, waren in heiratsfähigem Alter und hatten sich längst darauf eingestimmt, von Beruf nichts anderes zu sein als Sohn, denn ihr Erbe wuchs ja noch, sie konnten ihm dabei vom bequemen Liegestuhl ihrer Jugendlichkeit aus zusehen, und es würde ihnen nichts von seiner Akkumulierung entgehen. Obwohl Agnes mit häufig wechselnden Verehrern bei allerlei kostspieligen und moralisch nicht immer einwandfreien Vergnügen gesehen worden war, was mittlerweile sogar die Klatschspalten diverser Boulevardblätter interessierte, die ihr Material ja stets präsentieren wie frische Ware aus der Abdeckerei, obwohl sie zu allerlei Spekulationen Anlaß gegeben und Meldungen über heimliche Verlobungen in Monte Carlo oder Las Vegas weder bestätigt noch dementiert hatte, traf sie dennoch eine Wahl, für die ein Prädikat wie ›überraschend‹ noch geschmeichelt gewesen wäre. Die Kreise, in denen sie sich bisher bewegt und von denen sie ausgiebig profitiert hatte, waren wie vor den Kopf gestoßen und reagierten dementsprechend. Mit anderen Worten: Agnes war von diesem Augenblick an erledigt. Niemand lud sie mehr auf seine Yacht, zum Golf oder zum Heli-Skiing in die Rocky Mountains, es gab keine Wochenenden mehr auf französischen Landschlössern oder beim Derby in Baden-Baden. Ihre Geisterstunde war ein für allemal vorbei, und der subtile Zauber des Ephemeren war verflogen. Plötzlich wollte sich auch niemand mehr erinnern, jemals diesem jungen

Ding begegnet zu sein, geschweige denn eine Affäre mit ihm gehabt zu haben. Die ebenso rasante wie geräuschlose Beerdigung ist ein besonderes Merkmal dieser Kaste. Sie gleicht dem, was in der Medizin als ›Abstoßreaktion‹ auf ein fremdes, implantiertes Organ bezeichnet wird.

Agnes hatte sich für einen jungen Mann entschieden, der zwar wie Siegfried aussah, blond, breitschultrig, stahlblaue Augen und fast zwei Meter groß, aber sonst nichts hatte. Vor allem kein Geld. Er war Student der Anglistik, verdiente sich sein Studium während der Semesterferien als Lastwagenfahrer, beim Straßenbau und als Friedhofsgärtner, und obwohl er von Natur aus überreich ausgestattet war, verhielt er sich meist ziemlich verlegen, trat von einem Bein auf das andere, errötete leicht, ja, er war scheu. Das stand zwar in krassem Widerspruch zu seinen Tätigkeiten, die er nebenbei ausübte, um ein wenig Geld zu verdienen, doch vielleicht war es gerade das, was ihn für Agnes attraktiv gemacht hatte. Er war grundverschieden von jenen Jünglingen, mit denen sie sich bisher abgegeben hatte.

Es ist bei seiner angeborenen Schüchternheit kaum vorstellbar, daß er auf das Mädchen zugegangen ist, vielmehr muß sie sich mit einigem Aufwand und erstaunlicher Beharrlichkeit um ihn bemüht haben. Anders war diese ungleiche Liaison nicht zu erklären. Henry, so hieß der Student, stammte aus zerrütteten Familienverhältnissen. Seine Mutter war früh gestorben, und sein Vater, ein einfacher Arbeiter, war Alkoholiker, der sein einziges

Kind oft verprügelte. Gelegentlich soll der Sohn, nachdem er in die mannbaren Jahre gekommen war, auch zurückgeschlagen haben. Jedenfalls war er seit seinem fünfzehnten Lebensjahr überwiegend in Heimen aufgewachsen und hatte nie richtige Freunde gefunden. Während des Militärdienstes, den er bei einem besonders rauen Truppenteil abgeleistet hatte, muß der Wunsch in ihm entstanden sein, eines Tages nach Amerika auszuwandern. So erklärte sich auch die Wahl seines Studienfaches. Er war ein stiller und fleißiger Student, fiel niemals unangenehm auf, bestand seine Prüfungen zwar nicht mit Auszeichnung, aber auch nicht mit Ach und Krach. Seine Fachkenntnisse wurden stetig besser. Nur die Schüchternheit blieb und mit ihr jene Zurückhaltung gegenüber anderen Menschen, die ganz im Gegensatz zu seiner nibelungenhaften Erscheinung stand.

Wenn ich dem Pärchen in den nächsten Monaten gelegentlich zufällig auf der Straße begegnete, erweckte es den Eindruck nicht nur äußerster Verliebtheit, die ja ein Privileg seines jugendlichen Alters war, sondern es schien, wie der Volksmund sagt, wie von den Täubchen zusammen getragen. Ein harmonischeres und hübscheres Liebespaar war nicht vorstellbar, obwohl Henry immer ein wenig verhalten wirkte, wenn er seinen Arm um die schlanke Hüfte von Agnes geschlungen hatte. Schon war die Rede davon, sie würden in Kürze heiraten, als ich einer Zeitungsnotiz entnahm, Henry sei bei einem Verkehrsunfall ums Leben gekommen. Er sei mit Agnes auf der Autobahn unterwegs gewesen, als ein Geisterfahrer ihren alten 2 CV gerammt habe. Es hieß, die junge Frau sei schwer verletzt in ein Krankenhaus eingeliefert worden, während der Mann noch am Unfallort verstorben sei.

Seither habe ich nichts mehr von Agnes gehört. Ich habe sie nicht etwa aus den Augen verloren, sondern schlicht vergessen, bis ich sie auf der anderen Straßenseite vor dem Bühneneingang der Oper wieder erkannte. Mir war damals gar nichts anderes übrig geblieben, als sie zu vergessen, denn euch, meinen Freunden vom Antiquariat, darf ich heute gestehen, daß ich einmal töricht in Agnes verliebt gewesen bin und zeitweilig sogar lächerlich krank vor Eifersucht war, als ich feststellen mußte, daß wir kein Paar werden würden.

Doch das seltsame Wiedersehen ließ mir keine Ruhe. Ich forschte mit der Diskretion eines Gentleman nach. Hier das Ergebnis meiner Recherche: Agnes war jetzt Billeteuse in einem Kino mit höchst zweifelhaftem Angebot – ein Posten auf Abruf, denn solcherlei ›Lichtspieltheater‹, wie man sie einmal euphemistisch bezeichnen durfte, sterben aus, mögen sie auch noch so viel modernen Cineastenschrott auf ihre rissigen Leinwände projizieren. Ein Streifen mit Gregory Peck jedenfalls stand seit Jahrzehnten nicht mehr auf dem Programm. Und Agnes durfte immerhin in ihrer niederblühenden Jugend noch einmal hoffen, Teil jener Schein- und Traumwelt zu sein, für die sie die Eintrittskarten verkaufte. Anstatt selbst auf der Leinwand zu glänzen, was ihr möglicher als den meisten anderen gewesen wäre, stellte sie aus einem erbärmlichen Kabuff heraus die existentialistische Frage: Loge oder Parkett?

Dritter Bericht des korrespondierenden Mitglieds

Liebe Freunde!

Galant wie ein Schmierenkomödiant und geschmeidig wie ein Eintänzer geleitete ich, der ach so hilfreiche Professor, meine neue ›Mandantin‹ durch die Hotellobby an meinen Tisch, rückte ihr zuvorkommend den Stuhl zurecht, riet ihr, begleitet von allerlei Komplimenten und Schmeicheleien, zu einem der Situation angemessenen trockenen sizilianischen Weißwein, einem Corvo Duca di Sallaparuta, doch die Gnädigste bestand mit harmvoll hängenden Mundwinkeln auf einem süßgeistigen Getränk namens Southern Comfort.

Was also begab sich?

Zuerst witzelte man etwas hilflos über Kain und Abel und bekannte sich gemeinsam zum Agnostizismus. Die Dame begann von ihrer Geburtsstadt zu schwärmen. Es war nicht Dorpat, wie bei der Polizei angegeben, sondern Bonn, immerhin einst Bundeshauptstadt. Die Dame übernahm das Konversationsruder und erwies sich als klatschspaltenkompetente Bewunderin so genannter *A*-Berufe.

A-Berufe?

Abgeordnete, Anwälte, Ärzte, Architekten …!

Feine Leute also.

Tja, meinte meine Schutzbefohlene, es gebe aber keine feinen Leute mehr. Leider. Dennoch führe das Feine ein zähes und geheimes Leben, sagte die Witwe in affektierter Redseligkeit. Immer noch habe es Energie genug, die primitiven Vorstellungen der meisten Zeitgenossen mit romantischen Hoffnungen auszustatten.

Nur in der Traumwelt geht es immer luxuriös zu, selbst wenn die einst gottgewollten Träger der sozialen Unterschiede mittlerweile durch Filmstars und Schönheitsköniginnen ersetzt sind. Ich stimme Ihnen durchaus zu, Verehrteste, sagte ich: Es ist und bleibt ein unerschöpfliches Vergnügen, elegante Damen in eleganten Kleidern zu bewundern.

Ein Abendessen mit mehreren Gängen auf weißem Damast schmeckt eben besser als eine Currywurst mit Ketchup an der Pommesbude, erwiderte die Witwe.

Leider besitzen heutzutage viele der Betuchten weder Sinn noch Geschmack für derlei Maßstäbe, noch zeigen sie ausreichend Manieren und Umgangsformen, ergänzte ich.

Schon der Vermerk *Abendgarderobe erbeten* auf einer Einladungskarte weckt proletarische Gelüste, zumal, wenn ein so genanntes Model die Position der ›Dame der Gesellschaft‹ eingenommen hat, entrüstete sich die Witwe.

Damit war dieses Thema abgehakt. Danach wurde, abgesehen von einigen meteorologischen Verlegenheitsexkursen, das Horoskop abgefragt.

Ich gestand mit schamhaft gesenktem Blick, im Zeichen der Jungfrau geboren zu sein. Ein Umstand, der mir immer peinlich gewesen war.

September? Zweite Hälfte?

Ja, warum, spielt das eine Rolle?

Ich bitte Sie! Die Sterne lügen nicht!

Sie sagen aber auch nicht die Wahrheit.

Aha, Skeptiker. Typisch Jungfrau! Auch die Garbo war Jungfrau.

Was nicht gar? Ich, der gewöhnlich Sterbliche, teilte mit der Göttlichen sogar den Geburtstag, den 18. September? Das sei doch nicht möglich!

Madamchen schwärmte: Oh, sie liebe Jungfrauen. Sie liebe ihre Zuverlässigkeit, ihren Ordnungssinn, ihr ›Liebesgeheimnis‹.

Ihr bitte was?

›Liebesgeheimnis‹! Gewiß, sagte Frau von Kain, die Jungfrau, deren tiefes Selbst von flüchtigen Romanzen der stürmischen Jugend unberührt geblieben sei, werde daran erinnert, daß Reife auch ernste Pflichten und Verantwortung mit sich bringe. Die Jungfrau analysiere gerne abwehrend und bemühe sich doch nur um Vollkommenheit.

Ich begann, an dem Gesülze Gefallen zu finden, lehnte mich bequem zurück und sagte: Ach!

Und die Bella beeilte sich fortzufahren: Die Jungfrauenseele ist wie ein Erwachsener, der vom Zwang, sich den gesellschaftlichen Regeln und Beschränkungen anpassen zu müssen, frustriert ist, sich ihnen jedoch mit angeborener Höflichkeit unterwirft. Jungfrauen sehen stets, was Anlaß zur Kritik gibt. Von der Furcht vor Abhängigkeit wird die Jungfrau in eine wilde Entschlossenheit getrieben, keine Zeit zu verlieren und keiner Pflicht auszuweichen. Die positiven Eigenschaften der Jungfrau sind Klarheit der Gedanken, Urteilsvermögen, Höflichkeit und Hilfsbereitschaft, Ehrlichkeit gegen sich selbst und ein Sinn fürs Praktische. Negative Eigenschaften sind Krittelei, Voreingenommenheit, Pessimismus und Haarspalterei. Für die Jungfrau bedeutet Liebe Selbstaufgabe: ein Geheimnis, das sie lieber nicht lösen möchte.

Ach, sagte ich erneut, nippte an meinem Whisky Sour, blickte bedeutungsvoll und fragte: Wer behauptet so etwas?

Linda Goodman, die berühmte Astrologin. Und jetzt raten Sie mal, was ich für ein Sternzeichen bin!

Ich fühlte mich hoffnungslos überfordert. Prüfungsangst stieg in mir auf. Das ärgerte mich.

Nun sagen Sie schon!

Ist doch völlig klar bei meiner Liebe zu Esther Williams und zum Wasserballett: Wassermann! Einer von der ganz patenten Sorte! Venus als Aszendent, Merkur im ersten Haus! Da hätten Sie jetzt aber draufkommen müssen, Herr Professor.

Für einen Augenblick fühlte ich mich ertappt und schämte mich wie ein Katholik. Um dies zu überspielen, erkundigte ich mich scheinheilig nach dem ›Liebesgeheimnis‹ des Wassermanns. Damit öffnete ich bei Tosca von Kain sämtliche Schleusen. Es sprudelte nur so aus ihr heraus:

Der Wassermann schüttet sein Wissen aus, entschlossen und besorgt, es zu teilen, ehe er diesen Planeten verlässt.

Ich dachte inbrünstig an das Vermögen dieser Sterndeuterin und taxierte meine Mandantin. Wie sah sie überhaupt aus? Auf den ersten Blick glich sie einer knallig neurotischen Zicke, die soeben eine dicke Erbschaft gemacht hatte. Sie war eher klein und hatte etwas zu stämmige Beine, die mich irgendwie an einen Mörser in einer Apotheke erinnerten, schwarzbestrumpft (blickdicht) aus einem etwas zu kurzen Rock ragten und in etwas zu hohen Wildlederpumps mit dünn getretenen Sohlen stöckelten. Nein, Wildleder, und dazu diese Pedale! Das gab Punktabzug.

Zuneigung und Liebe hängen ja oft an einem seidenen Faden. Ein winziges Detail kann alles zerstören. Ob eine Frau Stil hat, erkennt man an der Art, wie sie die Beine übereinander schlägt. Das üppige Blondhaar der Edlen von Kain fiel dreiwettertaftgestärkt auf ein eher durchschnittlich zu bewertendes Businesskostüm, das oben herum etwas zu eng saß, aber auf ansprechende Weise dekolletiert war. Freilich würde sich das Grübchen über dem Haifischherzen bei näherer Begutachtung als leicht angegerbt erweisen, indes die Oberweite insgesamt von durchaus verhandlungswürdiger Größenordnung zu sein schien. An den Ohren prangten Protzklunker. Die winzige Narbe einer Kropfoperation wurde nur notdürftig von einer leicht verrutschten, etwas vulgär wirkenden Perlenkette verdeckt, deren Verschluss immerhin bescheiden brillantbesetzt war. Und wie sah es mit den Fingerchen und den Patschhändchen aus? Ja, das lohnte sich. Nicht nur wegen eines breiten Armbandes aus Gold, sondern auch wegen einer Uhr von Cartier, die verführerisch blinkte. Nur der Nagellack war geschmacklos karminrot und splitterte am linken kleinen Finger. Und was stellte ich zu meinem Entsetzen noch fest, als ich mich unauffällig ein wenig vorbeugte? Da schlenkerte doch tatsächlich ein lächerliches Kettchen um das Fußgelenk. Noch einmal Punktabzug.

Ungewöhnliche Umstände erfordern mitunter ungewöhnliche Entscheidungen, die selbst dann zu treffen sind, wenn man nicht eines Sinnes mit dem Gesetz sein kann. Deshalb stand mein Entschluß ebenso spontan wie unwiderruflich fest. Ich nahm mir vor, das Dämchen mit Geschichten gefügig zu machen. Wer über eine solche Oberweite verfügt, hat kein Recht, kleinlich zu sein. Diese Dame war dazu ausersehen, mir die finanziellen Voraussetzungen für die letzten Jahre meines bisher danebengelebten Lebens zu verschaffen, um es in Würde und nach meinem Gusto zu Ende zu bringen. Wie sollte ich sonst zu Geld kommen? Das Verhältnis zum Geld ist das einzige Verhältnis, das einen Heiratsschwindler infolge seines ökonomischen Unvermögens wirklich interessiert. Gewalt lehne ich ab. Um eine Bank auszurauben, bin ich zu schusselig. Außerdem will ich nicht meine Kleidung beim Aufschweißen irgendwelcher Tresore ruinieren. Da blieb nicht mehr viel außer Heiratsschwindel. Geld kommt nicht nur von Geltung, sondern es verschafft sie auch. Zitat: *Das Geld ist die Hostie unserer täglichen schwarzen Messen.* Wir leben nun einmal im Zeitalter des Versilberns.

Tosca von Kain war nichts anderes als eine Bank. Ich mußte nur die richtige Einstiegsluke finden, eine gesunde Portion Amoralität aufbringen, ein wenig Raffinement, einen Schuß Gerissenheit sowie das, was die Spanier ›cojones‹ nennen: Mumm in den Knochen. Je aussichtsloser das Unterfangen von vornherein ist, sagte ich mir, desto spannender verspricht sein Verlauf zu werden. *No risk, no fun.*

Madamchen redete indes unaufhaltsam weiter, als habe sie Pater Leppich zum Erzieher gehabt:

Die Wassermann-Seele neigt dazu, Gesetz und Autorität an den Pranger zu stellen, da sie im Geiste schon in der Zukunft lebt. Für den unvoreingenommenen Wassermann ist jeder Mensch ein Freund. Doch werden vielleicht persönliche Beziehungen vernachlässigt, da er einem Idealismus folgt, der auf den Nutzen für die Gesellschaft im Allgemeinen bezogen ist. Die positiven Eigenschaften des Wassermannes sind Weitsicht, Toleranz, Freundlichkeit, Erfindungsgabe, Originalität und Genius.

Ich schluckte.

In der negativen Form, ergänzte die verrauchte Stimme, kommt dies zum Ausdruck in Geistesabwesenheit, Exzentrik und Neurosen.

Mein Kopf reagierte wie der eines ›Nicknegers‹.

Die Edle mußte das letzte Wort haben. Für den Wassermann bedeute Liebe eine besondere und selbstlose Emotion, die genossen werden müsse.

Beim Stichwort »selbstlos« spekulierte ich erneut auf eine gute Erbschaft.

Frau von Kain verfing sich in der Wiederholungsschleife und sprach von ihrer Vorliebe fürs Schwimmen. Ach, nicht Feuer, nein: Wasser, das sei ihr Element. Sie schwärme für Esther Williams, die immerzu lächelnde und niemals trockene ›goldene Nixe‹, für das Wasserballett und alles Schöne überhaupt. Seinerzeit mit Eugen Ferdinand, einem echten Schenkenschanz und von altem westfälischem Adel! *Schwarz war die See und kein Mensch in der Näh'.* Übrigens schwimme die Williams noch immer: vermutlich am liebsten splitternackt.

Ausgerechnet Esther Williams! *Nass ein Star, trocken ein Niemand …*

Die Gnädigste geriet nach einem weiteren, überstürzt gekippten Southern Comfort in küchenpsychologisches Fahrwasser und erläuterte mir, dem geduldig zuhörenden Gentleman, die jüngsten Forschungsergebnisse zum sogenannten Single-Dasein. Kompetenteste Ausführungen dazu seien »Brigitte TV« sowie dem Hochglanzmagazin »Elle« zu entnehmen: ihrer Leib- und Magenlektüre, ihrem unbestechlichen Ratgeber in Stil- und Geschmacksfragen. Die Single-Biographie sei ›die Erfolgsstory der Moderne‹. Die neue Traumfrau lebe allein: mit beruflichem und ökonomischem Erfolg. Das hätten diese Frauen selbst und ohne fremde Hilfe erreicht. Weil sie sich von passiven Opfern widriger Umstände zu aktiven

Gestalterinnen der eigenen Unabhängigkeit emanzipiert hätten. Weil sie sich nicht länger als Frauen sähen, die im Beziehungswettlauf auf der Strecke geblieben seien, sondern als solche, die nicht um jeden Preis einen Ehemann suchten.

Ach, was war dieses Hochglanzmagazin gegen »Jolante«, die Zeitschrift des Metzgerhandwerkes und der verheißungsvollen Nachkriegsernährung?

Tosca von Kain meinte mit dem Brustton der Überzeugung: *Single-Sein ist spannendes Lebenlernen.* Es erleichtere die ›Selbstfindung‹ der Frau ganz ungemein.

Ein Hustenreiz wie aus rostiger Brust kündigte sich bei mir an, doch die Signora sagte, heutzutage sei das böse Mädchen *angesagt*, das zum Zeichen seines Selbstbewußtseins den Stinkefinger hebe und demonstriere, daß es das genaue Gegenteil von Mutter Theresa sein wolle. Man gebe sich rebellisch, undamenhaft, asozial gar – und habe damit Erfolg. Dieser Typ Frau giere danach, verrucht, verflucht, *abgefuckt* zu wirken.

Ich unterdrückte einen weiteren Hustenreiz.

Die Schlampe ist interessant, mein Ritter, tönte meine Mandantin. Wofür man vor zweihundert Jahren noch auf den Scheiterhaufen gekommen sei, das verschaffe einem heute einen Platz auf der Titelseite einschlägiger Frauenmagazine, die allerdings verschwiegen, daß Lifestyle nicht gleich Leben sei.

Hören Sie, Professorchen! Megären haben Konjunktur. Ja, es mache die Frauen geradezu *mystisch attraktiv*, während allein stehende Männer – wie unglückseligerweise ich einer sei, wie man mir, pardon, auf Anhieb ansehen könne – ein wenig pathetisch wirkten, stets von einer Aura der Traurigkeit umgeben. Als Single könne sie endlich Schokolade und Essiggurken zu Burgunder genießen, und keiner rümpfe darüber die Nase.

Doch dann kam ein völlig überraschender, scheinbar durch nichts motivierter Wandel. Madame wurde weich, um nicht zu sagen: windelweich. Sie begann – war es der Alkohol, der seine Wirkung tat, oder war es meine männliche Ausstrahlung? – zu flöten: Jetzt, nachdem sie ihren *Retter und Ritter* kennen- und ob seiner raschen, unbürokratischen, ja ebenso souveränen wie galanten Hilfe sogleich auch schätzen gelernt habe, empfinde sie das Single-Dasein auf einmal als geradezu würdelos. Mit einem Wort: Sie sei es gründlich leid, denn zuletzt gehöre es doch zur Würde des Menschen, an der Seite eines geliebten und zuverlässigen Partners zu altern. Es müsse ja nicht gleich eine Vernunftehe sein.

Gnädigste, die Vernunft kann ja leider immer nur das Vernünftige erkennen.

Gottchen, Sie sind ja wirklich ein Philosoph!

Vielleicht auch das, zuerst aber Kavalier!

Auch Kavaliere können manchmal anstrengend sein.

Ich glaube nicht, aber bisweilen erwartet der Kavalier von seiner Dame, daß sie die Pirouetten nachtanzt, die er ihr vordreht.

Dieser Humor ist mir zu hoch, mein Ritter.

Ein schlechter Ironiker, der sich nicht selbst auf die Schippe nimmt!

Männer sind seltsame Geschöpfe, sagte Tosca von Kain.

Neugierig geworden fragte ich: Haben Sie denn einschlägige Erfahrungen?

Jede Menge, sagte sie. Männer sind schon allein deswegen eigenartig, weil sie als Kinder alle Lokomotivführer werden wollten.

Was soll daran eigenartig sein?

Daß sie später überglücklich sind, wenn man sie für Weichensteller hält.

Das Schnippische versteckte sich hinter den geborgten Sprüchen, als die Dame schließlich meinte: Abel von der Tränk! Das höre sich an wie ein Fels in der Brandung.

Außer ein paar billigen Komplimenten, Galanterien und Schmeicheleien mußte ich fast nichts sagen. Keine Anekdote war zu knittrig, um nicht noch einmal wirkungsvoll aufgebügelt zu werden.

Sie sind mir aber ein Dampfplauderer, seufzte Madamchen, und an der Art, wie sie dies sagte, wußte ich: Sie lechzte nach mehr.

Ehe sich die Schmachtende nach dem sechsten Southern Comfort verabschiedete, plapperte sie mit mädchenhaft hitzigen Wangen und leicht holpernder Zunge noch einmal ausgiebig vom westfälischen Adel und der aparten Pistole, und Tosca, wie ich sie von nun an nennen solle, dürfe, müsse, vertraute mir, dem traurig zuverlässigen Junggesellen, Professor und darum noch Jungfrau, ihren größten ›Herzenswunsch‹ an, den ein wunderschönes Lied von Udo Jürgens in ihre – ich zitiere wörtlich – Seele gepflanzt habe:

Ich war noch niemals in New York,
ich war noch niemals auf Hawai,
ging nie durch San Francisco in zerriß'nen Jeans.
Ich war noch niemals in New York,
ich war noch niemals richtig frei.
Einmal verrückt sein und aus allen Zwängen flieh'n …

Tosca von Kain schmolz im Schmalz. Einmal im Leben also noch, bevor sie altere, nach New York, einmal die Fifth Avenue *hinunter schwimmen*, gespiegelt in den Schaufenstern verlockender Luxusboutiquen … Sie sei durchaus bereit, die Flugkosten zu übernehmen. Selbstverständlich First Class! Schließlich sei sie wohlhabend, um nicht zu sagen: vermögend.

Ich verharrte eine Weile in gemessener Andacht, nahm es gleichwohl mit Vergnügen und Genugtuung zur Kenntnis, meinte aber einschränkend, daheim regne es billiger.

Die Bella kicherte und nestelte an ihrem Seidentüchlein, das nach *Laura Biagiotti* roch.

Ach, übrigens, haben Sie eine Freundin, Herr Professor?

Wenn ich eine hätte, antwortete ich mit Gentilezza, dann wäre ich sie jetzt los, meine Gnädigste!

Siebte Abendandacht

Da dieser Winter alles andere als ein Winter war, vielmehr nichts weiter als ein vertrödelter Herbst, der nahtlos in einen langweilig verzögerten Frühling überzugehen gewillt schien, meteorologischer Beweis für den allgemeinen Verfall, blieben einige vereinbarte Treffen aus, denn wir waren ziemlich müde. Überdies trieb sich zwischen Weihnachten und Neujahr allerlei neureiches Gesindel in den Hotels herum, an das Anmieten eines diskreten Hinterzimmers war gar nicht zu denken. Meinrad war endgültig ins Sankt-Anna-Stift gezogen, seine Zölibatesse Waltraud haderte mit dem vierten neuen Hörapparat, das Wort ›fünflagig‹ war immer noch nicht richtig justiert, Klemm beschäftigte seine Referendarin Jessica über Gebühr, denn täglich waren neue Pressemeldungen über die Verfehlungen der Polizei zu archivieren. Ascot von Daalen erwog, endgültig ein aufgelassenes Pfarrhaus – An Old Rectory – außerhalb von Edinburg zu erwerben und ganz auf die Insel zu ziehen, dort herrsche wenigstens noch eine Monarchie, morsch zwar, doch des Prinzen William anstehende Vermählung mit einer durchaus parkettfähigen jungen Dame gebe zu allerlei Hoffnung Anlaß, größte Freude bereite ihm das Bestreben der Schotten, sich unter ihrem ersten König Sean Connery endgültig von England unabhängig zu machen.

Letztlich aber glaube er, Ascot, an die Unverwüstlichkeit des British Empire. Solange noch von Big Ben der weltberühmte Glockenschlag etc. ... Auch sein Freund Sebastian, der sich heute mit einer Freundin an geheimem Ort treffe, sei dieser Ansicht. Bange vertiefte sich in die Psychopathologie wahnhafter Missidentifikationen, um darüber einen Aufsatz für die Zeitschrift »Nervenheilkunde« zu schreiben, der keinen seiner Kollegen interessieren würde. Nur Otto Dietrich schien in seinem Rollstuhl im Sinne des gemeinsamen ›Projektes Nemesis‹ tätig zu sein.

Jedenfalls berief er ein Treffen ein, diesmal im Bayerischen Löwen, einer reichlich von fragwürdiger ›Dallmayr-Kultur‹ durchdrungenen Stätte in der Nähe des Hauptbahnhofes. Sogleich orderte er drei Flaschen Redbreast, jenen gefährlich ausbalancierten, dreifach destillierten irischen Pure Pot Still, der unter Kennern auch den Beinamen The Priest's Bottle trägt, was Meinrad sofort zu kräftigen Schlucken ermutigte. Schließlich rückte Otto Dietrich mit seiner Überraschung heraus. Er habe seine zahlreichen Verbindungen ins betriebswirtschaftliche Nervenzentrum des Erzbischöflichen Ordinariats spielen lassen – bitte keine Details: Informantenschutz – und sei dabei auf eine völlig überzogene Rechnung gestoßen, mit deren Hilfe man Prälat Huldreich Wurlitzer erheblich an den Karren fahren könne. Der Geistliche Herr habe nämlich nicht nur die Ordre dazu erteilt, sondern das fragliche Papier, von dem er eine Kopie besitze, auch eigenhändig mit seiner Unterschrift abgesegnet. Und genau das könne ihm das Genick brechen und eine Degradierung zum erbärmlichen Kaplan, will sagen: eine Strafversetzung in die ungläubigsten Winkel des Allgäus zwischen Pfronten und Nesselwang nach sich ziehen, wo die guten Leute ohnehin mehr an Gesundbeterei als an sonst etwas glaubten.

Wir rollten jedoch zunächst das köstliche Destillat über unsere Zungen, gaben unsere Kommentare zum Besten, Klemm sprach von gesteigertem Gewürztraminer, Ascot verbesserte ihn und bestand auf einem Hauch von friaulischem Grappa, indes Meinrad von der Reinheit des Geistes schwärmte, die sich ohnehin nur dem Geistlichen eröffne. Bange holte zu einer Vorlesung über psychotrope Substanzen aus, wurde jedoch von Otto Dietrich ausgebremst, der endlich das brisante Papier – es handelte sich um eine einzige Seite – aus seinem Köfferchen holte und damit vor unseren Nasen derart herumwedelte, daß uns sämtliches Whiskyaroma sogleich abhanden kam.

Und was sollen wir damit?

Prälat Huldreich Wurlitzer tüchtig einheizen, grinste Otto Dietrich, und sein Schieber Klemm sagte: Klarer Fall von Erpressung.

Scheuble war sich sicher, daß Huldreich Wurlitzer bezahlen würde. Und dieses Geld müsse man dann gewinnbringend im Hochspekulationsbereich an der Börse anlegen. Wir sollten ihn nur machen lassen, denn schließlich verstehe keiner vom Stockmarket mehr als er. Ascot von Daalen war skeptisch. Er glaubte felsenfest, in dem Papier nichts als die übliche klerikale Prasserei zu erkennen, an die man insbesondere in Bayern seit Jahrhunderten gewohnt sei. Otto Dietrich jedoch, der sich einiges auf seine Schwabenlist einbildete, hielt mit geheucheltem Ernst an der Brisanz des Dokumentes fest. Scheuble sann auf eine subtile Rache über den Umweg der Börse. Seine Lieblingsseite in der »Sonntagszeitung« heiße schließlich »Geld & Mehr«. Das löste neue Debatten aus.

Ehe sich jedoch diese Diskussion ins Fruchtlose verlängerte, riet Meinrad, sich nicht länger diesem verwunschenen Geistlichen, sondern dem reinen Geistigen zuzuwenden. Damit meinte er den vorzüglichen Whisky, der ganz und gar in seinem Sinne zu sein schien. Jedenfalls langte er so tüchtig zu, daß er am Ende unserer Sitzung Mühe hatte, seinen Dufflecoat ordnungsgemäß zuzuknöpfen, was Ascot von Daalen veranlasste, mit bedeutungsschwangerem Vibrato in der Stimme Goethe höchstselbst und dessen »Maximen und Reflexionen« zu zitieren: *Wer das erste Knopfloch verfehlt, kommt mit dem Zuknöpfen nicht zurande.*

Achte Abendandacht

Kaum war's Frühling geworden, lud Ascot von Daalen mit einem büttengeschöpften und überdies ringversiegelten Rundschreiben zu einem Croquet-Match in den Park seiner Villa. Das Spiel mag ja durchaus typisch viktorianisch und sonst was sein, aber es gibt – so glaubten wir Unwissende – kaum eine ödere Unterhaltung als Croquet. Jedenfalls war das die übereinstimmende Meinung im Club. Ascot ließ sich auch nach einem diskursiven Telefonanruf durchaus nicht von seiner Idee abbringen. In der Pause, will sagen: vor der Rückrunde, gebe es Tee, seine berühmt-berüchtigten schottischen Oat-Biscuits, bei denen jedes Mal das Gebiss bedenklich knirscht, nach Genuß auf der Stelle herausgenommen werden, mit der Zunge abgeleckt und unter Zuhilfenahme einer diskret in der Jackentasche mitgeführten Kukident-Haftcreme neu eingesetzt werden muß, sowie exklusive Highland Malt Spirits. Schließlich spiele er Croquet seit seinem achten Lebensjahr. Ziel sei es – und damit sei er bereits zu Beginn seiner improvisierten Vorlesung bei der Lebens-Metaphorik angelangt – farblich markierte Holzkugeln mit hammerartigen Schlägern durch U-förmig gebogene Drahtbügel, genannt Tore, in vorgegebener Reihenfolge und Richtung von einem Abschlagstab beginnend um einen Wendestab zu einem

Zielstab zu stoßen. Wer ein Tor passiere oder eine gegnerische Kugel ins Abseits gestoßen, also ›krockiert‹ habe, bleibe am Schlag. Wer zuerst die Bahn durchlaufen habe, sei Sieger. Das Geheimnis bestehe darin, daß im eigentlichen Sinne jeder nur gegen sich selbst spiele, nicht mitgerechnet die Tücken des Rasens und die Höhe des Grases. Sebastian habe freilich frisch gemäht. Das Spiel habe sich immerhin aus dem im England des 16. Jahrhunderts beliebten Pall Mall entwickelt, bei dem Holzkugeln mit dem Ball-Holzhammer, dem sogenannten Mallet, geschlagen worden seien. Croquet sei 1900 olympische Disziplin gewesen, und der ehrwürdige All England Lawn Tennis and Croquet Club zu Wimbledon habe ausdrücklich das Wort Croquet in seinem Namen. Das dürfe wohl Legitimation genug sein. Und wenn es denn eines weiteren Beweises bedurft hätte, wie gefährlich dieses Spiel sein könne, so empfehle er, Ascot, uns die Lektüre des entsprechenden Kapitels von Evelyn Waughs Roman »Brideshead Revisited«, wo sich Lord Sebastian Flyte, der Namensgeber seines Teddybären, der in weißem Pullover am Rand des Spielfeldes auf die Einhaltung der Regeln achte, ausgerechnet beim Croquet den Knöchel dermaßen verstaucht habe, daß er im Rollstuhl gefahren werden mußte. Einer unter uns jubelte bei dieser Bemerkung.

Bestens informiert wie immer war der schlaue Otto Dietrich, der sogleich spöttisch einwarf, Ascot lade gottlob nicht zum Fahrrad-Croquet, obgleich er, Otto Dietrich, dafür mit seinem fahrbaren Untersatz durchaus qualifiziert sei. Schließlich verdankten es ihm die restlichen Clubmitglieder, daß Ascot zu seinem Match kam. Wir erwarteten allerdings einen besonderen Whisky als Trophy. Ansgar schlug vor, doch lieber auf eine altersadäquate Minigolf-Anlage auszuweichen, indes Meinrad Menzinger etwas von Hammer und Amboss murmelte.

Zugegeben: Wir mussten uns, unter den streng blickenden Knopfaugen von Freund Sebastian, in das Regelwerk zuerst einlesen.

Ascot ließ uns die Unterlagen postalisch zukommen: in Finnisch, Schwedisch, Norwegisch, Französisch und gottlob auch in Deutsch. Dies nur als dezenter Hinweis darauf, wie international dieses traditionsreiche Spiel sei. Wir hatten uns semantisch zu orientieren an Ausdrücken wie ›Players‹, ›Croquetlawn‹, ›Hoops‹, ›Posts‹, ›Croqueting‹ und ›Rover‹.

Nun denn, sagten wir, so sei es und verköstigten in einer inoffiziellen Zusammenkunft hinter dem Rücken von Ascot von Daalen einen sommerlich erfrischenden, sonst aber nicht weiter anspruchsvollen Bourbon namens Virginia Gentleman aus der einzigen in Virginia noch existierenden Destillery. Das Etikett mit der charakteristischen Fuchskopfprägung allerdings ist das wohl geschmackvollste von allen Whiskys weltweit, denn es handelt sich dabei um die Reproduktion eines Gemäldes von John Sortorius (Motiv: Fuchsjagd zu Pferde, sehr nobel und im gestreckten Galopp) aus dem Jahre 1793, heute im Privatbesitz der Familie Bowman, welchselbige das erwähnte Destillat vertreibt.

Stilvoll gekleidet fanden wir uns auf dem avisierten Croquetlawn auf Ascots Anwesen ein. Wir trugen sportive Hosen, Fliege oder Krawatte, und Ascot präsentierte sich in Knickerbocker sowie mit Golfhandschuh (links). Meinrad hatte übermütig seine Tweedmütze (eine original *Purdey*) verkehrt herum aufgesetzt, was ihm sogleich eine Rüge unseres Gastgebers eintrug: man sei hier nicht zum Skateboarding verabredet.

Das Match war alles andere als öde, und der Lawn präsentierte sich tadellos gemäht. Unser Vorurteil wurde heftig widerlegt. In der Pause wurden zu mild-erfrischendem Darjeeling weiche dänische Butterkekse gereicht: überaus gebißfreundlich. Der Hausherr hatte sich etwas einfallen lassen.

Während Ascot souverän seine Erfahrung ausspielte und strategisch rücksichtslos vorging, verzitterte Klemm seine Schläge. Ansgar hielt sich wacker und rang mit Meinrad Menzinger lange um den zweiten Platz. Als eindeutiger Sieger erwies sich Otto Dietrich, geschoben von Klemm. Für einen Augenblick hätte man glauben können, Ascot habe Probleme, sich als fairer Verlierer zu präsentieren, doch dann siegte sein Sportsgeist, und er überreichte dem Matchwinner eine exklusiv für den National Trust vor Scotland abgefüllte Flasche eines achtjährigen Glen Garioch Highland Single Malt, die auf der Stelle kommentarreich verköstigt wurde.

Vierter Bericht des korrespondierenden Mitglieds

Liebe Freunde!
An einem der folgenden Tage brachte ich meine ›Budapester‹ zum Schuster. Ich kann ohne meine Ungarischen nicht sein. *Hoch die Röck'* hieß einst die frivole Devise und verwies uns schwerfällige Deutsche darauf, was wir alles den tanzbegabten Ungarn verdanken: Puszta, Paprika und Piroschka, Gulasch und Zigeunerbaron. Doch statt operettenhafter Höhenflüge empfiehlt sich allemal Bodenhaftung und mit ihr die Besinnung auf das, was zwischen Himmel und Erde den Kontakt herstellt: die Schuhe. Sie sind ein intimer Gegenstand, denn man muß schon in argen Schwierigkeiten sein, ehe man bereit ist, in ein fremdes Paar zu schlüpfen. Die Rituale des Anprobierens von neuen Schuhen fordern mehr Geduld als Wagners »Ring des Nibelungen«. Plötzlich scheint es nichts Sensibleres auf der Welt zu geben als die eigenen Füße, die sich – soeben noch behaglich in ausgetretenen Latschen schwimmend – auf einmal neuen Verhältnissen anpassen sollen. Während das Auge ganz vom Glanz geblendet ist, rebelliert schon der große Zeh und verheißt lange währendes Leiden. Oder die Ferse wird nicht mit der unerwarteten Freiheit fertig. Daß man neue Schuhe eines Tages doch noch richtig einlaufen

werde, gehört zu den großen Illusionen unserer Zivilisation. Erfahrungswerte legen entsprechende Dementis nahe. Ein falscher Schuh kann eine ganze Existenz ruinieren. Seit Aschenbrödels bösen Schwestern dürfte das sattsam bekannt sein. Mitunter aber drückt einen der Schuh, weil er billig ist: leichtfertig für wenig Geld im Vorübergehen gekauft, Blendwerk von ansprechender Form und glänzendem Pseudoleder, gefertigt von fleißigen kleinen gelben Händen irgendwo in einer Höhle in Fernost. Oft genug bin ich in diese Falle getappt, bis ich mich eines Tages entschloß, ein kleines Vermögen in ›Budapestern‹ anzulegen, denn was dem Cowboy seine Stiefel und der Lady ihre Pumps, das sind dem Mann von Welt seine ›Budapester‹. Dabei handelt es sich um handgefertigte Schuhe, und man darf mit Fug und Recht von edelstem Schuhwerk sprechen. Der Begriff des ›Werkes‹ ist hier durchaus angemessen, gleichviel, ob das Paar cognacfarben ist oder schwarz. Schlechte Schuhe ruinieren nicht nur die gesamte Erscheinung, sondern auch die Füße. Die jetzige turnschuhversaute Generation wird eines Tages noch ihr diesbezügliches Damaskus erleben. ›Budapester‹ dagegen werden in einer der wenigen noch existierenden traditionsreichen Schuh-Manufakturen in Ungarn in sorgfältiger Handarbeit gefertigt. Die Arbeit erfolgt Stich für Stich. Erst ganz am Schluß kommt das Auftragen einer hochwertigen Wachscreme. Der Meister prüft endlich das fertige Paar und versieht es mit einer individuellen Nummer. Mit seiner Unterschrift im Schuh bürgt er – wie ein Maler bei seinem Bild – für Qualität und fachgerechte Verarbeitung. Es versteht sich von selbst, daß die entsprechenden Schuhspanner aus duftendem Zedernholz sein sollten, denn unbeschichtete aromatische Zeder absorbiert die Feuchtigkeit und entfernt den Geruch in den Schuhen, wobei die originale Schuhform erhalten bleibt. Gutes Auftreten ist dann keine Kunst mehr. Und davon hängt bekanntlich einiges ab.

So in Gedanken versunken, kam ich auf dem Rückweg am Café Prinzregent vorbei. Kaffeehäuser haben, wie Billy Wilder weiland in seinen Reporterjahren schrieb, *etwas vom Wesen gut eingespielter Geigen. Sie geben Resonanz, schwingen mit und verleihen eine spezifische Klangfarbe.* Doch welche Kakophonie plötzlich! Wen sehe ich nämlich aufgedonnert wie ein Pfingstochse in dem sonst von mir bevorzugten Erkerfenster sitzen? Die verehrteste Tosca von Kain. Und wen erblicke ich außerdem? Einen Galan. Die beiden halten Händchen. Ich stockte ob dieser unerhörten Begebenheit, tat so, als wolle ich mir einen Schnürsenkel binden, und sah genau hin. Es war Bankier Bruchstadler.

Herr im Himmel, er trug weiße Socken! Kaum ist die politische Diskussion um die roten Socken verebbt, schon zeigt sich in Deutschlands Fußgängerzonen die Macht der weißen Socken. Bei Tennisspielern, Traumschiffkapitänen, Ärzten und Pflegepersonal sind sie obligatorisch und am rechten Ort. Aber sobald die brionigepanzerten Herren in kostbaren Salamanderschleichern weißbesockt einherschreiten, werden sie zur terroristischen Vereinigung. Weiße Socken, meine Freunde, sind die Kalaschnikows der Spießer. Sie zielen auf den guten Geschmack, und jedes Mal sind sie ein Volltreffer. Man kann sich auf sommerlichen Straßen kaum etwas Unappetitlicheres vorstellen als die frottierte Billigware in Sandalen. Da es sich aber mittlerweile durchgesetzt hat, daß Krethi und Plethi in Unterhemd und Badelatschen durch die Städte wandern, scheinen in solchem Gefolge auch die weißen Socken ihren grausamen Siegeszug angetreten zu haben. Ausländischen Gästen wird es wohl ein ewiges Rätsel bleiben, woher der deutsche Mann den Mut nimmt, in diesen unsäglichen Dingern aufzutreten und sich schamlos der Öffentlichkeit zu präsentieren.

Nun haben Socken – im Gegensatz zu Strümpfen – von Haus aus etwas Lächerliches an sich. Diese gummizugumkränzte halbe Höhe, die nicht einmal über die Wade reicht, zeigt doch schon, wie dürftig so eine Socke an sich ist. Tröstlich ist allein die Tatsache, daß es Waschmaschinen gibt, die sich als heimliche Sockenfresser erweisen. Wer hätte noch nicht die erstaunliche Feststellung gemacht, immer wieder einmal ein verschwitztes Paar willkürlich getrennt vorzufinden? Für den Zurückgebliebenen beginnt jenes trostlose Single-Dasein, das entweder als Schuhputzlappen oder in der Mülltonne sein ebenso klägliches wie gerechtes Ende findet.

Ich frage Euch, liebe Sundowner: Was hatte Bankier Bruchstadler in meinem Revier zu suchen? War er im Begriff, sich Tosca zu angeln? Wollte er sich im Zuge des allgemeinen Börsenfiebers dieses Aktienpaket klammheimlich unter den Nagel reißen? Hatte er nicht schon genug Gold gehortet? Neid und Eifersucht stiegen in mir auf, eine brisante Mischung, die Gefahr lief, sich zur schieren Raserei auszuwachsen. Prompt bekam ich wieder einen meiner notorischen Hustenanfälle. Immer, wenn ich mich aufrege, muß ich husten. Ich zückte mein Damasttaschentuch und hielt es mir vors Gesicht. Das perfektionierte meine Tarnung.

Ich bitte Euch: Wenn einer schon Bruchstadler heißt! Da saß also dieser Kerl, wie stets ohne Mantel unterwegs, denn er war geizig. Diesen Krösus wohlbeleibt zu nennen wäre eine beschönigende Untertreibung. Er hatte eine Wampe, die einem unförmigen Sack glich. Kollege Bange würde das Phänomen wahrscheinlich eine ›Hottentottenschürze‹ nennen und von ›Adipositas permagna‹ sprechen. Das Fettgewölbe hing aus einer Hose, die von einem Krokodilledergürtel im letzten Loch notdürftig zusammengehalten wurde.

Nichtsdestotrotz galt Bruchstadler bei den Damen als Charmeur. Er war Witwer, knapp über sechzig. Das machte ihn als Gegner enorm gefährlich. Das Finanzgenie, wie er sich gerne nennen ließ, redete auf Tosca ein, und ich sah an ihren Gesichtszügen, daß sie wieder einmal dahinschmolz.

Was sülzte ihr der alte Pfeffersack da vor?

Erkannte sie nicht, daß Süßholz geraspelt wurde?

Wußte sie nicht, daß die Staatsanwaltschaft Bielefeld Klage gegen ihn erhoben hatte wegen gemeinschaftlicher Steuerhinterziehung? Es hatte etwas mit einer Wohnungsbaugenossenschaft zu tun und mit angeblich erschlichenen Steuervorteilen namens staatliche Eigenheimzulage. Das Stichwort hieß Geldkreislaufmodell, offenbar eine höchst anrüchige Sache. Bruchstadler habe von ›kreativen Buchungen‹ gesprochen. Und in München ermittelte man wegen des Verdachtes der Untreue im Zusammenhang mit der Insolvenz des Bankhauses Bruchstadler. Man hatte es geschlossen, weil es nicht mehr in der Lage gewesen sei, sämtliche Einlagen zurückzuzahlen. Bei einer Gläubigerversammlung habe sich gezeigt, daß das Insolvenzverfahren aufgrund vertrackt komplizierter und vielfach verschleierter Geschäftsmodelle der Bank überaus langwierig werden könne.

Bruchstadler, stets darauf aus, einem anderen etwas abzumarkten, war so flachsinnig wie seine unsäglichen Sprichwörter, die er bei jeder Gelegenheit loswerden mußte. Hin und wieder bin ich ihm auf diversen Gesellschaften begegnet. Bald jedoch habe ich es vorgezogen, einen großen Bogen um dieses Sprichwörterlexikon zu machen. Der Kerl lebte nach der Maxime:

> Wer morgens dreimal kräftig schmunzelt
> und mittags nicht die Stirne runzelt
> und abends singt, daß alles schallt,
> der wird hundert Jahre alt.

Zu allem Überfluß setzte er dann jedes Mal auch noch das Prädikat Volksreim dazu. Er hatte es zum Alleinherrscher in einer der letzten großen Münchner Privatbanken gebracht und war ob seiner Bauernschläue auch noch zum Honorarkonsul von Honduristan ernannt worden. Das mußte Tosca von Kain natürlich mächtig imponieren. Wahrscheinlich wähnte sie sich unter diplomatischem Schutz. Ich durfte unter keinen Umständen zulassen, daß Bruchstadler Einfluß auf die Witwe gewann. Mir schwante Böses. Am Ende würde sich – horribile dictu – wie üblich Geld mit Geld verbinden. Das mußte verhindert werden.

Doch was war zu tun? Ich überlegte nicht lange, sondern betrat das Café Prinzregent und steuerte schnurstracks auf die Dame meines Herzens zu. Im Vorbeigehen hätte ich beinahe die Serviererin umgerannt, so aufgewühlt war ich. Sie konnte ihr Tablett mit dem Sahnebaiser gerade noch ausbalancieren und knurrte unfreundliche Bemerkungen über mein Alter hinter mir her.

Schon verneigte ich mich artig vor meiner Primadonna, küsste galant die Hand und würdigte Bruchstadler keines Blickes. Der Bankier hatte gerade ein Stück Sachertorte auf der Gabel, ließ diese aber auf halbem Wege zu seiner bereits geöffneten Einflugschneise wieder sinken, behielt erstaunt das Maul offen und war im Augenblick unfähig, angesichts meiner Überrumpelungstaktik auch nur eine Silbe zu sagen. Ich hatte bereits neben Tosca von Kain Platz genommen und ihr die duftigsten Komplimente über ihr prächtiges Aussehen und ihren rosa Teint gemacht, als Bruchstadler wieder zu sich kam und murmelte: *Höflichkeit ist eine Zier, doch weiter kommt man ohne ihr.*

›Volksreim‹, ergänzte ich frech und grinste derart unverschämt, daß Bruchstadler in Verwirrung geriet. Ich nützte den Augenblick der Überraschung und brachte das Gespräch sofort auf die angeblich sinkenden Aktien von Bruchstadlers Privatbank. Während der Finanzmagnat entrüstet seinen kahlen Kopf schüttelte, heftig dementieren wollte und dazu als Symbol des Wohlstands eine Cohiba aus dem Jackett zauberte, ergriff Tosca das Wort und beschwerte sich ziemlich laut bei dem Bankier, der ihr noch vor wenigen Minuten das genaue Gegenteil vorgegaukelt habe. Die Aktien hätten noch nie so gut gestanden, es lohne sich, noch heute mit einer höheren Summe einzusteigen, ein beträchtlicher Gewinn sei so sicher wie das Amen in der Kirche.

Mir scheint, mein lieber Bruchstadler, Sie haben es nur auf mein gutes Geld abgesehen, schloß Tosca ihre Zurechtweisung.

Das war gerade noch einmal gut gegangen. Hatte ich also doch richtig vermutet, daß Bruchstadler in meinem Revier wildern wollte. Ganz Kavalier der alten Schule reichte ich Tosca meine Hand und ermunterte sie, den Tisch auf der Stelle und unter Protest zu verlassen.

Die Rechnung geht an Bankier Bruchstadler, rief ich ebenso keck wie auch für die anderen Gäste gut vernehmbar der Serviererin zu. Und während ich Tosca ihre Stola um den Hals legte, hörte ich, wie Bruchstadler einen Cognac bestellte.

Einen Doppelten, schnaufte er.

Wer Sorgen hat, hat auch Likör. Volksreim. Auf ein baldiges Wiedersehen, Herr Konsul, flötete ich und schob Tosca dem Ausgang entgegen.

Auf der Straße sah ich davon ab, die Witwe mit Vorwürfen zu bepflastern, obwohl ich nicht übel Lust gehabt hätte, ihr die Leviten zu lesen und sie der Treulosigkeit zu bezichtigen. Stattdessen spielte ich den um ihr pekuniäres ebenso wie um ihr leiblich-seelisches Wohl besorgten Cicisbeo, redete auf sie ein wie auf eine kranke Kuh und warnte sie eindringlich davor, sich leichtfertig einem Spekulanten in die Arme zu werfen. Und das sei Bruchstadler nun einmal. Nichts als ein windiger Spekulant, der es auf das sauer Ersparte argloser Mitmenschen und hilflos-gutgläubiger Witwen abgesehen habe.

Ganz richtig, meinte Tosca. Das sauer Ersparte. Ihre Brust bebte entzückend.

Um die Nerven von Madame zu beruhigen, schlug ich ihr vor, sie zum Abendessen ins Piranesi zu ›entführen‹.

Allein dieses Wort genügte, um die schwärmerischen Gefühle der Witwe zum Glühen zu bringen und ihr die gesammelten Bände romantischer Internatslektüre wieder ins Gedächtnis zu rufen.

Doch kaum hatten wir diesen mit allerlei Gerüsten, Querverstrebungen, Treppen und Leitern verstellten, schier wie ein labyrinthisch angelegtes Gefängnis wirkenden Feinkosttempel voller selbstgefälliger Geld- und Geschäftsleute betreten und am letzten freien Tischchen auf einer winzigen Empore Platz genommen, als der verstörte Chef des Etablissements mit tränenerstickter Stimme mitteilte, daß soeben der Koch mitsamt den Küchenhilfen und der Tageskasse getürmt sei und den Gästen deshalb kein Abendessen serviert werden könne.

Seine letzten Worte gingen im Tumult unter. Ein Stehgeiger auf einer noch höher gelegenen Empore versuchte vergeblich, den Aufruhr mit Ländlern niederzufiedeln. Ich jedoch war heilfroh, denn ich hatte dadurch einen knappen Tausender gespart.

Unverrichteter Dinge, tief enttäuscht und mit leerem Magen bestieg man ein Taxi.

Zuerst dieser Bruchstadler, und dann ein Koch auf der Flucht! Tosca wollte sich nicht beruhigen.

Vergessen Sie doch endlich diesen Börsenspekulanten. Er ist Ihrer Gedanken nicht würdig, wandte ich ein. Wer wie Bruchstadler ohne Mantel unterwegs ist, Gnädigste, wirkt immer ein wenig armselig oder wie weiland Doktor Kimble auf der Flucht. Wer aber – wie ich – einen Mantel trägt, will beim Ankommen nicht nur etwas zum Ablegen haben, sondern auch stilvoll zeigen, daß er etwas darunter hat, das es zu schützen gilt. Mantelträger, Madame, sind Würdenträger, und wer jemandem in den Mantel oder aus ihm heraus hilft, versteht sich als untergeordnet – und sei es nur aus Gründen einer epochenverschlepperischen Höflichkeit.

Mit diesen Worten lieferte ich die Gnädigste artig vor ihrer Haustüre ab, wünschte noch eine geruhsame Nacht und ließ mich zufrieden von dem wartenden Taxi zurück in meine kleine Festung bringen. Diese Runde war an mich gegangen. Bruchstadler war gewissermaßen technisch k.o.

Neunte Abendandacht

Für die nächste Zusammenkunft wählten wir erneut die Vier Jahreszeiten. München war unser *Cinema paradiso.* Es ist eine ebenso liebenswürdige wie zutiefst provinzielle Stadt, nicht ohne dörflichen Charme, mit durchaus spürbarem südlichem Bemühen, was etwa die Plätze betrifft, doch was hier fehlt, ist eine gediegen gewachsene Eleganz jenseits des neureichen Vorführbedürfnisses, das sich nicht nur in den Geschäften mit allerlei internationalen Namen spiegelt, sondern auch in der Kleidung jener betuchten Repräsentanten aus Mode, Film und Kantine, die sich nicht zwischen rustikalem Loden und italienischem Stil entscheiden können und sich daher nicht selten in einer kruden Mischung aus allerlei Klamotterie auf die Boulevards wagen. So bemerkten wir neulich einen dynamischen Mittsechziger in Schuhen von Bugatti, hirschlederner Bundhose, Burberry-Jackett und Hut mit Rasierpinsel. Diese allgemeine ›Verdallmayerung‹ des bajuwarisch Krachledernen hat bei uns stets ein ambivalentes Gefühl zwischen Rührung und Abscheu hervorgerufen. Selbst die Bettler, deren Zahl deutlich zugenommen hat, was sich auch von den reichen und nicht selten arrogant auftretenden Arabern mit ihren vermummten Prall-Frauen sagen läßt, tragen hier Tracht oder irgendetwas mit Hirschhornknöpfen. Von den neuerdings demütig knienden und jammervoll wippenden Rumänen fühlen wir uns jedes Mal moralisch erpresst, weswegen wir unseren für gewöhnlich locker sitzenden Obolus hochmütig wie Kolonialoffiziere verweigern. Insgesamt erweckt München den Eindruck, irgendwo weit hinten im Isarwinkel sei ein Wehr geöffnet worden, und nun habe Bayern Freigang, sofern der Dresscode des Wittelsbacher Gamsbartadels eingehalten wird. Und jeder ist Direktor im Leberkäsbergwerk.

Angesichts der Lage erging der Beschluss, künftige Club-Sessionen nur noch in den Vier Jahreszeiten abzuhalten. Bei Kempinskis, wie Otto Dietrich familiär bemerkte. Der ständige Umzug wurde uns lästig. Besonders im Alter braucht man einen Ort, an dem man einigermaßen abhörsicher sein kann.

Ascot von Daalen hatte einen Kentucky Straight Bourbon von Barton Brands namens Kentucky Gentleman vorgeschlagen, der uns allen etwas wuchtig erschien. Vielleicht färbte dieser Umstand auf Klemm ab, der uns ausgesprochen mürrisch erschien und auch Otto Dietrich dementsprechend schob. Befragt nach dem Grund gab Klemm an, er müsse leider einen Erfolg der Polizei melden: *Opa-Räuber gefasst!* Der Schießer, gestern noch sein Robin Hood, sei verhaftet worden.

Allgemeines Entsetzen in der ›Societät‹.

Wie das?

Ein Raunen ging durch unsere Reihen. Gefasst in Eppan, einem Nest in Südtirol. Aufgrund einer blödsinnigen, vermutlich ohnehin verfassungswidrigen Fernsehserie namens »Aktenzeichen XY-ungelöst«. Eine Schande. Feige denunziert von Spießern, denen er seit zehn Jahren anzugehören schien: mit Dachgeschoßwohnung, Lebensgefährtin, Tochter und Hund. Bisher nicht einmal ein Strafzettel wegen Falschparkens. Aber im verdächtigen Besitz eines Oldtimers der Marke Mercedes. Ein pensionierter Bauingenieur. Unter dem Dach: 138 Patronen des Kalibers 22 sowie die Tatwaffe. Alles leider eindeutig. Auslieferung, U-Haft etc. Eine Tragödie für diesen Mann, der zum Geldholen immer eigens über den Brenner nach München gefahren war.

Klemms Mundwinkel zeigten wenig Wohlwollen für diese unsere Welt und Gegenwart. Er gab, bebend vor Zorn, an, er werde die Verteidigung eines pensionierten Oberstudiendirektors (Griechisch, Latein) übernehmen, der im vorletzten Winter, der bekanntlich besonders schneereich gewesen sei, einen 34-jährigen verheirateten Schneepflugfahrer mit einer Schrotflinte von seinem Trecker geschossen habe. Der brave Schulmeister habe angegeben, täglich gewissenhaft den Gehweg seines Siedlungshäuschens vom Schnee befreit und pflichtgemäß gestreut zu haben. Doch kaum sei er mit dieser anstrengenden Tätigkeit fertig gewesen, sei der Schneepflug gekommen und habe ihm all den mühsam zur Seite geschaufelten Schnee wieder zurückgeworfen. Zuerst habe er, der Altphilologe, das noch für ein unabwendbares Schicksal gehalten, das er duldsam wie Hiob hinzunehmen habe, doch dann sei ihm aufgefallen, daß der Schneepflugfahrer hoch oben auf seinem Trecker immer dreckig gelacht und sich eins gegrinst habe, wenn er ihm den Schnee wieder auf seinen Weg zurückgeschoben habe. Er habe den Mann zur Rede stellen wollen, doch der habe nur – von oben herab – einen Stinkefinger gezeigt und dem Pensionär weiterhin täglich zweimal den Gehweg zugeschoben. So sei das während des strengen Winters über Wochen gegangen. Jedweder Versuch, die Problematik in einem gesitteten Dialog zu bereinigen, sei aufgrund des höhnischen Gelächters des Schneepflugfahrers gescheitert, wobei dieses von immer obszöneren Gesten und Worten begleitet worden sei. Da habe der herzleidende Schulmann allen Mut zusammengenommen und sich seiner doppelläufigen Schrotflinte erinnert, eines Erbstückes von seinem jagdbegeisterten Großvater, der die Hölle von Verdun überlebt habe. Der Enkel habe diese kostbare Waffe mit dem versilberten, künstlerisch gestalteten Schloß schon aus Gründen der Familientradition immer in Ehren gehalten, säuberlich gepflegt, mit Ballistol geölt und einsatzbereit aufgestellt, obgleich er bis zu jenem Tag niemals auf die Idee gekommen sei, tatsächlich auch nur einen Schuß abzugeben. Nicht einmal an Silvester habe er sich jemals dazu überreden lassen. Da sich in einem ledernen Patronentäschchen genügend trockene Munition befunden habe, sei die Sache wie im Film abgelaufen. Flugs den Lauf abgeknickt, mit trockenem Geräusch zwei Schrotpatronen eingeschoben, den Lauf bis zum Einrasten wieder hoch geknickt, die Waffe entsichert und hinter dem Wohnzimmerfenster in Stellung gegangen. Damit der kostbare Fenstersims keinen Schaden nehme und der Schulmann nicht Gefahr laufe, in der Aufregung einen Fehlschuss abzugeben, habe der Oberstudiendirektor eigens ein Sofakissen unter den Lauf gelegt. An seinem unerträglichen Lärm habe er den Schneepflug bereits von weitem kommen hören. Auch habe er sofort den Fahrer identifiziert: einen ungewaschen wirkenden, bärtigen Kerl mit zotteligem Haar, wie bei einem Zuhälter zum Zopf geflochten, der hoch oben stolz wie Sancho Pansa auf seinem Bock gesessen sei und den braven Bürgern mit sadistischem Vergnügen den Schnee wieder auf ihre Gehwege zurück befördert habe. Der Altphilologe gab an, die Brille auf die Stirn geschoben zu haben, das Hinterteil des Schneepflugfahrers ruhig und gleichmäßig atmend Kimme über Korn ins Visier genommen, unter lautstarkem Zitieren der ersten Verse von Homers »Odyssee« in der bewährten Vossschen Übersetzung: *Sage mir, Muse, die Taten des vielgewanderten Mannes,* und da habe er auch schon abgedrückt. Es sei ein herrliches, nahezu unbeschreiblich befriedigendes Gefühl gewesen, den verhaßten Schneepflugfahrer auf seinem Hochsitz wie von einem Gummiband gezogen auf- und abhüpfen zu sehen, als habe ihm soeben jemand, nun ja, eben eine Ladung Schrot in den Allerwertesten gepfeffert.

Nemesis, sagte Otto Dietrich trocken.

Es wurde daraufhin lange geschwiegen, zügig gebechert sowie übereinstimmend beschlossen, jedweder Form der Re-Signation (sic) im Sinne des Zurückgebens des Feldzeichens römischer Legionäre eine strikte Absage zu erteilen. Und so erging der Beschluss: Das Modell ›Schießer‹ ist untauglich. Das beziehe sich freilich durchaus nicht auf die gleichnamige Unterwäschefirma, mit der man – ohne ins Detail gehen zu wollen – durchweg gute Erfahrungen gemacht habe.

Irgendwie muß Ascot von Daalen beim Stichwort Unterwäsche auf seine Tante Priska gekommen sein, denn er erzählte uns von ihr mit einer Begeisterung, die wir bei diesem Mitglied des Antiquariats bisher kaum gekannt hatten.

Seinen Wohlstand, der ihm Unabhängigkeit und ein finanziell sorgenfreies Leben inmitten kostbarer Erstausgaben ermöglichte, verdanke er nämlich eben jener Tante Priska. In jungen Jahren war sie, die sprachbegabte Tochter eines Gartenarchitekten und einer Hebamme, Gouvernante bei einer englischen Herrschaft in Paris gewesen, habe aber in den frühen Dreißigern in der Sommerfrische einen amerikanischen Immobilienmakler namens Remington Walker kennen gelernt, ihn bald darauf geheiratet und sei mit ihm nach Atlanta, in die Stadt von Rhett Butler und Scarlett O'Hara, gezogen. Ihre Ehe sei durchaus glücklich und für amerikanische Verhältnisse auffällig harmonisch gewesen, aber kinderlos geblieben. Tante Priska sei freilich von Anfang an regelrecht vernarrt in ihren Neffen gewesen. Auch er habe eine ungewöhnlich enge, fast schon intime Bindung an sie gehabt.

Ascot sah sie vor sich, groß, sogar sehr groß, knochig, schier schon dürr, so daß sein Großvater selig gelegentlich etwas despektierlich von einem *Geweih im Sack* gesprochen hatte, in bodenlangen wallenden Gewändern, eine Schicht über der anderen, das üppige Haar zu einem weiten Kranz um ihren mächtigen Schädel geflochten. Einige Strähnen hingen stets außerhalb der disziplinierenden Kämme und Spangen, von denen die Pracht kunstvoll zusammengehalten wurde. Um den Hals trug Tante Priska mehrere Perlengehänge verschiedener Länge sowie eine dünne Silberkette, an der ein Lorgnon befestigt war, das die Tante ausgiebig vorzuführen beliebte, ganz so, wie sie es wohl bei ihrer englischen Herrschaft gelernt, von der sie reichlich Stil, Manieren und Umgangsformen abgeschaut hatte. Dazu gehörte auch die ein wenig hochnäsig wirkende näselnde Aussprache bestimmter Lieblingsbegriffe der Tante wie ›Contenance‹, ›Comment‹ oder ›Saison‹. Tante Priska besaß einen breiten Mund und eine gefährlich gebogene Adlernase, die ihr ein akzentuiertes Profil verlieh, ihre Hände jedoch waren feingliedrig und sorgfältig gepflegt. Später verbarg sie ihr wettergegerbtes Gesicht unter allerlei Cremes und Make-up, begann, ihr Haar zu färben und ihre nicht zu übersehenden maskulinen Züge mit allerlei modischen Mitteln wie weiten Hosen à la Marlene Dietrich und verwegenen Hüten nach dem Vorbild von Audrey Hepburn zu amerikanisieren. Vermutlich gab sie viel Geld für Kleidung aus, sie hatte davon ja im Überfluß, wählte unfehlbar die schrillsten Farben und behängte sich Jahr für Jahr mit mehr Schmuck. Kein Finger durfte unberingt bleiben: die beiden Daumen eingeschlossen. Ihre Schritte waren weit ausholend, als wate sie durch Wüstensand, und verrieten jene dragonerhafte und vom harten ›Business‹ gestählte Energie, mit der sie ihre Anweisungen zu geben pflegte. Sie trug gewissermaßen stets Stiefel. Man hörte sie kommen, man kannte ihren Schritt, und manchen ihrer Angestellten mag der Rhythmus ihrer Absätze durchaus wie eine Drohung geklungen haben.

Vor etlichen Jahren ertappte sie ihr Neffe einmal anlässlich eines obligatorischen Besuches in Old Germany unbeabsichtigt beim Ablegen einer violett getönten Perücke und erschrak darüber so sehr, daß er nicht einmal lachen konnte. Denn für einen Augenblick hatte der junge Herr damals den Eindruck, seine großherzige Gönnerin sei in Wirklichkeit ein kahlköpfiger Schmierenkomödiant, der sich nach Schluß der Vorstellung soeben seiner Frauenrolle entledigte, seine Glatze polierte und jeden Augenblick mit tiefer Whiskystimme losdröhnen würde. Sowohl der Neffe als auch Tante Priska, die beide schlagartig wußten, was in diesem unglücklichen Augenblick geschehen war, verloren jemals ein Wort darüber. Vermutlich hat gerade dieser stille, nur von wechselseitigem Wissen unterzeichnete Schweigepakt die Wertschätzung des jungen Mannes bei seiner Mäzenatin ins unerschütterlich Heldenhafte gesteigert.

Nach dem frühen Tod ihres Mannes hatte die geschäftstüchtige und stets lupenrein kapitalistisch handelnde Witwe das Unternehmen allein weitergeführt und mit dem Verkauf von Ölfeldern in Alaska, Luxusappartements in New York und Villen in Kalifornien enormen Reichtum angehäuft. Als der Krieg zu Ende war, besuchte sie jedes Jahr Deutschland, stets reicher und üppiger mit Schmuck ausgestattet, nahm an der erfreulichen Entwicklung ihres Neffen regen Anteil und verfügte schließlich noch zu Lebzeiten durch juristisch ausgefuchste Schenkungen, daß eine beträchtliche Summe ihres Vermögens der Harvard Universität zugute kommen sollte, darunter ein Stiftungs-Lehrstuhl, der ihren Namen trug. Den Löwenanteil aber überschrieb sie ihrem geliebten Neffen, dessen akademische Karriere und charakterliche Solidität sie stets mit Stolz und tantenhafter Genugtuung erfüllt hatte.

Die noble Aunty Priska, in früheren Zeiten oft von ihrem geliebten Neffen in den USA besucht, war nunmehr in den Neunzigern und von nicht zu beschreibender Zähigkeit. Sie lebte, umgeben von ebenso fürsorglichem wie zuverlässigem Personal, das mit ihr gealtert war, in einem weitläufigen Haus in den grünen Bergen von Vermont. Da sie eine glühende Verehrerin des Filmschauspielers Gregory Peck war, wirkte der ausladende Landsitz von Peck-Memorabilien nachgerade überfüllt. An den Wänden hingen die Filmplakate, eine unübersehbare Reihe von Fotos mit persönlicher Widmung stand, in Sterlingsilber gerahmt, in sämtlichen Räumen, kein Besucher konnte in den Gästezimmern Gregory Pecks Blick mit den traurig wissenden Augen entgehen. Über dem Kamin im Wohnzimmer – man sagt dort: ›living room‹ – prunkte ein lebensgroßes Porträt des Künstlers, das die glühende Verehrerin eigens von Andy Warhol hatte anfertigen lassen. Eine einmalige Auftragsarbeit mit der Auflage, daß es davon keine einzige Kopie geben dürfe. Honorar unbekannt. Gregory Peck war für Tante Priska der aufrechte Amerikaner, groß noch in der Niederlage, ein Held, der nicht fällt. Sie liebte ihn als finsteren Käpt'n Ahab in »Moby Dick«, vergötterte ihn an der Seite von Audrey Hepburn in »Roman Holiday«, bewunderte ihn in »The Snows of Kilimanjaro« zwischen Ava Gardner, Susan Hayward und Hildegard Knef. Seine scharf geschnittenen Züge machten ihn für Tante Priska zu einem Mann, dem man vertrauen konnte. Für sie war er die Verkörperung von Seriosität, Würde und nobler Gesinnung. Und so wünschte sie sich auch ihren Neffen, der, hätte er sich jemals für Jura entschieden, ein zweiter Atticus Finch geworden wäre.

Ascot von Daalen schrieb ihr seit Jahrzehnten: fleißig und stets mit der Hand, schilderte ausführlich all seine Freuden und seine Probleme, und er offenbarte ihr in seiner ausgewogenen und federnd ziselierten Handschrift seine intimsten Gedanken.

Elmar Klemm ergriff das Wort: In der englischen Universitätsstadt Oxford, so entnehme er der »Süddeutschen Zeitung«, seien bei einer kürzlich verstorbenen alten Dame zwei Renaissance-Gemälde in Millionenwert entdeckt worden. Die beiden Kunstwerke hingen im Haus der Bibliothekarin in einem Gästezimmer. Die Bilder stammten vom italienischen Dominikanermönch Fra Angelico, einem der bekanntesten Maler der Frührenaissance. Es liege ein Expertengutachten vor, demzufolge sich der Wert der Kunstwerke auf eine Summe von mindestens 1,5 Millionen Euro schätzen lasse. Entdeckt worden seien sie im Gästezimmer hinter einer Tür.

Hat deine Tante Priska etwas mit dieser Sache zu tun? wollte Klemm wissen. Seine Stimme hatte dabei einen Verhör-Ton, wie ihn einst Martin Held in »Rosen für den Staatsanwalt« angeschlagen hatte.

Fünfter Bericht des korrespondierenden Mitglieds

Liebe Freunde!

Ich strapste mich an, um Tosca von Kain angemessen gegenüberzutreten und ihr die Aufwartung zu machen. Es fehlte nur noch die Nelke im Knopfloch.

Zugegeben: Ich putzte mich heraus wie ein Pfingstochse und stand unentschieden zwischen zwei Schnupperwässerchen: Tiffany for Men auf der einen, Obsession, das ›korrumpierend süßliche‹ auf der anderen Seite. Die Wahl fiel schließlich auf Tiffany – und dies weniger wegen der Duftnote als vielmehr aus nostalgischen Gründen. Ich pfiff die Melodie von »Moonriver« vor mich hin: eine meiner Lieblingsmelodien aus einem meiner Lieblingsfilme. Ach, diese gelben Taxis, dieser regennasse Kater … Während ich mein Haar mit Dune pour Homme von Dior für das Stelldichein präparierte, malte ich mir aus, wie sich gerade auch Madamchen aufhübschte. Was würde sie tragen: an Schmuck, an Wäsche, drunter und drüber?

Auf die Minute pünktlich war ich in der Bar der Vier Jahreszeiten, und Frau von Kain kam geschlagene siebzehneinhalb Minuten zu spät. Das gab Punktabzug, obwohl sattsam bekannt ist, daß Frauen immer zu spät kommen. Als Gentleman tat ich jedoch so, als sei die Verspätung ein Zeichen von Interesse.

Man musterte sich mit selbstbewusstem Lächeln, und ich registrierte zufrieden, daß Toscas Blick eine Sekunde länger als schicklich auf meiner Krawatte haften blieb.

Wenn mich nicht alles täuscht, ist das eine Original Oberadel-Edelmoser?

Ganz recht, Gnädigste. Wie ich sehe, sind Sie Kennerin.

Man tut, was man kann. Die Konkurrenz wird immer größer – und vor allem jünger.

Schrilles Lachen ertönte. Freund Bange, unser Theaterarzt, eingeweiht in sämtliche mit Premieren verbundene hysterische Anfälle sogenannter Opern- und Bühnenstars, Rampensäue inclusive, würde vermutlich von ›risus hystericus‹ sprechen. Da war sie wieder, diese Vulgarität, die mich ein wenig frösteln ließ. Ich spürte, wie ich mich in Toscas Gegenwart ›veroberflächlicht‹ fühlte, und ich beantwortete ihren Gefühlsausbruch à la Nectan Lord Kilmarnock mit melancholisch umflorter Freundlichkeit, dieser altbewährten Tarnkappe für Herablassung.

Aber ich bitt' Sie, gnä' Frau haben's doch gar nicht nötig, übers Alter nachzudenken, blühend, wie Sie ausschaun.

Lassen Sie nur Ihren Schmäh, Sie Charmeur. Und reden Sie nicht im Dialekt mit mir. Wer gebildet ist, der spricht hochdeutsch. Ich kenne sie längst, *diese normative Kraft des Faktischen.*

Ich fragte mich, wo sie wohl diesen Ausdruck aufgeschnappt haben mochte. Dabei fiel mein kritisches Auge auf ihr Kostüm. War es, um Oscar Wilde zu zitieren, *in einem Wutanfall entworfen* oder *bei Sturm angezogen worden*? Der Stoff war jedenfalls so fest, als wolle er seine Trägerin unbedingt überleben. Besonders entsetzlich waren die schlecht sitzenden, mit Schaumstoff gepolsterten Schultern.

Am Nebentisch dudelte ein Handy.

Schrecklich, diese Telefoniererei, sagte die Bella, aber ich habe auch so ein Ding. Man kommt ja nicht mehr ohne aus.

Und schon hatte sie ihre Funkgurke aus dem Krokotäschchen gefingert.

Haben Sie denn keines? Das würde manches zwischen uns einfacher machen.

Nein, sagte ich mit entschiedener Stimme: Ich brauche kein Statuspfeiferl. Wer immer erreichbar ist, der gehört zum Personal.

Tosca stand der Mund offen. Gottlob huschte der Kellner vorbei. Die Gnädigste orderte einen Chablis, ich gab den Stammgast und sagte nur: Wie immer.

Im Hintergrund spielte der Barpianist und nickte mir freundlich zu, weil er wußte, daß jetzt auch er seinen obligatorischen Drink bekommen würde.

Tosca von Kain kam wieder auf das Handy zu sprechen:

Ich hab's von Müller-Eschenbach, meinem Ex. Leider ist er ja nicht mehr.

Oh, das bedaure ich zutiefst. Darf ich Ihnen mein aufrichtiges Mitgefühl …

Sie ließ mich gar nicht erst ausreden, sondern begann

inbrünstig am Gefängnisgitter ihres vormaligen Ehestandes zu rütteln.

Ach, lachte sie schrill, das ist nun schon ein paar Jährchen her. Ihm geht's gut, und er liegt noch immer auf demselben Friedhof. Ich habe viel zu jung geheiratet. Ehe ich Müller-Eschenbach traf, dieses Kaliber von einem Spießer, habe ich ein bisschen Biologie studiert. Ameisen waren meine Spezialität. Und ich habe sogar ein Musikinstrument gelernt: Fagott. Stellen Sie sich bloß vor. Ein Mädchen und Fagott! Es war der Wunsch meines seligen Herrn Papa, der ein Liebhaber von Puccini war. Mein zweiter Name übrigens ist Florence. Ich finde, das passt zu mir. Man muß es allerdings französisch aussprechen. Doch dann ist meine erste große Liebe, Eugen Ferdinand von Schenkenschanz, noch in den letzten Kriegstagen gefallen. Ich denke viel an ihn und sage dann immer:

Es liegt Dein Glanz auf fernen Ähren,
die Wolken formen Dein Gesicht.
Zieh hin, Du wirst nie wiederkehren,
vergessen aber wirst Du nicht.
Wenn abendlich Dein Lächeln wiederkehrt
Und mir sich neigt, reich, wie der Tag vergangen,
So spür ich Deinen Atemzug an Haar und Wangen …

Eugen Ferdinand war wie ich aus edlem Holz geschnitzt. Wir beide zählten schon als Jugendliche nicht zur Dutzendware. Der Krieg hat mich um mein Lebensglück betrogen.

Tosca von Kain atmete tief und tat so, als entstamme

sie nicht diesem Jahrhundert, sondern sei der Sproß einer früheren Puderzeit. Sie fächelte sich den üppigen Busen. Die Kostümjacke krachte in ihren Nähten. Ein selbstvergessenes Lächeln umspielte die Lippen der Dame.

So bin ich an Müller-Eschenbach geraten, dieses zutiefst gewöhnliche Mitglied einer reizlosen Menschenart mit hartem Haar, geldgierigen Händen und stets zerrütteten Bügelfalten. In den letzten Jahren, auf die es doch ankommt, wie man meinen möchte, habe ich Müller-Eschenbach kaum noch gesehen. Immer war er unterwegs. Geschäftlich, wie er behauptet hat. Taiwan, Hongkong ... Und überall hatte er nicht nur berstende Bankkonten, sondern auch eine Geliebte. Wenigstens eine. Bis er sich eines Tages zu viel zugemutet hat und – vermutlich aus reiner Bosheit gegen mich – in den Armen irgendeiner schlitzäugigen Nutte kollabiert ist.

Schrecklich, sagte ich.

Ach was, tönte die lustige Witwe. Geschieht ihm recht. Glauben Sie, er hätte mich auch nur einmal auf eine seiner Geschäftsreisen mitgenommen? Nicht einmal nach Garmisch-Partenkirchen ist er mit mir gefahren. Seine Liebesbezeugungen waren von den Kursschwankungen an der Börse abhängig. Wenn er zärtlich sein wollte, wußte ich, wie der Nikkei Index stand. Und immer, wenn wir Streit hatten, und wir haben viel gestritten, soll er zu seinen Stammtischbrüdern gesagt haben, er habe wieder mal Ärger mit der russischen Regierung. Ich aber träumte von einem soliden Adeligen, dessen Zuneigung so standfest war wie das von seinen Ahnen erbaute Kastell. Stattdessen ließ mich Müller-Eschenbach zurück in unserer Villa gleich hinter Schloß Nymphenburg.

Einige Zeit hielt ich es zu Hause mit allerlei Fertiggerichten aus. Dann fiel mir die Decke auf den Kopf. Ich sehnte mich nach menschlicher Wärme und nach ein wenig Haut. Bisweilen verlieh der Alkohol meinem trostlosen Dasein einen romantischen Anstrich von Tragik. In meinem Selbstmitleid nahm ich ausgiebige Vollbäder: *leeres Glas, großes Elend!* Und der einzige runde Körper, den ich umarmte, war die Obstlerflasche. Gleich nachdem Müller-Eschenbach unter der Erde war, habe ich meinen Mädchennamen wieder angenommen. Das ist zwar ein wenig geschwindelt, doch was soll's: Eine richtige Aristokratin vergisst ihre Herkunft nie. Nicht einmal in der schlechten Zeit gleich nach dem Krieg, als ich einen Salon für Pediküre betrieben habe. Schließlich kommt es doch darauf an, die Illusionen, die sich das Bürgertum neuerdings wieder verstärkt vom Adel macht, nicht zu zerstören. Müller-Eschenbach hatte eine Zeitlang vor, sich ebenfalls in den Adelsstand erheben zu lassen. Er träumte davon, sich von irgendeinem englischen Rittmeister oder von Lord Mountbatton persönlich ableiten zu können, und er übersah dabei, daß vermutlich die halbe englische Armee aus Rittmeistern bestand. Außerdem: Einer, der sich nachträglich einen Titel kauft, wird immer bloß ein Hochstapler und nie ein echter Adeliger sein. Aber der Adel hat seit Diana Spencer wieder Konjunktur. Vielleicht kommt der Mensch mit der Sehnsucht nach Aristokratie zur Welt.

Tosca von Kain atmete bedeutungsvoll, und ich sah Müller-Eschenbach vor mir: eingeklemmt zwischen Gotha und »Financial Times«.

Mir fiel bei dieser Gelegenheit Lernet-Holenia ein, demzufolge man sich für Geld jeden Adel dieser Welt kaufen könne, es aber auf der ganzen Welt keinen Adel gebe, mit dem man sich Geld kaufen könne. Außerdem: Wer heutzutage etwas kaufen will, der braucht kein Geld, sondern eine ›Vision‹. Abgesehen davon stammen wir ja zuletzt laut Darwin alle doch nur vom Affen und nicht von den Malteserrittern ab. Was kümmerte mich diese Herumturnerei in den Stammbäumen? Bin ich denn Tarzan? Und dennoch setzte sich ein Gedanke bei mir auf die hartnäckigste Art und Weise fest: daß ich nämlich immer nur eine Form der Aristokratie akzeptieren würde – die des Geldes. Nichts auf der Welt adelt mehr.

Die Witwe Müller-Eschenbach indes setzte ihre Geständnisarie fort: Anstatt in unserer Villa in Nymphenburg zu versauern, begann ich, mich für Kunst und Kultur zu interessieren, insbesondere für Theater und Literatur. Sie wissen ja bereits, daß ich eine richtige Leseratte bin. Ich habe schon viele Bücher ›ausgelesen‹. Natürlich liebe ich Musik. Das »Wilnja-Lied« aus Lehars »Lustiger Witwe« zum Beispiel. Dabei muß ich immer an die arme Lady Di denken.

Tosca von Kain, inbrünstige Verehrerin dieser Sülz-Ikone, betete mit professioneller Trauer sämtliche Verschwörungstheorien zu diesem operettenhaften Ende her.

Dodi und Di oder »Tristan und Isolde«. Ach, könnte ich doch einmal nach Bayreuth. Dazu schnitt sie ein Gesicht, als sei sie die Jagdfreundin der Eliette von Karajan.

Nach Bayreuth? In dieses Altötting der Musikproleten?

Ja, Wagner ist so schön laut, aber ich liebe auch Kuschelklassik.

Kuschelklassik? Mich befiel jenes epidermische Gruseln, welches gemeinhin als Gänsehaut bezeichnet wird.

Außerdem liebe ich Dichterlesungen, sagte die Gnädigste. Ich lasse mir die Bücher immer signieren.

Dichterlesungen!

Mich schauderte erneut. Um nicht gleich wieder ausfällig zu werden, wechselte ich flugs das Thema und heuchelte mich auf ein anderes Gesprächsfeld. Ich stellte mir Toscas Eheleben mit Müller-Eschenbach vor. Diese beiden dachte ich mir als ideales Gespann, bei dem sich das Triviale und das Geldgierige zu einem krisenfesten Bündnis vereint hatten. So erlaubte ich mir ganz direkt zu fragen, was der so tragisch verblichene Herr Gemahl beruflich …?

Bah, tragisch! Müller-Eschenbach war Wirtschaftsanwalt. Big Business. Ich habe alles geerbt. Rennpferde, Anteile an Hotelketten und Computerfirmen, Immobilien, Aktien, Wertpapiere, weiß der Teufel. Mein Anlageberater in der Schweiz, der gute Maître Giambonini, ein lieber Freund, verwaltet das alles. Ein Tessiner, der bei der Banco di Santo Spirito seine Lehrjahre als Syndikus absolviert hat. Ein schicker Mann übrigens. Im Scherz hat er mir sogar einmal vorgeschlagen, mit mir nach

Argentinien durchzubrennen. Ich habe ja keine Ahnung vom Geld.

Ein Nebenbuhler? Notar? In der Schweiz? Nach Argentinien durchbrennen? Lauerte hier erneut eine Gefahr? War da am Ende einer vor mir auf die Goldader gestoßen und hatte sein Claim bereits abgesteckt?

Nicht den blassesten Schimmer habe ich vom Finanziellen, sage ich Ihnen! Und der ›liebe‹ Giambonini ist ja leider so weit weg.

Ich atmete erleichtert auf.

Dabei hat mir Müller-Eschenbach sogar Anteile an Zeitungen irgendwo im Osten hinterlassen.

Am Ende gar an der »Prawda«? Verzeihung – ich wollte eigentlich etwas ganz anderes fragen: Gab es – anlässlich des Testamentes Ihres Herrn Gemahls – außer Ihnen keine weiteren Verwandten? Brüder, Schwestern, Neffen, Nichten?

Doch: Unsere gemeinsame Tochter Soraya, die auf der Hochzeitsreise ans Nordkap an Bord eines Postschiffes der Hurtig-Route gezeugt wurde.

By joyce or by accident? rutschte es mir heraus.

Ein Unfall, wie ich zu meiner Schande gestehen muß. Mein Ex konnte sich wegen des hohen Seeganges nicht mehr disziplinieren. Ein Brecher tobte über die Reling, ein Ruck ging durch das Schiff, und Müller-Eschenbach kam. Er war eben auch so einer von der Hurtig-Route: rein, raus, und fertig. Dabei wünschte ich mir damals einen, der mich mit Grazie nimmt.

Pardon, Gnädigste, aber wollen wir in unserer gepflegten Konversation auf das Niveau amerikanischer Erfolgsromane absinken, wie sie von senilen Feuilletonferkeln im Fernsehen geschätzt werden?

Niveau! Oft kopiert, nie erreicht. Nun seien Sie mal nicht so prüde, mein Ritter! Naja, das alles ist eine halbe Ewigkeit her. Töchterchen Soraya ist, weiß Gott, in ihrem Leben bisher nicht zu kurz gekommen.

Soraya Müller-Eschenbach!

Mich fröstelte.

Soraya, benannt nach Sorayakit, der Königin von Thailand. Unser Töchterchen sitzt in L.A. oder K.L., ich weiß es nicht genau. Und ich will es auch gar nicht wissen, wo sie sich herumtreibt. Sie ist längst kein Teenager mehr. Das gute Kind hat vermutlich ohnehin vergessen, was es mit all dem Zaster anstellen soll.

Mit Grazie rein, raus, fertig? *Gutes Kind*? *Zaster*?

Mich schauderte abermals.

Wir haben Soraya, als sie noch biegsam war, wegen Hermann Hesse in ein Schweizer Internat in Montagnola gesteckt und später den Draht zu ihr verloren. Sie können nicht ahnen, was das heißt, wenn Sie keine Kinder haben.

Hesse? *Biegsam*? *Draht*?

Was war das für eine Ausdrucksweise? Ich und Kinder! Das hätte mir gerade noch gefehlt.

Ich glaube, sie macht irgendetwas mit Unterwäsche. Ein tadelloses Figürchen hatte sie ja immer. Das hat sie von mir.

Ich schluckte, schluckte noch einmal und noch einmal, verschluckte mich.

Kann ich helfen, tönte Tosca, sprang auf und wollte mir allen Ernstes mütterlich besorgt auf den Rücken klopfen.

Danke, danke, lassen Sie nur, es geht schon wieder, bemühte ich mich.

Trinken Sie, riet Tosca. Dann vergeht's gleich wieder. Trinken ist das einzigste, was in so einem Fall hilft. Darin habe ich vollstes Vertrauen.

O Gott: *das einzigste, was*. Und: *Vollstes* Vertrauen! *Darin*! Das durfte alles nicht wahr sein. Ein Alptraum. Diese Frau hatte offenbar von Grammatik nicht die leiseste Ahnung. Die steigerte sogar noch einzig und voll! In welche Hölle war ich da geraten? Womit hatte ich solche Torturen verdient? *Das einzigste*! Grauenvoll*stes* Vertrauen!

Ich entschuldigte mich und schlich, fast wie weiland das Darmol-Männchen, zur Toilette. Ich nahm eine Handvoll Wasser, klatschte sie in mein von roten Flecken entstelltes Gesicht, versuchte mühselig, mich zu beruhigen. Denk an das Gold, sagte ich immer wieder zu meinem Spiegelbild. Denk einfach nur an das Gold, Kamerad. Du schaffst das.

Na, geht's denn wieder, mein Ritter, begrüßte mich Madamchen gönnerhaft bei meiner Rückkehr. In unserem Alter muß man da schon ein wenig aufpassen.

Ich überhörte die Unverschämtheit und murmelte verlegen eine Entschuldigung. Jetzt nur nicht die Contenance verlieren!

Bestellen Sie mir lieber noch einen Chablis.

Gehorsam befolgte ich den Befehl.

Wo waren wir stehen geblieben? Ach ja, bei der Jungfrau. Wie Sie ja bereits wissen, bin ich Wassermann.

Ich lehnte mich im Fauteuil zurück, lauschte der Barmusik, versuchte noch immer, mich zu beruhigen und ließ die Gnädigste drauflos schwadronieren. Plötzlich erhob sie sich abrupt und streckte mir die reich beringte Hand entgegen, die ich leicht verstört, aber wiederum formvollendet küsste.

Tosca lächelte beglückt und flötete: Sie sind ein wahrer Gentleman, und es war ein ganz reizender Nachmittag. Ich rufe Sie bald an. Ich glaube, dies ist der Beginn einer wunderbaren Freundschaft!

Ins Kino ging die Alte also auch.

Ich unterdrückte mühsam einen weiteren Hustenreiz.

Die Witwe des Wirtschaftsanwaltes Müller-Eschenbach ließ ihr Handy ins Krokotäschchen gleiten und stöckelte mit ihren etwas zu hohen Wildlederpumps und den blickdichten schwarzen Strümpfen, dem etwas zu kurzen Rock, den etwas zu stämmigen Waden und einem leichten Flirren ihrer Perlenkette über der winzigen Narbe einer Kropfoperation dem Ausgang entgegen: kokett den Hintern schwingend, energisch und selbstbewusst. *Was kost' die Welt …?*

Mir blieb nur noch, nach einigen Sekunden des verblüfften Innehaltens die Rechnung zu begleichen, mit mühsam gespielter Souveränität dem Barpianisten zuzunicken und leicht verstört zum Taxistand zu dackeln.

Zehnte Abendandacht

So heiter und gelöst wir vom Club unseren Anglisten zuletzt erlebt hatten, so niedergeschlagen erschien er bei unserem nächsten Meeting. Nicht einmal ein bodenständiger Glenury-Royal, ein Schottischer Single Malt aus den Eastern Highlands, konnte ihn aufheitern. Bereits nach dem ersten kräftigen Schluck erfuhren wir den Grund. Ascot von Daalen verlas die Fotokopie eines Briefes an seine Gönnerin:

Liebste Tante Priska,
Entsetzliches ist geschehen!

Hermione, meine Haushälterin hat gekündigt. Ich bin fassungslos und weiß nicht, wie es weitergehen soll. Wer wird mir nun den Haushalt besorgen, wer meine Hemden und Hosen bügeln, wer auf die Bügelfalte achten, mit der alle Zivilisation beginnt, wer den Garten pflegen, wer Sebastian baden, von all den anderen Notwendigkeiten des Alltags ganz zu schweigen?

Du erinnerst Dich an Hermione? Eigentlich heißt sie Hermine, aber ich habe sie eines Tages darüber informiert, warum ich den Namen Hermione vorziehe.

Hermine, fragte ich, wie lange sind Sie nun schon bei mir?

Mehr als dreißig Jahre, antwortete sie ergeben.

Dann ist es an der Zeit, Sie darüber aufzuklären, sagte ich, warum ich Sie seinerzeit bei mir aufgenommen habe. Es geschah wegen Ihres Namens. Hermine kommt nämlich von Hermione. Sagt Ihnen das etwas?

Hermine schwieg und senkte die Augen.

Nun, belehrte ich sie, als Wirtschafterin wissen Sie, was in diesem Hause einzig zählt: Noblesse, Stil und Eleganz. Und warum haben Sie dieses Wissen? Ich will es Ihnen sagen. Weil Sie mit Ihrem wertvollen Namen auf die klassische Antike verweisen.

Die Frau schwieg und machte große Augen.

Hermine kommt von Hermione, wiederholte ich mit bedeutungsvollem Timbre in der Stimme.

Die Haushälterin hielt den Blick gesenkt: wie vor einer Urteilsverkündung.

Ja, sagte ich seufzend, sie war die Tochter der schönen Helena. Mit neun Jahren wurde sie von ihrer Mutter ausgesetzt, als Helena mit Paris nach Troja ging. Orest nahm sie nach der Ermordung seiner Mutter Klytämnestra als Geisel, um seine Freiheit zu erpressen. Sie heiratete schließlich Neoptolemos, den Sohn des Achill. Während ihrer Ehe versuchte sie, Andromache, die trojanische Konkubine ihres Gatten, zu ermorden, die sie verdächtigte, sie durch Zauberkraft unfruchtbar gemacht zu haben. Als der Großvater ihres Ehemannes den Anschlag vereitelte, floh sie nach Sparta wiederum zu Orest, der ihren Mann in Delphi umbrachte und sie zur Frau nahm. Sie gebar ihm einen Sohn, der später die Königreiche von Sparta und Argos regierte, bis ihn die Nachkommen des Herakles vom Throne jagten und er in der Schlacht fiel.

Wenige Tage später legte mir Hermione ein tadelloses Kündigungsschreiben auf den Tisch und begründete ihren völlig unverständlichen Schritt mit der schweren Erkrankung ihrer Mutter, die irgendwo im Hunsrück lebe, einer Gegend, die mich mein Lebtag nicht interessiert hat. Um die müsse sie sich nun kümmern, das gehe vor. Ich hätte zweifellos Verständnis dafür.

Nein, das habe ich nicht, herrschte ich sie an.

Wie stehe ich jetzt da? Wie ein versetzter Galan, schlimmer noch: wie ein sitzengelassener Bräutigam.

Es ist eine Katastrophe. Deshalb bin ich vorerst ins Hotel gezogen. In meine Enttäuschung mischt sich auch Wut darüber, daß die Wirtschafterin eine angeblich kranke Mutter ›mir‹ vorgezogen hat. Das mag verstehen, wer will: ich nicht. Jetzt erst kann ich nachfühlen, was ein verstoßener Liebhaber empfindet, jetzt erst wird mir klar, was es bedeutet, verlassen zu werden. Verlassen von der perfektesten Haushälterin, die es jemals unter Gottes Sonne gab und die durch nichts und niemanden zu ersetzen sein wird. Warum Hermine nicht nachvollziehen kann, daß ich, Ascot von Daalen, gewissermaßen mein ganzes Dasein um ihre Existenz herum aufgebaut und angeordnet habe, ist mir ein Rätsel. Wer soll sich jetzt um ›mich‹ kümmern? ›Ich‹ bin es doch, der Beistand braucht und nicht irgendeine Mutter, die es höchstwahrscheinlich gar nicht gibt, die am Ende nur eine billige Ausrede ist. Mitunter mutmaße ich, Hermione sei mit einem Liebhaber auf und davon, womöglich mit einem nichtsnutzigen und windigen Kerl, den sie ›mir‹ jahrelang verschwiegen hat. Gewiß, die Haushälterin macht immer noch eine gute Figur, sie kann sich sehen lassen, und außerdem steht sie – kein Wunder bei der üppigen Bezahlung – gut im Sparstrumpf: das ideale Opfer für einen Heiratsschwindler oder Anlageberater, was für mich nahezu dasselbe ist.

Man kann es drehen, wie man will. Es ist ein Debakel.

Ihr Sie liebender und verehrender Neffe

Ascot von Daalen, Esq.

Wir vom Antiquariat bedauerten unser Mitglied gebührend, zeigten Verständnis und vermittelten reichlich Zuspruch. Meinrad erzählte von seiner Zölibatesse und ihrem Kampf mit modernen Hörapparaten. Noch immer sei keine befriedigende Lösung gefunden worden. Das Wort ›fünflagig‹ bereite persistierend Probleme. Seine Schwester wandere von Arzt zu Arzt, von Spezialist zu Spezialist. Darunter leide naturgemäß die häusliche Pflicht. Meinrad sehe sich bereits genötigt, die Handhabung eines Staubsaugers zu erlernen. Dabei habe er doch nicht einmal einen Führerschein. Ach, die Probleme mit dem Gesinde seien allerdings schon dem Alten Testament bekannt.

Nach Ascot von Daalens Lamento wollte keine rechte Stimmung mehr aufkommen. Es blieb bei einer einzigen Flasche Whisky. Nur der baldige Aufbruch schien Erlösung von der bleiernen Atmosphäre zu verheißen.

Sechster Bericht des korrespondierenden Mitglieds

Liebe Freunde!

Anstatt zur Bewältigung meiner Berge von Schmutzwäsche die Waschmaschine in Bewegung zu setzen, plünderte ich, ganz den Investitionsregularien der freien und sozialen Marktwirtschaft gehorchend, mein Konto, mietete einen weißen Maybach mit schwarzem Chauffeur, der in seiner Livree aussah wie Oberst Mobutu, und ließ mich mit meiner immer verliebteren ›Mandantin‹ nach Bad Wiessee kutschieren. Wie heißt es doch im »Krull«: *Wer auf sich hält, übt das Schwerste, um sich im Leichteren desto fertiger zu bewähren.* Das Ziel war das Spielcasino, wobei ich rückblickend gestehen muß, in dieser Hinsicht eine Entscheidung getroffen zu haben, die bestenfalls mit erheblich eingeschränkter Realitätswahrnehmung zu erklären ist. Aber wer den Teufel zu Gast hat, steht geschrieben, der braucht einen langen Löffel!

Mein kohlrabenschwarzer Chauffeur stammte aus Togo und zeigte gerne sein Gebiss.

Nun, mein Ritter, sind Sie bereit, für mich den Heiligen Gral zu suchen? begrüßte mich Tosca.

Ihr Vermögen ging mir beim Stichwort ›Gral‹ nicht aus dem Sinn.

Wissen Sie, daß heute ein besonderer Tag ist: der zwanzigste Juli! Was sagt Ihnen das?

Tosca war zu warm gekleidet, weswegen sie auf unangenehme Weise transpirierte, als durchleide sie eine Hitzewallung. Vermutlich hielt sie sich jedoch für einen Vanillewind exotischer Gewürzgestade, aber in Wirklichkeit war sie doch bloß Kultursteppe.

Der in dezentes Grau gewandete, schweigsame schwarze Fahrer, der während der gesamten Reise seine Mütze aufbehielt, beschleunigte die Luxuskarosse diskret. Tosca sah aus dem Fenster, doch in einer langgezogenen Kurve ergriff sie gierig meine Hand und wollte sie nicht mehr loslassen.

Was man einander ernsthaft zu sagen hatte, entzündete sich am Anblick der vorbeifliegenden Landschaft. Es plauderte sich geistvoll im Maybach. Man schwelgte in Nostalgie. Und Tosca war entzückt, ja, ich kann sagen, sie war geradezu hingerissen. Jedenfalls tönte es so flötensüß aus ihrem Mund.

Davon angefeuert, bemerkte ich mit wohleinstudiertem resignativem Unterton in der Stimme, die allseits um sich greifende Verpöbelung der Umgangsformen sowie der sich schamlos ausstellende schlechte Geschmack seien die größten Herausforderungen für einen gebildeten Zeitgenossen.

Madame von Kain berauschte sich an ihrer Ergriffenheit. Ich schloß – alter Trick – ein wenig die Augen und spielte den Verträumten. Leider wurde ich schnell wieder aus meinen Phantasien von einem Lebensabend im finanziellen Überfluß gerissen.

Tosca schlang unvermittelt ihre Arme um meinen Hals, zog mich mit einiger Gewalt zu sich und küsste mich naß und schmatzend auf die Wange, ja, sie nahm mich regelrecht zur Brust. Der Kuß, dieses alte Symbol für Verrat, roch nach Kukident-Haftpulver. Ich empfand das Procedere als würdelos und beging den kapitalen Fehler, ihren Atem ›betörend‹ zu nennen.

Sie sind ja ein Ironiker, mein Ritter, lautete die schnippische Quittung.

Halten zu Gnaden, Gnädigste, aber Ironie ist, wie mein Meister Hilarius, seines Zeichens übrigens auch Botschafter und Archont von Maghrebinien, sagen würde, *nicht aggressiv. Sie ist die natürliche Ausdrucksweise der traurigen, nicht der bissigen Köter.*

Um es kurz zu machen. Tosca war überaus glücklich, als sie im Spielcasino Bad Wiessee mein letztes Monatsgehalt verspielt hatte, ohne dabei auch nur mit der Wimper zu zucken. Vielmehr zelebrierte sie ihre Auftritte mit einer kaum zu überbietenden Peinlichkeit. Selbst der überaus diskrete Croupier zwinkerte mir mehrmals verständnisvoll, zuletzt nur noch mitleidig zu. Seine Anteilnahme bezog sich dabei mit Sicherheit nicht auf die verlorene Geldsumme, sondern auf das schwere Joch, das ich mir mit einer immer schriller werdenden Begleiterin aufgeladen hatte.

Nachdem das Geklimper mit den angeblich ach so erotisch klingenden Chips beendet und ich geneigt war, die Gnädigste zu einem zünftigen Leberkäsessen einzuladen, um ihr nebenbei zu erläutern, daß Leberkäse in

Bergwerken abgebaut werde, verlangte es Madame plötzlich nach biographischer Auskunft. Beim Verlassen des verwerflichen Ortes, dieser Hölle einer unglückseligen Leidenschaft, bedrängte sie mich, endlich das Geheimnis meiner adeligen Herkunft zu lüften. Da ich längst darauf gewartet hatte, konnte ich mich gut vorbereitet präsentieren. Einmal mehr griff ich zu einer meiner Lieblingslügen, die auf der Fortsetzung eines Romans beruhte, der einst ein Welterfolg gewesen war. Ich unterstelle, daß er Euch, liebe Freunde vom Club, bekannt ist.

Was ich meiner vor Neugier platzenden Principessa auftischte, war folgende Geschichte, die ich teilweise einem Erfolgsroman der Vorkriegszeit entnahm:

Schon vor dem Krieg, Verehrteste, sagte ich, hielt ich mich gerne in Grand Hotels auf, denn ich wurde dort gezeugt. Mein seliger Vater, Felix von der Tränk zu Gaigern, vergaffte sich in eine alternde russische Tänzerin namens Grusinskaja. Der Name wird Ihnen vermutlich nichts sagen. Naja, irgendwie tat ihm die Primaballerina leid, weil sie ihren Zenit längst überschritten hatte. Er schlich sich in ihr Hotelzimmer, weil er es eigentlich auf ihre Perlen abgesehen hatte. Doch dann kam sie nach einer verkorksten Vorstellung vor halbleerem Haus völlig enttäuscht und verstört zurück, wollte Veronal schlucken, entdeckte aber meinen Vater. Was blieb ihm anderes übrig, als ihr den feurigen Verehrer vorzuspielen? Verzweifelte Frauen, meine Gnädigste, sagte ich mit bemerkenswertem Augenaufschlag, fallen ja auf jedes noch so billige Kompliment herein. Kurzum, die Künstlerin glaubte seinen falschen Schwüren, fand wieder Gefallen am Leben und an der Liebe, schmolz dahin in seinen zittrigen Armen. Sie vereinbarte mit ihm sogar ein weiteres Rendezvous an ihrem nächsten Auftrittsort, in Wien, Prag oder sonst wo.

Aber mein Herr Papa war arm wie eine Kirchenmaus. Also versucht er, das Geld bei einem Industriellen, ich glaube, er stammte aus Mülheim an der Ruhr, zu klauen, der seine Firma mit einem Börsenbetrug vor dem Ruin retten und zugleich seine Sekretärin vernaschen will, wird aber von dem Ruhrgebietsmagnaten entdeckt. Es kommt zu einem Handgemenge, der ehemalige Maschinenschlosser schlägt mit einem mächtigen Tintenfass zu, mein seliger Herr Papa sinkt tödlich getroffen zu Boden. Ich aber wurde als Waisenkind in Wien geboren, sogleich zur Adoption freigegeben und bald von meiner herzlosen Adoptivmutter in ein teures Internat gesteckt. Ich erwies mich als begabt und begann nach dem Abitur ernsthaft mit dem Studium der Philosophie. Als Sohn eines Hoteldiebes hatte ich ja beste genetische Voraussetzungen.

Elfte Abendandacht

Schon bei der nächsten Zusammenkunft anlässlich einer Flasche Loch Lomond, eines Single Malt aus den Lowlands, überraschte uns erneut unser aufgehellt gestimmter Anglist mit der Nachricht, er habe sich eine neue Stütze angeschafft. Von nun an heiße seine Devise: Stilleben mit Inder.

Wie still?

Nicht still, sondern Stil!

Einen Inder?

Jawohl, einen Inder: Seit ich mich in Begleitung meines indischen Dieners Chandra weiß, berichtete Ascot von Daalen, fühle ich mich sicher und standesgemäß eskortiert. Er ist mir, was mein Großvater selig als eine *echte Stütze* bezeichnet hätte. In ihm habe ich endlich einen treuen Gefährten, der mich überallhin begleitet. Er erschließt mir – im übertragenen Sinne – jene Welt, die einem älteren Mann wie mir täglich mehr zu entschwinden droht. Freilich ist er nicht von der Sorte Domestiken, die man heute samt Cut und weißen Handschuhen für einen perfekten Abend mit Candlelight-Dinner mieten kann und die anschließend den Gästen Schirme auf dem Weg zur Edelkarosse anbieten. Das ist etwas für die Parvenüs unter den Grünwalder Prols.

Chandra und ich gehören, betonte der Anglist, weil wir

beide auf Stil achten, natürlich jeder nach seinem Gusto, zusammen wie Don Quijote und Sancho Pansa, Sherlock Holmes und Dr. Watson. Manche meinen, abfällig um Witz bemüht, wie Dick und Doof. Jedenfalls sind wir unzertrennlich und treten nur noch gemeinsam auf. Naturgemäß siezen wir uns. In sarkastischen Augenblicken kolonialherrlicher Aufwallung, für die ich mich hinterher dezent schäme, indem ich sie in ironische Währung ummünze, spreche ich mein exotisches Faktotum nicht mit seinem klangvollen Namen Chandra an, das bedeutet bekanntlich ›Mond‹, sondern nenne ihn zynisch abfällig ›Rollator‹, was er gleichmütig hinnimmt. Überhaupt gehören Gleichmut und Affektneutralität zu seinen bewundernswertesten Eigenschaften. Nie muckt er auf, er gibt keine Widerworte, nimmt meine Anweisungen in ungebrochener Zuverlässigkeit entgegen und setzt sie sogleich in die Tat um, ohne auch nur mit der Wimper zu zucken. Diese auch unter partiell unangenehmen äußeren Bedingungen praktizierte Hingabe scheint mir nicht nur das Resultat traditionsgesättigter kolonialer Erziehung zu sein, sondern sie hängt offenbar auch mit Prägungen zusammen, die sich jenem geheimnisvollen Kulturkreis verdanken, dem Chandra entstammt. Diese außergewöhnliche Haltung, und man muß hier in der Tat von Haltung im altmodischen Sinne des Wortes sprechen, drückt sich vor allem in Bescheidenheit aus. So ist Chandra mit einer einfachen Kammer ohne den üblichen Luxus zufrieden, der heute sogar wie selbstverständlich von Nutzern einer Sozialwohnung beansprucht wird.

Warum dann dieses demütigende ›Rollator‹? Weil mir mein Inder nämlich meistens einen Schritt voraus ist. Links. Eben jene großväterlich überlieferte *echte Stütze*! Es stimmt ja nicht, daß das Personal hinter der Herrschaft zu gehen hat, wie die türkischen Ehefrauen hinter ihren streng riechenden Paschas in ihren erbärmlichen dunklen Anzügen von C&A. Diese Ordnung mag auf den ostpreußischen Kartoffeläckern üblich und für das polnische Gesinde eine taugliche Erziehungsmaßnahme gewesen sein. Wir aber befinden uns in einer westeuropäischen Metropole des einundzwanzigsten Jahrhunderts. Da nützen die überkommenen Sitten der Krautjunker wenig. Deshalb gehört es zu den durchaus anspruchsvollen, bisweilen delikaten Aufgaben meines Inders, mir gewissermaßen den Weg zu ebnen, denn nicht immer sind meine Mitmenschen, vor allem aus der Unterschicht, die man neuerdings sogar wieder bei ihrem Namen nennen darf, gewillt, uns etwa auf dem Trottoir angemessen eine Gasse zu öffnen. Wir bewegen uns langsam. Zum einen befinden wir uns mit Vorsatz in Opposition zur allgemeinen Beschleunigung, die ja in allen Bereichen des Lebens um sich greift, worüber man sich bekanntlich bereits habilitieren kann, zum anderen aber demonstrieren wir den Grundsatz: Die Eile ist die Feindin der Würde!

Es versteht sich bei meinem elaborierten Sinn für Ästhetik von selbst, daß ich peinlichst genau auf Chandras tadelloses Äußeres bedacht bin. Und zwar in jeder Situation. Es ist eben alles nur eine Frage des Stils. Deshalb wundert es mich ein wenig, wenn sich die Leute nach uns umdrehen. Manche bleiben sogar stehen und staunen, als sei es etwas nahezu Sensationelles, mit einem indischen ›Servant‹ durch die Stadt zu gehen. Für alle Welt scheint es selbstverständlich, daß Tausende von karitativ gestimmten Polinnen nach und nach, heimlich, still und leise Wohnungen und Häuser besetzen, um rund um die Uhr Oma oder Opa zu pflegen, wozu unsere Landsleute offenbar selbst nicht mehr imstande sind, doch sobald man einen Inder als Diener hat, gerät man unter einen merkwürdigen Ideologieverdacht: angesiedelt zwischen Süffisanz und Ignoranz, der bis in beklemmende Grade einer Stigmatisierung reicht. Allerdings werde ich große Schwierigkeiten haben, Chandra das Bügeln von Hemden und Hosen beizubringen. Mein Inder ist mehr etwas für den Ausgang.

Und wo ist er jetzt, in diesem Augenblick? wollten wir dringend wissen. Und warum uns Ascot seinen exotischen Begleiter nicht mitgebracht habe, um ihn vorzustellen?

Er wartet draußen, antwortete der Anglist, so wie es sich für einen Diener schickt.

Wir staunten nicht schlecht ob dieses Rapportes, bis uns Ansgar Bange, der Mediziner, aufklärte: Ich sollte vielleicht anmerken, sagte er unter mehrfachem Verlegenheitsgeräusper, daß die Bezeichnung für eine fahrbare Gehhilfe Rollator ist, erfunden Anfang der 80er Jahre in Schweden. Sie besteht aus einem Metallrahmen mit vier Rädern an den unteren Rahmenteilen und zwei Handgriffen an den oberen Rahmenenden, die einem Fahrradlenker mit Kabelbremse gleichen. Der Rollator dient gehbehinderten oder körperlich schwachen Personen als fortwährende Stütze. Als Zubehörteile können Drahtkörbe, Sitzflächen, Tabletts, Stockhalter und Rückenlehnen montiert werden. Da ein Rollator ein von der Gesetzlichen Krankenversicherung anerkanntes Hilfsmittel ist, schloß Bange seine Ausführungen, gibt es für dieses Gerät auch eine gültige Europäische Norm, obgleich die technisch anspruchsvollsten Produkte für gehobene Ansprüche in Indien hergestellt werden. Das von unserem Freund benutzte Fabrikat trägt den Namen Chandra. Es steht draußen in der Garderobe.

Zwölfte Abendandacht

Slieve na gCloc: Keiner unter uns wage es, dieses Wort aussprechen zu wollen, sagte Meinrad, der uns diesen Irischen Single Malt aus der Cooley-Destillerie nicht ohne Hintergedanken mitgebracht hatte. Er stand in engem Zusammenhang mit der Predigt, die er uns hielt.

Meine lieben Geisterreiter,

wenn wir uns umsehen, so leben wir inmitten immer mächtiger und geschickter werdender Apparate und immer schwächer werdender Geister. Unser Zeitalter hat sich einem Unendlichkeitswahn verschrieben: unendlich schnellere Autos, unendlich höhere Leistungen in Sport und Spiel, unendlich längeres Leben. Das zeigt uns immerhin das enorme Niveau unserer Verblödung. Nie verfügten wir über mehr Informationen, nie war aber unser Wissen zerstückelter und geringer. Die Sterblichkeit jedes einzelnen Menschen steht längst im Halteverbot und wird mit einem Strafmandat geahndet. Die Medizin kennt viele Viren, nur den nicht, von dem sie selbst befallen ist: den Virus der Allmach(t)barkeit. Ein weiterer Wahn: der Allmach(t)barkeitswahn. Er ist eine Mutation des Oberwahns vom Gelingen und des Unterwahns der Beliebigkeit. Wir dienen dem Götzen des Funktionierens und wollen dabei auch noch möglichst jung sein und schön.

Wo sonst als in der Sprache manifestiert sich die allgemeine Verkommenheit? Meine Kollegen von der Evangelischen Theologie sind neuerdings mit der ›Bibel in gerechter Sprache‹ unterwegs. Zweiundfünfzig Übersetzerinnen und Übersetzer haben ein kollektives Verbrechen begangen. Was bei Luther aus der Einheit des Glaubens entstand, mündet in die Beliebigkeit des Heterogenen. Darüber gegossen wird die Soße einer pseudowissenschaftlichen Plausibilität. Luther nannte das *die Hure Vernunft*. Und was den Ausdruck ›gerechte Sprache‹ angeht, so ist er nichts weiter als eine Anmaßung. Es heißt, man wolle der Bibel ein neues Profil geben, wie einem abgefahrenen Autoreifen. Aber ein von außen aufgedrücktes Profil ist Ideologisierung. Gottes Wort ist kein perspektivisches Profil, sondern sein Sinn ist die Wahrheit selbst. Die Beliebigkeit bemäntelt Verstehensunfähigkeit und Sprachverrottung. Wo kommen plötzlich die *Apostelinnen* her? Statt des *Ich aber sage Euch* heißt es in selbstgerechter Sprache *Ich lege Euch das heute so aus.* Und morgen? Es entsteht auf diese Weise ein exegetisches Sprachdurcheinander, das die Alten in dem Begriff Diabolus fassten, was ja Durcheinanderwerfen heißt. Die Ursache hierfür erkenne ich in der allumfassenden Leseunfähigkeit, denn heute kann man kaum noch lesen, nur noch ›herunterladen‹.

Ihr wollt Beispiele hören? Schon der Gebetsanruf *Du, Gott, bist uns Vater und Mutter im Himmel* ist eine Schändung des Evangeliums. Die Bitte *Dein Reich komme* wird übersetzt mit *Deine gerechte Welt komme.* Was hier zum Himmel schreit, ist nicht nur sprachgeschichtliche Ahnungslosigkeit. Die Bitte *Erlass uns unsere Schulden* ist ein weiterer Beleg für die Verblödung, weil der Unterschied zwischen ›erlassen‹ und ›vergeben‹ nicht mehr verstanden wird. Erlassen ist Kontoausgleich. *Führe uns nicht in Versuchung* wird zu *Führe uns nicht zum Verrat.* Ach ja, Adam und Eva übrigens *erkannten, dass sie nichts anhatten.* Der Engel verkündet nicht länger große Freude, *die allem Volke widerfahren wird*, sondern wie ein Gewerkschaftsführer eine Nachricht, *die das ganze Volk betreffen wird.* Das Kind liegt auch nicht mehr in einer *Krippe*, sondern in einer *Futterkrippe.* Studenten sagen das, wenn sie die Mensa meinen. Die Welt wird nicht mehr *geschätzt*, sondern *registriert.* Auch *Hirtinnen* sind davon betroffen. Und Maria und Josef finden keine *Herberge*, sondern *keine Unterkunft.* Kein Wunder bei dem damaligen Zustand des Hotel- und Gaststättengewerbes.

Noch mehr ›gerechte Sprache‹?

Du sollst nicht ehebrechen heißt *gerecht*: *Geh nicht fremd.*

Und das Wort ward Fleisch wird zu *Und die Weisheit wurde Materie.*

Wir wissen, meine lieben Ritter der Tafelrunde, um die Bedeutung von Luthers Bibelübersetzung nicht nur für die Kirchengeschichte, sondern auch für die deutsche Sprache und Literatur. Hinweg damit, auf den Misthaufen, nein, in die Papier- oder Sperrmülltonne. Was Jahrhunderte nicht geschafft haben, das schafften fünfundfünfzig Sprachverbrecher. Natürlich auch Verbrecherinnen.

Und dann gibt es noch das Impulspapier des Rates der EKD: »Perspektiven für die evangelische Kirche im 21. Jahrhundert«. Es liest sich wie der Bericht vor den Aktionären einer Fastfood-Kette: *Gib den Chancen eine Chance – Aufbruch in den kirchlichen Kernangeboten …* Was für ein schändlicher Sprach-Verrat an allen Gläubigen!

Ein verzweifelter protestantischer Freund und Kollege schrieb an Professor Huber, den Ratsvorsitzenden der Evangelischen Kirche Deutschlands: Welchen Grund können Sie mir nennen, noch in unserer Kirche zu bleiben, wenn ich meine Existenz auf eine so stümperhafte, unzulängliche und alles ins Platt-Vordergründige verwandelnde Übersetzung gründen soll?

Er wartet bis heute auf Antwort.

Meine Brüder in Christo, solange sich der Geist derart geprügelt ducken muß, so lange ist er unfrei. Statt Beliebigkeit benötigen wir das Gesittete. Und wir brauchen Demut und Dankbarkeit, denn im demütigen Dankenkönnen offenbart sich Lebenssinn. *Der Mensch ist, weil er sich verdankt*, lehrt Paulus im Römerbrief. Wer weiß, am Ende erleichtert uns die Fähigkeit zur Dankbarkeit sogar das Sterben. Der Glaube ist kein fester Besitz. Sein Hindernis ist die stete Überschätzung unserer Ratio.

Dann segnete uns Monsignore Meinrad Menzinger, und wir vom Antiquariat, samt und sonders längst als die vermeintlich Aufgeklärten aus den Kirchen ausgetreten, schwiegen und schlugen ein Kreuz. Aus welch unterschiedlichen Gründen auch immer.

Siebter Bericht des korrespondierenden Mitglieds

Liebe Freunde!

Stellt Euch vor: Tosca machte – ich hatte nicht mehr gewagt, noch daran zu glauben – Ernst mit ihrem ›Herzenswunsch‹! Das hieß: Auf nach Amerika, denn bekanntlich hat Amerika es besser.

Madame buchte in einem Reisebüro ihres Vertrauens. Derlei Agenturen vermitteln das Erlebnis des Herumgeschleudertwerdens in der Kehrichtkultur der Massen. Sie verkaufen einem das Gefühl, der ›Poesie der Leere‹ auf der Spur zu sein. Aber es ist dann doch wieder bloß wie im Märchen von Hase und Igel. Immer ist schon einer da. Einer? Abertausende! Daran ändert auch der ausgetretene rote Teppich nichts, der vor dem First-Class-Schalter ausliegt.

Tosca von Kain rechtfertigte die lächerliche Unzahl ihrer Koffer mit dem ›Abenteuer New York‹. Sie gestand, sogar einen Petticoat eingepackt zu haben.

Wir wollen doch nicht auswandern, Gnädigste, versuchte ich sie zu beschwichtigen. Vermutlich hatte sie mit ihrem kleinbürgerlichen Sicherheitsdenken an alles gedacht: vom Hühneraugenpflaster bis zum Schnürsenkel, von Pillen gegen Durchfall, Verstopfung, Leib-, Magen- und Zahnschmerzen bis zu Salben gegen Schlangenbiss.

Wahrscheinlich enthielt einer dieser prallen Koffer eine komplette Urwald-Apotheke mit den neuesten Mittelchen gegen Pusteln, Pocken, Pest und Hongkonggrippe.

Ein ›Abenteuer‹: Was soll das sein? Etwa die Genugtuung, auf sich selbst angewiesen zu sein? Alles Unsinn! Wer ein sogenanntes Abenteuer erleben will, der soll gefälligst zur Volkshochschule gehen. Dort reist man in achtzig Dias um die Welt. Von jedem Bauzaun schreit einem ein Plakat entgegen: *Allein mit dem Tandem durch die Wüste Gobi.* Und unsereiner fährt mit der Straßenbahn zum Schlussverkauf. Für die meisten Zeitgenossen ist Würstchengrillen an der Isar schon so etwas wie Leben in der Wildnis. Das Geschäft mit dem sogenannten Abenteuer blüht. Die Helden sind als Abenteurer getarnte Studienräte. Jeder ein kleiner Livingstone, der seine Hörer zu den Kannibalen ›entführt‹. *Heitere Nachmittage mit braunen Menschen! Im Handstand nach Alaska! Mit dem Rollstuhl von Castrop Rauxel bis Kapstadt!* Längst haben die Frauen sämtliche Männerdomänen erobert und durchqueren im Dress einer Lady Montague als einarmige Nichtschwimmerinnen die Meere vom Nord- bis zum Südpol. Darüber schreiben sie dann dicke Bücher für ihre Geschlechtsgenossinnen, besingen die Polarnächte, den Alkoholismus der Eskimos unter arktisch blauem Himmel und betreiben, geschäftstüchtig, wie sie nun einmal sind, das Gewerbe der Selbstverwirklichung. Männer kommen bestenfalls noch als Schlittenhunde vor. Das Zauberwort heißt ›Grenzerfahrung‹, das Eis stärkt, frei nach Ernst Jünger, den Willen und macht das weibliche Selbstbewußtsein empfänglich für allerlei esoterischen Humbug. In solchen Schriften wird viel gelitten und wenig gelacht. Dafür gibt's wohligen Schauer gratis und jede Menge Selbstfindung. Abenteuer, ich bitte Euch! Frauen sind auf Abenteuer überhaupt nicht angewiesen. Sie sind selber Abenteuer. Sie sind bestenfalls auf Männer angewiesen, die ihnen die Gewissheit geben, viel mehr als nur ein Abenteuer zu sein.

Die Witwe Müller-Eschenbach zog die Augenbrauen zusammen und dachte angestrengt nach. Über ihrem Nasenansatz stand eine beeindruckende Falte.

So verging eine Zeit wohltuenden Schweigens.

Tosca, ein wenig müde von zu viel Champagner in dünner Luft – wir befanden uns immerhin auf dreiunddreißigtausend Fuß, hatte bereits die Schlafmaske über die Augen gezogen und es sich in ihrem Sitz bequem gemacht. An den Atemzügen erkannte ich, daß sie schlief. Aber sie schlief nicht, sondern sie schnarchte.

Was soll ich Euch sagen, meine lieben Freunde? Kain und Abel, das ›improvisierte Liebespaar‹, befand sich nun in New York, diesem Mythos dunstspeiender Straßen. First Class. Man stieg – *aus literarischen Gründen*, wie Tosca sagte – im Algonquin ab und nicht, wie zunächst wochenlang geplant, im Waldorf Astoria. Freilich war mir das Algonquin immer noch lieber als das mittlerweile erbarmungswürdig heruntergekommene Chelsea Hotel. Ich bestand auf getrennten Zimmern. Tosca erklärte das Grand Hotel zum exterritorialen Gelände, gab ihm die Privilegien eines exotischen Botschaftsgebäudes und nannte es eine Schutz- und Trutzburg für die Liebenden. Dann seufzte die Witwe Müller-Eschenbach gerührt und tat verständnisvoll wegen der separaten Räumlichkeiten.

Ich dagegen wollte mit der Wahl getrennter Schlafzimmer sämtliche Schreckensvorstellungen vermeiden, die mit Damenbart, Haaren im Kamm, in der Mitte ausgedrückten Zahnpastatuben, absplitterndem Nagellack, herumliegenden Strumpfhosen, Slipeinlagen und Zähnen im Glas verbunden waren. Und ich dachte an das ungarische Sprichwort, demzufolge einem in der Hölle die Pelze all jener Damen über den Kopf gezogen werden, mit denen man ein Hotelbett geteilt hat.

Vor dem Zubettgehen inspizierte ich, einem ebenso alten wie erfahrungsgesättigten Misstrauen folgend, die technischen Geräte. Auf dem Nachtkästchen stand ein Radio mit CD-Player. In der Gebrauchsanweisung hieß es:

Sicherheit ist Warnung nur einmal

Bevor Sie die Einheit mit dem Hauptkörper zubinden suchen, bitte lesen mit Vorsicht für Ihre Gefahrlosigkeit.

Zur Abwendung von elektrischem Erschrecken trennen Sie es von dem Haupt, dann nehmen Sie den Dackel ab.

Kein Verbraucher kann innere Teile ausbessern. Warten auf befügten Spezialmann.

> Wann sie nicht in Benutzung ist, muß die Ausrustung von dem Haupte getrennt werden.
>
> Erlauben Sie diese Einheit nicht an Regen oder Die Nässe zu gehen.

Darin manifestierte sich also Amerika! Ich entschlummerte in Gedanken an die Heuchelei des Landes, daß man's doch vom Schuhputzer zum Millionär bringen könne. Genau das entsprach auch meinem Ziel. Nichts wünschte ich mir mehr, als ebenfalls zum Millionär zu werden, denn Schuhputzer war ich seit meiner Geburt.

Dann kam anderentags, was ich vermeiden wollte und was dennoch unvermeidbar war: Ein opulentes Essen in Maxwell's Plum: Designer- statt Junk-Food. Mit Tosca drohte das ebenso abgebeinte wie ausgeweidete Thema »Essen und Erotik«. Motto des Tages: *Laßt Worten Torten folgen.* Die Lust am Kauen, Beißen, Saugen, Lutschen, Schlecken, Schlürfen, Schlemmen ... »Das große Fressen« – oder, mit Sankt Benjamin: *Im Fraße nämlich kommen die beiden zusammen: die Maßlosigkeit des Verlangens und die Gleichförmigkeit dessen, woran es sich stillt.* Man könnte nostalgisch werden und wollüstig den gesamten »Gargantua« herbeten bei dem Gedanken an die erlesenen Speisen und Weine, die einst in noblen Freudenhäusern aufgetischt wurden. Ganz zu schweigen von frischen Spargelspitzen, köstlichen Muscheln, saftigen Lenden und zarten Brüstchen. Aber heutzutage leben wir ja im Zeitalter von Fast Food. Und das in jeder Hinsicht!

Die Amerikaner und ihr Verhältnis zum Essen sind ein Fall für eine ganze Armee von Psychiatern. Unser Freund Ansgar Bange würde das alleine nie schaffen.

Ich fasse mich kurz: Lokalität mit Tiffany-Interieur, dazu (laut Toscas Reiseführer) berühmt für das Knüpfen zarter Bande, denn New York ist »Single Town«. Brust oder Schenkel? Das Verköstigen der Speisen mitsamt den albernen Ritualen selbst: Material zuhauf für eine fußnotengespickte Abhandlung über die Freßlust alternder ›Bellas‹, die Verwechslung von Essen mit sexueller Gier, über das vergeblich versuchte Mästen des Mannes als Vorbereitung zum Vorspiel, mühsam getarnt als Ausweis luxuriöser Lebensart. Eine Richterskala fürs Sozialprestige? Ich befürchtete schon das Fazit: Außer Spesen am Tresen ist nichts gewesen.

Um die Zeit zu überbrücken und mir Tosca von Kains langweiliges Gekaue und lautes Geschmatze erträglich zu gestalten, ließ ich das vorzügliche Pilzgericht kalt werden. Ich hatte es eigens für die Witwe Müller-Eschenbach ausgesucht. Es wurde von einer Serviererin präsentiert, die einer strengen Ordensschwester glich und mich an jene Kriegsversehrten meiner Kindheit erinnerte, die ihre Prothesen gerne in der Frühlingssonne lüfteten.

Tosca kleckerte.

Lieber den Latz um den Hals als die Taube auf dem Hemd, sagte ich und zeigte mein unwiderstehliches Clark Gable-Lächeln.

Sie lauschte meinen Worten wie einem Evangelium, und ich hatte sie endlich da, wo ich sie haben wollte.

Leider verlangte die Witwe Müller-Eschenbach in diesem feierlichen Augenblick einen Espresso. Wieder mußte ich Einspruch erheben: Den Espresso, Verehrteste, hat ein gewisser Monsieur Barbe schon vor Jahr und Tag völlig zu Recht eine *widerliche Vergewaltigung von Kaffee* genannt.

Wie das? Überall auf der Welt wird diese italienische Art geschätzt. Ich verstehe nicht, warum ausgerechnet …

Gnädigste, Kaffee will sanft, durch langsames Aufgießen, zu dem werden, was wir trinken, und nicht durch einen wie im Jähzorn auf ihn losgelassenen wilden Wasserstrahl. Ein Dreimonatskind, nichts anderes ist ein Espresso. So wenigstens Monsieur Barbe.

Obwohl ich befürchtet hatte, meine Belehrung verderbe meine Strategie, erzielte sie genau das Gegenteil. Einmal mehr nannte mich Tosca einen Mann von Welt.

Und dann, bei fast abgebrannten Kerzen, offenbarte sie mir endlich nach einem üppigen ›Tiramisu‹ (richte mich auf, zieh mich empor), was ich von Anfang an von ihr hatte hören wollen.

Der geile Laich war angesetzt!

Tosca meinte mit der ihr eigenen Dicktuerei, wir beide seien mittlerweile in einem Alter, in dem man weniger an die Zukunft als mehr an den Tod und an jenen geliebten Menschen zu denken habe, der dann allein zurückbleibe. Natürlich widersprach ich ihr nicht, versicherte sie aber mit den billigsten und abgedroschensten Komplimenten ihrer Jugendlichkeit und ihrer nachgerade beneidenswerten Gesundheit.

Dann folgte wieder eine dieser unmotivierten Emotionsexplosionen. Madame tat so, als könne sie mich überraschen, indem sie mir offenbarte, noch in dieser Nacht wolle sie an ihren Zürcher Anwalt schreiben und ein Testament zu meinen Gunsten aufsetzen.

Ehe sie mich kennen gelernt habe, sei stets ihre Tochter Soraya an erster Stelle der Erben gestanden, doch nachdem sie nichts mehr von der jungen Dame gehört habe, die ohnedies ein stinkreiches Unterwäschemodel sei und sonst keinerlei Nachkommen oder nähere Verwandte habe, sehe sie nicht ein, warum sie nicht der Stimme ihres Herzens folgen solle.

O Gott: Sie sagte wirklich *Stimme des Herzens*!

An den Hebungen unter ihrer Bluse sah ich, wie es klopfte.

Tosca stellte einige Fragen, die sie irgendeinem dummen Schlager entnommen haben mußte:

> Willst du mit mir gehn?
> Licht und Schatten verstehn?
> Dich mit Windrosen drehn?
> Willst du mit mir gehn,
> in guten und in bösen Tagen zu mir stehn …

Die Wirklichkeit ist weit entfernt davon, derlei pompös überzuckerte Romantik zuzulassen. Das war der Augenblick, in dem ich mich offenbaren mußte. Ein Siebzigjähriger auf dem Weg zum Greis, der allen Ernstes glaubt, eine Frau könne sich in ihn verlieben, ist nichts als ein Narr. In diesem Alter erweckt man keine Leidenschaften mehr, sondern bestenfalls Respekt oder Bewunderung. Allerdings lügt man weitaus besser und schamloser denn als junger Mann. Für alles andere war ich schlicht zu betagt. Also sprach ich ebenfalls sonor von der Stimme diesmal meines Herzens und äußerte mit tiefernster Miene die Absicht, mit Tosca ›gehn‹ zu wollen und im Falle meines vorzeitigen Ablebens ihr, der grenzenlos Verehrten, mein gesamtes Vermögen zu überschreiben. Sobald wir zurück in München seien, würde ich die dafür nötigen Schritte einleiten. Wie hoch dieses mittlerweile aufgrund meiner Investitionen arg geschrumpfte Vermögen sein würde, verschwieg ich taktvoll, und Tosca zeigte – typisch Wassermann – auch keinerlei Interesse an konkreten Zahlen. Ihr genügte das Wort eines Gentlemans. Ein solcher aber hat nicht die leiseste Ahnung davon, wie viel sich auf seinem Konto befindet.

Tosca schmiegte sich an mich und flötete etwas von *Beistand* bei der Abfassung des entsprechenden Schreibens an ihren Zürcher Anwalt.

Als Philosoph war ich der kompetente Mann für diese ›Artikulationshilfe‹.

Es dauerte keine Stunde, und ich hatte aufgrund meiner jahrelangen rhetorischen Routine ein hieb- und stichfestes Testament aufgesetzt, das mich – nach dem ausdrücklichen Willen der Erblasserin – zum Allein- und Universalerben einsetzte.

Tosca von Kain umwehte ein Hauch von Rütlischwur. Sie war so begeistert von dem Papier, daß sie es sofort unterschrieb und es auf der Stelle vom Hotel aus nach

Zürich faxen wollte, doch ich riet wegen der juristischen Anfechtbarkeit davon ab und schlug statt dessen vor, es anderentags persönlich zur Post zu bringen und als Einschreiben in die Schweiz zu schicken.

Wir öffneten noch eine Flasche Clos de la Ferrière, ich erlaubte Tosca einige Berührungen meiner Arme und übte mich in überobligatorischer Geduld und Nachsicht. Es waren schließlich Augenblicke voll glühenden Verrats und kalter Lüge.

Madamchen indes offenbarte mir, wie sie sich das künftige Leben an meiner Seite vorstellte: garniert mit Lachs und Kaviar, gespickt mit Wild und Geflügel, begossen mit Saint Emilion, Calvados und Armagnac. Die Witwe Müller-Eschenbach sprach von Taubengeschnäbel zum Erwachen, vom opulenten Frühstücken im Bett, von Badesalzen und Toilettenwässerchen, von den Verlockungen des Orients, von Sinnenfreuden, Sinnenfesten, Sinnesräuschen. In Dubai gebe es da ein sagenhaftes Hotel …

Ich dagegen dachte an den Sinnenkater.

Alles, was wir besitzen, sagte Tosca, all das, was wir verwenden, alles, was uns umgibt, mein Bär, ganz und gar alles wird höchst exquisit sein: bis hin zu zitronengelber Seidenunterwäsche. Und die Auswahl wirst allein du mit deiner Überlegenheit treffen.

Solche Schwärmerei ermüdet irgendwann einmal selbst denjenigen, der sie anzettelt.

Tosca nickte ein.

Endlich. Nach dem Gutenachtküsschen zog ich mich

diskret in meine Gemächer zurück und fertigte in weiser Voraussicht und wegen meiner angeborenen Skepsis auf der Stelle eine Zweitschrift des folgenreichen Testamentes an, die mir Tosca beim Champagnerfrühstück am nächsten Morgen unterschreiben sollte.

Meine hochstimmungsdauergewellte Mäzenatin unterzeichnete das meine Zukunft sichernde Revers mit meinem dokumentenechten Montblanc Meisterstück noch vor dem ersten Schluck Kaffee. Ich solle die Unterlagen höchstpersönlich aufbewahren.

Zu treuen Händen!

Sofort nach dem opulenten Frühstück, bei dem ich unwillkürlich an das sogenannte Quäkerfrühstück meiner Nachkriegsjahre denken mußte, begaben wir uns zum Grand Central Post Office, Ecke Lexington Avenue und 45. Straße und schickten das »Neue Testament der Tosca von Kain« eingeschrieben und als Wertbrief versiegelt nach Zürich, Switzerland.

Ich habe diese Frau nie in so schamlos kreatürlichem Daseinsglück erlebt.

Noch auf dem Postamt sagte sie: Ich will nicht, mein Ritter, daß in unserer Beziehung jemals ›die Reifen abgefahren‹ sind.

Tosca und ihr verwegenes Schloßdeutsch.

Dreizehnte Abendandacht

Als die Reihe an Klemm war, uns eine Geschichte zu erzählen, druckste er, nervös Otto Dietrich hin- und herschiebend, zuerst ein wenig herum. Erst eine Flasche ehrwürdiger Ardbeg, ein Schottischer Single Malt von der Insel Islay, ein in der Tat grandioser Whisky, ließ unseren Strafrechtler zur Ruhe kommen. Endlich berichtete er:

Wie Sie wissen, meine Herren vom Antiquariat, habe ich dem Land Nordrhein-Westfalen mehr als fünfundzwanzig Jahre als Professor mein Wissen und meine Arbeitskraft zur Verfügung gestellt, wofür ich nach meinem Ausscheiden aus dem Universitätsleben eine Pension an der Grenze zur Erbärmlichkeit beziehe. Heute bekam ich einen Bescheid über die Neuberechnung meiner Bezüge, wie das im Amtsdeutsch heißt. Doch nicht die nach unten veränderten Zahlen haben mich überrascht, sondern die Beilage zu dem amtlichen Schreiben. Es handelte sich um einen Rundbrief an alle Pensionäre des bevölkerungsdichtesten Bundeslandes, verantwortet vom Minister für Arbeit, Gesundheit und Soziales, einem gewissen Herrn Karl-Josef Laumann, einem gelernten Maschinenschlosser mit Hauptschulabschluss, den ich nicht kenne und auch nicht kennenlernen möchte. Es war ein Aufruf zur Organspende mit abtrennbarem Organspenderausweis, der mir immerhin die Wahl läßt, ob ich sämtliche brauchbaren Organe/Gewebe oder nur Teile davon spenden will: nach ärztlicher Feststellung meines Todes.

Der Minister begann seinen Rundbrief an immerhin 600 000 Landesbedienstete und Pensionäre in einem Ton, als habe er wie weiland der Wolf in den »Sieben Geißlein« Kreide gefressen und hatte überdies die Stirn, mich mit ›Kollege‹ anzusprechen: *Möglicherweise wundern Sie sich, ein Schreiben zum Thema Organspende auf so ungewöhnlichem Wege zu bekommen. Da aber das Überleben vieler Menschen von einer Organspende abhängt, möchte ich auch diese Chance nutzen, um für die Verbreitung von Organspenderausweisen zu werben.*

Ist das nicht unerhört? Wird man da nicht – als Pensionär, will sagen: mit einem Bein bereits im Grab respektive in der Urne – noch zu Lebzeiten zum potentiellen Ersatzteillager herabgewürdigt? Offensichtlich sehnt der Herr Minister mein Hinscheiden herbei, denn er schreibt mir: *Mit Ihrem ausgefüllten Organspenderausweis schaffen Sie Klarheit. Und Sie ersparen Ihren Angehörigen so unter Umständen eine äußerst schwierige Entscheidung.*

So viel Fürsorge treibt einem die Tränen der Rührung in die Augen.

Ich habe dem Herrn Minister umgehend schriftlich mit der ihm zukommenden und für seinen Bildungsgrad verständlichen rhetorische Eleganz geantwortet und ihn darauf hingewiesen, daß mir als Jurist und habilitiertem Strafrechtler in Sachen Scheintod die Kompetenzen der Ärzteschaft hinsichtlich der Feststellung des Todes durchaus geläufig sind. Ersatzweise habe ich ihm – als Geste des

Wohlwollens – meine noch vor einem halben Jahr funktionsfähige Zahnprothese meines Oberkiefers beigelegt: gewissermaßen als Abschlagszahlung.

Albert Klemm war sichtlich erregt, weswegen wir rasch nachschenkten, um ihn wieder zu beruhigen. Bange wollte als erfahrener Theaterarzt zwar zu einer Vorlesung über den Scheintod ansetzen, kam aber über Friederike Kempner nicht hinaus, jenes ›lebenslange Fräulein‹, das als ›Genie der unfreiwilligen Komik‹ gilt. Als sie achtundsechzigjährig auf ihrem Besitztum Friederikenhof im schlesischen Reichenthal starb, setzte Ascot von Daalen nach, hatten ihre Verse bereits acht Auflagen erreicht: sehr zum Kummer ihrer Verwandtschaft, darunter ihr Neffe, der berühmte Theaterkritiker Alfred Kerr, der sich eigens deshalb einen anderen Namen gab. Die gesamte Familie war eifrig bemüht, sämtliche Auflagen sofort aufzukaufen, um sich das allseits peinliche Gelächter zu ersparen, was jedoch die Dichterin – zur Freude ihres Verlegers – nur noch mehr zu immer neuen Taten anspornte. Während die Novellen und Dramen heute längst vergessen sind, werden die oft nur durch eine Zeile oder ein Wort grotesk misslingenden Verse des »Schlesischen Schwans« immer noch gerne zitiert.

Das Lachen verweht jedoch, hakte unser Mediziner Bange ein, sobald man sich das leidenschaftliche Engagement der Autorin für eine einzige Sache vergegenwärtigt: *Schutz den Scheintoten!* Ähnlich wie etwa Schopenhauer oder Hans Christian Andersen war auch Friederike Kempner lebenslang von der panischen Angst geplagt, lebendig begraben zu werden. Sie litt überdies unter der Vorstellung, eine Unzahl von Menschen liege lebendig im Grab, weshalb sie verfügte, ihr eigenes Grab mit einer elektrischen Klingel auszurüsten. Wegen dieser Angst wurde Friederike Kempner nicht müde, auf das Schicksal scheintoter Kinder, Männer und Frauen mit geradezu wissenschaftlicher Akribie und medienbewußter Penetranz aufmerksam zu machen. So forderte sie in der Tradition von Hufeland immer wieder den Bau von Leichenhäusern, um die (scheinbar?) Toten wenigstens drei Tage bei geöffnetem Sarg (!) aufzubahren:

Ein Leichenhaus, ein Leichenhaus,
Ruft er aus vollem Halse aus,
Für Tote haben Gelder wir,
Und um Lebend'ge handelt's hier!
Ihr alle seid so schlecht und blind,
So lang nicht Leichenhäuser sind.

Achter Bericht des korrespondierenden Mitglieds

Liebe Freunde,
der Nachmittag eines Fauns war gekommen. Wir bummelten über die Fifth Avenue und fuhren, müde geworden, mit dem Taxi zurück ins Hotel. Die von meinem Vorgänger gelegentlich als ›russische Regierung‹ bezeichnete Tosca schleuderte ihre zu hohen und vermutlich auch zu engen Pumps in eine Ecke, warf sich aufs Bett und stöhnte erleichtert. Das hätte mich skeptisch stimmen sollen. Madamchen gähnte ein wenig, um mir schließlich Kukident-Kusshändchen zuzuwerfen und mir aufdringlich ihre unsterbliche Liebe zu gestehen: Ach, meine Freunde, diese Bekenntnisnotdurft, die alles in Scherben schlägt. Erfundene Emotionen, längst nicht mehr gedeckt durch das Leben, lauter wertlose Schuldscheine.

Sodann präsentierte mir Tosca ihr transuralisches Décolleté als optischen Selbstbedienungsladen und ließ hören, sie sei *fit wie ein Turnschuh.* Und das mit einer Stimme, als eröffne ein Tenorsaxophon einen letzten blutigen Angriff. Begleitet wurde diese sibirische Ouvertüre von dem hilflosen Versuch, ein liebliches Jungmädchengesicht aufzusetzen. Dann schlug die große Stunde der Tanzstunden-Erotik. Die lustige Witwe, deren Sinn ein Wort wie ›Hemmung‹ offenbar noch nie gekreuzt hat, legte es darauf an, Vabanque zu spielen: alles oder nichts. Es folgten Gestrapse, Geschnurre und Gegurre, und sowie das, was ein berühmter Schriftsteller als das Loslassen der *Hunde im Souterrain* bezeichnet hat.

In der Luft lag eine Mischung aus Laura Biagiotti und Hakle feucht. Was akustisch fehlte, war Emmerich Kálmáns »Gräfin Mariza«: *Denn meine Leidenschaft ist heißer noch als Gulaschsaft!*

Aufgeschirrt, die Augen voller Operettenglut, trachtete Madame danach, ihre karelischen Schlangenarme um mich zu schlingen und versuchte mit dem Blick eines Drachentöters auf einer gefälschten Ikone, mir gewaltsam ihre Matka-Zunge in den Mund zu schieben, als wolle sie den Sitz meiner Mandeln überprüfen. Mir brach der Schweiß aus allen Poren. Freund Bange hätte vermutlich von Hyperhidrosis gesprochen. Ich jedoch nannte es Angst. Es war die Angst vor der erotischen Eruption der russischen Regierung, zumal die Tigerin der Taiga einen kindlichen Gefallen daran fand, meine elastischen Hosenträger schnalzen zu lassen. Während ihr Lidschatten perestroikahaft zerfloss, stemmte ich mich mit beiden Händen gegen alles, was da auf mich zuwogte. Es fehlte nicht viel, und es wäre angesichts dieses Dammbruches zum Äußersten gekommen.

Mitunter ist eine rasche atemlose Erschöpfung eine Art Erlösung. Wir beide glichen schließlich zerzausten Hühnern nach einem Platzregen.

Tosca von Kain ließ, gekränkt bis in die Fußnägel, von mir ab und verschwand im Badezimmer. Nach einiger

Zeit kehrte die Dame von Adel mit unverkennbarer Sehnsucht nach kuhwarmer Menschlichkeit zurück. Sie trug jene rosa Resignationspantöffelchen mit weißen Puscheln, denen die Weiblichkeit dieses bedrohlichen Alters offenbar nicht widerstehen kann. Ebenso wenig wie der Wolke aus Kummer und Kölnisch Wasser.

Für mich und meine abendländische Dekadenz war der Augenblick für die Zigarette danach gekommen. Hinterhältig zelebrierte ich vor einem hungrigen Schleiereulenblick das Einführen meiner Davidoff in eine kostbare Art Deco-Zigarettenspitze.

In vorwurfsvollem Schweigen zog sich die russische Regierung nunmehr endgültig hinter den Ural, will sagen in ihr Zimmers zurück. Bald darauf hörte ich sie selig schnarchen.

Mich aber plagte mein Über-Ich. Ich kleidete mich an und lenkte meine Schritte in Richtung Hotel-Bar. Mir war jetzt nach einem herzhaften ego te absolvo aus dem Munde einer verständnisvollen Barmaid zumute.

Vierzehnte Abendandacht

Bei einer Flasche Oban, einem honigweichen Single Malt aus den Western Highlands, forderten wir Meinrad Menzinger auf, wenigstens ›einmal‹ seine schwerhörige Schwester zu vergessen und nicht schon wieder das Beispiel des akustisch differenzierten Wortes ›fünflagig‹ zu bemühen, sondern uns aus seinen wilden Jahren in Rom zu berichten.

Und Meinrad erzählte:

Lebhaft erinnere ich mich an einen Mann, den ich vor vielen Jahren während meines Studiums an der Gregoriana, der päpstlichen Universität, kennen lernte. Es war ein schlanker, hochgewachsener Kerl mit einem wettergegerbten Gesicht wie ein Farmer aus Namibia. Er behauptete, er leide am Nomadenfieber. Und weil ich mir darunter nichts vorstellen konnte, bat ich ihn, mir seine Geschichte zu erzählen.

Also das kam so, begann er: Eigentlich hatte ich den festen Vorsatz, den Filmstar Jean Seberg zu heiraten, diese wunderhübsche amerikanische Apothekerstochter, die einst die Jeanne d'Arc gespielt und neben Jean Paul Belmondo als kleine Zeitungsverkäuferin geglänzt hat. Doch leider war La Seberg schon mit dem Schriftsteller Romain Gary verheiratet und schenkte mir keinerlei Beachtung, obgleich ich fast jeden Tag mit einem Strauß weißer

Rosen vor ihrem Haus in Paris stand. Aus Enttäuschung darüber trat ich eine Reise nach Australien an, um mein Geld beim Scheren von Schafen zu verdienen und mich von meinem Herzschmerz abzulenken. Schließlich erfuhr ich aus der Zeitung, daß sie auf schreckliche Weise Selbstmord begangen hatte. Vielleicht hat auch die CIA ein wenig nachgeholfen.

Der Tod meines Idols versetzte mich in eine vorher nie gekannte Ruhelosigkeit. Nirgends hielt es mich lange, immer wieder mußte ich weiterreisen, wie unter Zwang. Der Weg führte mich über Neuseeland ans Chinesische Meer und quer durch Malaysia. Ich wollte unbedingt herausfinden, was jetzt mit mir geschehen würde. Also nichts wie ausgeflogen, hinaus in die weite Welt mit dem Flattern und Reißen in mir drin, der nächsten Fata Morgana entgegen! Über Rotterdam kam ich zurück nach Europa, fuhr ins schweizerische Tessin und mietete mich in Gandria bei einer liebenswürdigen älteren Frau namens Sylvia Genazzini ein, die aussah wie meine Großmutter und mit ihrem kleinen Lächeln ein kleines Lädchen betrieb: ›Commestibili‹. Das Zimmer war sauber und bescheiden, die Miete erschwinglich, ich hatte alles, was ich brauchte. Die Signora ließ mich in Ruhe, und wenn ich durch die Küche ins Bad mußte, sagte sie nur: *Ecco*. Das war ihr Lieblingswort. Tag für Tag setzte ich mich auf die Terrasse direkt über dem Lago, schaute auf die Boote hinunter, in denen die Touristen herbeigeschifft wurden, oder machte einen Spaziergang entlang des Seeufers nach Castagnola zur Villa Favorita. Endlich kaufte ich mir eine billige Reiseschreibmaschine und war entschlossen, die Geschichte meiner unerfüllten Liebe zu Jean Seberg aufzuschreiben. Langsam fing ich an, mich zu erholen und neuen Mut zu schöpfen. Ich wußte: Das würde mir guttun, ich würde mir meinen Kummer von der Seele schreiben. Doch ich war noch nicht über die ersten Seiten hinausgekommen, als die Schreibmaschine durch eine Unachtsamkeit, vermutlich eine meiner nervös-fahrigen Bewegungen, das Übergewicht bekam und vom Balkon in den See plumpste, wo sie wahrscheinlich heute noch liegt. Ecco. Am nächsten Morgen, es versprach ein schöner Tag zu werden, sah ich ein weißes Segelboot auf dem See. Es steuerte direkt auf mich zu, als sei es für mich bestimmt und wolle mir ein Zeichen geben. Ich packte erneut meinen Koffer.

In jenen Tagen, in denen ich einem Filmstar nachtrauerte, versagte plötzlich meine Stimme, und ich brachte kein Wort mehr heraus. Angstzustände machten mich dünn wie einen Vogel, bei jeder Gelegenheit begann ich zu zittern. Ich war aus der Bahn geworfen, denn ich hatte kein Ziel mehr, auf das ich hinleben konnte. Alle meine Reisen kreuzquer hatte ich nur auf Jean Seberg abgestimmt. Nie war ich ohne sie, denn ich trug ihr Bild in mir. Und jetzt sollte sie auf einmal nicht mehr da sein? Vollkommen ratlos begann ich autistisch zu wippen und wußte nicht, wie ich diese Art von Stimmbruch je würde überwinden können. Außerdem war ich unansprechbar geworden. Das mußte sich ändern. In meiner Verzweiflung versuchte ich es sogar mit Beten. Und immer wieder zog es mich zu den Bahnhöfen. Ich war fasziniert von Menschen, die unterwegs waren, denn unterwegs zu sein hielt ich jetzt für das Leben. So kam ich nach Rom.

Dort traf ich, da ich regelmäßig am Wochenende zum Bahnhof ging, um herauszufinden, ob ich Heimweh hatte oder Fernweh, auf der Stazione Termini einen Schwaben, der mir, um sich die Zeit bis zu seiner Abreise zu verkürzen, seine Lebensgeschichte wie ein Quizmaster erzählte. Der Mann war beängstigend mager, und sein Kopf mit tief liegenden, dunkel umränderten Augen war mehr Totenschädel als alles andere. Außerdem war er Kettenraucher und trank ungeheure Mengen von Coca Cola. Es war ein Mensch, den man auf Anhieb einfach gern haben mußte. Man mußte ihn in den Arm nehmen und hatte doch zugleich Angst, ihn zu erdrücken. Er träumte, wie er wortreich darlegte, von der märchenhaften Stadt Sagunt. Dorthin wollte er aufbrechen: um sie zu erobern.

Zunächst bestand meine Aufgabe darin, sein Geburtsjahr zu erraten. Es bereitete dem dünnen Mann sichtlich Vergnügen, mich im Dunkel tappen zu lassen, und er machte folgende Angaben:

Alfredo Codona gelingt von Trapez zu Trapez der dreifache Salto, Murnau dreht »Nosferatu« und Fritz Lang »Doktor Mabuse«, Schönberg entwickelt die Zwölftontechnik, Brecht erhält den Kleistpreis, Niels Bohr den Nobelpreis für Physik, Frithjof Nansen den Friedens-Nobelpreis, Chagall geht von Russland nach Paris, und ich werde in Pforzheim geboren. Es folgen: Humanistisches Gymnasium, Abitur, vier Jahre Militärdienst, zeitweilig Blindfluglehrer, abgeschossen über dem Eismeer, Kriegsgefangenschaft, Flucht in eine Skihütte im Schwarzwald. Die Stimmung war wie im Turnverein, der Stärkere hatte halt gewonnen. Neue Typen traten damals auf: Fallensteller, Hühnerdiebe, Metzger, Leute, die wußten, wie man ein Zelt baut oder Brennnesseln dünstet, notfalls mit Haaröl. Manche gingen schon ins Allgemeinere: der böse Russe, der gute Amerikaner, die Frauen, das Rheuma. Nach dem Krieg habe ich studiert und dies und das gemacht und schließlich bei einer Lehrerin Unterschlupf gefunden: für immer. Sie liebt mich. Manchmal muß ich mit meinem viertel Magen und meiner halben Lunge zu einem Arzt, denn einen Teil hat Hitler gefressen und den andere mein Zwillingsbruder.

Ohne die Hilfe des schlauen Schwaben wäre ich nie auf das Jahr 1922 gekommen. Dann wollte er wissen, ob ich nach Deutschland zurückreisen wolle so ganz ohne Gepäck, denn ich hatte nichts bei mir außer einem ledernen Brotbeutel mit einem Stadtplan von Stavanger.

Auf meine Antwort, ich wisse beim besten Willen nicht, ob ich nach Hause oder noch viel weiter weg wolle, denn eigentlich locke mich die Welt, meinte er: Ach, dieses Reißen hinaus. Man landet immer auf den Inseln der Trugbilder.

Meine Frage, was denn ihn nach Rom getrieben habe, beantwortete dieser alte Mann mit einer Geschichte. Sie handelte von seinem angeblich um eine ganze Stunde jüngeren Zwillingsbruder, einem Schauspieler, der sich seit Kriegsende nur mehr mit lächerlichen und bedeutungslosen Statistenrollen durchs Leben geschlagen habe. Einmal im Monat habe man seinen Bruder regelmäßig auf dem Bahnhof aufgegriffen. Das sei sein Spleen gewesen, seine Marotte, sein Tick. Sonst sei er ruhig und nett und ganz normal gewesen. Wenn man ihn auf seine gescheiterte Schauspielerkarriere angesprochen habe, sei seine Devise immer gewesen: Das Kleine groß darzustellen ist den wenigsten gegeben, denn im Kleinen groß sein, das kann nicht jeder. Ein Kritiker habe dies einmal über ihn geschrieben.

Dieser Zwillingsbruder sei, obwohl bettelarm, in seinem besten, freilich schon ein wenig zerschlissenen Anzug und mit grauen Velourshandschuhen aus dem Theaterfundus großspurig mit dem Taxi vorgefahren, habe den Fahrer gebeten, seinen scheckigen Lederkoffer mit den Aufklebern von Hotels in aller Welt einem Dienstmann zu übergeben, habe den Dienstmann wie ein feiner Herr angewiesen, den Koffer zum Kurswagen nach Neapel zu bringen. Erster Klasse, selbstverständlich. Dort habe er es sich im Halbdunkel des Coupés bequem gemacht und sehnsüchtig auf die Abfahrt des Zuges gewartet.

Aber diese Züge seien immer nur ins Depot zur Reinigung gefahren. Das Reinigungspersonal, Türken oder Albaner mit wuchtigen Bärten und finsteren Stimmen, habe den blinden Passagier regelmäßig aufgegriffen und ihn ob seines verwirrten Eindrucks voll Mitleid der Bahnhofsmission übergeben. Diese wiederum habe dann bei ihm, dem Schwaben, zu Hause angerufen, und einmal im Monat habe er seinen um eine ganze Stunde jüngeren Zwillingsbruder vom Bahnhof abholen müssen: mitsamt seinem scheckigen Koffer, über dessen Inhalt sich der Schauspieler stets hartnäckig ausgeschwiegen habe. So sei das lange Zeit gegangen, mindestens drei Jahre.

Bis zuletzt, als der Schauspieler wieder einmal abgängig gewesen sei. Als sich aber anderentags keine Bahnhofsmission gemeldet habe, habe er, der Schwabe, begonnen, sich ernsthaft Sorgen zu machen. Erst nach drei Tagen habe ihn ein Anruf erreicht: aus Neapel. Sein angeblich um eine ganze Stunde jüngerer Zwillingsbruder, der Kleindarsteller, habe tatsächlich den Kurswagen nach Neapel bestiegen, Erster Klasse selbstverständlich, und sei bis zu seinem Ziel gefahren, habe es aber nicht mehr lebend erreicht, weil ihn offenbar kurz vorher der Schlag getroffen habe. Jedenfalls hätten ihn diesmal die römischen Schaffner gefunden und zunächst geglaubt, der seltsame Alte mit den feinen Velourshandschuhen habe nur die Weiterfahrt verschlafen. Erst ein eilig herbeigerufener Arzt habe schließlich den Tod feststellen können.

Er, der Schwabe, frage sich seither unentwegt, was sein um eine ganze Stunde jüngerer Zwillingsbruder in drei Teufels Namen denn in Neapel gewollt habe.

Vielleicht enthielt der schäbige Koffer mit den Hotelaufklebern aus aller Welt die Lösung des Rätsels? Ich hoffte es inständig, erzählte der künftige Eroberer von Sagunt. Doch als ich den Koffer im Beisein der Carabinieri öffnete, enthielt er nichts weiter als eine Unmenge alter Theaterzettel, auf denen der Name meines Bruders kaum mehr zu entziffern war: allesamt stockfleckig und vergilbt.

Neunter Bericht des korrespondierenden Mitglieds

Liebe Freunde!

Am nächsten Morgen stand Tosca von Kain vor mir wie eine Mutti aus dem Maggi-Kochstudio, die soeben Toilette gemacht hatte. Unverhohlen nannte sie mich zum x-ten Male einen Mann von Welt. Behutsam versuchte ich sie zu korrigieren: Ein Weltmann ist nicht ein Mensch, der in die Welt geht, sondern einer, der die Welt hat. So spielte ich ihr mit ausladenden Gebärden und konzessionierten Andachtsworten den Kulturschatten und eingefleischten New York-Kenner vor: sechstausendvierhundert Meilen Straße, Verehrteste, über tausend Parks, viertausend Kirchen und Synagogen, achthundert Antiquitätenläden, fünfzig Radiosender, zwanzig Fernsehstationen, dreihundert öffentliche Bibliotheken ... Man muß viel gesehen haben, um etwas zu sehen.

Ich arrangierte allerlei Programm, obgleich mir nichts widerlicher ist als sinnloser Schlendrian: Man gab sich flanierend dem ›Abenteuer New York‹ hin, man frühstückte gewissermaßen bei Tiffany. Tosca bildete sich in ihrer himmelblauen Phantasie ein, den ›idealen‹ Verlobungsring mit einem kleinen Brillanten entdeckt zu haben.

Alles Kleine ist schön, hauchte sie, hob ihren schweren Busen und ergänzte, der Sinn des Schönen liege immer in sich selbst. Ich wagte zu widersprechen und meinte, der Sinn des Schönen liege eben gerade nicht in sich selbst, sondern sein höherer Zweck sei die Verzauberung dessen, der es für sich in Gebrauch nehme. Meine Mäzenatin missverstand das als Kompliment und lächelte beglückt. Daraufhin fragte sie: Wo liegt eigentlich Disneyland? Auch in New York? Ich wußte auf einmal, wie sich ein Boxer fühlt, nachdem er gerade einen lucky punch seines Gegners eingesteckt hat. Man glaubt zwar, das Schicksal sei wilder Zufall, aber in Wirklichkeit passt alles, was einem zustößt, auf perfekte Weise zu einem selbst.

Kain und Abel bestaunten die Brooklyn Bridge, Central Park, die Freiheitsstatue, das Museum of Modern Art. Es wurde zum Tummelplatz von Toscas Trauma der Kunstanbetung. Umspeichelt von ihrer Einbauküchenpsychologie erklärte mir die Beflissene, als sei sie die Witwe Bugatti, die Avantgarde, und Madame schien dabei von ästhetischer Tollwut befallen, wenn sie von ›Sehenswürdigkeiten‹ sprach.

Wieviel Fähigkeit des Weghörens mußte ich noch ausbilden? Diese Frage stellte sich mir auch bei der Besichtigung des Rockefeller-Centers, bei dem sie so tat, als sei es einer Laune ihrer überschäumenden Gestaltungsphantasie entsprungen.

New York ist ein teures Pflaster. Ich warf – ganz wider meine Gewohnheit – mit Geld um mich wie ein besoffener Matrose, und Toscas pfahlbürgerliche Existenz geriet darob plangemäß ins Wanken. Mal ganz Backfisch, dann wieder Diva, sprudelte sie wie ein Wasserfall. Am liebsten hätte sie ihre Euphorie hinausposaunt sowie ihren unersättlichen Anspruch auf kostbare Geschmeide und Sinnenglück in einem offenen Wagen bei einer Konfetti-Parade ausgelüftet. Ich sagte kaum eine Silbe, denn mir blieb keine Zeit dazu. Das wiederum schätzte die Gnädigste besonders. Sogar auf offener Straße belohnte sie mich mit wogender Brust und saftigen Küssen. Mich schauderte, doch ich behielt die ›Contenance‹: typisch Jungfrau, zuverlässig bis zur Pedanterie.

Nach dem Lunch und der dabei ausgiebig genossenen Möglichkeit, in einem hilflos zusammengezimmerten, pränatal behaglichen Gewölberestaurant einige Pfunde zuzunehmen, wurde beim opulenten Nachtisch von Toscas neuem Testament gesprochen. Es waltete die Macht des Atmosphärischen, als sich auf pseudoklösterlichem Eichenholz unter einer Madonnennische peinlicherweise unsere Fingerspitzen kurz berührten, während der durch das plastifizierte Tonnengewölbe geisternde Garçon die Teller abräumte und dabei ein Gesicht zog, als entsinne er sich im Zustand fortgeschrittener Ödemschwäche lyrisch ergiebiger Kuraufenthalte in Karlsbad.

Immer wieder schlurfte dieser Gnom durch die folkloristisch aufgeheiterte Krypta amerikanischer Gastronomie-Archi-Tektur, die keinen Vergleich mit dem Gelsenkirchener Barock zu scheuen brauchte. Man hätte guten Gewissens von altkunstsinniger Manhattan-Gotik sprechen können. Es fehlte in dieser Anmut nur noch das durch den Raum schwingende, aus einer Karras-Zither gerissene Wienerlied aus dem »Dritten Mann«.

Ich sehnte mich nach dem Dallmayr, und das will etwas heißen.

Die binnen weniger Stunden zur packerlbeladenen, typisch amerikanischen ›dowager‹ (i.e. Witwe von Stand) mutierte Tosca von Kain war in ihrem Troglodyten-Element, und die perlmuttbesetzte Damenpistole, der westfälische Adel sowie sämtliche Insignien der vielfach von ihr beschworenen *Würde der Vergangenheit* waren längst vergessen.

Aber ich bitte, liebe Freunde, was heißt hier schon ›Würde‹?

Würde, sagt Anton Kuh, *ist der Wert als Tracht. Sie wirft nackten Tatsachen eine Pelerine über den Leib …*

Bei solchen Philosoflirtereien nach Rebhuhn und Château Mouton Rothschild war ich mir selbst, ohne daß es meine Kolombine auch nur ansatzweise bemerkt hätte, aufs äußerste verdächtig: Narziss als sein eigener Archäologe.

Tosca schwärmte unaufhörlich von der Freundlichkeit der pakistanischen Taxifahrer, die uns in unsäglich versifften Kutschen mit zerschlissenen Sitzen durch die Straßen gondelten. Nur mühsam konnte ich einige wenige Spaziergänge durchsetzen. Ich sehnte mich erneut nach einem Maybach, doch mein finanzielles Kontingent hatte sich bedenklich geneigt.

Im spektralen Licht eines verglühenden New Yorker Septemberabends, es war, liebe Sundowner, als herrsche Föhn, schwamm Tosca Hand in Hand mit mir, ihrem nunmehr wieder heroisch schweigsamen Galan, in der dreivierteIgetakteten Blödseligkeit einer jungen Braut im Strom der Fifth Avenue. Was erwartete die Lady? Eine Konfettiparade? Tosca von Kain paddelte mit gestrafften Lendenbacken, pariserisch entflammt, durch das Flussbett einer der wenigen wirklichen Prachtstraßen, die dieser Globus zu bieten hat. Endlich befand sie sich in Millionärsgewässern. Sie kreuzte in den Buchten der Auslagen, sie segelte durch das Überschwemmungsgebiet des Vielvölkertourismus, sie planschte in den Schluchten der eigenen Begehrlichkeiten. Sie badete hüftenschwenkend in den verlockenden Schaufensterspiegelungen verführerischer Luxusboutiquen.

Irgendwo mußte sie unbedingt noch einen Brief einwerfen.

Siehst du hier irgendwo einen Briefkasten?

Einen Briefkasten? Wozu?

Eine Überraschung! Du wirst es noch früh genug erfahren.

Was sollte dieses Backfischgehabe? Endlich fand sich eine Letter Box.

Hast du denn überhaupt eine Briefmarke?

Stolz zeigte Madame den frankierten Umschlag. Die Marke erinnerte mich, warum weiß ich nicht, an eine Rabattmarke. Aus einem Lautsprecher erklang wie von fern Musik: Die Arie des Cavaradossi. Und Toscas sorgloses Geplapper stieg zum Himmel empor. Sie schwelgte in ihrem Kukidentfrohsinn, denn wem das Herz voll ist, dem läuft bekanntlich der Mund über.

Weißt du, mein Held, was heut' für ein Tag ist?

Der, an dem in Manhattan die Mülltonnen geleert werden?

Dies, mein geliebter Abel, ist unsere vorgezogene Hochzeitsreise. So habe ich es mir immer erträumt: an der Seite eines vollendeten Gentleman über die Fifth Avenue zu flanieren. Man muß seinem Glück entgegenschreiten, aber man darf ihm nicht nachlaufen.

So geh doch nicht so schnell!

Glück? Ist es dumm, blöd oder nur bewusstlos?

Ich bin so glücklich, wie ich nie im Leben war, tönte es mir mit einem Gefühl von ausschweifendem Übermut entgegen. An deiner Seite, mein Herzallerliebster, kann ich mich richtig ›ausleben‹.

Sollte das die auf Kaffeehausniveau herunterdeklinierte Auffassung vom Dionysischen sein? Oder war die Dame nur verliebt ins Gelingen ihres Ideals von Zweisamkeit?

Liebe Freunde! Was das Glücklichsein anbelangt, so halte ich mich an die weisen Empfehlungen einer gewissen Madame du Châtelet, einer Freundin Voltaires, die diese vor gut zweihundertfünfzig Jahren zu Papier gebracht hat. Diese kluge Frau empfiehlt, sich auf keinen Fall die Hoffnung zu versagen, glücklich zu werden. Dabei brauchen, wie schon Fontane sagt, Damen überhaupt nichts zu wissen. Jedenfalls lieber zu wenig als zu viel. Freilich gesteht die Französin ein, daß man die Mittel und Wege zum Glücklich-›werden‹ erst im Alter erkenne. Oberste Maxime sei jedoch, sich auf dieser Welt nichts als Wohlgefühle und die entsprechenden Empfindungen zu verschaffen. Glücklich sei man nämlich nur durch befriedigte Leidenschaften. Wörtlich: *Leidenschaften sind es auch, worum wir Gott bitten sollten, wenn wir ihn um etwas zu bitten wagen.*

Das Leben, so Madame du Châtelet, sei nur dann der Mühe wert, wenn es einem Wohlgefühle beschere. Das schließe Offenheit für alle sinnlichen Genüsse ein und setze eine gute Gesundheit voraus. Schließlich müsse man, um glücklich zu sein, sich für Illusionen empfänglich zeigen.

Gewarnt, liebe Freunde, wird von der Freundin Voltaires ausdrücklich vor dem Gefühl der Reue. Es sei *eines der nutzlosesten und unerfreulichsten Gefühle, zu denen unsere Seele fähig* sei.

Viel wichtiger als der Reue ihre Zerstörungswut zu ermöglichen sei es, das Glück nicht von anderen abhängig zu machen.

Doch zurück zur russischen Regierung.

Liebster Abel, flötete sie:

> Ich glaube an die Zärtlichkeit,
> weil sie wie eine Insel ist
> der Ehrlichkeit im Strom der Zeit.
> Ich glaube an die Zärtlichkeit.

Ach, heut ist ein Tag wie aus Walzerblüten gewebt, säuselte Tosca und konnte den Mund nicht halten. Ausgestattet mit den Segnungen deutscher Wohnküchenredlichkeit und dem Wahn ihrer Selbstbesessenheit, gab sie ihre intellektuell sklerotischen Kommentare zu allem und jedem. Manchmal hielt sie inne. Dann stand sie da, als trainiere sie ihre Vaginalmuskulatur, griff zum Lippenstift, stöhnte dunkel wonnevoll, setzte ihr Gesicht auf, mit dem sie gerne vor den Spiegel trat, und schon schien sie erneut gerüstet, ganz New York auf sich einstürzen zu lassen. Tosca-Arachne: die Spinne, die am Mythos ihrer Unwiderstehlichkeit webt.

Bis …, ja, bis sie irgendwo zwischen Gucci und Armani inmitten ihrer ›sonnenlichtgesprenkelten Laune‹ einen Schwächeanfall erlitt. Die Witwe Müller-Eschenbach, die Lichtgestalt von Nymphenburg, Repräsentantin des mittelständischen Schönheitsideals, das man in Wien fesch nennen würde, faßte sich unvermittelt an die zu hoch und zu eng geschnürte Brust, atmete kurz und heftig und griff mit ihren Händen tastend ins unendlich Leere, als suche sie ausgerechnet in diesem unpassenden Augenblick den aparten Perlmuttgriff ihrer Damenpistole. Frau von Kain sackte ein, ihre Knie gaben nach. Es war, als stürze sich Puccinis Heldin von der Engelsburg hinab in eine schwindelnde Tiefe. Da lag die in ihr Verhängnis wie in einen Harnisch von Chanel gezwängte Witwe Müller-Eschenbach: melierter Tweed in Taubengrau, Himmelblau und Rosa. Dazu eine auffällige Brosche mit zimtfarbenen Pseudobrillanten.

Ach ja, Chanel. *Le style c'est moi*, soll die Gute gesagt und die Frauen vom Korsett befreit haben, damit sie sich täglich mit ihrem Schnupperwässerchen Nummer 5 bekreuzigten. Meine Anbeterin glich einer an den Strand gespülten Muschel. Die gefällte Tosca lag in ihrem tragischen Schlachtgewicht mitleiderregend da, mit erstaunten mortadellablassen Augen, und sie verdrehte ihre Gliedmaßen auf sonderbare Weise. Suchte dieser angemähte Frosch geistlichen Beistand, oder begriff die Müller-Eschenbach, daß einem die Krücken der Religion in solchen Situationen keinerlei Halt bieten?

Hörte sie Stimmen?

Nein: weit und breit kein dramatischer Tenor.

Dafür ich: ›Ihr‹ Fels in der Brandung!

Der Gentleman kniete sogleich malerisch neben ihr und hielt sie höflich in seinem von ihr so geschätzten starken Arm.

Time to say goodbye, summte ich ihr ins Ohr, denn hier und jetzt sollte der Handel seine Erledigung finden.

Doch ihre letzten Worte, als sie das Leben nur noch träumte, galten dem alten westfälischen Adel: *Schwarz war die See und kein Mensch in der Näh'* … Vielleicht galten sie aber auch den dunklen Augen des eilig herbeigerufenen Notarztes, eines Puertoricaners, Typ Harry Belafonte, der sich diensteifrig über sie gebeugt und vergeblich versucht hatte, sie ins Leben zurückzuholen. Nichts da mit *Schwarz war die See*! Weit und breit kein *Island in the sun* …

Wenn man Ortega glauben darf, kann man Erinnerungen nur mit Sehnsucht beschönigen. Doch manchmal kommt es einem vor, als besitze einzig der Schmerz ein Gedächtnis:

Es liegt dein Glanz auf fernen Ähren,
die Wolken formen dein Gesicht.
Zieh hin, du wirst nie wiederkehren,
vergessen aber wirst du nicht.

Der Schmerz enthält bekanntlich ein entehrendes Element. Der moderne Mensch, meine Freunde, ist, sobald er den Schmerz als Demütigung seines Ichs und als Rebellion der Materie wider den Geist empfindet, ein wunderliches Wesen. Nichts begreift er schwerer, als daß seine Geschichte endlich ist, weil sie von Anfang an auf ein unerbittliches Finale zustürzt. Vielleicht war es der Witwe Müller-Eschenbach auch nur bestimmt, auf dem Ball der einsamen Herzen als Mauerblümchen ohne einen Hauch von Gegenliebe zu verblühen.

Fünfzehnte Abendandacht

Wir verköstigten einen renommierten Straight Bourbon Namens Virginia Gentleman aus Fredericksburg im Spotsylvania County und wollten von Ansgar Bange wissen, was das eigentlich sei: ein Theaterarzt – und ob er uns nicht eine saftig blamable Geschichte erzählen könne, eine knallige Groteske, die sich hinter den Kulissen abgespielt habe, oder ob es in diesem Gewerbe nur um die üblichen Ohnmachtsanfälle und unnötige Untersuchungen an Mädeln vom Ballett gehe. Insgesamt sei das doch eine tolle Sache: Theaterluft statt Klinikmief.

Ansgar winkte ab und meinte, das bloß Anekdotische habe nichts Unterrichtendes. Zu viele Legenden rankten sich um den Begriff Theaterarzt. In jedem Falle müsse er sich, der übrigens meist nur mit zwei Freikarten belohnt werde, allerdings seinen angestammten Platz habe, vorher erkundigen, welche Notfallausrüstung vor Ort vorhanden sei und was er im Zweifelsfall selbst mitzubringen habe. Nicht jeder sei der Anforderung gewachsen, sich einer Situation auszusetzen, in der er möglicherweise letztlich gar nichts mehr tun könne. Außerdem müsse man bei der Ärztekammer und beim Deutschen Bühnenverein seine Bereitschaft bekunden, für eventuelle medizinische Notfälle zur Verfügung zu stehen. Sein Aufgabenfeld sei ziemlich breit und changiere zwischen Notarzt und Betriebspsychologe, gewissermaßen zwischen Placebo und Domingo. Denn was könne nicht alles vorkommen, wenn Menschen allerlei Art und Geschlechts vor, auf und hinter der Bühne aufeinander träfen? Ärzte aller Fachrichtungen könnten Theaterarzt sein, vorausgesetzt, sie seien gut ausgebildete Notfallmediziner. Im Klischee heiße das: Der Laryngologe wird der Primadonna gerne noch einmal tief in den Hals schauen, der Ophtalmologe einer Blauäugigen beflissen helfen, das Opernglas zu justieren, der Orthopäde fachkundig die verkrampfte Wade der Primaballerina behandeln, der Chirurg die Garderobiere versorgen, die sich beim Solo des Tenors vor Begeisterung die Stricknadel in die Brust gerammt hat. Sehr gefragt, liebe Freunde, ist der Psychiater. Man denke nur an Premierenkoller, Verkleidungszwang oder einfaches Lampenfieber. Ganz zu schweigen von den viel zu eng geschnürten Damen im Ersten Rang, denen der Kardiologe mit Vergnügen das Mieder aufsäbeln wird. Und nicht zu vergessen der Gynäkologe, wenn es zu einer Hausgeburt kommt und er, trotz Steißlage, zuerst einen kleinen Papageno, dann wieder eine kleine Papagena auf die Welt befördert. Natürlich gebe es auch ernste Fälle: ein verschlucktes Hustenbonbon, ein Apoplex, der Suizidversuch einer verführten Schauspielelevin, der Sturz der Rampensau in den Orchestergraben, der Amoklauf eines Regisseurs. Die Vielfalt der Theaterleiden kenne keine Grenzen.

Keine Witze? wollte die Runde wissen.

Ach, sagte Ansgar müde, ihr kennt doch alle die olle Kamelle vom berühmten Sänger, der in der Pause den Theaterarzt ruft und ihn fragt: Sagen Sie mal, Herr Doktor, wie kommt's, daß ich immer dann einen Hexenschuss habe, wenn ich in einem Stück auftrete, in dem Hexen vorkommen? Macbeth, Hänsel und Gretel ... Was kann ich dagegen tun? Der Kollege antwortet in ruhigem Ton: Wärme tut da sehr gut, am besten wäre also eine Hexenverbrennung.

Im Ernst: Was an unseren Universitäten fehlt und was auch die Ärztekammer bisher nicht kapiert hat, ist ein eigener Studiengang namens ›Theaterheilkunde‹. Dabei gibt es ein herrliches Grundlagenwerk, das bestens für die Ausbildung zum entsprechenden Facharzt geeignet wäre und bisher als letztgültig einzustufen ist. Deshalb möchte ich es auch euch, meine interessierten Freunde, wärmstens ans Herz legen. Es stammt von einem Schweizer namens Dölf Steinmann und heißt schlicht: »Der Theaterarzt«. Er weist, durchaus heiter anekdotisch angereichert, beispielsweise unter Berufung auf Kant und Schillers Traktat »Was kann eine gute stehende Schaubühne eigentlich wirken?« nach, welche enormen therapeutischen Effekte mit einem Theaterbesuch verbunden sind. Plötzlich leuchtet einem dank Steinmann auch ein, warum bei den alten Griechen neben dem Theater häufig auch ein Asklepios-Heiligtum zu finden ist. Bestes Beispiel: Epidauros. Überdies können wir aus der gescheiten Schweizer Schrift lernen, daß der enigmatische Fünf-Tage-Rhythmus einer Heilung mit den fünf Akten des klassischen Dramas in Verbindung steht. Das geht hinein bis in verblüffende terminologische Interferenzen: Krise, Retardation, Klimax, Peripetie, Katharsis. Schlagt also nach bei Steinmann. Bei dem steht was drin!

Aber ich will eigentlich eine ganz andere Geschichte erzählen: Sie hat zwar nichts unmittelbar mit dem Theater zu tun, doch auch dabei geht es um eine Inszenierung, und sie beginnt mit einem erschütternden Aufschrei: Siebentausend Euro! Das sind vierzehntausend D-Mark! Clara Weber (Name geändert: ärztliche Schweigepflicht!) rechnete immer noch nach alter Art. Sie war nahezu aufgelöst, als sie diese Summe mehrfach schluchzend wiederholte. Einige angegraute Haarsträhnen hingen ihr ins Gesicht, und sie wirkte wenn nicht gestört, so doch verstört, nahezu psychotisch. Das sind weit mehr als … Weiter kam sie nicht. Und das alles für nichts. Wenn ich es doch wenigstens verstehen könnte, aber ich verstehe das einfach nicht.

Ich versuchte, die Frau zu beruhigen, und sah auf meine Schreibtischuhr. Clara war eigentlich gar nicht meine Patientin, sondern ich war der Hausarzt ihres Vaters. Dieser hatte die beklagte Summe ausgegeben, und seine Tochter war den Tränen nahe. Mit ruhiger ärztlicher Stimme bat ich das späte Mädchen, mir die ganze Geschichte zu erzählen.

Clara Weber lebte allein und arbeitete als Diplom-Bibliothekarin in der Handschriftenabteilung der Staatsbibliothek. Sie war spezialisiert auf schwer lesbare Autographen, denn sie hatte nicht nur die entsprechenden

Fachkenntnisse, sondern war auch überaus geduldig, um nicht zu sagen duldsam. Die meisten Mitarbeiter hielten sie für eine graue Maus. Sie hatte alle Eigenschaften, die ein überständiges Mädchen auszeichnen, das, wie getuschelt wurde, keinen abbekommen hatte, weil ihrem Vater, dem Professor, keiner gut genug gewesen sei.

Dieser Vater hatte sie streng erzogen, sie hatte von Kindesbeinen an Gehorsam, Disziplin und Hingabe trainiert. Und sie war es gewohnt, das Wort ihres ›Padre padrone‹ zu achten. Clara Weber bewohnte ein nobles, mit etlichen antiken Kostbarkeiten und seltenen Büchern geschmücktes Appartement in der Maxvorstadt, ging kaum aus, liebte ihre Arbeit und galt als überaus gewissenhaft. Im Sommer trug sie hochgeschlossene Blusen und helle Söckchen zu flachen Schuhen und wadenlangen Röcken, bei Betriebsausflügen und Weihnachtsfeiern fehlte sie regelmäßig. Begründung: Es sei ihr zu laut. Clara liebte die Stille.

Nach dem frühen Tod der Mutter, die auf der Straße überfahren worden war, hatte sie lange Jahre dem Vater, einem namhaften Altphilologen, den Haushalt geführt, bis der alte Herr eines Tages beschlossen hatte, seiner einzigen und von ihm auf seine komplizierte Art geliebten Tochter ein kleines Appartement in der Nähe ihres Arbeitsplatzes zu kaufen. Er nannte es ihre Luxus-Kemenate. Seither hauste der Professor allein, unterstützt von einer Zugehfrau, die das kleine Siedlungshäuschen im Münchner Süden dreimal die Woche in Ordnung hielt.

Nach seiner Emeritierung hatte sich der Gelehrte vollständig aus dem öffentlichen Leben zurückgezogen und sich hinter seinen Büchern verschanzt, um sich seinen Lebenstraum zu erfüllen: eine ausführlich annotierte Neuübersetzung von Senecas Abhandlung »Vom glückseligen Leben«, denn die bisherigen Übertragungen schienen ihm derart mangelhaft und sinnentstellend, daß er sich diese große Aufgabe fürs Alter vorgenommen hatte. Angeblich hatte ihm das Universitätsleben dafür keine Zeit gelassen. Außerdem bleibe er mit dieser Arbeit geistig wach und verblöde nicht vorzeitig. Nur noch die Wissenschaft interessiere ihn, alles andere sei ihm mehr oder weniger gleichgültig geworden. Zu seiner Tochter hielt er freundlichen Kontakt, sie telefonierten wenigstens dreimal die Woche miteinander. Es gab zwischen ihnen schon lange keine Konflikte mehr, denn die großen Schlachten waren geschlagen und für kleinere Scharmützel kannten sich beide zu gut.

Der Professor war stolz auf seine Clara, denn sie hatte freudig den Beruf ergriffen, den er für sie ausgesucht hatte. Außerdem profitierte er bei seiner wissenschaftlichen Arbeit von seinen guten Verbindungen zur Staatsbibliothek. Oft genug brachte ihm Clara die Bücher vorbei, die er bei ihr bestellt hatte. Dann tranken sie beide Kaffee, aßen Schwarzwälder Kirschtorte, die der alte Herr liebte, hielten Schwätzchen oder verabredeten sich sonntags zum Essen in einem noblen Restaurant. Die Rechnung beglich selbstverständlich immer der Professor. Er war stets großzügig gewesen, besonders wenn es um Claras Ausbildung und Wohlbefinden gegangen war. Und er legte, auch was Claras Kleidung betraf, größten Wert auf Stil und Qualität.

Alles Billige ist mir zu teuer, war eine seiner Redensarten.

Deshalb riet er seiner Tochter in letzter Zeit mehrfach insistierend zu, endlich die Studienreise nach Rom anzutreten, die sie sich schon lange gewünscht, aber mit Rücksicht auf den zuletzt doch deutlich alternden, in Alltagsdingen etwas unbeholfen werdenden Vater immer wieder verschoben hatte. Schließlich hatte der Professor Clara so weit, den diskreten Umschlag zu akzeptieren, der reichlich Banknoten für den Urlaub sowie ein Flugticket 1. Klasse enthielt.

Und nimm ein anständiges Hotel, am besten das Hassler neben der Spanischen Treppe. Anschrift: Trinità dei Monti. Ein Palazzo mit Blick auf den Petersdom. Auch Audrey Hepburn ist dort abgestiegen und hat mit wadenlangem Rock, hochgeschlossenem Blüschen und weißen Söckchen in flachen Schuhen antiken Boden betreten … *Ein Herz und eine Krone.* Du erinnerst dich?

Aber das kostet doch ein Vermögen, von meinem Gehalt kann ich mir das nicht leisten, wandte die Tochter verlegen lächelnd ein.

Mach dir deshalb keine Sorgen, Kind, ich habe natürlich daran gedacht. Das Zimmer habe ich längst für dich reserviert, und die Rechnung ist bereits beglichen. Erhol dich einmal richtig und genieße Rom. Du hast es verdient. Außerdem hast du noch genügend Resturlaub gutgeschrieben. Carpe diem!

Zwar fühlte sich Clara im ersten Augenblick ein wenig bevormundet, doch dann fiel sie dem gütigen Vater um den Hals und gab ihm einen dicken Kuß.

Und was machst du in der Zeit, während ich nicht da bin?

Clara war stets ein wenig in Sorge um den alten Herrn.

Ich komme schon zurecht. Vielleicht sollte ich wieder etwas unter die Leute gehen, oder ein paar alte Kollegen einladen, die ich eine Ewigkeit nicht mehr gesehen habe. Ich weiß es noch nicht so genau. Mach dir keine Sorgen, mir wird schon etwas einfallen.

Der Professor brachte seine Tochter mit dem Taxi zum Flughafen. Von der Eile, zu der ihr Vater trieb, war sie ein wenig überrascht. Als Clara bereits vor der Sicherheitskontrolle stand, rief er ihr noch nach, sie solle den alten Seneca von ihm grüßen.

Clara lachte zurück und winkte verlegen. Es war ihre erste große Reise seit Jahren.

Der Professor fuhr direkt wieder nach Hause, verrammelte sämtliche Türen und suchte in den Gelben Seiten die Telefonnummer eines weithin bekannten Partyservices. Er ließ sich ein komplettes Menü für sieben Personen zusammenstellen: er plane ein Treffen mit alten Kollegen. Lauter pensionierte Professoren. Die glorreichen Sieben! Sie verstehen, was ich meine. Deshalb bitte nur vom Allerfeinsten. Der Preis spielt keine Rolle.

Clara meldete sich täglich aus Rom, schwärmte wie ein

Backfisch und war rundum begeistert. Nebenbei wollte sie wissen, was ihr alter Herr so treibe und ob alles in Ordnung sei.

Ich werde mir ein paar ehemalige Kollegen einladen, sagte er beruhigend und klang sehr zufrieden. Der Zugehfrau habe ich Urlaub gegeben.

Am Nachmittag vor Claras Rückkehr rollte der Service mit einem Lieferwagen an. Die Angestellten deckten die große Tafel im Wohnzimmer ein, stellten den Champagner im Kühlschrank kalt, trugen die Speisen auf und zogen sich mit einem dicken Trinkgeld diskret zurück. Besteck und Geschirr wollten sie am nächsten Tag wieder abholen. Der Professor könne alles so liegen und stehen lassen, er brauche weder aufzuräumen noch abzuspülen, das sei alles im ›Service‹ inbegriffen. Der Professor verabscheute dieses Wort.

Wegen eines Streiks bei Alitalia kam Clara nicht erst wie geplant am Abend, sondern bereits am frühen Nachmittag mit einer anderen Maschine zurück und fuhr vom Flughafen direkt zu ihrem Vater, denn sie hatte sich Gedanken gemacht wegen der seltsamen Idee des Professors, alte Kollegen wiederzusehen. Hatte er nicht stets über diese nur geschimpft und sie schlecht gemacht? Er war schließlich heillos zerstritten mit der ganzen Fakultät in Pension gegangen. Und plötzlich wollte er sie einladen? Wurde er jetzt sonderlich oder strebte er nach einer umfassenden Versöhnung?

Schon auf der Straße hörte Clara das Radio plärren. Irgendetwas stimmte hier nicht. Sie mußte mehrmals läuten, bis ihr der Vater öffnete. Er sah derangiert aus und schwankte. Das Hemd quoll aus der Hose, die Krawatte hing irgendwo. Außerdem roch er stark nach Alkohol. Er war ganz offensichtlich betrunken.

Buon giorno, Principessa, lallte der Professor und schien bester Stimmung.

Was um himmelswillen ist denn hier los?

Clara setzte ihr Gepäck ab. Sie war erschrocken, ja, sie war vom Anblick des sonst so überaus korrekt gekleideten Vaters regelrecht entsetzt. Sie hatte ihn noch nie im Leben angeheitert erlebt, geschweige denn betrunken.

Ich habe die ganze Nacht durchgefeiert, und wir haben uns fabelhaft unterhalten. Wunderbar, diese alten Zeiten, als ich einst Prinz war in Arkadien. Der Vater hatte beträchtliche Mühe, seine Worte zu artikulieren.

Der Geruch nach verdorbenem Fisch drang bis in den Flur. Clara drehte das Radio ab, schulterte, so gut sie konnte, ihren alten Vater und schleppte ihn wie einen schweren Sack ins Schlafzimmer, wo sie ihn aufs Bett legte, ihm die Krawatte löste und die Schuhe auszog. Der alte Mann kicherte unentwegt und machte schließlich in die Hose. Dann schlief er sofort ein.

Clara stolperte über einige leere Champagnerflaschen ins Wohnzimmer. Die Tafel war festlich für sieben Personen gedeckt, die Kerzen waren heruntergebrannt, das Essen schien unberührt. Hummer, Krabbensalat und Meeresfrüchte verbreiteten einen abscheulichen Geruch.

Sie mußte sich setzen.

Nachdem sie sämtliche Abfälle voller Ekel in mehrere

große Plastiktüten verfrachtet und in die Mülltonne vor dem Haus gekippt hatte, riß sie alle Fenster auf. Es stank immer noch erbärmlich, und sie glaubte, sie werde diesen Geruch nie mehr los.

Dann ging sie ins Schlafzimmer, um nach ihrem Vater zu sehen. Er saß im Bett und bestaunte blöde lächelnd seine nasse Hose.

Was war hier los?

Clara schrie ihren Vater an, wie sie es noch nie gewagt hatte. Er hob seine Augen und meinte, verwundert über diesen Temperamentsausbruch, mit verwaschener Sprache: Ach Kind, beruhige dich doch, wir haben nur ein wenig die alten Zeiten hochleben lassen.

Wer ist wir? rief Clara heftig erregt.

Nun ja, sagte der Vater mit schwerer Zunge, meine lieben alten Kollegen.

Welche lieben alten Kollegen? äffte die hochgradig erregte Tochter ihn nach.

Tja, also da waren Müller-Escherich, Horst Morland, Fritz von Grahn und Dekan Buchberger.

Das sind aber erst vier. Gedeckt ist für sieben. Hattest du Damenbesuch?

Keine Damen, winkte der Professor mit erhobenem Zeigefinger ab. Die anderen Namen habe ich vergessen, grinste er und nestelte verlegen an seiner Hose. Ich weiß nur noch, daß Lewandowski absagen mußte. Dekan Buchberger behauptete, er habe Hodenkrebs. Aber wer glaubt schon diesem alten Aufschneider Buchberger. Eine Schande ist dieser Mann für die gesamte Innung. Er hätte nie Dekan werden dürfen. Und Heinzelmeier, hieß es, sei verreist. Der fehlte schon früher regelmäßig, wenn Fakultätssitzung war. Immer auf Reisen. Angeblich.

Das kann nicht sein, rief Clara Weber, und ihre Stimme überschlug sich hysterisch: Müller-Escherich ist vor gut zehn Jahren gestorben, Horst Morland hat Alzheimer und verdämmert im Sankt-Anna-Stift, Fritz von Grahn lebt seit langem bei seiner Tochter in Australien, und Dekan Buchberger wurde erst vor zwei Monaten zu Grabe getragen. Du selbst hast die Einladung zum Begräbnis wutentbrannt zerrissen. Einen Kollegen Heinzelmeier hast du nie erwähnt. Vermutlich hat es ihn nie gegeben! Warum lügst du mich so schamlos an? Womit habe ich das verdient?

Der alte Herr verstand nicht, weswegen sich sein Mädchen so aufregte. Er hatte sie doch alle köstlich bewirtet. Sie waren dagewesen, definitiv, er hatte mit ihnen gesprochen, diskutiert, debattiert, gelacht, tüchtig gebechert und bei Champagner die alten Zwistigkeiten endgültig begraben. Dekan Buchberger hatte einen Toast in korrektem Altgriechisch ausgebracht, Fritz von Grahn seitenweise aus dem Petronius zitiert, Horst Morland wie ein Pennäler den Minister parodiert und Müller-Escherich zu aller quietschendem Vergnügen alte Protokolle aus den Fakultätssitzungen verlesen. In den frühen Morgenstunden hatten sie sogar getanzt wie Zirkusbären.

Der Professor sank zurück in sein Bett, legte sich auf die Seite und spürte, daß er weinte.

Der Partyservice kam pünktlich zum vereinbarten

Zeitpunkt und packte alles wieder zusammen. Besteck und Geschirr waren unbenutzt.

Den Hummer habe ich in den Müll befördert und sämtliche stinkenden Meeresfrüchte dazu, sagte Clara und zog dabei ein Gesicht wie eine indignierte Pfarrhaushälterin.

Es dauerte nicht lange, und das Wohnzimmer war wieder so, als habe es nie ein Dinner für die glorreichen Sieben gegeben. Nur der scheußliche Geruch hing noch immer in der Luft.

Beim Hinausgehen drückte ihr einer der blütenweiß gekleideten Servicemänner einen Umschlag in die Hand.

Die Rechnung, wenn Sie erlauben, gnädige Frau, sagte er mit vollendeter Höflichkeit, aber es eilt nicht. Er verbeugte sich kurz und stieg in den Lieferwagen.

Clara ging zurück ins Wohnzimmer, fiel in den großen Ohrensessel und merkte, daß sie heftig transpirierte. Dann riß sie mit einer einzigen energischen Bewegung das Couvert auf.

Siebentausend Euro! Das sind vierzehntausend Mark.

Anderentags bat sie mich, den Arzt, um einen Termin. Es gehe um ihren Vater, den Professor. Die Sache sei wirklich d r i n g e n d!

Siebentausend Euro! Das sind vierzehntausend D-Mark, rief sie. Fräulein Weber war schier aufgelöst, als sie bei mir erschien und diese Summe mehrfach schluchzend wiederholte. Einige angegraute Haarsträhnen hingen ihr ins Gesicht, und sie wirkte psychotisch. Das sind weit mehr als … Weiter kam sie nicht, sondern wiederholte nahezu echolalisch: Wenn ich es doch wenigstens verstehen könnte, aber ich verstehe es einfach nicht.

Zehnter Bericht des korrespondierenden Mitglieds

Liebe Freunde!

Was Tosca von Kain angeht, so habe ich ihr, wenn auch nicht ganz uneigennützig, so doch immerhin aufrichtigen Herzens, ein würdiges Ende gegönnt, das so sanft war wie das Fallen von Blättern an einem verrilkten Nachmittag im Herbst.

Nicht ohne Wehmut mußte ich an eine Grabinschrift denken, die ich einst als Kind irgendwo auf einem Friedhof in den Tiroler Bergen gelesen hatte:

Und jedes fällt, wie's Gott gefällt ...

Der Gott war diesmal ich. Und indes Toscas Auge brach und während sich nach und nach eine touristisch gaffende Menschenmenge um sie gebildet hatte, überall das gleiche Big Apple T-Shirt über platt gequetschten Bierbäuchen, habe ich mich, ihr elegant gekleideter Kavalier der alten Schule, stolz wie ein Leutnant von der Garde erhoben. Keinem der Gaffer dürfte aufgefallen sein, wie ich heimlich Toscas goldene Kreditkarte an mich genommen habe.

Warum? Nun, man muß zu jedem Anlaß entsprechend gut gekleidet sein: dunkelgrauer Flanell-Doppelreiher mit diskretem Kreidestreif, knallharter ›Horse Guard‹-Krawattensitz, federleichter, auf den Augenbrauen balancierter Filz von James Lock, Gehstock aus Ebenholz mit Silberknauf. Ich bedauerte in diesem Augenblick der Erlösungstragik, keine Gamaschen zu tragen, straffte mich energisch, um meine Haltung wieder zu finden, wischte den Straßenstaub von den Knien meiner teuren Hose und tauchte unerkannt, eine Melodie vor mich hinpfeifend, im Meer der Fifth Avenue unter. Die Melodie hieß »The Last Rose of Summer«. Es handelt sich dabei um eine irische Volksweise, deren Aufnahme mit James Galway ich bei einer gewissen Stimmungsinkontinenz besonders schätze.

Ich spürte jenes taumelnde Leichtwerden, das zum Geldausgeben gehört. Die Krediktkarte sagte mir: Nein, du bist kein alter Mann, du bist nur eingeschlafen. Gut gelaunt machte ich ein paar Einkäufe und beschenkte mich anläßlich meines hohen Geburtstages bei Barneys in der Madison Avenue mit gelben Seidenhosenträgern und einer hübschen Butterfly-Fliege mit Paisley-Muster.

Glaubt nun bitte nicht, liebe Freunde, es handle sich hier um sinnlose Verschwendung oder um einen psychisch bedingten Kompensationskaufrausch. Mein Handeln war wohldurchdacht, denn ich folgte den Maximen von Thorstein Bunde Veblen, einem in Wisconsin geborenen Sohn norwegischer Einwanderer und späteren Wirtschaftswissenschaftler. Er hat in seiner Schrift »Die Theorie der feinen Leute« schon 1899 nachgewiesen, daß nur Verschwendung jenes Prestige ermögliche, das der Mensch brauche, um erfolgreich zu sein. Anerkennung wiederum habe der Mensch nötig, um im Leben voranzukommen. Deshalb auch stelle man zur Schau, was man in Wirklichkeit durchaus entbehren könne. Dennoch werde gekauft, was teuer sei und gerade dadurch noch teurer werde. Gute Manieren und hohe Bildung, beides Werte, die meine Wenigkeit verkörpert, nennt Veblen *demonstrative Verschwendung*, weil deren Erwerb viel Zeit und Geld koste und schließlich keinen realen Nutzen bringe.

Doch in diesem Punkt, meine Freunde, bin ich anderer Meinung, denn mir haben sie allerdings Nutzen gebracht: freilich zu einem gewissen Preis.

Nachdem ich das Algonquin endlich zugunsten des Mercer hatte verlassen können, malte ich mir in den schönsten Träumen aus, wie ich mich um Toscas Funeralien sowie um die Einäscherung kümmern würde. Das würde zwar weitere – hoffentlich letztmalige – Investitionen nach sich ziehen, aber das Lächeln beginnt bekanntlich immer erst dann, wenn die Mühen vorbei sind. Außerdem hatte ich Toscas goldene Kreditkarte. Der cimeterische Pomp sollte einer verwitweten Müller-Eschenbach angemessen sein, wobei ich mir wenigstens in dem einen Punkt sicher war, dabei vom weithin als sensibel bekannten amerikanischen Sinn für guten Geschmack unterstützt zu werden: Das ist kein Rosa, Sir, das ist kalifornische Koralle! Auf dem Programm stünden eine schneeige Blütenfülle von weißen Lilien sowie präraffaelitisch geschwungene Kerzenständer, die eine fatale Ähnlichkeit mit Toscas stämmigen, meist blickdicht verhüllten Beinen aufweisen würden. Auf der Kranzschleife sollte ein Zitat aus dem Krull stehen: *Wer die Welt recht liebt, der bildet sich ihr gefällig. In stillem Gedenken: Der Pandur.* Ich bin nämlich von Haus aus konservativ und habe wohltuend überlieferten Formen stets eine freie Anhänglichkeit gegenüber den Anmaßungen eines platten Fortschrittes bewahrt. Mein ganzes Bestreben trachtete danach, den Aufbahrungsort der sterblichen Überreste der Witwe Müller-Eschenbach, selbige gesalbt mit dem Schmalz der Erbauung, in einen üppigen Blumenladen zu verwandeln. Eine Tonbandaufnahme von »Nearer My God to Thee« sollte den würdigen Rahmen unterstreichen. Den Priester wünschte ich mir in einem bodenlang niederwallenden schwarzen Talar – ›Domino eines makabren Himmelskarnevals‹ – und einer Halskrause, deren Anblick offenließ, ob es sich dabei um einen Scharfrichter oder um einen Jahrmarktsquacksalber handelte.

Später am Abend gab ich den Gedanken an die Begräbnisfeierlichkeiten wieder auf, denn ich verfing mich bei einem Verdauungsspaziergang im Netz der Blicke einer kaffeebraunen Prostituierten, die mit kindlich anmutender Schamlosigkeit alles präsentierte, womit sie von den karibischen Göttern so opulent ausgestattet worden war. Ich begann zu zappeln wie eine gefangene Forelle. Die exotische Schönheit musterte mich kurz und zeigte mir schließlich einen sehr schlanken, sehr langen, sehr braunen und sehr schlimmen Finger.

Die Erklärung für diese beeindruckend eindeutige und von mir auch sogleich akzeptierte Geste ist simpel: Das vermutlich nicht mehr als sechzehn Jahre zählende Kind von einem fernen Gestade hatte mich gnadenlos durchschaut und als europäisch verkommenen Erben von der traurigen Gestalt enttarnt: zu geizig, um die Willfährigkeit ihres Körpers angemessen zu bezahlen, zu mickrig, um ein guter Lude zu sein. *And the Band played on …*

Sechzehnte Abendandacht

Was für eine verrückte Welt! rief unser Anglist, als er eine Flasche Balmenach öffnete, einen recht eigensinnigen Schottischen Single Malt (Speyside). Ascot von Daalen stellte zur Verwunderung Klemms seinen linken Fuß in die Speichen von Otto Dietrichs Rollstuhl und sagte: Heute hatten wir in München unerträgliche Temperaturen, weswegen sich mein Freund Sebastian sogleich in die Teddy-Klinik begeben hat. Also beschloß ich, mit Chandra bei den Wittelsbachern vorzufahren. Wir setzten uns auf die Steinbänke an der Residenz just nebst dem Eingang zur ›Bayerischen Akademie der schönen Günstlinge‹.

Seit Gottfried Benns Rede über »Altern als Problem für Künstler« ist dort vermutlich nichts mehr gesagt worden, das bedeutender wäre für uns. Und das war am 8. März 1954 im Prinz Carl-Palais, als Benn mit seiner leidenschaftslosen Medizinerstimme fragte: *Soll man aus sich eine alte Gazelle machen, wenn man ein junger Schakal war?*

Da wir alle wußten, daß Ascot Mitglied dieser hochwohllöblichen Einrichtung war, ermutigten wir ihn, sich an den Präsidenten zu wenden und einen Vortrag anzubieten.

Und worüber?

Warum nicht über Gazellen und Schakale?

Ascot lächelte versonnen.

Es ist der Ehrgeiz jedes Wissenschaftlers, sagte er, eines Tages eine Entdeckung zu machen, bei der die Fachwelt aufhorcht. Das ist wie die Erstbesteigung eines Berges. Aber wo gibt es das heute noch? Wie ihr wisst, habe ich mich in den letzten Dezennien nahezu ausschließlich mit dem rätselhaften Verschwinden und Schweigen des Schriftstellers Jerome D. Salinger beschäftigt, der seit Mitte der 60er Jahre des letzten Jahrhunderts nichts mehr veröffentlicht hat und jedes Interview, zu welchem Honorar auch immer, verweigert. Einst war er der Kultautor einer ganzen Generation. Er hat sich auf rätselhafte Weise angeblich hinter dicke Mauern in New Hampshire zurückgezogen und schweigt so dröhnend, daß immer wieder freilich vergebliche Versuche unternommen wurden, das Enigma zu entschlüsseln. Gelegentlich sind Nachrichten zu lesen, in denen einer Bibliothek in Neuseeland oder einem Buchhändler in Timbuktu verboten wird, ein altes Foto zu veröffentlichen. Als Verehrer und Bewunderer seiner Romane und Erzählungen fühlte auch ich mich aufgerufen, meinen Beitrag zu leisten. Je älter ich werde, desto besser kann ich den Mann verstehen. Und je dreister der Schwachsinn in den Feuilletons wird, desto näher rückt mir die Entscheidung Salingers.

Meine letzte Auslandsreise in meiner aktiven Zeit galt dem Writer's Festival in Toronto. Es war eine der schönsten und für mich erfolgreichsten Tagungen, an denen ich teilnehmen durfte, und ich blicke mit großer Dankbarkeit darauf zurück. Die ebenso lebhaften wie sachkundigen Gespräche werden mir in bleibender Erinnerung sein, ganz zu schweigen von der adäquat noblen Unterbringung in feinster Hotellerie. Mir wurde die Ehre zuteil, nicht nur mit namhaften Geistesgrößen frühstücken, sprechen, diskutieren und trinken, sondern sogar einen Vortrag über »Das Schweigen der Dichter« halten zu dürfen, der Zustimmung und Anerkennung fand, besonders, was die Bewertung von Salingers konsequentem Rückzug betraf. Seinerzeit habe ich alle mir zur Verfügung stehenden Quellen gründlich ausgeschöpft, darunter auch die Aufzeichnungen von Joyce Maynard, die behauptet, als junges Mädchen eine intime Beziehung mit einem ›Dirty old Man‹ gehabt zu haben.

Nach der Konferenz blieben mir noch etliche freie Tage, als mich eine Einladung an die University of Waterloo erreichte. Sie gehört zu dem Städteverbund Kitchener, Waterloo und Cambridge in der Provinz Ontario. Weithin bekannt ist der allwöchentlich am Sonntag stattfindende ›German Market‹, auf dem ausschließlich deutsche Produkte angeboten werden: Käse, Wurst, Obstbrand, Kuckucksuhren, Bierkrüge und allerlei Krimskrams. Hergestellt werden diese Waren von deutschen Zuwanderern, die eine lange Geschichte haben, weswegen dort auch das größte Oktoberfest außerhalb Münchens sowie ein Christkindlmarkt zu finden sind. Bis 1916 hieß die Stadt Berlin, ehe sie nach dem General Kitchener umbenannt wurde. Die Gründung geht auf Mennoniten aus Pennsylvania zurück. Die Gastgeber baten mich, vor ihren Studenten noch einmal meinen Vortrag zu halten.

Abends zog ich mich in eine gemütliche Ecke der Hotelbar zurück und genehmigte mir eine zwanzig Jahre alte Flasche Cragganmore, bei der ich die vielfältigen Eindrücke dieser Reise nach Kanada noch einmal Revue passieren lassen wollte. Cragganmore ist nur etwas für einen ganz besonderen Anlaß. Cragganmore ist einer der wirklich wuchtigen Highland Malt-Whiskys, weit weniger bekannt, als man erwarten dürfte.

Ich hatte es mir ganz hinten im Halbdunkel der Bar bequem gemacht und beobachtete die Gäste. Als sich an einem Nebentischchen der legendäre alte kanadische Filmschauspieler Herman Slate, ein Sohn der Stadt, sowie ein nicht weniger namhafter amerikanischer Kritiker des »New Yorker« niederließen, zu dessen Abonnenten ich seit vielen Jahren zähle, wurde ich Zeuge eines Gespräches, das ich so schnell nicht vergessen werde.

Slate hofierte den Kritiker auf schamlose Weise. Die beiden Herren, die zusammen wenigstens hundertfünfzig Jahre zählten, ließen die Gläser klingen, nippten vornehm, ehe sie sich mit jovialen Gesten der Selbstgefälligkeit zurücklehnten.

Während ich die beiden aufmerksam beobachtete, hätte ich beinahe die vor mir stehende Flasche Cragganmore vergessen.

Nach etlichen Süßholzraspeleien rückte der Schauspieler damit heraus, warum er den Kritiker um ein vertrauliches Gespräch gebeten habe. Es sei da noch eine Art Rechnung offen, die er endlich zu begleichen und aus der Welt zu schaffen gedenke. Es handle sich um einen Verriss, den der Kritiker vor etlichen Jahren einem seiner Filme angetan habe. Damals habe diese entsetzliche Vernichtung im »New Yorker« nicht nur seinem Ruf erheblich geschadet, sondern ihm auch noch ein langwieriges Magenleiden beschert, so daß er eine Zeitlang überhaupt nicht mehr habe arbeiten können. Es seien keine Filmangebote mehr gekommen.

Der Kritiker wollte sich zuerst nicht recht erinnern, heuchelte schließlich Bedauern, beharrte aber auf seinen Argumenten, als habe er sie erst an diesem Nachmittag ausgeheckt, sprach von seiner Pflicht gegenüber dem Publikum: Bessere Filme – bessere Menschen! Die Sache mit dem Magengeschwür tue ihm leid. Das habe er nicht gewollt. Er wisse, wie das sei, auch er leide gelegentlich unter Sodbrennen, vor allem, wenn er lese, was seine ahnungslosen Kollegen so veröffentlichten.

Der Schauspieler nickte zustimmend. Schwamm drüber, lenkte er schließlich ein. Diese Angelegenheit sei lange her, sozusagen verjährt, abgehakt, gegessen, verdaut. Ihm liege freilich ausdrücklich daran, sie endgültig aus der Welt zu schaffen, zumal sie beide ja nun schon *einige Meilen auf dem Tacho* hätten: deshalb der Versöhnungsdrink!

Die Herren waren sich einig. Eine Weile schwiegen sie und sannen vermutlich ihrem Ruhm nach, als Slate unvermittelt sein Glas hob und sagte:

Trinken wir also auf uns – und auf den alten Salinger! Was ist eigentlich aus ihm geworden?

Ich wurde hellhörig und spitzte meine Ohren.

Salinger? Jerome D. Salinger? Der Kritiker war verwundert.

Es war immer mein Traum, sagte der Schauspieler, den Roman »Der Fänger im Roggen« zu verfilmen, aber Salinger hat die Rechte nicht herausgerückt. Er war ein seltsamer Bursche, tauchte eines Tages wie aus dem Nichts auf, schrieb wenige Erzählungen und wurde eine Kultfigur! Jeder Hinterwäldler hatte seine Bücher gelesen und redete daher wie Holden Caulfield. Dann wurde es plötzlich still um Salinger. Er verschwand. Zuerst aus den Feuilletons, schließlich aus dem Literaturbetrieb. Er war wie vom Erdboden verschluckt und wurde zu einer Mystifikation. Seit mehr als einem Vierteljahrhundert hat er nichts mehr veröffentlicht. Es heißt, er habe sich in ein Bauernhaus mit wenigstens zwei Meter hohen Mauern in Cornish, New Hampshire, zurückgezogen. Ein Nachbar will einem Reporter erzählt haben, man komme ins Haus nur durch einen zwanzig Meter langen Betontunnel, der von scharfen Hunden und einer Selbstschußanlage bewacht werde. Andere meinen, Salinger lebe auf einer Insel im Südpazifik. Einige behaupten, er sei nach Island gegangen und züchte dort auf dem Hof von Halldor Laxness Ponys. Salinger wurde flüchtig wie die Garbo. Niemand hat ihn je wieder zu Gesicht bekommen. Einzig einem Reporter gelang es einmal, ihn aus dem Auto heraus zu fotografieren. Das Ergebnis war das wutverzerrte Gesicht eines bösen alten Mannes. Hätte er ein Kopftuch getragen, so hätte man ihn glatt für eine Hexe halten können.

Ich habe keine Ahnung, was in dem Mann vorgegangen sein mag, sagte der Kritiker.

Aber ich, trumpfte der Schauspieler auf.

Ist nicht wahr!

Wenn ich's dir sage.

Wo also steckt er, dieser Kerl? Na los, Slate, laß dich nicht lange bitten.

Slate machte eine kunstvolle Pause. Dann schenkte er bedächtig nach und sagte mit gekonnter Lakonie: Hier. Im Hinterland von Waterloo.

Hier? Nicht möglich. Woher willst du das denn wissen?

Das verrate ich lieber nicht.

Ich behalte es bestimmt für mich, beteuerte der Kritiker. Du weißt doch, wie ich mit Vertraulichem umgehe.

Eben, sagte der Schauspieler.

Es würde mich wirklich brennend interessieren, wo Salinger abgeblieben ist, beharrte der Kritiker.

Warum eigentlich? Hast du ihn auch einmal deine Pranke spüren lassen?

Der Kritiker schwieg und trank und erinnerte sich vermutlich an jenen Artikel, mit dem er Salinger einst abgestraft hatte.

Wollten wir die Sache nicht endgültig auf sich beruhen lassen? fragte der Kritiker.

Also gut, sagte der Schauspieler. Ich verrate dir, was aus Salinger geworden ist:

Ist dir Malcolm Cavendish ein Begriff?

Nein.

Ein verdienter schottischer Literaturwissenschaftler vom King's College Aberdeen. Auf Einladung des PEN Clubs war er an die hiesige Universität gekommen. Nachdem er einige gut besuchte Gastvorlesungen über Graham Greene gehalten hatte, mietete er einen Wagen, um noch ein paar Urlaubstage dranzuhängen und ein wenig im Land herumzufahren. Er war zum ersten Mal in Kanada. Also stell dir vor, Cavendish ist unterwegs und fährt kreuzquer durch die weitläufige Gegend. Ab und zu eine Farm, sonst nichts. Ödes Weizenland. Wenn es klappt, will er an diesem Tag doch noch bis Toronto kommen, denn die Herumgondelei verdrießt ihn allmählich. Nichts als Getreidefelder, so weit das Auge reicht. So hat sich Cavendish Kanada nicht vorgestellt. Kinsella heißt das Nest, wo Jerome D. Salinger begraben liegen soll. Salinger tot? Eigenartig, daß er gar nichts darüber gelesen hatte. Jedenfalls hatte ihm der Pedell der hiesigen Universität nach seiner letzten Vorlesung – er wollte gerade in seinen Mantel schlüpfen – hinter vorgehaltener Hand diesen Floh ins Ohr gesetzt: Salinger, begraben in Kinsella!

Eigentlich kennt Cavendish den Pedell überhaupt nicht, aber er hat es sich nun einmal in den Kopf gesetzt, dieses Grab zu fotografieren, das Grab Salingers, des verschwundenen Schriftstellers. Er dachte sogar daran, den ›Fall Salinger‹ neu aufzurollen. Man müsste in einem längeren Essay über eine Neubewertung seiner Werke nachdenken. Salingers Stimme sollte wieder deutlicher hörbar werden in dieser dürftigen Zeit. Und er, Cavendish, könnte diese Renaissance einleiten.

Kinsella steht nicht auf der Karte. Es muß irgendwo zwischen diesen gottverlassenen Scheunen liegen, denkt Cavendish, irgendwo in dieser Gegend, die überall gleich langweilig aussieht; Cavendish sucht den Namen schon geraume Zeit auf den Wegweisern, aber damit ist es hier schlecht bestellt. Man findet nur Zahlen: N 23, W 76, E 88, S 17.

Der Schauspieler unterbrach seine Geschichte und orderte einen Frescobaldi. Schweigend tranken die Herren, schweigend lobten sie den Wein mit Kopfnicken und Augenrollen.

Also höre, mein Lieber: Offenbar hat sich Cavendish verfahren, erzählt der Schauspieler weiter. Hier auf einem leichten Hügel hört die Straße plötzlich auf, das konnte man von unten nicht erkennen, sie führt nur zu einigen Farmhäusern und nicht weiter. Vielleicht tut er besser daran, zu fragen, überlegt Cavendish.

Es ist Mittag, blendende, staubige Helle, Trockenheit und Licht, wie es Cavendish aus Sizilien kennt. Die Gebäude sehen verfallen aus, man hat sie anscheinend seit Jahrzehnten verkommen lassen. Totenstille. Nur der Wind weht übers Weizenland und krümmt die Ähren, irgendwo scheppert etwas Metallisches.

Cavendish klopft an eine Tür. Nichts rührt sich. Er versucht es noch einmal, lauter: vergeblich. Die Tür ist verschlossen. Er sieht sich um. Soll er es woanders versuchen? Er ruft: Hallo! in die heiße Stille. Hallo! Ist da jemand?

Lange rührt sich nichts, aber dann geht doch eine Tür auf, weiter vorn, auf der gegenüberliegenden Seite der Zufahrt, und eine hoch gewachsene, schwarz gekleidete Frau wird sichtbar. Sie tritt einen Augenblick lang halb heraus, sieht Cavendish an und verschwindet wieder. Hat sie ihm gewinkt? Er kann sich getäuscht haben. Gleichviel, Cavendish geht hinüber. Wieder erscheint die Frau. Sie ist alt, kichert ein wenig und hält sich dabei die Hand vor den Mund, als wolle sie verbergen, daß sie keine Zähne mehr hat. Das Kichern klingt nach einer Geisteskranken. Oder ist es Häme?

Ich habe mich verfahren, sagt Cavendish. Ich suche einen Ort namens Kinsella. Es muß hier in der Gegend sein. Wissen Sie, wo?

Sie sind Schotte, sagt die Frau.

Cavendish kann die Frau jetzt sehen, seine Augen gewöhnen sich an das Dunkel. Sie trägt ein Kopftuch, ihr runzliges Gesicht hat ausgesprochen männliche Züge, wie das oft der Fall ist bei alten, abgearbeiteten Frauen. Das Tuch ist schwarz wie die übrige Kleidung der Mennoniten in dieser Gegend.

Ja, Schotte. Haben Sie meinen Akzent erkannt?

Sie schweigt.

Kinsella? fragt Cavendish. Wie muß ich fahren?

Die Alte steht auf und verschwindet in einem Nebenraum. Er hört sie hantieren. Sie kommt mit einer Flasche und einem Glas wieder, stellt beides vor ihn hin und schenkt ein.

Trinken Sie, sagt die alte Frau. Ein Weizenwhisky aus

der Gegend. Hausgemacht. Als Schotte verstehen Sie doch etwas von Whisky.

Wissen Sie, wo Kinsella liegt?

Ja.

Ah, gut! Er trinkt und ist von der Qualität des Destillates überrascht. Vorzüglich! ruft er. Und wo liegt Kinsella?

Was wollen Sie in Kinsella? fragt die alte Frau.

Professor Cavendish gibt Auskunft: Ein Grab fotografieren. Das Grab eines verschwundenen Schriftstellers, der einmal sehr berühmt war und nun vergessen ist.

Er heißt Salinger, sagt die alte Frau.

Ja, erwidert Cavendish betroffen. Haben Sie ihn denn gekannt?

Die alte Frau antwortet nicht. Eine Weile ist es still im Zimmer. Eine Fliege summt.

Sie sind in Kinsella, Mister.

Sie sagt es mit einem seltsamen Klang in der Stimme, der vielleicht Stolz bedeutet.

Stell dir vor, mein Lieber, erzählte der Schauspieler dem Kritiker des »New Yorker«, wie die heiße Stille vom Weizenwind durch die geschlossenen Läden geblasen wird.

Cavendish leert sein Glas und sagt: Hier also ist es.

Die Alte kichert und hält sich die Hand vor den Mund. Es klingt wie das Meckern einer Ziege. Ein wenig irr.

Dann sagt sie: Willkommen in Kinsella. Sie sind angekommen. Was haben Sie zu erzählen?

Erzählen? Wovon? fragt Cavendish. Ich verstehe nicht.

Was erzählen Sie Ihren Studenten? fragt die Alte. Dann will sie noch wissen, ob er auch Kritiken schreibe.

Ich bin Literaturprofessor, kein Literaturkritiker, betont Cavendish mit akademischem Stolz. Aber es ist nun mal so: Ein Kritiker muß kritisieren, erläutert Cavendish. Er ist den Lesern verpflichtet. Bessere Bücher, bessere Menschen, wenn Sie wissen, was ich meine! Man hat keine Wahl. Ein Schriftsteller schreibt, ein Professor lehrt, ein Kritiker kritisiert.

Sie nickt: Kritiker oder Professor. Beide gehören sie zur selben Firma. Heute sind die meisten Kritiker zugleich Professoren und umgekehrt. Sie bezeichnen sich sogar selbst als Schriftsteller. Und Gott läßt es geschehen.

Gott?

Ja, Gott. Die Sache mit Gott ist so ein Hobby von mir.

Cavendish staunt. Daß Sie diesen Salinger … sagt er. Ob sie ihn lebend gekannt hat? So ein Zufall, sagt er. Die Welt ist klein.

Zufall? Jetzt, wo Sie da sind? sagt die alte Frau.

Ich? Wieso? sagt Cavendish. Auch das ist doch Zufall.

Das ist kein Zufall, Herr Professor. Ich habe auf Sie gewartet.

Gewartet? Cavendish gerät ins Schwitzen. Was will sie? Steigt ihm der Whisky zu Kopf, oder redet sie irr?

Wie meinen Sie das? fragt Cavendish und versucht, seiner Stimme einen beiläufigen Klang zu geben.

Die alte Frau antwortet nicht.

Cavendish spielt mit dem Glas auf dem Tisch und versucht etwas anderes: Haben Sie Salinger näher gekannt? fragt er.

Näher gekannt?

Die Alte kichert wieder mit der Hand vor dem Mund. Dann sagt sie: Er war mein Mann, obwohl wir nicht miteinander verheiratet waren, wenn Sie das meinen. Die Liebe hat zwei Schwestern: die Güte und die Geduld. Das war es, was er brauchte und was er sein Leben lang gesucht hat. Er kam nach Ontario, weil man ihn in Amerika nicht mehr wollte. Alle sind sie über ihn hergefallen. Zuerst haben sie ihn in den Himmel gelobt und dann, peng, wie eine Tontaube auf dem Höhepunkt abgeschossen. Damit nur ja alle wissen, daß allein sie, die Kritiker, die Mächtigen sind. Als er hier ankam, war er völlig am Ende. Ich habe ihn aufgenommen und gepflegt. Er hat sich nie mehr richtig erholt und traute sich nicht mehr, auch nur noch eine Zeile zu veröffentlichen, obwohl er all die Jahre weiterhin nur geschrieben hat. Meine Schränke sind voll von seinen Manuskripten. Die Kritiker haben ihn gebrochen. Sie haben ihn vernichtet. Die Kritiker und die Professoren. Er schrieb wunderbare Geschichten. Erinnern Sie sich? Nichts bedeutet mehr Schmerz, als sich im Unglück an Zeiten des Glücks zu erinnern.

Die Stimme der alten Frau klingt müde und verbittert.

Eine Weile ist es wieder still im Zimmer.

Ich habe ihn leider nicht persönlich gekannt, sagt Cavendish, aber seine Bücher habe ich gerne gelesen. Es ist lange her. Außerdem bin ich, wie gesagt, Literaturprofessor. Mit Literaturkritik habe ich nichts zu tun.

Das macht nichts. Professor oder Kritiker: wo sollte da ein Unterschied sein? Beide reden sie über etwas, wovon sie nichts verstehen. Kein Vogelkundler weiß, was ein Vogel fühlt, wenn er fliegt.

Die Alte schenkt noch einmal nach, wartet, bis Cavendish getrunken hat, füllt erneut nach.

Schmeckt der Whisky? Auch einem Mann aus Schottland?

Ausgezeichnet! sagt Cavendish überschwänglich und merkt, daß er ein wenig betrunken ist.

Es geht Ihnen also um Salinger? fragte die Alte mit heimtückisch sanfter Stimme.

Genau, sagt Cavendish und hat dabei das Gefühl, ein wenig zu lallen.

Die Alte öffnet eine Schublade und holt einen 45-er Colt heraus.

Der Professor kennt dieses Fabrikat aus zahllosen Western-Filmen.

Die Alte spannt den Hahn und richtet die Waffe auf den Schotten.

Dann sagt sie: Sie schauen soeben in die Mündung von Salingers letzter Geschichte.

Und jetzt folgen sie mir, fordert die Frau und treibt Cavendish vor sich her hinaus in die grelle Hitze, direkt zu seinem Mietwagen. Dann zerschießt sie die Reifen. Auch das Reserverad, das an der Hecktür des kleinen Jeeps angebracht ist.

Ich habe noch eine letzte Patrone, sagt die Alte. Wenn Sie nicht auf der Stelle verschwinden, gilt sie Ihnen.

Cavendish ist fassungslos. Er schwitzt am ganzen Körper, und er zittert. Das Licht ist unerträglich hell, und in seinem Kopf dreht sich alles.

Cavendish jammert: Das ist Mord! Haben Sie das bedacht? Man wird Sie verurteilen.

Er versucht es mit einer Drohung.

Nein, sagt die alte Frau. Es wird nie herauskommen. Ein leichtsinniger Fremder, der bei der größten Hitze im Land herumfährt und sich verirrt. Derlei ist schon öfter vorgekommen. Man wird es nicht untersuchen. Außerdem sind Sie nicht der erste, der nach Salinger forscht. Doch selbst wenn es herauskommt – ich bin alt. Mir macht es nichts mehr aus.

Ich bin unschuldig, beteuert Cavendish und ruft: Ich habe Salinger nichts getan.

Das ist mir egal, sagt die alte Frau sanft.

Was soll ich tun? Cavendish wundert sich, daß er sie das fragt.

Sie wollten doch das Grab fotografieren? sagt sie ganz ruhig. Gehen Sie los. Der Friedhof der Salinger-Forscher liegt ein wenig außerhalb. Sie müssen zu Fuß hin. Go west. Nicht zu verfehlen.

Dann geht sie zurück. Cavendish sieht ihr nach, wie sie zwischen den verfallenen Gebäuden kleiner wird und sich kein einziges Mal nach ihm umdreht.

Erst ganz am Schluß, die Alte scheint gerade in ihrem Haus zu verschwinden, bildet sich Cavendish ein zu sehen, wie sie langsam ihr Kopftuch abnimmt, wie in Zeitlupe den schwarzen Rock abstreift und sich, Cavendish glaubt, seinen Augen nicht zu trauen, als alter Mann entpuppt. Es kann aber auch sein, daß Professor Cavendish da schon nicht mehr ganz Herr seiner Sinne war.

Man fand ihn eine Woche später in einem Weizenfeld und stellte als Todesursache Herzversagen fest. Eine Obduktion ergab außerdem, daß er ziemlich viel Alkohol getrunken haben mußte. Sein Mietwagen allerdings war ordnungsgemäß in Kitchener zurückgegeben worden, und die wenigen Farmhäuser in der Umgebung waren alle seit Jahren unbewohnt.

Wir vom Antiquariat schwiegen.

Diese Geschichte, sagte Ascot von Daalen, kann ich unmöglich in der Akademie erzählen. Und dies aus einem einzigen Grund. Sie stammt nämlich gar nicht von mir, denn ich habe euch, liebe Freunde, einen Bären aufgebunden. Tatsächlich habe ich nämlich, um ihm ein Denkmal der Freundschaft zu setzen, eine Erzählung meines hoch geschätzten Romanistik-Kollegen Hermann Schiefer umerzählt. Verstoffwechselt, wie Bange sagen würde. Leider kann der Romanist nicht unter uns sein, denn der arme Kerl sitzt mit einem ›Prolaps disci‹ im Hotzenwald und katalogisiert seine abertausend Mitschnitte klassischer Musikaufnahmen. Um sie noch einmal hören zu können, benötigte er zwei Leben. Wenigstens zwei, wie er selbst betont.

Elfter Bericht des korrespondierenden Mitglieds

Liebe Freunde!

Nachdem ich respektvoll einige Anstandswochen der würdigen Trauer hatte verstreichen und bei einem Abendspaziergang Toscas Pistole mit dem Perlmuttgriff in den Fluten des Hudson River unauffällig hatte verschwinden lassen, begab ich mich zur Testamentseröffnung nach Zürich und nahm im Dolder Grand Hotel Quartier. Das ist das ideale Hotel für große alte Männer, und es wird berichtet, der bereits sterbenskranke Fellini habe sich gewünscht, noch einmal mit Giulietta Massina hier zu wohnen. Auch mich behandelte man dort mit dem allergrößten Respekt und sprach mich stets korrekt mit ›Herr Professor‹ an. Dennoch schlief ich miserabel. Es lag daran, daß mir träumte, ich wolle noch einmal heiraten. Und anderentags konnte ich mich nicht mehr erinnern, wen.

Erst die morgendliche Naßrasur vermochte meine Gedanken wieder zu ordnen. Im Kalender stand als Spruch des Tages: *Es wird in der Welt regiert, indem Komödie gespielt wird. In diesem Zeichen allein wird gesiegt. Drum kämpfe nie um etwas. Spiele dich – vor.* So trat ich, innerlich wieder ruhig und gefaßt, im schwarzen Anzug und mit feierlich kalter Miene, die zu meiner geschmackvollen silbergrauen Krawatte (diesmal ohne Motiv) paßte, bei dem Zürcher Notar, dem Tessiner Giambonini, der bei der Banca di Santo Spirito seine Lehrjahre absolviert hatte, die ›Universalerbschaft‹ der Tosca von Kain an, um – nach einem abschließenden vertraulichen, cognacgerundeten Schwätzchen über die Segnungen des Bankgeheimnisses – von nun an in einem beträchtlichen Vermögen zu schwimmen. Dabei hat mir der schlitzohrig-diskrete Eidgenosse, dessen Kanzleischreiber tatsächlich noch Ärmelschoner trug, schmunzelnd eröffnet, daß die Witwe Müller-Eschenbach nie eine von Kain gewesen sei:

Mein Freund, Ihre großherzige Gönnerin hatte einen unwiderstehlichen Drang zu jenem Höheren, das uns hinanzieht, wie schon unser Nationaldichter Gottfried Keller sagt! Wir wollen nicht nachprüfen, ob ihr ›von‹ am Ende nur erträumt war. Und wer kommt schon als Tosca auf die Welt?

Freilich interessiere das in der Schweiz keine alte Katz'! Hauptsache, das Geld sei echt. Wer mit Können und Niveau falsch spiele, der setze sich – nach eidgenössischem Verständnis – lediglich an die Stelle des Zufalls.

Es wird Sie beruhigen, Herr Professor, sagte Maître Giambonini, nachdem ich meine im Schweizer Recht so genannte allfällige Erbenqualität dokumentiert hatte, daß die Erblasserin ihr Vermögen in Schweizer Franken, nicht aber in Russischen Rubeln angelegt hat.

So beliebte man zu scherzen und eine gute Zigarre dazu zu rauchen, liebe Freunde! Es hatte Stil. Und ich hatte endlich das Universalerbe. Es war, mit einem Wort, monströs. Ich kann ohne Übertreibung sagen: Ich habe es mir, insbesondere nach diesem letzten Schock, redlich und sauer verdient. Mit anständiger Arbeit, die fast mein ganzes Leben lang währte, habe ich es zu nichts gebracht. Meine Einkünfte waren, trotz ihrer relativen Höhe, nie so groß, daß sie mir jenes Leben in Grand Hotels ermöglicht hätten, das ich mir immer erträumt habe. Mit Ehrlichkeit, Redlichkeit und Fleiß hatte ich das niemals geschafft. Wahrscheinlich zählen diese deshalb nur zu den Sekundärtugenden. Jetzt aber standen mir bis zum Rest meiner Tage, grob geschätzt, wöchentlich etwa fünftausend Schweizer Franken zur Verfügung.

Als ich mich höflich von Maître Giambonini verabschiedete, steckte er mir augenzwinkernd noch einen kleinen versiegelten Umschlag zu und riet mir, ihn erst bei einem guten Tropfen zu öffnen. Ich nahm den Umschlag an mich und schenkte ihm keine weitere Beachtung. Was konnte mir jetzt noch groß widerfahren? Ich war ein gemachter Mann!

Mein erster Gang führte mich zu Sprüngli, wo ich mir eine Riesenpackung Gefüllte Gottlieber Hüppen besorgte, die ich sofort verzehrte.

Das Wissen, gehenkt zu werden, steigert bekanntlich die Lebenslust, und *die moralische Entrüstung ist der Heiligenschein der Scheinheiligen*, heißt's bei Qualtinger. Zu klären bleibt die Frage, ob mein nahender Tod einen Hinderungsgrund für das Strafverfahren darstellt. Ich werde das mit Elmar Klemm besprechen, den ich mir als

Verteidiger wünsche. Bei einem sonst tadellos beleumundeten Ersttäter dürfte in meinem Falle das Strafmaß neun Monate mit Bewährung kaum überschreiten. Es sei denn, der Staatsanwalt wäre weiblich oder eine Frau führte den Vorsitz bei der Verhandlung. Dann müßte mein geschickter Verteidiger unbedingt einen Befangenheitsantrag einbringen. Und selbst wenn es eine kurzfristige Gefängnisstrafe geben sollte, so würde ich diese Zeit abreißen wie eine ausgedehnte Party. Im äußersten Notfall könnte ich aufgrund meines fortgeschrittenen Alters verminderte Schuld- und Zurechnungsfähigkeit geltend machen. ›Dementia senilis galoppensis‹. In Erwägung zu ziehen wäre auch die Diagnose ›Pseudologia phantastica‹, mit der in der Psychiatrie seit Delbrück der Drang zu krankhaftem Lügen und Übertreiben bezeichnet wird, wie uns Ansgar Bange weiland erklärt hat. Gründe dafür können ein pathologisch gesteigertes Bedürfnis nach Anerkennung, Geltungssucht oder Hysterie sein. Mit Hilfe eines umfassenden Geständnisses dürfte das nicht besonders schwer sein. Außerdem weiß keiner von uns, wie weit wir im See der Verwirrung schon hinausgeschwommen sind.

Und überhaupt: Was heißt hier schon Schwindel? *Das Alter macht erfinderisch im Täuschen und Betrügen* sagt der Dichter Günter Kunert. Ich war immerhin Professor für Philosophie. Bekanntlich sind fast alle deutschen Professoren Schwindler. Sie heucheln unentwegt jene Belesenheit, die sie in Wirklichkeit gar nicht haben, sie schwindeln mit ihren hochtrabenden Titeln und ihren verdrehten Theorien, sie bluffen mit dem unerträglichen

Vokabular ihrer sogenannten Wissenschaftlichkeit. Wie viele haben sich zum Beispiel vom überzeugten Nazi zum fundamentalistischen Demokraten emporgeschwindelt? Die Branche ist voll von solchen Schmierenkomödianten. Blicken wir denn nicht auf ein Jahrhundert des Schwindels zurück?

Keiner von uns, liebe Freunde, ist immer derjenige, der er gerne sein möchte, und oft genug versagen wir vor dem Anspruch des eigenen Selbstbildes. Dann wird eben geschwindelt. *Je klarsichtiger der Schwindel durchgeführt wird,* sagte weiland Meister Hilarius, als *desto legitimer stellt er sich heraus.* Und mit Casanova möchte man ergänzen: *Wenn du glücklich werden willst, musst du alle belügen.*

Ich bitte Euch! Heiratsschwindel. Eine ›Untat‹, die bestenfalls ins Reich der Operette passt. Ein Heiratsschwindler ›meines‹ Formats allerdings begeht in Wirklichkeit eine gute Tat, die einem aktiven Mitglied der Gesellschaft zur Rettung Schiffbrüchiger bestens zu Gesicht stünde, denn *das Leben der meisten Frauen ist,* wie Ortega sagt, *von Natur aus ein ewiger Schiffbruch.* Insofern wäre sogar durchaus so etwas wie eine ›Täterrente‹ in Erwägung zu ziehen.

Bei diesem überaus befriedigenden Gedanken, der mein Ego aufs angenehmste kitzelte, fiel mir der kleine versiegelte Umschlag ein, den mir Maître Giambonini bei meinem Abschied in Zürich in die Hand gedrückt hatte. Das Kuvert befand sich in der Brusttasche meines Jacketts. Ich brach das Siegel, holte ein schmales Brieflein hervor und begann es zu lesen. Sofort erkannte ich die Handschrift der Witwe Müller-Eschenbach, alias Tosca von Kain.

Für einen Augenblick glaubte ich, das Gewölbe des Himmels breche über mich herein und die Zeit stehe still. Der Epistel war zu entnehmen, daß mich Tosca durchschaut und alles ihrer Tochter berichtet hatte, die mich in jedem Falle vor Gericht zerren würde. Ich sage nur: Soraya!

Welche Abgründe taten sich da auf? Ich wähnte mich weit vom Schuß und stand doch direkt vor einem Pistolenlauf. Schon spielte ich mit dem Gedanken, das nächste Flugzeug nach Brunei zu besteigen, denn Brunei liefert nicht nach Deutschland aus.

Siebzehnte Abendandacht

Otto Dietrich war trotz des gediegenen Speyside Single Malt namens Dailuaine schier außer sich, als er, nervös in seinem Schaukelstuhl auf- und abwippend sagte: Zu den Affigkeiten Münchens hat sich eine neue Variante gesellt: das öffentliche Umarmen. Man kannte derlei aus der ›Bussi-Bussi-Gesellschaft‹, die das Ritual des Judaskusses seit Jahrzehnten praktiziert. Aber nun hat es Krethi und Plethi erfaßt. Wo immer sich Menschen begegnen, umarmen sie sich, als seien sie soeben einem Bombenangriff entkommen. Sie fallen übereinander her, herzen sich bis zur Würgerei, hängen aneinander wie kopulierende Nacktschnecken, was gelegentlich zu Störungen des öffentlichen Verkehres führt, wenn es ausgerechnet beim Ein- und Aussteigen aus der U-Bahn geschieht.

Daß es durchaus noch eine altmodische, gar innig zu nennende Art der Umarmung gibt, zeigte uns Ansgar Bange mit seiner Geschichte:

Weit oben in Schottland, erzählte der Theaterarzt, befindet sich an der rauhen Westküste ein kleiner Ort, dessen Name rückwärts gelesen dasselbe ergibt wie vorwärts: Glenelg. Das Städtchen ist wie zahlreiche andere in diesem Landstrich und wirkt auf den ersten Blick, als wolle man dort nicht einmal tot über einem Zaun liegen. Es wäre nicht weiter erwähnenswert, beherbergte es nicht ein Hospiz, in das die Sterbenden der näheren und weiteren Umgebung von ihren Angehörigen gebracht werden, wenn diese es zu Hause einfach nicht mehr schaffen, den Moribunden auf seinem letzten Weg zu begleiten.

Das Hospiz ist in den Mauern eines ehemaligen Landsitzes eines Lords untergebracht, der es der Hospizbewegung als Schenkung überlassen hat. Für ein Schottisches Schlösschen ist es erstaunlich hell und freundlich, umgeben von einem weitläufigen, sehr gepflegten Park mit bequemen Wegen, auf denen auch Rollstühle geschoben werden können, ohne gleich im Kies zu versinken.

Als ich dort meine Famulatur absolvierte, schloß ich einen Patienten besonders in mein Herz. Er war weit in den Achtzigern, der Krebs hatte ihn bis auf sein Gerippe abgenagt, und der Mann hatte keine Angehörigen. Seine letzten Kneipenfreunde hatten ihn schließlich auf einem einfachen Karren hier abgeliefert, weil sie nicht mehr wußten, wohin mit ihm. Geld hatte er keines, denn alles was er jemals besessen hatte, war von ihm in den Pubs umgesetzt worden.

Wenngleich der armselige Körper dieses Mannes vollkommen zuschanden war, so war sein Geist doch hellwach, seine vom vielen Whisky wässrig gewordenen Augen leuchteten blau wie dünnes Luftpostpapier, glänzten in der Sonne und schienen schon hinüberzuschauen über jene Grenze, die er bald überschreiten würde.

Eines Tages fragte er mich mit schwacher Stimme, ob denn der Tod schon im Zimmer sei. Nein, wandte ich ein, aber er schleiche bereits ums Haus.

Das ist gut. Dann habe ich ja noch etwas Zeit, sagte der Alte, um dir meine Geschichte zu erzählen. Die Leute nannten mich nämlich den Meister des Abschieds, und ich war gefragt landauf, landab. Du solltest wissen, mein Junge, daß ich mir mein Brot als Grabredner verdient habe. Lag jemand im Sterben oder war gerade gegangen, kamen die Menschen zu mir, erzählten mir, was und wie der Tote gewesen war. Ich machte mir dann ein paar Notizen und hielt bei der Beerdigung eine so rührende Rede auf ihn, als sei er mein eigen Fleisch und Blut gewesen. Es hat sich nie jemand über mich beschwert, und alle, die mich um eine Grabrede gebeten hatte, waren's zufrieden und empfahlen mich weiter. Natürlich wurde ich regelmäßig zum Leichenschmaus eingeladen. Auf diese Weise hatte ich immer zu essen, denn es war ein krisenfester Beruf. Gestorben wird immer, das ist so sicher wie das Amen in der Kirche. Am Anfang meiner Karriere mußte ich mich noch ein wenig anstrengen und Stichworte von einem Zettel ablesen, doch das hat sich bald gegeben. Mein Gedächtnis ließ mich nie im Stich, und ich habe es immer verstanden, mich in die Vergangenheit und den Charakter des Toten, aber auch seiner engsten Angehörigen, seiner Freunde und seiner Umgebung zu versetzen. Jeder bekam seinen Anteil an würdiger Erwähnung, und ich schwör's, ich habe keinen verkommen lassen. Schließlich hatte ich einen Trick, den ich bei jeder Grabrede in diesem Teil der Welt angewandt habe. Ich sang am Schluß ein Lied, das jeder kannte und bei dem jeder mitsingen konnte, weil er es seit seiner Kindheit gehört und gesungen hat. Auf diese Weise wurde der Schmerz der Hinterbliebenen leicht, und das Lied klang freudig hinauf in den Himmel, so daß der Tote wie auf Flügeln davonschweben konnte. Und jetzt kommt das Komische an der Geschichte:

Je öfter ich dieses Lied sang, desto näher rückte es mir, so nahe, daß ich oft Tränen in den Augen hatte und die Trauergemeinde glaubte, ich weinte um den Verstorbenen. Mehr und mehr war ich nämlich zu der Erkenntnis gekommen, das Lied sei nur für mich geschrieben worden, es erzähle meine eigene Geschichte. Und nichts wünsche ich mir mehr, als daß du, mein Junge, dieses Lied lernst und bald an meinem Grab singen wirst. Du wirst sehen, es werden dich zuerst nur einige wenige dabei unterstützen, aber dann werden es immer mehr werden. All die Toten, denen ich es in die Grube nachgesungen habe, werden einstimmen, und meine Seele wird aufsteigen auf den sanften Flügeln der wunderbaren Melodie. Versprich mir das, denn auf diese Weise werde ich einen ebenso guten Tod haben, wie auch mein Leben gut war.

Noch ehe mein Patient vor Erschöpfung ob seiner langen Rede einschlafen konnte, gab ich ihm mein Versprechen in seine knochige Hand hinein, so daß er zufrieden lächelte.

Noch an nämlichen Abend habe ich mir den Text des Liedes geben und mir die Melodie von der Nachtschwester vorsummen lassen.

Am nächsten Morgen war der alte Mann mit einem fast heiteren Gesichtsausdruck gestorben.

Wir begruben ihn am Rande der Mauer des Dorffriedhofes, und während die Erde auf den billigen Sarg prasselte, stimmte jemand in den hinteren Reihen das Lied an, das ich versucht hatte zu lernen.

Alle, die das kleine Grab umstanden, sangen mit einer solchen Inbrunst, wie ich es in meinem langen Leben nicht mehr erlebt habe. Und mir war, als spürte ich vom Magen herauf in die Herzgegend das Streifen von Flügeln, als die Seele des Alten aufstieg in einen Himmel, der so wässrig blau war wie die Whisky-Augen, in die ich noch vor wenigen Stunden geblickt hatte:

Unser Freund Ansgar Bange bekam ebenfalls einen feuchten Blick, nahm deshalb ein paar kräftige Züge direkt aus einer Flasche Aberfeldy, eines reichlich ausgewogenen Schottischen Single Malt aus den Central Highlands, behielt die Flasche in der Hand, erhob sich und begann laut und kräftig zu singen:

Oh all the money that e'er I had,
I spent it in good company
And all the harm that e'er I've done,
alas, it was to none but me
And all I've done for want of wit to memory
now I can't recall
So fill to me the parting glass,
good night and joy be to you all.

Apropos Abschiedsglas, warf Klemm ein und stützte seine Ausführungen auf einen längeren Bericht, den er der »Frankfurter Allgemeinen Sonntagszeitung« entnommen habe.

Noch wußten wir nicht, worauf er hinauswollte, obgleich er nicht müde wurde zu betonen, es handle sich bei seiner Idee um rein theoretische ›Gedankenspiele‹, für die er nicht haftbar gemacht werden könne.

Noch nicht! reizte ihn Otto Dietrich.

Zunächst stimmte Klemm, unter Zuhilfenahme eines guten Schluckes Glenburgie, den er eigens gestiftet hatte, um uns an seinen Überlegungen teilhaben zu lassen, ein Lied an. Doch zuerst der Whisky: Bei dem Destillat handelte es sich um ein weiches, manchem von uns schon etwas zu süßliches Single Malt Elaborat der schon mehrfach geschätzten Speyside Region. Nun zum Lied. Klemm sang mit angenehmem Bariton und legte es deutlich erkennbar auf eine Imitation von Hans Albers an, wohl wissend, daß diese Rolle in unserem Club bereits von unserem Panduren belegt war. Klemm sang frohen Herzens und zornig guter Stimmung:

Ein Wind weht von Süd
und zieht mich hinaus auf See!

Das wird es sein, liebe Sundowner, was Prälat Huldreich Wurlitzer zuletzt denken wird. Und wir werden ihm zurufen:

Mein Kind, sei nicht traurig,
tut auch der Abschied weh.
Dein Herz geht an Bord

und fort muß die Reise gehn.
Dein Schmerz wird vergehn
und nie gibt's ein Wiedersehn!

Wir kannten den Rest, summten mit, verstanden aber nicht, warum sich Klemm derart ins Zeug gelegt hatte.

Ja, kapiert ihr denn nicht? rief er entrüstet. Es geht um die Rache an Huldreich Wurlitzer. Ich habe die Lösung. Wir legen ein bisschen zusammen und spendieren dem Mann eine Kreuzfahrt, es muß ja nicht gerade auf der Queen Mary 2 sein. Irgend so ein anderes deutsches Traumschiff tut's auch. Habt ihr immer noch nicht verstanden? Ein Tod Erster Klasse. Erholung, Luxus, Romantik, die nackten Körper schöner junger Frauen, Sonnenuntergänge, Alkohol ohne Ende, alles, was ein Prälatenherz begehrt. Dann ein Flirt hier, ein Flirt da, ein kleiner Schwips, ein kleiner Schubs, und fertig ist das Glück. Wenn der Begriff der Euthanasie zu seinem Recht kommen soll, dann hier. Für einen Mord ohne Leiche, schreibt immerhin die »Frankfurter Allgemeine Sonntagszeitung«, gibt es kaum einen besseren Ort als ein Schiff mitten auf dem Meer. Immer mehr Menschen verschwinden auf rätselhafte Weise von Kreuzfahrtschiffen. Und das sollte nichts für unseren Freund Huldreich Wurlitzer sein?

Was sagt ihr dazu, meine Freunde? Ist das etwa nichts? Operation La Paloma!

Nicht mehr nötig, konterte Otto Dietrich: Ich hab' ihn am Schlafittchen, und zwar ganz unblutig und ohne Sonnenuntergang auf hoher See, verkündete er triumphierend und schaukelte vergnügt in seinem Rollstuhl.

Wen?

Na, Prälat Huldreich Wurlitzer. Er hat angebissen, denn ich habe ihm ein Angebot gemacht, das er nicht ablehnen konnte.

Woher kenne ich diesen Ausspruch? fragte Ascot von Daalen.

Das tut jetzt nichts zur Sache, erwiderte Otto Dietrich. Huldreich Wurlitzer zahlt jedenfalls. Und ich werde diese Silberlinge günstig anlegen. Schließlich verfüge ich aus der guten alten Zeit noch über Insiderinformationen.

Versündige dich nicht, mein Bruder, rief Meinrad und zog ein ängstliches Gesicht.

Ohne eine gewisse Skrupellosigkeit geht im heutigen Finanzgeschäft gar nichts, wiegelte Otto Dietrich ab.

Wie hast du das geschafft? fragte Klemm und ließ seinem Tremor aufgeregt freien Lauf.

Betriebsgeheimnis. Melde lediglich gehorsamst Vollzug, ihr Kleingläubigen und Hasenfüße, dröhnte siegestrunken Otto Dietrich. Genauere Angaben würden euch, meine Sundowner, jedoch nur langweilen. Ich will es bei einer Andeutung belassen. Huldreich Wurlitzer hat gezahlt, und das nicht zu knapp. Es gelte nämlich, so schwatzte ich ihm vor, einen Hollywood-Film mit hoher Rendite zu finanzieren. »Die Bergpredigt«. Mit Tom Cruise als Jesus, Madonna als Mutter Maria und Sean Connery als Gottvater. Wer Weitblick habe, der steige da richtig dick ein. Außerdem versprach ich dem Herrn

Prälaten eine kleine Rolle als Fischverteiler. Großaufnahme garantiert. Und da wir schwäbischen Ökonomen nie auf einem Bein im Leben stehen, insbesondere, wenn wir von Klemm geschoben werden müssen, hetzte ich den Kuttenträger auch noch in eine Pferdewette auf der Iffezheimer Rennbahn. Er konnte nicht ahnen, daß ich dort nebenbei noch lukrativ beratend tätig bin: für die Geschäftsführung des Internationalen Clubs Baden-Baden. Seit ich einst vom Pferd gefallen bin, habe ich einen ausgeprägten Sinn für diese Viecher. Aber mir geht's ja nicht um Hufgetrappel übers Geläuf. Das ist ohnehin nur für die Ehegatten-Galerie. Sebastian würde sich sofort heimisch und angemessen betüttelt fühlen. Die größeren Geschäfte werden hinter den Kulissen getätigt: Rechte, Lizenzen, Verträge, Sponsoren, Medien, Wettanbieter. Da ist Marschmusik drin. Als Rollstuhlfahrer wirke ich in diesem Herrenreiter-Gewerbe absolut seriös, was ich allerdings nicht bin. Kurzum: Wurlitzer hat sich im Business-Plan des Galoppsports enorm verspekuliert und stand über Nacht erfrischend in der Kreide. Planmäßig. Selbst das Direktorium für Vollblutzucht, lauter Duzfreunde, Schlaraffen und Rotarier, schüttelte nur den Kopf ob solch klerikaler Naivität, strich aber tüchtig ein.

Man sollte dir ein Rad abschießen, meinte Klemm.

Otto Dietrich stellte zur Diskussion, den nicht unbeträchtlichen Betrag, den er aufgrund unserer Ungläubigkeit hinsichtlich seiner börsianischen Talente und Huldreich Wurlitzers Geldgier mittlerweile erspekuliert hatte, auf höchster Stilebene zu verjubeln. Falls es uns interessiere, er wolle sich gewiß nicht aufdrängen, so könne er zu unserer Befriedigung mitteilen, der Prälat sei inzwischen degradiert und als Kaplan nach Nesselwang im Allgäu strafversetzt worden.

Achtzehnte Abendandacht

Stellt euch vor, rief Meinrad Menzinger beim nächsten Treffen, meine Gebete sind erhört worden. Meine Schwester, unsere geliebte Tante Traudl, kann wieder tadellos hören. Das Wort ›fünflagig‹ ist überhaupt kein Problem mehr. Gestern hat sie gleich zwei Großpackungen Toilettenpapier angeschleppt und recht verwundert getan, als ich ihr sagte, sie sei über Monate am Rande der Taubheit durchs Leben gegangen. Seither behandelt sie mich wie einen permanent Rekonvaleszenten.

Das muß gefeiert werden. Ich habe der Societät eine Flasche Bruichladdich mitgebracht, einen goldfarbenen, perfekt ausbalancierten Islay Single Malt mit feinem Citrusaroma und enormer Tiefe.

De profundis, spottete Ascot von Daalen. Aus der Tiefe rufe ich zu dir, o Herr, und er hob sein Glas auf Tante Traudl. Man konnte Meinrad ansehen, daß für ihn die Welt wieder im Gleichgewicht ruhte.

Dies durfte man von Ascot von Daalen nicht behaupten. Tiefe Falten auf der Stirn zeugten von seinen Sorgen.

Ihr wisst, liebe Serapionsbrüder, sagte er, daß ich immer ein Bücherwurm war. Wie andere Leute ihr tägliches Bier brauchen, so benötige ich meine nicht geringe Dosis Lektüre. Solange ich lesen kann, bin ich nicht tot. Das Lesen hat mir immer und in jeder Lebenslage geholfen, denn ein Geheimnis der Schöpfung besteht darin, stets das richtige Buch zum richtigen Zeitpunkt zu lesen.

Um über Hermines Kündigung hinwegzukommen, lese ich Kants »Versuch über die Krankheiten des Kopfes«. Für den Königsberger rührt das ganze Elend vom Zustand der bürgerlichen Verfassung her, die nichts als Narren und Betrüger hervorbringe. Unter Narrheit versteht er den Zustand der verkehrten Vernunft. Wenn das keine Diagnose unserer Zeit ist! All die Blödsinnigen, denen man unentwegt auf der Straße begegnet, befinden sich ja in einer Ohnmacht des Geistes, die sich in der Verrückung ihrer ohnehin in Unordnung befindlichen Urteilskraft ausdrückt. Unsere bürgerliche Verfassung darf als Nährboden für all diese Verderben angesehen werden. Das Ergebnis kann nur der allenthalben vorherrschende und den Zeitgeist diktierende Wahnsinn sein, in dem die Verrückten als Träumer im Wachen umhertaumeln. Das allgemeine Merkmal dieser kollektiven Verrücktheit ist der logische Eigensinn, der alle gültigen Werte tot getrampelt hat, um sich dem gewöhnlichen Blendwerk hinzugeben wie eine Hure ihrem Zuhälter.

Der Pöbel auf den Straßen, die vulgären Umgangsformen all dieser Krämerseelen, sofern man diese überhaupt noch Seelen nennen mag, die korrupten Herrschaften aus Wirtschaft und Politik, sie alle sind Beweisträger für meine These, die ich immerhin von Kant herzuleiten weiß.

Ich habe allerdings auch meine praktische Vernunft nicht vergessen und mich um eine Nachfolgerin für

Hermine bemüht: wenigstens in Gedanken. Einfach ist das nicht, weil ich von vornherein weiß, daß Hermione nicht zu ersetzen sein wird. Niemand wird meine Hemden wieder jemals so bügeln und ›schrankfertig‹ herrichten, wie dies bisher geschah. Niemand wird die englischen Strümpfe passend zu den Anzügen, Jacketts und möglichen farblichen Kombinationen in der Schublade so bereit legen, daß ich selbst erblindet nur zuzugreifen brauchte: mit dem Gummibund voraus, aufgereiht wie ein Garderegiment. Niemals werden meine Schuhe wieder so glänzen, allen voran die heiß geliebten ›Budapester‹, niemals werden wieder die Schuhspanner aus Zedernholz so fachgerecht ins Leder geschoben werden.

Ich habe Hermine seinerzeit eigens ein Schuhputzseminar im Fachgeschäft Eduard Meier absolvieren lassen: vormals Königlich Bayerischer Hoflieferant, ältestes deutsches Schuhhaus, seit 1596, mein Lieblingsgeschäft, wo man noch fachkundig von einer leibhaftigen Gräfin bedient wird, wo die Rechnungen noch handschriftlich ausgestellt werden. Diese Investition hat sich zigfach bezahlt gemacht. Hermione hielt mein Landhaus tadellos in Schuß. Ich benötigte keine extra Anweisungen, denn ihr geschulter Blick antizipierte meine Wünsche. Nein, sie wird niemals und unter keinen Umständen zu ersetzen sein.

Verfall allüberall, klagte Klemm. Neulich wollte ich mir in einem sogenannten Fachgeschäft namens Mac-Pull in Rathausnähe einen Pullover mit Argyle Muster kaufen. Aber statt Argyle verstand die ebenso vornehmtuerische wie offensichtlich geistig erheblich eingeschränkte Verkäuferin immer nur Acryl, denn gebetsmühlenartig wiederholte sie: Acryl führen wir nicht. Nur Wolle und Kaschmir.

Sehe ich aus wie jemand, der nach Acryl verlangt?

So gerät unsereiner an den Rand des Wahnsinns, denn das ist München! Großtun und klein denken. Wenn überhaupt. Außerdem stinkt es gottserbärmlich aus den Kanaldeckeln, die seit dem Besuch des Papstes noch immer verschweißt sind. Von wegen *München leuchtet.* München stinkt.

Ein Gang in Begleitung meines Inders über die Straße genügt, sagte Ascot von Daalen, um einen ebenso schlagartig wie schmerzhaft mit der allgemeinen Verpöbelung der Umgangsformen sowie dem kompletten Verlust jedweder Manieren zu konfrontieren. Nichts da mit Noblesse, Stil, Eleganz.

Grund Genug für mich, meine Freunde, mich erneut einem lange gehegten Plan zuzuwenden: Einer ›Encyclopaedie der Epochenverschleppung‹.

Eingedenk einer Empfehlung meines Großvaters, wer sich niedergeschlagen fühle, der solle gefälligst etwas arbeiten, entschloß ich mich, mein Schreibvorhaben in die Tat umzusetzen. Dazu existieren bereits umfangreiche Aufzeichnungen. Den zentralen Begriff der ›Epochenverschleppung‹ verdanke ich dem Schriftsteller Gregor von Rezzori, mit dem ich persönlich bekannt war und der mich nachdrücklich zu diesem Projekt ermuntert hat.

Was bedeutet ›Epochenverschleppung‹?

Ausgedrückt werden die damit verbundenen Mühen beim verzögerten Transferieren einer vergangenen Epoche in eine gegenwärtige. Dazu bedarf es einer handelnden Person, eines Epochenverschleppers. Seine Leistung verdankt sich einem Vorsatz: auch gegen jeden populären Fortschrittsoptimismus. Der Epochenverschlepper ist ein Täter aus Leidenschaft, ein heiter melancholischer Verfechter dessen, was längst nicht mehr ist. Er bleibt durchaus nicht uneinsichtig gegenüber dem Wandel der Zeit, denn er vertritt beharrlich seinen Standpunkt als Zeitzeuge. Literarisch ambitioniert entwirft dieser Schamane der sprachlichen Möglichkeiten seine erinnerten Gegenwirklichkeiten etwa in Phantasieländern und scheut sich als deren Archont nicht, der Realität damit ironisch den Spiegel vorzuhalten. Ironisch ist er, weil er in seiner Hilarität zuviel weiß: vom Leben und von den Menschen. Er kennt die Verluste, wie er das Verlieren an sich kennt. So wappnet er sich mit der Lebenshaltung des Ironikers und zeigt damit seine Menschenliebe. Wenn er die Vergangenheit beschwört, dann tut er es auch sprachlich in ›zeitgemäßer‹, manchmal adäquat antiquiert anmutender Form. Mit einem verschmitzten Zwinkern vermeidet er modische Begrifflichkeiten, wohl wissend, daß sie flüchtigen Zeit- als Flaschengeist beinhalten, den es gerade nicht freizusetzen gilt. In diesem Sinne geht es beim Epochenverschleppen nicht darum, eine vergangene Zeit ›nachzuvollziehen‹, sondern der Epochenverschlepper will sie sich ›vergegenwärtigen‹. Er demonstriert dies aber nicht nur im erinnernden Schreiben und Erzählen, sondern in allen Lebensbereichen. Dies erklärt wohl auch zum Teil die ablehnende Haltung der – nennen wir sie – ›Gastepoche‹ gegenüber den vorsätzlichen Anachronismen des Epochenverschleppers. Als Wiederholungs-Täter (sic) läßt er aber nicht ab von seinen Erinnerungen eines Zeitzeugen, mit denen er die Gastepoche und deren Repräsentanten konfrontiert. Daß das Verschleppen einer Epoche mit erheblichem Widerstand und ganz und gar nicht wie geschmiert vonstatten geht, ergibt sich allein beim genaueren Betrachten des Begriffes der Verschleppung, der eine irgendwie mühselige Handlung anklingen läßt. Der Epochenverschlepper trifft auf Sperriges, Nichterledigtes sowohl, was die zu transferierende Epoche angeht, als auch, was die Gastepoche betrifft. Aber der verführerische Entführer im Verschlepper scheut keine Anstrengung, um sein Ziel zu erreichen. Indem eine Epoche verschleppt wird, lebt sie am Ort ihres Exils weiter. Dies allein ist dem Epochenverschlepper Lohn genug. Ohne ihn, ohne sein erinnerndes Schaffen oder seine phantasievollen Anstrengungen wäre sie dem ›Rigor mortis‹ des historischen Dokumentes anheim gefallen. Ein belebendes Glück für die Epoche also, in den magischen Raum der Erinnerung befördert worden zu sein. Durch die Epochenverschleppung leben vergangene Lebenskonzepte, Sprachstile und historische Dimensionen weiter. Ein Zeitbewußtsein drängt sich auf, welches den oftmals gedanken- und geschichtslos dahindümpelnden Vertretern der jüngeren Epoche unbequemerweise vor Augen führt, auf welchem historischen, will sagen: kulturellen

Boden sie agieren. Und auch hier zeigen sich die vermeintlichen Fortschritte, die qualitativ besehen eben doch Verluste und Mängel bedeuten, nicht zuletzt in sprachlicher Hinsicht.

Epochenverschleppung bedeutet schließlich über der Zeit zu stehen, deren Strudel jedoch nicht zu verkennen. Gemeint ist damit ein janusköpfiges Leben mit dem einen Blick sehnsüchtig voraus zu irgendeiner Erlösung hin, und dem anderen nostalgisch zurück in die Vergangenheit des verlorenen goldenen Zeitalters. Will sagen: eine fortwährende Grätsche über der Gegenwart, unter der uns die Wirklichkeit davonläuft, während mit ihr die Fiktionen wechseln wie die ein- und ausfahrenden Schiffe zwischen den Beinen des Riesen, der über der Hafeneinfahrt von Rhodos gestanden und zu den sieben Weltwundern gehört haben soll – eine Fackel ins Nichts hinausschwingend.

Die Gegenwart entfernt sich durch potenzierte Verflachung täglich mehr von dem, woran der Epochenverschlepper einst geglaubt hat: Würde, Anstand, Bildung. Dieses Bewußtsein macht den Epochenverschlepper als Erinnerungskünstler zum Fossil. Also hält er sich an den Schnee von gestern, an alte Hüte und deren Schweißbänder, und er begnügt sich gerade nicht mit der bloß raunenden Beschwörung des Imperfekts.

Nach dieser Vorlesung half nur noch ein herzhafter Trunk. Zum Tasting stand an eine mit Jute ausgeschlagene Holzbox, die eine herrlich altmodische Flasche Edradour enthielt.

Otto Dietrich schwärmte: Straight from the cask, mit 60,7 % Vol. eine hochprozentige Kostbarkeit aus den südlichen Highlands, nicht weit entfernt von Perth, aus Schottlands kleinster Destillery, die pro Woche höchstens ein Dutzend Fässer abfüllt, exquisit weich und cremig mit einem nur leicht rauchigen Echo.

Das Konzentrat fand enormen Zuspruch.

Ein sich aus Huldreich Wurlitzers Verfehlungen ableitendes Vergnügen müsse aber schon etwas mit Niveau sein, verlangte Ascot von Daalen mit Nachdruck, während Meinrad kleinlaut eingestand, von dieser ach so irdischen Welt keine Ahnung zu haben.

Laß mal, beschwichtigte unser tremolierender Strafrechtler Elmar Klemm, nachdem Otto Dietrich der Gerechtigkeit zum Sieg verholfen hat, muß man sich auch etwas ›jönne könne‹. Er hatte sein Referendariat weiland zu Köln am Rhein absolviert.

Wie wär's mit Roulette in Monte Carlo? schlug Ansgar Bange vor: Schöne Menschen in schöner Umgebung tun schöne Dinge! Nur darauf komme es in unserem Alter noch an.

Doch Otto Dietrich, geschoben von Klemm, wußte die Lösung, der sämtliche Mitglieder der ehrwürdigen Societät in einhelliger Begeisterung und vor allem deutlich angesäuselt zustimmten.

Wir machen, was jeder popelige Kegelclub veranstaltet: Betriebsausflug! Für jeden von uns mieten wir einen Rolls Royce und ziehen los.

Wohin?

Nach St. Moritz. Zum Cartier Polo World Cup on Snow.

Als Begründung genüge, was in Stein gemeißelt neben einem der ältesten Polofelder in den Bergen Pakistans stehe:

> Let other people play other things.
> The King of Games is still the Game of Kings.

Vermutlich habe man damals noch nicht mit einem Ball, sondern mit den abgeschlagenen Köpfen der Feinde gespielt. Und genau das gelte auch für jedes einzelne Mitglied unserer ehrenwerten Gesellschaft, eingeschlossen Tränk der Pandur. Und abgestiegen wird im Waldhaus in Sils-Maria! Ich habe mich bereits erkundigt. Hier atmet alles gediegenes Wohlbehagen. Inder willkommen!

Zwölfter und letzter Bericht des korrespondierenden Mitglieds

Liebe Freunde!

Wie Ihr dem Briefkopf entnehmen könnt, halte ich mich derzeit im Raffles auf. Singapur heißt ›Die Stadt des Löwen‹! Das passt auf mich. Mit Singapur ist es in puncto Auslieferung an die Bundesrepublik Deutschland nicht ganz so einfach. Die juristische Grundlage ist nämlich ein Abkommen zwischen Großbritannien und dem Kaiserreich Deutschland aus dem Jahre 1872. Deshalb weile ich nicht in Brunei, sondern endlich in meinem Traumhotel: im Raffles.

Ich fühle mich hier nicht nur wohl, sondern ›angekommen‹.

Um keine Missverständnisse aufkommen zu lassen, darf ich zitieren: *The Writer's Bar is rich in history and pays homage to literary luminaries who have stayed at the Hotel or written about it. Such are the likes of Joseph Conrad, Noel Coward, Rudyard Kipling and Somerset Maugham. With a wide collection of fine wines and spirits, soft piano music in the background and unobtrusive service, patrons may be inspired to pen their own tales.*

Dress Code: Smart Casual.

In der Tat, liebe Geisterreiter: Ich bin angekommen!

Einen besseren Platz für eine letzte Rast gibt es auf der ganzen Welt nicht. Das Raffles ist die Grande Dame aller Grand Hotels. Oder, ungleich niveauvoller mit William Somerset Maugham gesagt: *Es gibt viele Ritz, Excelsior, Mandarin, aber es gibt nur ein Raffles. Es steht für alle Fabeln über den exotischen Osten …*

Zimmer werden hier nicht vergeben, nur Suiten. So gefällt mir das Leben. Ihr würdet mich übrigens nicht mehr wieder erkennen. Für ein Fahndungsbild orientiert Ihr Euch am besten an einem Foto des späten Sean Connery: *Ein Held ist, wer wie ein Held aussieht.* Ich trage jetzt einen Vollbart, dazu passend einen Tropenhelm sowie einen weißen Anzug und fühle mich kolonialherrlich. Mir ist, als sei ich um gut hundert Jahre zurückversetzt, denn ich durchlebe diesen Kolonialstil mit nostalgischem Glanz. Außerdem hat sich mein Englisch in kürzester Zeit enorm verbessert.

All das nenne ich: mit sich im Einklang sein. Außerdem laufen hier genügend reiche Frauen ohne angemessene Begleiter herum. Da ist zum Beispiel Gwendolyn, eine anziehende ›Southern Belle‹ im Gefolge ihrer etwas naseweisen Tochter … Neues Spiel, neues Glück. Trotz altbekannter Konstellation. Ach, es geht doch nichts über dieses süßes Gift erneut anflutenden Jagdfiebers …

Gwendolyn ist eine fundamentale Herausforderung:

Sie liebt es, um die Welt zu reisen. Man könnte meinen, diese Sehnsucht nach dem Rastlosen verdanke sich einer verdächtigen Neigung zur Flucht, doch dem ist nicht so. Gwendolyn aus Atlanta, der Stadt von Scarlett O'Hara, genießt es, denn sie ist ›einfach nur reich‹ und hält sich gerne unter ihresgleichen auf. Das Geld dazu hat sie ja, zumal sie mit einem Mann verheiratet war, der in den oberen Etagen international verstrickter Banken in führender Position tätig war. Man sieht es an ihrer Kleidung, ihrem Schmuck, ihrem Cabrio. Alles nur vom Feinsten. Doch das sind nur oberflächliche Accessoires. Auch ihr Herz schlägt nach der Meinung derjenigen, die sie nicht wirklich kennen, im Takt des Dow Jones. Dabei ist sie alles andere als kleinlich. Sie tut Gutes, wie ich in Erfahrung bringen konnte, denn sie spricht darüber. Wo immer sie auftritt, hinterlässt sie Sympathie und Bewunderung, man schätzt ihre Großzügigkeit, ihren Charme und ihre natürliche Direktheit, wenn ihr einer der Herren zu tief in den einladend ausladenden Ausschnitt schaut. Meine Augen finden Sie weiter oben, pflegt sie dann zu sagen und fast ein wenig zu herzhaft zu lachen, um ihr tadelloses Gebiss zu zeigen. Es gelingt ihr spielerisch, damit niemanden zu kränken, denn ihre Sätze wirken manchmal erst Stunden später, das heißt, wenn die Gelegenheit zur Erwiderung versäumt ist. Was immer sie anfasst, gerät ihr zum Kapital, auf dessen stillschweigende Vermehrung sie sich bestens versteht. Deshalb konnte es auch nicht ausbleiben, daß sie sich im Dunstkreis derer bewegt, von denen die Gesellschaftsspalten der Boulevardblätter berichten. Die solide, in jeder Situation verlässliche und von der Natur großzügig geschenkte Grundlage hierfür ist zweifellos ihr Körper. Um ihn barock zu nennen, ist er zu schlank, um ihn schlank zu nennen, ist er zu barock. Ihre Körpergröße bedient die männliche Illusion, auf sie herabschauen zu können, doch sobald dies jemand auch nur ansatzweise versucht, wächst sie selbst in flachen Schuhen über den Betrachter hinaus. Auf jeden Fall ist etwas Üppiges an ihr, das mit ihrem Talent fürs Verschwenderische zu tun hat.

Wer ein Leben mit täglichem Erfolg lebt, dem vergehen die Jahre schneller als jenen, die sich mit Hilfe einer zähfließenden Zeit immer wieder einmal aus den Talsohlen herausarbeiten müssen. Sie erkannte dies erstmals, wie ich in Erfahrung bringen konnte, als ihre einzige Tochter mit einem Studium beginnen wollte. Mit welchem, das wußte sie nicht. Ihre Ausbildung war umfassend gewesen. Bereits mit vier Jahren hatte sie Ballettunterricht erhalten, es folgten Reiten, Klavierstunden, Tauchen, Segeln und Fliegen, mit anderen Worten: Eliteinternat in Neuengland, wo schon Hilary Clinton und so weiter, ›all inclusive‹. Das unter solchen Bedingungen entstandene Produkt war durchaus hübsch anzusehen, arrogant, hysterisch und verwöhnt. Natürlich zog es Lu, wie die auf den schönen alten Namen Luise Getaufte von ihrer Mutter genannt wurde, zur Kunst. Und jetzt das Studium: irgendetwas mit Mode, Design ›oder so‹ sollte es sein. Das übliche Fächerangebot an einer gewöhnlichen Universität reichte nicht aus, Lu nannte es, wie ich hörte, langweilig, und da Vati nicht genug verdiente, um Lu eine eigene Universität zu kaufen, entschied sich das Frätzchen nach einigen hysterischen Ausbrüchen schließlich für Florenz. Die Mama besorgte die nötige Immobilie und richtete sie gemeinsam mit dem Töchterchen ein. Der Alte zahlte, ohne zu murren. Bis er bei einem banalen Flugzeugunglück verschied.

Mit einem Wort: Gwendolyn ist ein Leckerbissen. Eine ›Southern Belle‹ fehlt mir noch in meiner Sammlung. Die Grundlage ist vermutlich kalt wie Marmor, der eine kleinbürgerlich romantische Feuerstelle geheimnisvoll umschließt. Das Auftreten gleicht dem einer vergoldeten Diva mit Augenblitzen und Busenwogen. Das Scharfzüngige gibt es gratis. Voraussetzung ist aber auch ein Reifegrad, der kurz vor der Überreife steht, diese aber dennoch seit Jahren erfolgreich verschleppt. Schön und naiv, reich und verwöhnt, verführerisch und schnippisch. Alles zugleich, nie nacheinander. Die Ausstattung läßt nichts zu wünschen übrig, doch unsereiner weiß, daß solche Frauen immer nur unglücklich werden, sofern sie nicht an den Richtigen geraten. Damit meine ich natürlich einen wie mich. Sie suchen Kameradschaft, verheißen aber Erotik. Das dunkle Locken passt zu sumpfigen Namen wie Louisiana oder Georgia, doch ihre selbstgefährdende Langeweile nistet in der Nähe des Monströsen. Eine ›Southern Belle‹ wirkt immer ein wenig überinstrumentiert. Das macht sie bedrohlich für alles, was sich männlich gibt. Vom ›He-man‹ hätte sie gerne die behaarte Brust, doch ihr Held heißt Lancelot und ist eher anämisch. Noch im Vulgären, das ihr nicht fremd ist, bleibt sie bestrickend vulkanös. Ihre heimliche Suche gilt Reife, Ruhe, Rechtschaffenheit, und die Ehe erträumt sie sich als ein Cottage mit Rosen, die über den Zaun hängen. Unbedingt gehört zur ›Southern Belle‹, daß sie früh Witwe wird. Sie will bedingungslose Mutterliebe geben, ist dafür aber zu verdorben. Sie will Beschützerin sein und begehrt selbst ständig illuminierten Schutz. Als verworfene Liberale erfleht sie vom Mann im Unterhemd gnadenlose diktatorische Härte. Hilflos überzüchtetes Wesen, das sie ist, schlittert sie dabei regelmäßig in ihre Lieblingsrolle des idealistischen Opfers und wird, wie Meister Hilarius sagen würde, zur *Zerrüttungs-Virtuosin.* Doch selbst ihre Entgleisungen sind immer noch betörend stilvoll. Und wenn sie ihre Auftritte hat, gilt, was Richard Burton einst über die Taylor bemerkte: *Wenn sie geht, sieht sie aus wie eine französische Nutte.*

Liebe Sundowner!

Noch bewege ich mich im Vorfeld meiner gründlichen Recherchen. Meine unfehlbare Strategie zielt auf jene still in das Kopfkissen vereinsamter Hotelbetten geweinten Tränen, derer sich auch eine Gwendolyn nicht wird erwehren können. Im Trocknen solcher lacrimae bin ich Experte. Ein Frauenversteher der alten Schule.

Den mandeläugigen Barpianisten habe ich mir bereits mit Hilfe einiger in Singapur Sling getauchter Banknoten zum Verbündeten gemacht. Seine Improvisationskünste sind nicht nur ein Quell der Beruhigung, sondern auch einer der Inspiration zu neuen Taten.

Mit jener inbrünstigsten Hingabe, derer ich fähig bin, lasse ich mich in die Bodenlosigkeit der Musik fallen, die mir der Barpianist schenkt. Ich tue dies im unerschütterlichen Wissen, daß er nur für mich spielt. Und je länger ich ihm zuhöre, desto tiefer wird meine Nachdenklichkeit. Ach, liebe Freunde, das Leben ist kürzer als man denkt, aber alles dauert länger als geplant. Und weil alles länger dauert als geplant, ist das Leben kürzer als gedacht.

Letzte Abendandacht und erste Morgenandacht

In ganz München waren nicht genügend Rolls-Royces für die Club-Mitglieder aufzutreiben. Die etwas komplizierte Eisenbahnreise ins Engadin organisierte unser Geisteswissenschaftler auf die übertrieben umständliche, zuletzt aber doch erfolgreiche Art. Lediglich kurz vor der Abfahrt ereignet sich am Münchner Hauptbahnhof ein kleiner Zwischenfall. Menzinger kam aufgrund seiner schwachen Blase ein dringendes Bedürfnis an. Er suchte die entsprechende Einrichtung, kam aber nach einiger Zeit verschwitzt und unverrichteter Dinge wieder zurück auf den Bahnsteig. Keine Toilette weit und breit, klagte er. Überall nur ›McClean‹. Es gab auch keine Auskunft, wo man hätte nachfragen können. Stattdessen: ›Servicepoint‹. Dann geh an den Schalter, rieten wir. Gibt es nicht mehr, antwortete Meinrad. Lediglich ›Counter‹. Unser Freund mußte unter Schmerzen warten, bis der Zug bereitgestellt war. Wie zum Trost und um uns die lange Fahrzeit zu verkürzen, zog Ascot eine Flasche Cragganmore aus der Tasche, einen der ganz großen Speyside Malts, der sogleich reihum Begeisterungsstürme auslöste. Nur Sebastian, eingewickelt in ein Schottisches Reiseplaid, schien auf Ascots Schoß eingeschlafen zu sein. Vielleicht simulierte er aber auch nur.

Die Ankunft im Waldhaus zeigte uns wohl temperiert

und angeheitert. Es waren leuchtende Stunden voll rosiger Hoffnungen, die wir beim Cartier Polo World Cup in St. Moritz verbrachten. Sie glitten nur so dahin wie der Pferdeschlitten auf der gefrorenen Engadiner Seenplatte. Dabei rann uns unmerklich die Zeit davon. Wir wußten nicht, wie privilegiert diese Momente waren, doch derlei nicht zu wissen liegt in der Natur der Vornehmheit. Nichts ahnten wir von jenen kostbar seltenen Augenblicken, denen erst der bittere Geschmack um die Vergänglichkeit Adel verleiht. Natürlich schummeln, lügen und betrügen alte Herren mit jedem Atemzug, wenn sie über die Vergangenheit reden. Nur so ist sie ihnen erträglich. Sie halten beharrlich an der Illusion fest, das Viele, an das sie glauben, gleiche das Wenige, das sie wissen, wieder aus. Wenn ihnen dann dämmert, daß sie daraus nichts mehr für ihre kurze Zukunft lernen können, ist es zu spät.

Da uns Geisterreitern die Sonne ohnehin ständig untergeht, träumt sich jeder von uns auf seine Weise in die Dunkelheit hinaus. Was wir freilich sahen, war gar keine Finsternis, sondern es wurde uns mit jedem Lidschlag heller. Zur Soiree genossen wir den schlechterdings genialischen Max Raabe im weißen Frack und das bestens aufgelegte Palastorchester. Dieses Programm versetzte uns zurück in jene Jahre, die uns zum Mythos geworden sind.

Anderentags ging's zum Match.

Ein Polo-Team besteht aus vier Reitern, die einen sieben bis acht Zentimeter großen, an die hundertdreißig Gramm schweren Ball mit einem langen Bambusschläger ins gegnerische Tor befördern müssen. Nummer eins vorneweg: zuständig fürs Toreschießen. Nummer vier reitet als ›back‹ ganz hinten. Nummer zwei: Weitergabe des Balls und Abreiten des Gegners. Regisseur und Schaltzentrale ist der Dreier.

Wir waren vier, denn unser korrespondierendes Mitglied war wieder einmal durch Ansitz auf Altwild verhindert, und Otto Dietrich, der den größten Pferdeverstand hatte, bestand auf der Rolle des Oberschiedsrichters am Rande des Spielfeldes: ein Glas Champagner in der Hand, eine weiße Asphodele am Revers. Klemm schlug ihm einen Sulky vor, diesmal nicht geschoben, sondern gezogen von …

Aber Schluß mit Gicht und Parkinson, mit Prostata und Resignation. Erzählend änderten wir die Wirklichkeit und wurden wieder zu jungen Männern in der Blüte ihrer Jahre! Voller Saft und Kraft schwangen wir uns lässig in die Sättel, feuerten uns an, ein jeder ausgestattet mit einem herrlichen Helm: Ansgar trug die Aesculap-Natter, Meinrad das Wappen des Vatikans, Klemm die Justitia mit einer Piratenklappe, und Ascots Kopfschutz war mit dem Tartan des Clans derer von McLeod of Harris überzogen. Entsprechend waren auch unsere kurzärmeligen Polohemden: der Kälte zum Trotz, denn wir ritten ja durch den Schnee von gestern. Muß ich von den speziellen Handschuhen berichten, deren Rücken als Schutz gegen Schläge verstärkt ist? Bedürfen die Knieschoner aus anatolischem Bergziegenleder einer besonderen Erwähnung? Es versteht sich von selbst, daß wir die klassischen weißen Reithosen, sogenannte Breeches, mit ihrem Gaucho-Belt in den argentinischen Webmustern vorführten. Bei den typischerweise braunen und mit Reißverschluss ausgestatteten Polostiefeln verzichteten wir allerdings auf Sporen. Nur Ansgar bestand auf einer Reitgerte in seiner Linken. Da der Poloschläger, genannt ›Mallet‹ oder ›Stick‹, auch von Linkshändern traditionell in der Rechten gehalten wird, ahnten wir die Schwäche von Klemm und von welcher Seite wir ihn anzuspielen hatten. Polospieler wissen, wie kurz der Sattel geschnallt sein muß, denn beim Schlagen steht der Spieler fast aufrecht. Will sagen: Der Knieschluss sollte fest sein und die Beine des Reiters sollten das Pferd umklammern. Unsere bandagierten Pferde, allesamt feinste argentinische Zucht, hatten ein Stockmaß, das eineinhalb Meter nicht überschritt. Sie waren überaus wendig, mit geschultem Jagdgeist ausgestattet und hatten keinerlei Probleme damit, daß rund um ihren Kopf leidenschaftlich mit den Schlägern hantiert wurde. Wir übten den Handwechsel, den Stopp und die wichtigsten Schläge wie ›Offside‹, ›Nearside‹, ›Back Open‹, ›Back Tail‹ und ›Under the Neck‹, und man kann ohne Übertreibung sagen, daß wir auf dem besten Wege waren, uns zu Champions zu entwickeln. Wir konnten durchaus mithalten. Nur Meinrad Menzinger sah ein wenig aus, als wolle er zur Schnepfenjagd. Nach einem gemächlichen Einreiten und einer würdevollen Platzrunde – *Trouping the Mallet* – rief Otto Dietrich, den aufmerksamen Sebastian auf dem Schoß, zum ersten ›Chucka‹.

Wir waren bereit, es mit jedem Gegner aufzunehmen, doch es war keiner in Sicht. Schon erklang aus dem Platzlautsprecher unser Kampflied:

> Their brands were still on fire and their
> Hooves were made of steel.
> Their horns were black and shiny
> And their hot breath he could feel.
> Their faces dark, there eyes were blue
> Their shirts all soaked with sweat …
> Yippee-I-Yo, Yippee-I-Yay
> Ghostriders in the sky …

Schnee- und Rasentreten in der Halbzeitpause.

Glossar

Mit einigem Bedauern müssen wir vom Antiquariat davon ausgehen, daß verschiedene im vorliegenden Bericht verwendete Begriffe, die unsereinem selbstverständlich sind, bei etlichen Zeitgenossen nicht mehr präsent oder – horribile dictu – gänzlich unbekannt sind. Es gibt für Noblesse, Stil und Eleganz vermutlich deshalb keine Pisa-Studie, weil sich die Forscher ob des sich abzeichnenden Ergebnisses auf der Stelle von einer Klippe stürzen müssten.

Anstatt aber langatmig in Pisaner Gesängen über die Gründe solch barbarischer Ignoranz zu raisonieren, haben wir uns kurzerhand entschlossen, ein wenig Nachhilfeunterricht zu erteilen, zumal erst neulich wieder ein bedeutender Politiker dazu aufgerufen hat, sich mehr um jene Benachteiligten zu bemühen, die angeblich aufgrund ihrer schlechten sozialen Voraussetzungen kaum Chancen hatten und hätten, jemals in Regionen jenseits von Jeans und Piercing vorzudringen. Diese bemitleidenswerten Geschöpfe sind nach Ansicht unserer Entscheidungsträger ohnehin besser bei irgendwelchen Einsatztruppen in Afghanistan oder sonst wo in sogenannten Krisengebieten aufgehoben. Dort haben sie, wie versichert wird, Unterkunft, Kleidung, Brot und Lohn, sie müssen weder lesen noch denken, sondern können ungehemmt ihrem Instinkt folgen, den sie im Rahmen der Restzivilisation in unseren Großstädten und Landgemeinden vorderhand nur suboptimal ausleben dürfen. Solches kann bekanntlich zu seelischen Störungen führen.

Esq.

(= Esquire), ein dem Familiennamen nachgesetzter Höflichkeitstitel. Ursprünglich bezeichnet ›squire‹ den Schildknappen, seit dem 16. Jahrhundert Angehörige des niederen Adels sowie wappenführende Bürger.

Kauz

Mehrzahl: Käuze; seit dem 16. Jahrhundert mit der Bedeutung für ›Sonderling‹ wegen der zurückgezogenen Lebensweise des Kauzes. Dazu gehört das Adjektiv: ›kauzig‹. Es ist mit dem Zustand ›normal‹ inkompatibel. Auch wenn Käuze nicht in die Koordinaten der Normalität passen, weil sie ihren eigenen Takt trommeln, so geht doch keine ernsthafte Gefahr von ihnen aus. Am besten ist, man läßt sie in Ruhe und nimmt sie als das, was sie sind: stille, in der Regel sanftmutige Abweichler, die längst unter Artenschutz gestellt gehörten.

Tweed

Wer als Kenner von Tweed spricht, meint Harris Tweed und damit einen weltweit unvergleichlichen Wollstoff, der auf den äußeren Hebriden, also auf den weit abgelegenen westlichen Inseln Schottlands Harris, Lewis, den Uists und Barra unter dem Namen Clò Mòr hergestellt, nach ebenso alten wie geheimen Familienrezepten mit Pflanzenfarben gefärbt, gesponnen und von Hand gewebt wird. Dafür bürgt seit 1906 ein wiederum weltweit anerkanntes Gütesigel der Harris Tweed Association namens Orb, das dem Reichsapfel gleicht und im Grunde genommen eines der wenigen Symbole darstellt, das unsereiner reinen Herzens anbeten kann. Jedes Produkt (hand woven) erhält am Ende einer strengen Prüfung dieses Zeichen, dem aufgrund einer individuell vergebenen Nummer sogar der Name des Webers respektive der des Schafes, dessen Wolle hier verarbeitet wurde, zu entnehmen ist.

Denn nur die Lämmer der sturmgepeitschten Weiden der Outer Hebrides werden dafür geschoren. Welches Kleidungsstück – wiederum: weltweit – kann das sonst von sich behaupten? Jedes Sakko, jeder Rock wäre also imstande, eine eigene Geschichte zu erzählen von den Wiesen, den Schafen, den Hirten, dem Scheren, vom Färben und Weben, von geschickten Frauenhänden und sehnsuchtsvollen Liedern, die auf den einsamen Inseln bei der Arbeit gesungen werden und all jenen gelten, die von der See verschlungen wurden. Fragen Sie doch einmal einen billigen C&A-Fetzen nach solch einer Geschichte, und sie werden immer wieder in einer finsteren Höhle in Fernost landen, wo fleißige kleine gelbe Hände etwas zusammenschustern, das eben – im Gegensatz zu Harris Tweed – nicht von Generation zu Generation weiter vererbt und verschenkt werden kann, weil es von so ausgesuchter Qualität ist, daß selbst die Ewigkeit daran scheitert. Damit dürfte Einigkeit darüber hergestellt sein, daß selbst Gott Tweed trägt, denn sonst wäre er nicht Gott.
Wir wollen hier nicht Tweed als Antithese zu Billigstoffen aus China oder Taiwan ausspielen, denn dazu ist er uns zu kostbar. Zu Tweed gehört ein wuchtiger Whisky aus Islay, Bowmore oder Lagavulin, um nur zwei Namen zu nennen, ein warmer Schal, festes, handgefertigtes Schuhwerk, eine funktionierende Taschenuhr der Bombay Railway Company und alles sonst, was nie vom Auge eines neureichen Schnösels der Großstadt-Schickeria beleidigt wird. All die ›Hasi & Mausi‹-Klamotteure sollten bedenken, daß zum Färben der Wolle auf den Hebriden noch heute Nesseln, Sumpfmyrthe, Lab- und Zigeunerkraut, Flechten und die Farben der Lochs, des Himmels, der Heide und des Grases sowie Torffeuer Verwendung finden. Von den strengen Familiengeheimnissen ganz zu schweigen. Jedes Tweed-Sakko verrät die erdigen Farben des Landes, aus dem es kommt, und adelt damit seinen Träger, selbst wenn er sich im Asphaltdschungel der Metropolen bewegt. Übrigens erkennen Tweedliebhaber einander sofort und zwinkern sich im Vorbeigehen diskret zu. Viel geredet werden muß nicht bei Qualität.
Mögen es an die 700 Webstühle sein, die gegenwärtig auf den Outer Hebrides noch in Betrieb sind und jene Ware weben, die einst der Stoff der armen Leute war. Heute dagegen ist Harris Tweed der Liebling des englischen Landadels und die unverwechselbare, un-

austauschbare Grundlage der britischen Aristokratie überhaupt. Harris Tweed erreicht – noch einmal: weltweit – all jene, denen Begriffe wie ›Herringbone‹ und ›Hahnentritt‹ noch etwas bedeuten. Die Gründe sind einfach: Tweed ist wasserabweisend, wärmeregulierend, widerstandsfähig und katastrophentauglich. Mit einem Wort: ›comfortable‹. Außerdem ist, wer Tweed trägt, immer korrekt gekleidet, gleichviel, ob sich der Dresscode an den Anforderungen für Outdoor oder Casual orientiert. Mit Tweed kann man auch in die Oper gehen und sich in der Pause angeregt mit einem überzeugten Kilt-Träger unterhalten.
Daß dies so ist – und auch so bleiben wird, verdanken wir ›Tweedies‹ ausschließlich Lady Dunmore, in den 40er Jahren des 19. Jahrhunderts Gemahlin des Lords der ärmlichen Inseln. Sie war wesentlich daran beteiligt, während der Kartoffel-Krise (Highland Potato Famine of 1846/47) das schottische Hochland als idealen und fashionablen Platz zum Jagen, Schießen und Fischen zu etablieren. Zugleich erkannte sie die Möglichkeit, den armen Insulanern ein Zubrot zu verschaffen. Indem sie zunächst nur für ihre engsten Londoner Freunde eine Mode daraus machte, verzwanzigfachte sie den Preis für Tweed, und plötzlich wollten ihn alle tragen. Three Cheers also auf Lady Dunmore.

Insider unterscheiden folgende Unterarten:
Donegal-Tweed: Streichgarngewebe in Tuchbindung, stark mit farbigen Noppen durchsetzt, mit deutlichen Unterschieden im Farbwert von Kette und Schuß; sanfter, deshalb aber auch empfindlicher als Harris-Tweed.
Chiné-Tweed: Durch Web- und Bindungstechnik entstandene Tweedmusterungen, die in Schussrichtung im Farbverlauf wie ausgefranst wirken.
Crotched-Tweed: Glatter Tweed ohne Noppen-Effekt.
Irish-Tweed: Nur leicht gewalkt, deutlich angeflauscht.
Lace-Tweed: Auch Raschelware genannter leichter, nichtsnutziger Modestoff.

Pfeffer und Salz

Ein schmutzabweisendes Minimaldesign bei Wollstoffen, die in kleinen waldbodenfarbenen, darunter auch schwarz-weißen Pünktchen gesprenkelt sind. Passend zu jeder Jahreszeit ist eine Hose oder ein Jackett in Pfeffer und Salz deshalb so angenehm, weil es mit nahezu allen Farben kompatibel ist. Ein Anzug in Pfeffer und Salz würzt den Anblick von langweiligen Brioni- oder Armani-Trägern, beweist Individualität, Geschmack und zugleich Sinn fürs Praktische. Nicht selten können Herren in Pfeffer und Salz mühelos die Unterschiede zwischen Aleppi- und Tellicherry-Pfeffer erklären, beides Unterabteilungen des Malabar-Pfeffers.

Deerstalker

Angloschottischer Jagdhut mit aufgebundenen Ohrenklappen sowie einem Stirn- und einem Nackenschild. Prominentester Träger war Sherlock Holmes, auch er ein passionierter Jäger (allerdings auf Verbrecher), weswegen der Hut gelegentlich auch einfach als *Sherlock* bezeichnet wird.

Inverness-Coat

Der Mantel zum Deerstalker, ebenfalls von Sherlock Holmes bevorzugtes Modell ohne Ärmel, das deshalb mehr Bewegungsfreiheit läßt als ein konventioneller Mantel. Das Material besteht naturgemäß aus Harris Tweed und ist in verschiedenen Farben erhältlich.

Wir vom Antiquariat bevorzugen Dark Green Houndstooth with Burgundy/Gold Overcheck.

Gediegene Bezugs-Adresse:

The Scottish Inverness Cape Company
15 Cheviot Drive
Newton Mearns
Glasgow G 77 5 AT
Scotland

Email: capes@misterantony.com

Anmerkung

Die klugen Sprüche von Meister Hilarius sind Zitate von Gregor Arnulph Herbert Hilarius von Rezzori, dessen »Kleine Werkausgabe« im Berlin-Taschenbuch Verlag (2004ff.) vom Verf. mitherausgegeben wurde.

ISBN: 978-3-940086-10-5

Lektorat: Petra Wägenbaur, Tübingen.
Umschlaggestaltung: Christiane Hemmerich Konzeption und Gestaltung, Tübingen.
Herstellung, Gestaltung und Satz: niemeyers satz, Tübingen.
Druck und Einband: Pustet, Regensburg.

Mehr über das Verlagsprogramm von Klöpfer & Meyer
finden Sie unter: *www.kloepfer-meyer.de*

nen«, angesichts der »materiellen Staatskräfte, die Deutschland besitzt«, handelt es sich nicht um eine Prognose, denn, daß die Möglichkeit dazu gegeben sei, wird nicht erwogen. Heeren stellt nur im Irrealis fest, was im gedachten Fall passieren würde. *Der Deutsche Bund in seinen Verhältnissen zu dem Europäischen Staatensystem,* Göttingen 1816, 11f. Vgl. auch Belcredis Voraussage von 1871, nach der Einigung, bei Golo Mann, »Plädoyer für die historische Erzählung«, in: Jürgen Kocka, Thomas Nipperdey, *Theorie und Erzählung in der Geschichte,* München 1979, 49f.

60 Auch hier ließe sich eine Prognose zitieren: Friedrich Engels fand 1895, daß die sozialdemokratische Wählerschaft »so spontan, so stetig, so unaufhaltsam und gleichsam so ruhig … wie ein Naturprozeß … zu der entscheidenden Macht im Lande heranwachsen werde, vor der alle andern Mächte sich beugen müssen, sie mögen wollen oder nicht«, in: Einleitung zu Karl Marx, *Klassenkämpfe in Frankreich, Marx-Engels-Werke* 22, Berlin 1963, 524. Das Problem der Auffassung des Staatsmanns spielt (selbstverständlich theoretisch unreflektiert) auch in der Alten Geschichte, in der Deutung etwa Caesars und des Augustus, eine große Rolle. Vgl. nur die Debatte zwischen Hermann Strasburger (»Caesar im Urteil seiner Zeitgenossen«, in: *Historische Zeitschrift* 175, 1953, 225ff., Erweiterte Auflage: Darmstadt 1968) und Matthias Gelzer (»War Caesar ein Staatsmann?«, in: ebd. 178, 1954, 449ff.). Zur Sache, wenn auch nur in kurzen Andeutungen: Christian Meier, *Die Ohnmacht des allmächtigen Dictators Caesar,* Frankfurt a. M. 1980, 91.

60a Vgl. Thomas Nipperdey, *Gesellschaft. Kultur. Theorie,* Göttingen 1976, 80ff., 95ff.

61 *Gesammelte Schriften* 1, Frankfurt a. M. 1974, 697. Vgl. Joseph Roth, *Glauben und Fortschritt, Werke 4,* Köln 1975, 632ff. Aber auch: Willy Brandt, September 1973 in New York: »Die Freiheit des Intellekts ist immer noch nicht gesichert. Menschenrechte sind immer noch bedroht« (FAZ 27. 9. 73).

61a Unheimlich die Vorwegnahmen der Judenverfolgung in Träumen. Koselleck bei Charlotte Berndt, *Das Dritte Reich der Träume,* Frankfurt 1981, 127ff. Allgemein Goethe, *Die Natürliche Tochter,* 2782ff.

62 Lübbe, (wie Anm. 47), 325f. 130. Grimm, (wie Anm. 57), 93.

63 Ebenfalls ein Korreferat zu Erdmann, (wie Anm. 1f.), 76.

64 *Griechische Kulturgeschichte* 2, Darmstadt 1962, 255ff. Vgl. Fritz Wehrli, »Antike Gedanken über Voraussagung der Zukunft«, in: Wehrli, *Theoria und Humanitas,* Zürich 1972, 32ff.

65 *Essays oder praktische und moralische Ratschläge,* hrsg. v. Levin L. Schücking, Stuttgart 1970, 127.

66 Wie Anm. 63, 79.

67 Abgedruckt in: Ernst Topitsch, *Logik der Sozialwissenschaften,* 1980, 144ff.

68 *Werke in zwölf Bänden,* Bd. 11, Frankfurt a. M. 1964, 351ff. Die Zitate: 351, 360, 361.

69 Ferdinand Lassalle, *Über Verfassungswesen. Vortrag vom 16. April 1862 in Berlin,* Darmstadt 1958, 53. Vgl. zur Problematik auch Lübbe, (wie Anm. 47), 314f. Einige Überlegungen zur historischen Einordnung der »Denkverbote« unserer Jahre habe ich in der *Neuen Rundschau* 106/1, 1995, 9ff. angestellt (»Denkverbote« als Nachhut des Fortschritts? Über den Terror der Gutwilligen und die neue Unbequemlichkeit beim Denken der Zukunft).

70 Hier liegt übrigens eine uralte Erfahrung: »Die Wahrheit sagen *und* gehört werden – an Kassandra und Jona wird deutlich, wie schwierig die Verbindung von beidem ist. Man kann die Wahrheit sagen und *nicht* gehört werden – Kassandras Erfahrung. Man kann gehört werden und muß dann feststellen, daß man nicht die Wahrheit gesagt hat – Jonas Erfahrung.« Jürgen Ebach, *Kassandra und Jona. Gegen die Macht des Schicksals*, Frankfurt a. M. 1987, 31.

71 Stuttgart 1963, 106.

72 Wie Anm. 63, 79.

72a *Regards sur le monde actuel*, Paris 1945, 53.

73 Besonders schön dazu für Herodot zum einen seine Erwägungen darüber, was geschehen wäre, wenn die Athener sich 480 nicht gegen die Perser gestellt hätten (7, 139. Hermann Kleinknecht, wie Anm. 26, 241 ff.). Zum andern die doppelte Erklärung des Ausgangs der Schlacht zwischen den Ägyptern und den Griechen von Kyrene an der Quelle Theste: In der ägyptischen Version steht es in der Rückschau von vornherein fest, daß der König unterlag (2, 162, 3), denn »es mußte ihm schlecht ergehen«, in der griechischen dagegen war der Ausgang offen (4, 159, 4ff.).

74 Christian Meier, »Das Begreifen des Notwendigen. Zu Theodor Mommsens Römischer Geschichte«, in: Reinhart Koselleck, Heinrich Lutz, Jörn Rüsen, *Formen der Geschichtsschreibung. Beiträge zur Historik* 4, München 1982, 201, bes. 222ff. *(Die historische Motorik).* Immer richtet sich sein Auge ungeduldig auf das Fortschreiten, das Neue. Es wird ja »dem Geschlecht der Menschen, so wie es am Ziele zu stehen scheint, die alte Aufgabe auf weiterem Feld und in höherem Sinne neu gestellt«. Daß dies in der römischen Kaiserzeit nicht geschah oder jedenfalls daß diese Aufgabe damals nicht angepackt und gelöst wurde (sondern frühestens im Mittelalter), machte die Abfassung des vierten Bandes – was immer sonst dabei mitsprach – letztlich unmöglich. Vgl. DIE ZEIT 2. 10. 92.

75 Dazu etwa Jens Hacker, *Deutsche Irrtümer. Schönfärber und Helfershelfer der SED-Diktatur im Westen*, Berlin, Frankfurt a. M. 1992, 352ff. Hier wäre der letzte Band von Nipperdeys Deutscher Geschichte ein gegenteiliges Beispiel für die gleiche Sache: Er ist von der deutschen Einigung mitbestimmt.

76 Darauf hat zu Recht Wittram (wie Anm. 51) hingewiesen. Der Historiker kann freilich Kenntnisse, Fragestellungen und analytische Methoden beibringen, die ihm in der Zeitdiagnose zugute kommen. Sie haben mir, wenn ich das aus eigener Erfahrung illustrieren darf, bei meiner Prognose eines Fortbestands der DDR-Identität im November 1989 geholfen (FAZ 23. 11. 1989. Auch: Christian Meier, *Deutsche Einheit als Herausforderung*, München, Wien 1990, 24ff.). Wie treffend diese Prognose war, ist mir freilich im Juni 1990 schon nicht mehr klar gewesen (ebd. 22), in andern Hinsichten lag ich eindeutig falsch.

77 *Historische Fragmente* (wie Anm. 51), 207.

78 Mann (wie Anm. 63), 79.

79 Wie Anm. 53, 2, 336.